사회과 평가론

박선미 저

EVALUATION IN
SOCIAL STUDIES

학지사

이 저서는 인하대학교의 지원에 의하여 발간되었음

머리말

우리 사회에서 평가는 교육 내용을 변화시킬 수 있을 정도로 매우 중요하게 인식된다. 사회과교육에서 무엇을, 어떻게 평가해야 하는지를 이해하고, 행할 수 있는 능력은 사회과 교사가 지녀야 할 기본 자질이다. 사회과 평가를 설계하고 실행하는 능력이 사회과 교사의 기본 자질이라면 교사양성과정에서 길러 줄 수 있어야 하고 그 과정을 안내할 교재가 있어야 한다.

이 책은 사회과 평가가 일반교육학에서 접근하는 평가와 어떻게 다른지 그 정체성을 모색하려는 문제의식으로부터 출발하였다. 사회과 평가는 일반교육학에서 접근하는 평가와 평가라는 분모를 공유하는 한편 사회과 교육목표, 내용, 교수-학습의 맥락 속에서 이루어지기 때문에 사회과라는 특수성을 고려해야 한다.

이 책은 교육평가의 일반 이론과 개념이 사회과 평가 상황에 적용되는 사례를 소개하고, 사회과 교사로서 갖추어야 할 실제적 평가 실행 능력을 기르는 데 초점을 맞추었다. 그래서 평가 전문가로서 사회과 교사가 갖추어야 할 최소한의 기본 능력이 무엇인지를 고려하여 이해 가능한 수준으로 구체화하여 제시하고 연습과 실습을 통하여 실천 능력을 획득할 수 있도록 하였다.

이 책은 총 12장으로 구성되었는데 크게 네 부분으로 구분된다. 첫째, 제1장부터 제3장까지는 사회과 평가의 목적과 방향 등을 안내하는 부분으로, 제1장은 사회과 평가 목적과 유형, 제2장은 사회과교육 목표와 평가영역, 제3장은 사회과 평가의 방향과 절차를 다룬다. 둘째, 제4장부터 제6장까지는 평가도구 개발과 관련된 부분으로 제4장은 선택형 문항 개발, 제5장은 서술형 · 논술형 문항, 제6장은 수행평가 도구 개발을 위한 장이다. 셋째, 제7장부터 제9장까지는 평가 결과를 분석 · 해석하는 능력을 기르기 위한 부분으로 제7장은 사회과 문항의 난이도와 변별도, 제8장은 사회과 검사의 신뢰도와 타당도, 제9장은 점수 보고와 문항 반응 경향성 분석을 다룬다. 마지막으로 사회과 평가의 주요 주제를 다룬 부분으로 제10장은 사회과 학업성취도 평가, 제11장은 사회과 교육과정 평가, 제12장은 사회과 교사 평가다.

이 책이 사회과 교사로서 갖추어야 할 평가 설계 및 실행 능력을 습득하기를 원하는 사회과 교사와 학부생 또는 대학원생의 교재로 활용되기를 기대한다. 평가 능력의 습득은 복잡하고 진화적인 과정으로 개인적 수준에서는 평가에 대한 인식과 실행으로부터 배우는 반성적 능력에 의해 결정되는 특수 상황적 과정으로 해석된다. 그 과정에 이 책이 유용한 안내자 역할을 할 수 있었으면 한다.

이 책에 실린 실천 사례를 제공해 주신 인하대학교 부속고등학교의 이창우 선생님과 인하대학교 사회교육과의 사회과 평가론 수강생들에게 감사의 마음을 전한다. 그리고 사회과 평가라는 자동차가 일반교육학 평가라는 자동차와 타고 있는 내용뿐만 아니라 차 모양 자체도 달라야 한다고 하면서 사회과 평가의 정체성을 모색하도록 자극해 주신 박도순 교수님과 한국교육과정평가원에서 함께 연구했던 여러 선생님들께 감사드린다. 무엇보다도 연구 이외의 일에 신경 쓰지 않도록 배려해 주신 인하대학교 사회교육과의 여러 교수님들과 휴일을 함께하지 못해

도 불평하지 않은 우리 가족의 배려에 진심으로 감사드린다. 그리고 이 책의 출판을 흔쾌히 허락하여 주신 학지사 김진환 사장님과 편집부 임직원 여러분께 고마움을 전한다.

2009년 2일
인하대학교 서호관 연구실에서
저자 박선미

차 례

제2부 사회과 평가도구 개발의 실제

제3부 사회과 평가결과의 분석과 해석

제1부

사회과 평가의 목적과 방향

제1장

사회과 평가 목적과 유형

1. 사회과 평가 목적

"교육에서 무엇을 왜 평가해야 하는가?"의 문제는 평가를 보는 관점과 밀접하게 결부된다. 사회과 평가 목적과 내용은 고정되어 있는 것이 아니라, 평가관, 사회적 요구, 사회과 교육과정의 변화 등에 따라 달라져 왔다. 이 장에서는 교육평가에 대한 여러 관점에 따라 사회과 평가 목적을 구분하고자 한다.

1) 사회과 학업성취도에 대한 점수 제공

우리나라의 경우 검사 점수와 상대적 서열에 의해 대학 입학 여부가 결정되기 때문에 학업성취도에 대한 점수를 제공하고 상대적 서열을 판단해 주는 것은 평가의 중요한 목적이다. 사회과에서 학생들의 상대적 위치를 최대한 정확하게 판단하기 위해서는 학생의 성적을 정확하고 신뢰할 수 있게 '측정' 해야 한다.

측정(measurement)은 사물의 성질을 구체화하기 위하여 수를 부여하는 절차다(Worthen, Borg, & White, 1993). Thorndike(1918)는 어떠한 것이 존재한다면 그

것은 양으로 존재하기 때문에 측정할 수 있다고 주장하였고, Stevens(1946)도 측정이란 규칙에 의하여 사물이나 사건에 수를 할당하는 것이라 정의하였다. Hopkins, Stanley, 그리고 Hopkins(1990)는 사물을 구별하는 과정이라고 정의하였다. 존재하는 모든 것에는 차이가 있다. 비록 일란성 쌍둥이라 할지라도 부모나 가까운 친구는 신기하게도 그들을 구분한다. 머리가 좋다든지, 키가 크다든지, 능력이 뛰어난 것 등은 다른 것과의 차이를 염두에 두고 하는 말이고, 또한 그것은 양적으로 나타낼 수 있다는 의미다.

사물이나 사람의 속성이 수량화될 때 언어적 표현에 따르는 의사소통의 모호성과 추상성을 배제할 수 있고, 그에 따른 판단의 실수를 최소화할 수 있다. 어떤 사람에 대하여 날씬하다거나 혹은 매력적이라는 말은 그 사람에 대하여 관찰한 사람의 주관적 판단이라고 할 수 있다. 예를 들어, A양에 대해 '날씬하다' 고 말했을 때 어떤 사람은 키 170cm에 몸무게 50kg 수준으로 생각하고, 어떤 사람은 키 160cm에 몸무게 50kg 수준으로 해석할 수 있다. 만약 A양에 대하여 날씬하다는 표현 대신 '키 165cm에 몸무게 50kg' 이라고 했다면 A양의 모습에 대한 사람들의 생각이 유사했을 것이다.

이러한 맥락에서 평가는 평가할 대상의 속성을 가능한 정확하게 측정할 수 있도록 검사도구를 구조화하는 것이 중요하다. 대상은 직접 측정이 가능한 것과 직접 측정이 불가능한 것으로 나눌 수 있는데, 예를 들어 키 · 몸무게 · 거리 · 높이 등은 직접 측정이 가능하지만 인간이 지니고 있는 잠재적 특성(latent trait)은 직접 측정이 불가능하다. 그러므로 인간의 내재적 능력, 즉 지능 · 흥미도 · 적성 등은 검사도구를 사용하여 측정할 수밖에 없다. 이때 측정 오차를 최소화하는 것은 무엇보다 중요한 문제다. 그래서 교육평가 분야에서는 측정 오차를 최소화할 수 있도록 외적 변인을 동일하게 구조화한 교실이나 실험실의 인위적인 구조에서 학습결과를 객관적으로 평가할 수 있는 검사도구와 방법을 개발하여 왔다.

경험적으로 볼 때 수치화된 측정 결과는 사람과 사물의 속성을 정확하게 알려주지 않는다. 측정의 문제점은 무엇보다도 "인간 특성을 수치화하는 것이 가능한가?"라는 기본 전제에 대한 회의와 부정으로부터 출발한다. 이러한 문제점을 극복하기 위하여 영국과 미국의 학자들은 수리적 모형과 통계적 기법을 활용하여 인간의 특성을 더욱 정확하게 측정하고자 하였다. 그럼에도 불구하고 측정 결과

에는 항상 오차가 따랐고, 측정 단위를 설정하는 방법에 따라 해석이 달라졌으며, 따라서 사물이나 사람을 정확하게 측정하기 어렵다는 결론에 도달하였다.

장상호(2004)를 비롯한 많은 교육학자와 일반 국민들조차 측정이 강조된 평가가 우리나라 교육을 철저하게 왜곡시키고 소외시켜 왔다고 주장한다. 우리나라에서 평가는 〈행복은 성적순이 아니잖아요〉라는 영화처럼 외적 통제와 내적 검열의 이미지로 다가온다. 이는 우리나라에서 평가가 오랫동안 측정과 동일한 의미로 사용되었기 때문이다. 측정의 관점에서 사람들은 누구나 평가의 대상이 된다는 사실, 어느 누구도 평가결과로부터 자유로울 수 없다는 사실에 불편해한다. 이러한 이미지와 느낌의 기저에는 특정 잣대로 누군가에 의해 개인적 능력이 수치화되고, 그 결과가 자신을 선택하거나 선택하지 않도록 하는 자료로 활용된다는 데 대한 두려움이 깔려 있다.

이 같은 문제점이 있음에도 불구하고 우리나라에서 측정에 따른 상대적 서열정보는 대학 입학을 위한 선발자료로 이용되기 때문에 학교교육에서 그 영향력이 매우 크다. 매년 대학수학능력시험을 실시하는 날은 공무원들의 출근시간이 늦춰지고, 언어영역의 듣기평가 시간에 비행기 운항이 자제되며, 시험이 끝난 후 문항정답 시비에 온 국민의 관심이 쏠리는 등 비정상적인 현상이 나타나지만 어느덧 우리나라에서는 아주 자연스러운 일이 되어버렸다. 따라서 측정으로서의 평가가 우리나라 학교평가에서 강조되고 있는 현실에서 사회과 교사로서 신뢰할 수 있고 정확하게 학생들의 사회과 능력을 측정할 수 있는 능력을 갖추는 것은 매우 중요하다.

2) 사회과 교육목표 도달 정도에 대한 판단

교육 측정의 열기 때문에 객관적인 측정을 맹신하고 검사결과를 성급하게 해석하는 분위기가 지나치게 강조됨에 따라 심리검사에 대한 회의와 불신이 확산되고, 측정과 평가를 분리하려는 움직임이 있었다. Tyler(1986)는 학생들의 점수가 차이나도록 검사문항을 선별하는 것은 학습자의 교육적 성취를 있는 그대로 보여주어야 하는 교육평가의 본래의 취지에 부합하지 않는다고 비판하였다. 그는 평가가 학습자의 성취 정도를 체계적이고 과학적으로 측정하여 교육목표에 비추어 가치, 질 등을 판단하는 행위라고 정의하였다.

평가는 검사 등을 통해 획득된 정보에 기초하여 학습자의 수행에 대한 판단을 하는 과정이다(Howell & Nolet, 2000: 98). 측정이 사물이나 사람의 속성을 '재는' 과정이라면 평가는 정보를 '활용' 하는 과정이다. 이와 같은 맥락에서 평가의 대상은 '학습자' 가 아니라 그들의 '학습 수행을 알려 주는 자료' 다. 학습 수행에 대한 다양한 정보를 수집해야 하는 이유는 학습자가 무엇을 학습해야 하고 어떻게 하면 그들의 학습을 도와줄 수 있을까에 대한 의사결정을 하는 데 도움을 주기 때문이다.

이러한 맥락에서 사회과 평가는 학생들이 획득한 점수와 서열 등을 측정하는 수준을 넘어 측정결과를 보고 '판단' 을 하는 행위를 포함해야 한다. 판단은 증거에 기초한 추론과정이 따른다. 추론은 정보로부터 논리적 결과를 도출하는 과정이다. 이 과정에서 사용된 정보는 직접 관찰하거나 경험한 현상뿐 아니라 관찰하지 않았거나 경험하지 않은 현상까지 포함한다. 따라서 판단이 항상 옳을 수는 없다.

예를 들어, 어떤 사람이 밖에서 어떤 건물에 뛰어 들어왔는데 그의 머리와 어깨가 젖어 있다면 우리는 "지금 비가 내리고 있다." 고 추론할 수 있다. 그러나 그 추론은 맞을 수도, 틀릴 수도 있다. 갑작스럽게 비가 내려서 그의 머리와 어깨가 젖었을 수도 있고, 스프링클러 아래를 지나다가 물세례를 받았을 수도 있다. 추론을 정당화하거나 반박하기 위해서는 자신의 선지식과 경험을 부가할 필요가 있다. 만약 장마철이라면 비가 내렸을 확률이 높고, 건조한 봄날이라면 스프링클러 아래를 걸었을 확률이 높다. 교육평가는 추론이 최대한 참의 상태를 반영하도록 그 정확도를 높이는 데 초점을 맞춘다. 그래서 평가는 매우 신중하게 계획되고 수행되어야 한다.

평가의 또 다른 핵심 개념은 '비교(comparison)' 다. [그림 1-1]은 평가의 비교 개념을 도식화한 것이다. 평가는 수행기준과 학습자의 행동의 차이를 비교하는 것이다(Deno & Mirkin, 1977). 사회과 교육에서 수행기준은 사회과 교육의 목표를 의미한다. 사회과 교육목표는 학습자의 성취 수준을 판단하는 기준으로 작용하기 때문에 구체적인 행동목표 형식으로 제시될 필요가 있다. 교육은 명백한 목표를 가진 활동이고 교육목표는 학교교육의 전체 과정에 참여함으로써 얻어지는 변화된 생각과 행동을 표현한 진술문이다. 사회과 교육목표는 사회과의 정체성이

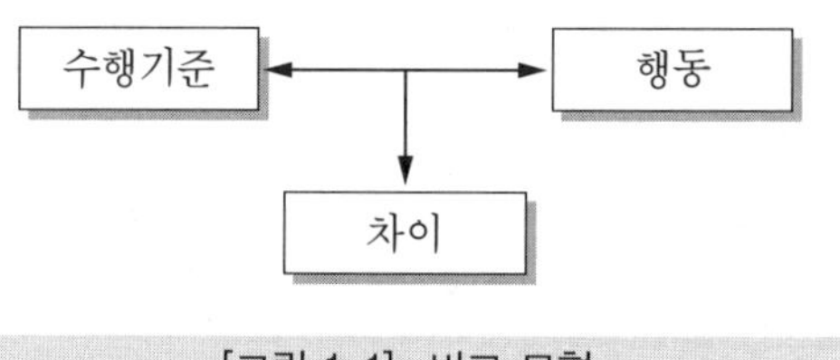

[그림 1-1] 비교 모형

분명하게 나타나고, 사회과 교육을 받은 후 학습자의 생각과 행동의 변화 방향이 명백하게 드러날 수 있도록 진술되어야 한다.

Tyler는 교육목표를 행동목표 방식으로 진술했을 때, 교육과정이 지향하는 바가 명확해지고 교육을 통해서 변화시켜야 할 인간 행동 특성에 대한 질적인 양태와 수준을 확인할 수 있다고 하였다. 행동목표는 "각각의 행동 특성에 따른 교육내용을 어떻게 가르칠 것이고, 그 행동을 어떻게 변화시킬 것이냐?"라는 교수-학습과정상의 여러 방법을 안내한다. 그러나 측정 가능한 학습목표가 측정의 준거가 되다보니 행동으로 나타날 수 있는 목표가 상대적으로 중시되고 측정 가능하지 않은 학습목표는 간과되기 쉬우며, 학습자의 행동결과를 지나치게 강조함으로써 학습자의 학습과정과 교사의 교수과정에 대한 피드백의 기회가 거의 없다는 문제가 있다(Furst, 1964).

3) 사회과 학습과정에 대한 이해

최근 학습목표를 준거로 평가하는 Tyler식의 준거 지향 평가 모형에 대한 반성으로 Eisner의 '교육적 감식(educational connoisseurship) 및 교육적 비평(educational criticism)'에 따른 총평(assessment)의 개념이 주목받고 있다. Eisner(1977)는 교실 내에서 일어나는 교육 현상의 풍부함과 복잡성은 측정되는 것 이상이기 때문에 인간의 지식이 객관적으로 관찰 가능한 것만으로 이루어질 수 없다는 점을 지적하고, 교육 활동을 평가할 때는 그 과정이 얼마나 교육적으로 진행되었는지가 중요한 평가 대상이자 기준이 되어야 한다고 보았다. Eisner는 '과정으로서의 교육'을 강조하면서 아무리 훌륭한 성취였다고 할지라도 그 과정이 교육적이지 않다면 좋게 평가할 수 없다고 하였다(곽진숙, 2000: 160).

사회과 평가의 목표를 사회과 교육목표에 도달했는가 혹은 도달하지 못했는가

에 초점을 맞추는 것은 기본적으로 미래지향적인 성취에 중점을 두는 것으로서 현재 진행되고 있는 학습과정의 중요성을 간과하게 된다. 그리고 활동의 결과를 중시함으로써 이 결과를 이끌어 내는 학교교육과정, 즉 조건 · 맥락 · 상호작용에는 소홀할 수밖에 없다. 또한 이미 언급한 바와 같이 학습목표가 관찰 가능한 것만으로 이루어질 수는 없다. 평가는 성취를 위한 평가라기보다는 학습을 위한 평가이고 학습과정의, 학습과정에 대한, 학습과정을 위한 평가다. 이러한 관점에서 볼 때 사회과 평가의 가장 중요한 목적은 학습자의 사회과 학습과정과 그들 삶의 질을 개선할 수 있도록 돕는 것이다.

이러한 맥락에서 평가는 학습자 성취의 진위를 가리기 위한 목적을 지닌 의사(pseudo) 과학도구를 이용하여 교수-학습 이후에 이루어지는 독립된 활동이 아니다. Nicholls와 Hazzard(1993: 44)는 상호 이해의 노력이 친구들 사이의 계속적인 대화와 분리될 수 없듯이 건설적인 의미의 평가는 가르침의 행위와 구별될 수 없다고 하였다. 그리고 Freire(1970)도 학습자는 그들의 삶과 유관한 지식과 기술에 반드시 관심을 보이기 때문에 그들이 가지고 있는 관심과 지식을 융합하도록 도와주는 것이 가르침에 있어서 가장 중요하다고 하면서 여기서는 가르침과 분리된 어떠한 평가도 없다고 하였다.

사회과 학습과정을 이해하기 위한 평가는 학습자에게 제시된 과제에 대하여 그럴듯한 해결책을 구성하는 과정과 결과를 관찰함으로써 이루어진다. 그리고 사회과 교사는 학습자의 학습과정에서 개입시키는 자의식, 해석의 특별한 맥락, 다양한 관점의 가치, 위치의 상대성 등을 볼 수 있어야 한다. 이러한 맥락에서 사회과 평가는 교사가 교실에서 이루어지는 다양한 현상을 관찰하는 가운데 교육적 행위에 대한 의미를 해석하고 그 가치를 판단하는 행위다. 따라서 평가결과는 학습자의 학습결과뿐만 아니라 학습과정에 대한 알찬 정보를 제공하고 더 나아가 자신의 교수과정을 반성하고 개선시키는 데 활용된다. 그래서 학습자의 사회과 학습과정을 이해하는 데 목적을 둔 평가에서는 평가과정에 참여하는 교사가 학습 활동에 대하여 판단할 수 있는 능력을 지니고 있는가의 문제는 매우 중요하다. 주관을 떠난 판단은 가능하지 않다. 문제는 주관을 정당화할 수 있는 근거가 있느냐다. 어떤 자료나 관찰이든 그것에 대한 판단은 항상 해석자나 관찰자 주관의 여과를 거친다. 그 부분에 있어서까지 객관성을 요구하는 것은 평가 자체의 본질을 제대로

이해하지 못한 데 기인한다(장상호, 2004: 105).

판단의 행위는 분석 능력뿐만 아니라 예술적 감각을 요구한다. 교사는 교실과 같은 복잡한 특성을 기술하기 위하여 교육적 감식안을 가지고 그곳에서 이루어지는 교육적 상호작용의 의미를 파악할 수 있어야 한다. 교육적 감식안은 복잡성을 감상하는 지각의 예술로서 대상의 특성을 파악하도록 한다(Eisner, 1977). 교사가 교육적 현상을 관찰하고 해석하며 가치를 판단하는 일련의 행위에서 요구되는 능력을 Eisner(1991)는 '교육적 감식(educational connoisseurship)' 이라고 칭하였는데, 이 교사는 그 특성을 기술하기 위하여 교육적 감식안을 가지고 거기서 이루어지는 교육적 상호작용의 의미를 파악할 수 있어야 한다. 교육적 감식안이란 교육 현상의 질을 포착하는 눈을 의미한다. 그러나 교실 내에서 일어나는 교육 현상의 풍부함과 복잡성은 측정되는 것 이상이다. 따라서 이 개념은 상호 소통을 전제로 하는 것으로써 공적 표현이 요구되고 이러한 요구에 비추어 교육적 비평의 개념이 소용된다. 교육적 비평은 교실에서 일어나는 일련의 사태를 말로 생생하게 그려내는 것으로써, 단순히 교실 상황을 기술하는 것뿐만 아니라 활동의 의미를 해석하고 의미나 가치를 판단하는 것을 포함한다. Eisner의 교육적 감식안과 교육적 비평의 개념에 비추어 볼 때 평가는 교육적 행위의 가치를 판단하는 것이라고 정의할 수 있다.

이러한 교육적 감식의 개념은 학습자의 교육적 경험을 평가하기 위하여 인위적으로 별도의 시험상황을 설정하는 검사도구가 필수적이라고 생각하던 풍토에 대한 문제제기다. 교사들은 자신이 가르치는 것을 학습자가 이해하고 있는지 살피는 과정에서 얻은 자료가 학습자의 학습 상황을 판단하는 데 더 유용하다는 것을 인정한다. 따라서 교육평가자료는 엄밀하게 개발된 검사도구뿐만 아니라 한 장의 그림, 학생이 수업시간에 제기한 질문, 교사의 질문에 대한 학생의 답변, 수업시간에 보여 준 학생의 제스처와 눈빛, 제출한 과제물 등을 포함한다. 교사의 예술적 감각만이 다양한 평가자료를 평가할 수 있고 수많은 의미를 읽어내며 목표, 내용, 평가의 상보적 연결고리를 지속적으로 순환시킬 수 있다.

이러한 특징에도 불구하고 학습과정에 대한 이해에 목적을 둔 평가는 표준화된 관찰 기준이 없고 교사의 주관적 판단에 의존하기 때문에 객관성과 공정성의 문제가 제기될 수밖에 없다. 그리고 평가에 시간이 많이 소요되며 평가가 어렵다는 문제점을 안고 있어 현실적으로 사회과 평가에 일반적으로 적용하기는 힘들다. 그럼에도 불구하고 학습자의 학습과정을 이해하기 위한 평가관은 실행 가능성의 잣대만으로 쉽게 평가절하할 성격이 아니다. 만약 학습 환경에서 다양한 관점을 제시하는 것이 옳다면 평가과정에서도 다양한 관점을 반영하고 수용하는 것은 당연한 일이다. 학습결과의 질을 판단하는 데 한 가지 유형의 기준을 사용하는 것이 바람직하지 않듯이, 한 가지 관점으로 학습결과물을 평가하는 것도 바람직하지 않다. 학습은 한 가지 행동이나 동일한 유형의 행동에 기준을 두는 것보다 여러 가능성을 염두에 둔 하나의 영역에 기준을 두고 이루어져야 한다. 따라서 사회과 교사는 수업에서 이루어지는 다양한 교육활동을 바라보는 자신의 안목을 계속 개선시키기 위한 노력을 끊임없이 해야 한다.

2. 사회과 평가 유형

1) 사회과 학습과정에 따른 평가 유형

(1) 진단평가

진단평가(diagnostic evaluation)는 다른 어떤 평가보다 중요하다. 자신이 가르치는 학습자의 학습 능력을 진단하지 않은 채 수업을 진행하는 것은 환자를 진단하지 않고 처방하는 의사와 다름없다. 진단평가는 교수-학습이 시작되기 전 학습자가 소유하고 있는 특성을 체계적으로 측정하는 행위로서, 수업 계획을 세우고 교수-학습내용과 전략을 결정하는 데 중요한 정보를 제공해 준다. 다시 말해서 진단평가란 교수 활동이 시작되는 시점에서 교수-학습내용과 전략을 선택하는 데 필요한 정보를 얻기 위하여 학습자의 기초 능력을 진단하는 평가라고 할 수 있다.

진단평가의 구체적인 기능은 다음과 같다. 첫째, 가르치고자 하는 내용과 관련하여 선행학습의 결손을 진단하고 이에 대한 교정과 보충 방향을 제시한다. 둘째, 학습 과제에 대한 학습자의 사전 습득 수준에 대한 정보를 알려 준다. 셋째, 학습자의 흥미, 성격, 학업성취 및 적성을 고려하여 교수 처방을 제시한다. 넷째, 교수

변인 외의 조건과 관련된 학습 부진의 원인을 진단한다. 이상에서 언급한 바와 같이 사회과 평가에서 진단평가는 선행학습의 결손, 앞으로 배울 내용에 대한 선지식, 학습자의 능력과 특성 등 교육목표 및 계획을 수립하는 데 필요한 정보를 제공해 준다는 점에서 매우 중요하다.

일반적으로 학교에서 이루어지는 진단평가는 학년 초에 반배치를 위하여 일회성으로 실시되거나 학습장애의 원인을 분석 · 진단하기 위해 실시되는 경우가 많다. 그러나 사회과에서의 진단평가는 특정 대단원을 학습하기 전에 학습자가 반드시 알고 있어야 하는 기초 지식이나 기술 등을 지니고 있는지의 여부를 점검하는 데 초점을 두어야 한다. 예를 들어, 중학교 1학년 사회과를 담당하는 교사는 수업 계획을 세우기 전에 진단평가를 통하여 학생들이 우리나라와 세계의 주요 지역 및 지형의 위치를 어느 정도 알고 있는지, 위도와 기온의 관계를 어느 수준에서 이해하고 있는지 등을 파악하고, 우리나라와 세계 지리에 대한 학습자의 적성과 흥미 수준을 이해한 후에 그들 수준에 맞는 적절한 교육목표를 세우고 교수법을 투입해야 한다.

현재 중학교 사회과 교육과정은 초등학교에서 세계와 우리나라의 주요 지형과 도시 등에 대한 위치 학습이 이루어졌다는 것을 가정한 후에 구성되었고, 교과서도 그에 맞추어 기술되어 있다. 그러나 실제 중학교 1학년 학생 중에서는 아프리카가 대륙명인지 국가명인지, 혹은 러시아가 대륙명인지 국가명인지조차 모르는 경우가 있다. 이런 상태에서 중학교 1학년 사회과 교사가 교과서를 중심으로 수업을 진행한다면, 아프리카가 대륙명인지 국가명인지조차 구분하지 못한 학생들에게 서안해양성 기후와 지중해성 기후를 구분하고 그 지역의 특징을 설명하도록 하는 수업 내용은 모두 이해의 대상이 아니라 암기의 대상이 되고 말 것이다. 만약 중학교 1학년 사회과 교사가 진단평가를 실시하여 학습자의 학습 결손과 선행지식을 파악한 후 수업내용과 학습자의 인지구조를 연결시키는 방향에서 수업전략을 선택할 경우 학습자는 더욱 유의미하게 학습할 수 있을 것이다.

진단평가 도구는 특정 학기나 특정 단원에서 배울 내용의 가장 기초가 되는 학습 요소를 중심으로 쪽지시험이나 퀴즈, 간단한 선다형 및 서술형 문항 형식으로 개발하는 것이 좋다. 진단평가는 단원 시작 전에 실시하고, 그 결과를 분석 · 해석한 후 해당 대단원의 수업 설계에 반영할 수 있어야 한다.

(2) 형성평가

사회과 교사나 교생실습을 나간 예비교사 대부분은 수업을 정리하는 단계에서 형성평가(formative evaluation)를 실시한다. 그들은 대부분 선다형이나 단답형 문항을 파워포인트 자료로 제시하고 학생들과 함께 풀어 보면서 마무리한다. 형성평가에 할애된 시간은 대체로 5분을 초과하지 않지만 형성평가를 어떤 목적으로 시행하는지에 대한 교사들의 인식 차이는 그들의 행위와 사고 활동의 차이를 가져온다.

A(예비)교사가 수업을 정리하는 수준에서 형성평가를 실시한다면 그는 파워포인트 자료가 제시된 화면 옆에 서서 문제를 읽고 학생들로 하여금 답을 말하도록 지시하고, 학생들이 답을 말하면 간단하게 설명을 할 것이다. 이러한 형성평가의 목적은 수업내용의 정리이기 때문에 그는 그 이상의 정보를 얻지 못한다.

B(예비)교사가 형성평가의 목적을 교수-학습과정에 대한 정보 획득과 교육과정 개선에 대한 의사결정자료 수집에 두었다면, 그의 행동반경은 A(예비)교사보다 넓고 그의 사고활동은 더 분주할 것이다. 그는 학생들에게 형성평가 학습과제를 해결하도록 지시한 후 교실을 한 바퀴 둘러볼 것이다. 그는 1분 정도를 할애하여 교실을 돌아다니면서 얼마나 많은 학생들이 학습과제를 수월하게 해결하는지, 얼마나 많은 학생들이 학습과제를 해결하고자 노력을 하는지, 혹은 학습과제 해결에 의욕을 보이지 않고 포기하거나 엎드려 자는지, 어느 과제를 수월하게 해결하는지, 어느 과제를 해결하는 데 어려움을 보이는지 등을 파악하고, 그러한 학습상황의 원인을 자신의 교수행위와 연결하여 분석하고자 할 것이다.

형성평가는 수업이 진행되는 과정에서 원래 계획한 대로 교육이 진행되고 있는지를 확인하는 평가이다. 형성평가는 특정 주제나 단원을 마치는 시점에 학습자가 학습목표를 어느 정도 성취했는지 점검함으로써 교사 자신의 교수방법과 내용을 반성하고, 학습자에게 학습과정에 대하여 피드백함으로써 학습의 극대화를 꾀하도록 하는 평가다. Scriven(1967)은 형성평가를 통하여 교수-학습이 실행되는 과정에서 학습자에게 송환효과를 줄 수 있으며 교육과정을 개선하고 수업방법을 개선할 수 있다고 하면서 형성평가의 궁극적 목적이 교육과정 개선에 있다고 하였다.

형성평가의 구체적 기능은 다음과 같이 정리할 수 있다.

첫째, 학습자의 학습 성취감과 학습 동기를 강화한다. 수업시간에 다룬 내용에 대한 학습자의 학습 능력과 방법을 확인하여 성취감을 느끼게 하고, 다음에 이루어지는 학습내용과 연결시킴으로써 학습 동기를 불러일으킨다.

둘째, 학습자로 하여금 학습 곤란의 구체적인 내용을 스스로 진단하는 기회를 제공한다. 형성평가는 학습자에게 현재 학습하고 있는 학습목표에 비추어 무엇을 성취하였고, 무엇을 더 학습해야 하는지에 대한 정보를 제공함으로써 스스로 학습 곤란을 진단하도록 한다.

셋째, 교사의 교수방법 개선을 위한 구체적인 정보를 제공한다. 형성평가를 통하여 교사는 자신이 가르친 학습내용을 학생이 얼마나 잘 이해했는지, 쉽게 이해한 내용과 학습 곤란을 느낀 내용 등 학습자의 학습 상황에 대한 구체적인 자료를 제공받을 수 있다. 교사는 그러한 자료에 기초하여 자신의 교수행위 과정을 반성하고 분석함으로써 스스로의 교수방법, 설명 전략, 교수-학습자료의 적절성을 확인할 수 있다.

넷째, 학습과정을 체계화하고 학습 분량과 학습 속도를 조절할 수 있다. 형성평가는 특정 주제가 끝나는 시점에서 교수행위가 계획대로 진행되고 있는지를 점검하기 위한 평가이므로, 교사와 학습자 모두 학습내용을 주제별로 범주화하여 체계적으로 조직할 수 있도록 도와줌으로써, 학습 분량과 학습 속도를 점검하고 조절할 수 있다.

일반적으로 형성평가는 교사들이 주체가 되며 형식적인 평가는 물론 비형식적인 평가의 형태를 지닌다. 형성평가 역시 학생들의 평가결과를 서열화하는 데 초점을 두기보다는 가르친 내용을 얼마나 알고 있느냐가 중요하므로 준거참조평가 형태를 추구한다. 따라서 형성평가를 실시하기 위하여 제작하는 검사는 수업시간에 다룬 내용 중 중요한 것을 포함하고, 평균적인 문항난이도를 유지하며, 쪽지시험, 퀴즈, 간단한 선다형 · 서술형 문항, 수업시간에 이루어진 질문, 숙제 등 다양한 문항 형식으로 개발된다.

(3) 총괄평가

총괄평가(summative evaluation)란 교수-학습이 끝난 다음 교육목표의 성취 여부를 종합적으로 판정하는 평가 형태를 말한다. 진단평가와 형성평가가 무엇을, 어떻게 가르칠 것인가에 대한 중요한 정보를 제공하여 교사와 학습자에게 도움을 주려는 평가라면 총괄평가는 일정 기간 동안 이루어진 사회과 학습에 대한 학업성취도를 총괄적으로 평가하기 위한 것이다. Scriven(1967)에 따르면 총괄평가란 일련의 교육과정이 학생들의 교육적 진보를 가져왔는지 확인하는 행위라고 하였다.

사회과 교육에서 이루어지는 총괄평가의 목적은 첫째, 다른 학생과 비교하여 그 우열을 판단하고 둘째, 일련의 단원을 학습한 후 학생의 교육목표의 성취 수준을 결정하며, 학생의 성적을 판정하고 등급을 매기려는 것으로 요약할 수 있다. 첫 번째 목적인 학생 간의 성적을 비교하거나 학급 간의 학업 성적을 비교하기 위해서는 규준참조평가(상대평가)에 의한 성적 표기방법이 효과적이다. 두 번째 목적을 달성하기 위하여 준거참조평가(절대평가)에 의거하여 어떤 목표에서 어느 정도의 성취를 보였는지를 판단함으로써 목표 성취의 가부, 성공과 실패 혹은 점수나 등급에 의한 유목화 판단(우수, 보통, 기초, 기초미달 등)을 해 주어야 한다. 총괄평가는 상급학교 진학이나 취업 등에 많은 영향을 미치므로 검사의 신뢰성, 객관성, 공정성을 갖추어야 한다.

총괄평가는 대개 사회과 학습이 끝날 때 이루어지고 일반적으로 중간고사, 기말고사 또는 학년말고사의 형태를 띤다. 총괄평가 도구는 자신이 가르친 내용을 얼마나 성취했는지를 평가할 수 있도록 학습목표와 내용을 기준으로 개발해야 한다. 사회과 교사 개개인은 사회과 교육의 특성상 자신이 의식하든 그렇지 않든지 간에 학교 환경과 학생 경험 및 수준을 고려하여 수업을 설계하고 설명 전략을 선택하는 등 교사 수준에서 교육내용을 재구성하여 실행한다. 따라서 평가문항도 국가 수준의 표준화된 교육과정뿐만 아니라 자신이 설정하고 강조한 교수-학습 목표와 내용의 성취 정도를 평가할 수 있도록 개발해야 한다. 그리고 총괄평가는 형성평가보다 좀 더 포괄적이고 일반화된 목표를 측정하고, 지식이나 기능의 습득 여부뿐만 아니라 새로운 상황에 지식이나 기능을 적용하는 능력까지 평가할 수 있어야 한다. 또한 변별력을 지니도록 다양한 수준의 난이도를 가진 문항으로 구성한다.

2) 참조 유형에 따른 평가 유형

(1) 규준참조평가

규준참조평가(norm-referenced evaluation)는 앞서 언급한 사회과 평가 목적 중 사회과 학업성취도에 대한 점수 제공을 위한 평가와 밀접한 관계가 있다. 우리나라 학교 사회과 교육에서 '평가' 하면 가장 일반적으로 생각하는 것은 개인이 얻은 사회과 점수를 비교집단의 '규준(norm)' 에 비추어 상대적 서열, 즉 순위를 매기는 것이다. 이러한 목적의 평가를 규준참조평가라고 부르는데, 이는 집단 내의 상대적 위치에 비추어 개인의 성취 수준을 평가하는 것이다. 규준참조평가에서 개인이 받은 원점수는 집단의 평균과 비교하여 해석되기 때문에 흔히 상대평가라고 불린다. 이때 상대적 비교를 위한 기준을 규준이라고 하며, 이는 원점수의 상대적 위치를 설명하기 위한 잣대로서 모집단을 대표하는 표본집단에서 얻은 평균과 표준편차로 이루어진다(성태제, 2005: 71). 현재 학교에서 시행되는 사회과 평가결과는 대부분 피험자집단의 평균과 표준편차에 따라 정해지는 규준에 의한 서열로 해석된다.

규준참조평가에서는 개인 간 학업성취도를 신뢰할 수 있게 변별하는 것이 중요하다. 변별력을 극대화하기 위해서는 학생들의 점수 분포를 정상 분포로 가정한다. 상대평가는 검사점수 분포에 있어서 정상 분포를 가정함으로써 우수한 학생과 그에 대비되는 열등한 학생이 존재하는 이분법적 구조를 지닌다. 또한 학생들 간의 점수 차이가 많이 나도록 문항을 개발한다. 이를 위하여 대부분의 학생이 맞히거나 틀린 문항, 즉 학생들의 실력을 변별하지 못하는 문항은 검사문항에서 제외시킨다. 그러나 이것은 모든 검사문항을 중간 난이도로 구성해야 한다는 것을 의미하지 않는다. 가르치는 내용 중에서 중요하다고 강조한 내용을 평가하는 문항이 지나치게 쉽거나 어렵다고 해서 검사문항에서 제외하는 것은 바람직하지 않다. 대체로 개인 간 학업성취도의 변별력을 극대화하기 위해서는 어려운 문항 25%, 중간 수준의 문항 50%, 쉬운 문항 25% 정도로 구성하는 것이 좋다.

규준참조평가는 현재 중등학교 사회과 평가의 대부분을 차지하고 있다. 이를 위하여 사회과 교사는 개인차를 엄밀하게 변별해 낼 수 있는 객관적이고 신뢰성 있는 평가도구를 개발해야 하고, 성적을 산출할 때도 정확하고 엄밀한 방법이 요구된다. 또한 사회과 교사는 자신이 개발한 문항이 변별력을 가진 문항인지 분석할 수 있어야 하고, 어려운 문항, 중간 수준의 문항, 쉬운 문항에 대한 감각을 익혀야 한다. 이는 중간고사, 기말고사와 같은 총괄평가를 실시한 후 학생들의 답안 반응에 대하여 관심을 가지고 어떤 문항이 변별력이 좋고, 그렇지 않은지, 어떤 문항을 학생들이 어려워하는지 혹은 쉽게 생각하는지를 스스로 분석함으로써 익힐 수 있다.

규준참조평가는 많은 장점이 있지만 한편으로 이러한 장점은 단점으로도 작용한다. 첫째, 규준참조평가를 통하여 개인차를 비교적 신뢰할 수 있게 변별함으로써 순위를 매기고 학생을 선발하는 데 유용하게 활용된다. 그러나 이는 서열에 의한 정보를 중시함으로써 원점수가 무슨 의미를 지니는지 해석하기 어렵다는 단점으로도 작용한다. 무엇을 얼마만큼 알고 있는지, 의도한 학습목표를 어느 정도 달성한 것인지에 대한 정보가 없기 때문에 규준지향평가 결과는 학생 성취에 대한 내적 강화 자료로 활용되기 어렵다. 그리고 개인차의 변별에 지나치게 관심을 기울인 나머지 사회과 교육목표, 내용, 교수-학습방법 등 사회과 교육과정과 교육프로그램이 적절하였는지 판단할 수 있는 자료로 활용되기 어렵다.

둘째, 규준참조평가는 학생을 비교하고 서열화함으로써 학생들로 하여금 경쟁심을 갖게 하고 이를 통해 강한 외재적 동기를 유발시키는 효과가 있다(박도순 외, 2007: 66). 평가결과가 수치로 제시되고, 자신이 속한 집단 속에서의 상대적 위치가 명확하게 나타나기 때문에 학생들의 학습 동기를 자극할 수 있다. 그러나 장기적으로 볼 때 학생들에게 학습에 대하여 경쟁을 통한 외재적 동기 부여보다는 학습의 필요성 등을 스스로 느낄 수 있도록 하는 내재적 동기 부여가 바람직하다. 또한 상호 경쟁을 강조하는 규준지향평가는 사회과에서 지향하는 목표 중의 하나인 협력적 문제해결능력을 기르는 데 걸림돌로 작용할 수 있다. 그리고 교사의 교육 활동은 학생들의 개인차에 상관없이 거의 모든 학생이 교육목표에 도달하도록 가르치는 데 초점을 두어야 하는데도 불구하고 변별력을 강조하는 규준참조평가에서는 학업성취도에 대한 정상 분포를 가정함으로써 우등한 학생집단과 열등한 학생집단을 구분하여 일정 비율의 학생들은 항상 학습 실패를 경험할 수밖에 없다.

(2) 준거참조평가

준거참조평가(criterion-referenced evaluation)는 앞서 언급한 사회과 평가 목적 중 사회과 교육목표 도달 정도에 대한 판단과 가장 밀접한 관계를 가지고 있는 것으로서, 학습자가 정해진 목표에 어느 정도 도달했는지에 관심을 갖는 평가다. 이때 '준거(criterion)'는 피험자가 어떤 일을 수행할 수 있다고 사람들이 확신하는 지식이나 기술 수준을 의미한다(AERA, APA, & NCME, 1985). 일반적으로 학습목표가 준거가 되기 때문에 준거참조평가를 목표참조평가, 목표지향평가라고 한다. 준거참조평가는 집단 평균과의 상대적 비교가 아닌 준거를 기준으로 삼아 그 성취 수준을 해석하기 때문에 절대평가라고 부른다.

교육활동의 궁극적인 목적이 교육목표의 달성이라고 할 때 평가의 주된 관심은 학생 간 비교가 아니라 교육목표를 어느 정도의 학생이 얼마나 달성했는지에 대한 정보를 바탕으로 교수–학습을 개선하는 데 두어야 한다. 우리나라 평가에서는 학업 성취 수준에 따라 학생들을 서열화하고 구분하는 데 관심이 집중되어 왔고 그에 따른 문제점이 심각하게 제기되어 왔다. 이러한 문제점을 극복하고 평가 본래의 취지를 회복하고자 준거참조평가에 대한 연구와 실천적 노력이 활발하게 이루어지고 있다. 사회과에서도 1998년 고등학교 사회과 성취기준 · 평가기준 개발 연구를 시작으로 준거참조평가에 대한 연구와 적용이 꾸준히 이루어지고 있다.

준거참조평가를 시행하고자 하는 사회과 교사는 준거를 설정하고, 주어진 목표를 측정할 수 있는 평가도구를 개발하며, 평가결과를 교육목표에 비추어 해석할 수 있는 능력을 지녀야 한다. 준거참조평가에서는 평가를 통해 측정해야 할 내용과 행동목표를 구체화하여 이를 평가의 준거로 활용하기 때문에 성취기준을 결정하는 일은 매우 중요하다. 사회과 교사는 자신이 가르치는 학생의 수준, 흥미, 경험 및 학교 환경을 고려하여 수업에서 성취해야 하는 기준을 설정한 후 사회과 평가의 준거로 활용해야 한다.

성취기준은 수업목표로 기능하고 이를 준거로 평가도구를 개발하며 평가결과를 분석 · 해석해야 하기 때문에, 〈표 1–1〉과 같이 성취할 내용과 행동이 분명하게 드러나도록 행동목표 진술방식으로 기술될 필요가 있다. 대표적인 행동목표 진술방식으로 Mager 방식과 Gagné 방식을 들 수 있다.

Mager의 목표 진술방식은 전제조건, 수락기준, 도착점 행동으로 구성된다.

Mager의 목표 진술의 특징은 전제조건(상황)을 제시하는 데 있다. 동일한 행동목표라도 주어진 조건에 따라 행동은 전혀 다르게 표출되기 때문에 목표 진술에 있어서는 어떤 상황에서 그와 같은 행동이 나타나기를 기대하는가라는 조건을 제시해야 한다. 수락기준(준거제시)은 어느 수준에서 이루어야 성취했다고 받아들일 수 있는가 하는 기준을 의미한다. 그리고 도착점 행동(행동징표)은 교사와 학생이 상호작용한 후 나타내는 최종의 도착점 행동을 말하는 것으로 행위동사를 사용하여 나타내야 한다.

Gagné의 목표 진술방식은 상황, 도구, 행동, 대상, 학습능력으로 구성된다. Gagné는 목표를 학습자가 풀어야 할 과제로 보았기 때문에 상위와 하위의 학습과제들이 조직적으로 체계화된 형태로 목표를 제시해야 한다고 하였다. 기존의 교

구성요소: 전제조건 + 수락기준 + 도착점 행동

예시:

여러 사회, 경제적 조건과 요소를 배열한 표에서 학습자는 1929년 미국 경제공황의
(전제조건)

직접적인 원인이 될 만한 것을 적어도 5개 이상 선택할 수 있다.
(수락기준) (도착점 행동)

〈표 1-1〉 중학교 사회 1학년 「지역과 사회탐구」 단원의 성취기준 예시

대단원	중단원	성취기준
지역과 사회탐구	1. 지역의 지리적 환경	• 지역사회의 지리적 특징과 다양한 모습을 이해할 수 있는 여러 가지 방법에 대하여 알고 지도를 읽을 수 있다.
		• 지역사회의 지리적 특징과 다양한 모습을 이해하고, 여러 자료와 방법을 통하여 지역사회의 특성을 조사할 수 있다.
		• 지역 조사의 결과를 지도나 그래프로 나타낼 수 있다.
	2. 지역사회의 변화와 발전	• 사회가 변동하는 원인을 이해할 수 있다.
		• 각종 자료를 수집, 정리하여 과거와 달라진 지역사회의 현재 모습을 찾아낼 수 있다.
		…
		• 지역사회에 대한 각종 조사내용 또는 여러 의견들을 정리하여 발표, 토론할 수 있다.

육목표 분류학이 학습결과를 평가하는 것에 초점을 두고 있다면 Gagné는 수업을 위한 조건과 환경을 설계하는 데 주안점을 두고 있다. 그의 방식은 Mager의 방식과는 달리 행위의 대상을 목표 진술의 한 구성요소로 들고 있으며, 학습해야 할 능력을 세목화한 것이 특징이다. 또한 Mager에 포함되어 있는 수락 기준이 빠져 있으며 행동을 표시함에 있어서 핵심동사와 보조동사를 엄격히 구분하고 있다.

규준참조평가를 위한 평가도구가 학생들의 학업 성취 수준을 잘 변별해 주는 데 초점이 맞추어져 있다면 준거참조평가를 위한 평가도구는 수업에서 성취되어야 할 목표를 잘 드러내도록 구조화되어야 한다. 규준참조평가가 평가도구의 변별도와 신뢰도를 강조한 반면, 준거참조평가는 타당도를 강조한다. 준거참조평가의 장점으로는 무엇보다도 교육행위를 통해 교육목표를 어느 정도 달성했는지에 대한 구체적 정보를 제공해 줌으로써 교육과정과 교수-학습에 대한 개선 방향을 제시해 준다는 데 있다. 준거참조평가의 결과는 학습자 개인별로 충분히 학습된 부분과 학습에 곤란을 겪는 부분에 대한 구체적 정보를 제공해 주기 때문에 학습자의 학습을 도와줄 수 있고, 준거참조평가를 통하여 교사는 자신이 가르친 목표 중 어떤 목표를 학생들이 쉽게 성취한 반면, 어떤 부분을 어려워하는지 등에 대한 사실을 알 수 있기 때문에 자신의 교수방법을 개선할 수 있다.

규준참조평가가 학생 성취에 정상 분포를 가정한 반면, 준거참조평가는 교육이 효과적으로 수행된다면 누구나 설정된 교육목표를 달성할 수 있다는 전제하에 학생들의 성취에 대한 부적 편포를 가정한다. 필연적으로 우수한 학생이 있으면 열

구성요소: 상황 + 도구 + 행동 + 대상 + 학습 능력

예시:

① 배터리, 소켓, 전구, 전선 등을 제시했을 때 학생은 배터리와 소켓에 전선을 연결하여
(상황) (도구)

전구에 불이 들어오는가를 확인해 봄으로써 전기회로를 만들 수 있다.
(행동) (대상) (학습 능력)

② 한 장의 이력서를 주었을 때 컴퓨터를 이용하여 타자함으로써 한 장의 이력서 사본을
(상황) (도구) (행동) (대상)

만들 수 있다.
(학습 능력)

등한 학생이 존재할 수밖에 없는 규준참조평가와는 달리 준거참조평가는 교육적 처방과 노력에 의하여 개인차를 없앨 수 있고, 모든 학생이 교육목표에 도달할 수 있다고 본다. 준거참조평가는 집단 내에서 학생들 간의 비교를 전제로 하여 개인 간의 경쟁을 강조하는 규준참조평가와는 달리 경쟁보다는 학생들 간의 협력을 강조한다는 점에서 사회과 교육목표와도 부합한다.

이러한 장점에도 불구하고 여전히 우리나라 학교에서는 상급학교 입학이나 취업 등에서 상대적 서열에 따른 선발기능이 강조되기 때문에 여전히 준거참조평가보다는 규준참조평가가 중시된다. 준거참조평가는 준거 설정, 평가도구 개발, 채점, 분할점수 산출, 성취 수준 통보 등의 과정에서 교사가 기울여야 하는 노력과 시간이 규준참조평가보다 훨씬 많이 요구되고, 주관이 작용하기 때문에 평가의 신뢰성과 객관성 확보가 어렵다. 그래서 아직까지 준거참조평가는 우리나라 학교에서 평가 문화로 온전히 정착되지 못하고 있다.

실습문제 1

교육평가의 여러 관점에 따라 사회과 평가 목적을 구분하고, 각각의 특징 및 한계점을 비교 · 분석하시오.

실습문제 2

형성평가에 대한 설명으로 바르게 묶인 것은?

가. 평가의 주요 목적은 교수-학습방법의 개선에 있다.
나. 일련의 교수-학습과정이 종료되는 시점에 실시한다.
다. 평가도구 제작 시 성취기준에 근거하여 문항을 출제한다.
라. 평가 전문가가 개발한 표준화검사를 평가도구로 활용한다.

① 가, 나 ② 가, 다 ③ 가, 라
④ 나, 다 ⑤ 다, 라

실습문제 3

중학교 1학년 사회교사인 김 교사는 1학기 초에 우리나라 주요 행정구역, 산맥, 강의 위치를 묻는 문제로 구성된 간단한 시험을 실시하였다. 시험을 실시한 이유로 가장 적절한 것은?

① 시험 보는 기술을 훈련시키기 위해서다.
② 지리에 관한 흥미를 유발하기 위해서다.
③ 학생들의 선수 학습 정도를 파악해 보기 위해서다.
④ 한국지리에 관련된 그릇된 개념을 교정하기 위해서다.
⑤ 학생들의 성적과 흥미를 고려하여 반을 배치하기 위해서다.

실습문제 4

다음에서 준거참조평가와 관련된 특성을 바르게 묶은 것은?

가. 신뢰도보다는 타당도의 개념이 더욱 강조된다.
나. 평가 결과로 얻어진 점수의 의미는 중요하지 않다.
다. 개인 간의 득점차에서 발생하는 변량에 관심을 둔다.
라. 대부분의 학생이 성취수준에 도달할 수 있다는 신념에 기초한다.

① 가, 라 ② 가, 나, 다 ③ 가, 나, 라
④ 가, 다, 라 ⑤ 나, 다, 라

실습문제 5

다음은 학습 목표 진술 방식과 관련된 내용이다. 물음에 답하시오.

5-1) 박 교사가 진술한 학습목표를 Mager와 Gagné의 목표 진술 방법에 따라 재진술하시오.

박 교사가 진술한 학습목표:
사회 불평등 현상의 원인 및 해결 방안을 이해한다.

5-2) 박 교사가 진술한 학습목표와 Mager와 Gagné의 목표 진술 방법에 따라 재진술한 학습목표의 차이점을 서술한 후 Mager와 Gagné의 목표 진술 방법이 공통적으로 갖는 장점과 단점을 두 가지씩 제시하시오.

제2장

사회과 교육의 목표와 평가영역

1. 사회과 교육의 목표

2007년 개정 사회과 교육과정은 민주시민의 자질을 기르기 위한 사회과 교육의 일반목표를 다음과 같이 제시하고 있다.

> "사회 현상에 관한 기초적 지식과 능력은 물론, 지리, 역사 및 제 사회과학의 기본 개념과 원리를 발견하고 탐구하는 능력을 익혀, 우리 사회의 특징과 세계의 여러 모습을 종합적으로 이해하며, 다양한 정보를 활용하여 현대사회의 문제를 창의적이며 합리적으로 해결하고, 공동생활에 스스로 참여하는 능력을 기른다. 이를 바탕으로 개인의 발전은 물론, 사회, 국가, 인류의 발전에 기여할 수 있는 민주 시민의 자질을 기른다."

사회과 교육과정은 이러한 일반목표와 함께 이어 지식, 기능, 가치 · 태도영역의 세부목표를 제시하고 있다. 지식목표는 통합 사회과 교육목표와 지리 · 역사 · 일반사회의 목표로 구분하여 진술되었고, 기능목표는 사회과에서 길러야 할 사고

능력과 참여능력으로 구분하여 제시되었다. 그리고 가치 · 태도목표로서 개인과 사회생활을 민주적으로 운영하고 민주 국가와 세계의 발전에 적극적으로 이바지하는 태도를 강조하였다. 구체적으로 살펴보면 다음과 같다.

1) 지식목표

사회를 인식하고, 분석 · 해석할 수 있는 능력은 지리학 · 역사학 · 제반 사회과학에서 축적된 지식을 적절히 활용할 때 가능하다. 그런데 "수많은 지식 중에서 학교에서 어떤 지식을 가르칠 것인가?" 의 문제는 일반적으로 생각하는 것보다 훨씬 복잡하다. 이를 위하여 "과연 어떤 지식이 가장 기본적이고 가치 있는가?" 라는 문제에 대한 논의가 선행되어야 한다. 사회과 교육에서 "무엇을 가르칠 것인가?" 는 선택의 문제다. 사회과 교육의 학습내용은 기본적으로 지리학, 역사학, 제반 사회과학의 학문적 지식체계에 따라 선정된다. 그런데 문제는 배워야 할 사실, 개념, 일반화에 대한 목록이 끝이 없다는 것이다. 이러한 목록 중에서 유의미한 아이디어와의 관계가 증명될 수 있을 때만 가르칠 내용으로 선택될 수 있다.

학문적 지식체계는 사실, 개념, 일반화로 구성된다. 사실(fact)은 사회과 교육의 내용을 구성하는 재료로서 그 자체보다 일반적인 성격을 지닌 주제나 개념과 연결될 때 교육적으로 의미가 있다. 예를 들어, 정약용의 목민심서, 유형원의 반계수록이라는 구체적 사실은 실학이라는 역사적 움직임과 관련지어 볼 때 의미가 있고, 배수비우스화산 폭발이나 레가스피의 마욘화산 폭발은 화산지형이라는 개념과 관련지어 볼 때 의미가 있다.

개념(concept)은 인간이 일상생활에서 경험하는 많은 현상과 그 속성들을 특정 기준으로 범주화한 지식이라고 할 수 있다. 즉, 개념은 다양한 현상들을 직관적으로 경험하고, 그것들의 공통성을 추출하여 하나의 범주로 묶은 후 언어로 표현한 추상화의 결과다. 추상적 관념으로서 개념은 구체적이고 특수한 것들을 의미 있고 예측 가능한 유형으로 일반화시켜 줌으로써 사회를 인식하고 이해하는 데 도움을 준다. 다양한 개념들을 재개념화하면서 얻을 수 있는 최상위의 포괄적 개념을 기본 개념이라고 하는데, 이는 각 학문 및 교과의 특징을 부여하는 본질적 요소다. 그래서 사회과 교육에서도 이러한 기본 개념을 중심으로 배워야 할 대상을

선택하여 왔다.

Taba(1962)는 기본 개념과 유사한 핵심 개념이라는 용어를 사용하였는데, 핵심 개념은 다수의 특수 사실과 아이디어를 조직화하고 통합하는 실과 같은 역할을 한다. 그는 사회과 교육에서 배워야 할 핵심 개념으로 인과관계, 갈등, 협력, 문화적 변화, 차이, 상호 의존, 수정, 권력, 사회적 통제, 전통, 가치 등을 제시하였다. 일반화(generalization)는 두 개 이상의 사건이나 현상 혹은 개념들 사이의 관계를 나타내는 진술로서 인간의 행동과 그 관계를 설명하고 모델이나 이론을 만드는 역할을 한다. 핵심 개념이나 일반화는 구체적 사실에 의미를 부여하고, 구체적인 사실은 핵심 개념이나 일반화를 정당화한다.

그런데 학생의 경험과 삶 속에서 활성화되지 못하는 지식은 학문적 범주 내에 갇혀 있기 쉽고, 학생의 학습 동기와 학습의 필요성을 유발시키기 어렵기 때문에 생장력이 약하다. Resnick(1987)은 학교에서 배운 지식이 실생활에 전이되지 못한 원인을 교육내용의 탈맥락화(decontextualization)에서 찾았다. 학생들이 지식을 배우는 이유는 지식이 엄정한 이성과 감각 경험에 의해 발견 또는 획득된 진리이기 때문이 아니라 지식을 활용함으로써 사회 현상이 지니는 의미를 해석하고 자신과 관련된 문제를 더 잘 해결함으로써 삶이 풍부해지기 때문이다. 실제로 최근까지의 사회과 교육이 사실과 지식의 단순한 나열이었다는 비판을 받을 수밖에 없었던 것은 그러한 각 사실과 지식에 내재된 상위의 기본 개념과 생활 경험 간의 연결고리가 미약했기 때문이라고 할 수 있다.

Taba(1962)는 제반 사회과학적 지식 중 어떤 지식을 교육내용으로 다루어야 하는가에 대한 판단기준으로 과학적 타당성, 유용성, 학습 가능성, 지식 탐구방법을 제시하였다. 교육내용을 선택하는 기준은 지리학, 역사학, 제반 사회과학의 학문 구조에 비추어 과학적 타당성과 탐구방법을 지니고 있는 지식이어야 한다. 그리고 우리 사회의 정치적 · 사회적 · 경제적 · 도덕적 가치를 유지하거나 변화시킬 수 있도록 하는 사회적 요구와 학습자의 현재와 미래 삶에 도움이 될 수 있는 유용성에 비추어 선정되어야 한다.

그러나 무엇보다도 우선적으로 고려되어야 하는 기준은 가르칠 수 있는 내용이어야 한다는 것이다. 가르칠 가능성은 학습 가능성을 의미한다. 그러나 그 역이 항상 성립하는 것은 아니다. 다른 사람과 직접 혹은 간접적인 상호작용에 의하여

용이하게 전달될 때 학문적 지식은 가르칠 수 있는 것이 된다. 가르치는 것은 어떤 사람이 다른 사람의 학습에 영향을 미치려는 의도를 가지고 상호작용하는 과정이다. 학습이란 개인이 문화적 내용에 의미를 부여하는 과정으로, 문화적 항목에 대하여 각자 다르게 반응할 수 있으므로 가르치는 것과 학습하는 것이 일치하지는 않을 수 있다.

2007년 개정 사회과 교육과정은 네 가지의 지식목표를 제시하고 있다. 그중에서 첫 번째는 지리학 · 역사학 · 제반 사회과학의 종합목표로서 "사회의 여러 현상과 특성을 그 사회의 지리적 환경, 역사적 발전, 정치 · 경제 · 사회적 제도 등과 관련지어 이해한다."고 제시하고 있다. 지리영역은 특정 사회의 지리적 환경에, 역사영역은 역사적 발전과정에, 일반사회영역은 정치 · 경제 · 사회적 제도에 초점을 맞추어 관련된 주요 사실이나 기본 개념을 학습하도록 한다. 여기서 주목할 점은 각 영역에서 다루는 사실이나 개념을 사회의 여러 현상이나 특성과 관련지어 이해해야 한다는 것이다. 사회과 교육에서 다루는 주요 지식은 학생들이 생활하는 삶의 공간에서 일어나는 사회 현상과 밀접하게 관련되기 때문에 그것에 대한 학습은 구체적이고 실제적인 사회 현상과의 관계 속에서 이루어져야 한다. 예를 들어, 도시에 대한 지식을 가르치는데 그와 같은 지식이 학생 자신이 살고 있는 도시와 어떤 관련이 있는지를 이해하도록 함으로써 지식과 현실을 연결시키도록 해야 한다.

2007년 개정 사회과 교육과정은 종합적 지식목표를 제시한 후 지리 · 역사 · 일반사회의 지식목표를 각각 제시하고 있다. 지리영역의 목표는 '인간과 자연 간의 상호작용에 대한 이해를 통하여 장소에 따른 인간 생활의 다양성을 파악하며, 여러 지역의 지리적 특성을 체계적으로 이해' 하는 데 두었다. 이를 위하여 초등학교 수준에서는 자신이 살고 있는 고장과 지역의 인문 · 자연환경의 특성, 우리나라의 위치와 영역 및 여러 지역의 생활모습, 세계 여러 지역의 문화적 차이에 대한 기본 지식을 이해하도록 한다. 중학교 수준에서는 세계 주요 지역의 위치, 위치에 따른 경관 차이, 다양한 기후지역과 주민생활, 다양한 지형과 주민생활, 지역마다 다른 문화, 지역에 따라 다른 환경 문제 등을 세계적 수준에서 개괄적으로 이해한 후, 인구 · 도시 · 산업 · 자원 등에 대하여 실제 사례를 중심으로 체계적으로 학습하도록 한다. 그리고 고등학교에서는 기후 환경의 특색과 인간 생활에 미친 영향,

다양한 지형 경관의 형성과정과 인간 생활에 미친 영향을 종합적이고 체계적으로 이해하도록 하고, 자연 경관을 바탕으로 형성된 문화 환경의 특성을 각 지역의 지리적 다양성이라는 관점에서 이해하도록 한다.

역사영역은 '각 시대별로 우리나라의 역사적 전통과 문화의 특수성을 파악하여 민족사를 체계적으로 이해하며 이를 바탕으로 인류 생활의 발달과정과 각 시대의 문화적 특색을 파악' 하는 것을 지식목표로 제시하고 있다. 이를 위하여 초등학교 수준에서는 고장과 지역의 과거 역사적 인물, 사건, 유물, 유산 등을 통해 생활모습을 이해하고, 우리나라 역사를 선사시대부터 현대에 이르기까지 시대별로 개괄하도록 한다. 중학교에서는 우리나라 역사를 시대별로 이해하도록 구성하고, 종교 · 문화권 · 교류 · 산업화 · 국민국가 · 근대국가의 형성과 발전 등 각 시대를 대표하는 문화적 특색을 중심으로 세계사를 이해하도록 한다. 그리고 고등학교에서는 우리나라 역사를 세계사와 관련지어 종합적으로 이해할 수 있도록 우리나라 근현대사와 동아시아 및 세계 정세의 변화를 관련지어 체계적으로 제시하고 있다.

일반사회영역은 '사회생활에 관한 기본 지식과 정치 · 경제 · 사회 · 문화 현상에 대한 기본 원리를 종합적으로 이해' 하는 데 그 목표를 두고 있다. 이를 위하여 초등학교 수준에서는 고장 · 지역 수준의 공공기관의 기능과 주민자치활동을 통해 민주주의, 참여, 선거, 중앙정부와 지방정부의 관계 등을 이해하고, 우리나라 경제성장의 특징, 법의 의미와 기능, 국가기관의 권한과 기능 등에 대한 기본 지식을 이해하도록 한다. 중학교에서는 사회 · 문화 · 법 · 정치 · 경제에 대한 기본 지식을 습득하도록 하고, 고등학교에서는 사회변동과 문화, 인권 및 사회 정의와 법, 정치과정과 참여 민주주의, 경제 성장과 삶의 질, 국민 경제와 세계화라는 다섯 가지 주제를 중심으로 정치 · 경제 · 사회 · 문화 현상에 대한 지식을 체계적으로 이해하고, 사회현상을 통합적으로 볼 수 있도록 하고 있다.

2) 기능목표

2007년 개정 사회과 교육과정은 기능영역에 해당하는 목표를 다음과 같이 탐구능력, 합리적 의사결정능력 등 사고능력과 참여능력으로 구분하여 제시하고 있다.

"사회 현상과 문제를 파악하는 데 필요한 지식과 정보를 획득, 분석, 조직, 활용하는 능력을 기르며, 사회생활에서 나타나는 여러 문제를 합리적으로 해결하기 위한 탐구능력, 의사결정능력 및 사회참여능력을 기른다."

(1) 사고능력: 문제해결 및 의사결정능력

사회과 교육목표로서 사고능력은 제2차 세계 대전이 끝난 후 미국에서 대외적인 문제보다 계층 간 갈등 · 남녀차별 · 인종문제 등 사회문제가 제기되고, 인쇄미디어의 보급으로 지식이 폭증하면서 사회과학적 지식의 구조와 가치중립적인 탐구능력을 함양하여 학습자의 문제해결능력을 높이자는 주장이 제기된 후 지속적으로 강조되었다. 사고능력을 강조하는 사회과 교육은 주로 사회과학적 지식과 그 지식을 발견하는 과학적 사고와 방법에 대한 신뢰를 전제한다. 사회과 교육에서 사고능력을 강조하는 것은 사회과학의 개념과 법칙을 이해하고 응용할 뿐만 아니라 이러한 학습과정을 통하여 사회문제에 관심을 갖고 해결하는 데 요청되는 사고방식 자체를 습득하게 되는 것을 의미한다.

사고능력은 시민이 갖추어야 할 기본적이고 중요한 자질로서 평가된다. Marshall(1950)은 시민성을 공동체의 모든 구성원에게 부여된 지위로 해석함으로써 시민이 된다는 것의 의미를 분명하게 하였는데, 그가 전제하는 것은 인간의 이성과 이성적 개인으로 구성된 시민사회에 대한 믿음이다. 근대 모더니즘의 정초를 마련한 베이컨과 데카르트 이후 서구 문화는 이성에 의한 비판적 사고능력에 따른 논리적이고 합리적인 주장이야말로 진실의 근거이고 정당성의 기초라고 하면서 사고하는 능력을 최고의 가치로 부각하였다. 로고스의 강조는 회의를 통하여 신화와 편견을 제거하고 신화 속에 감추어진 인간의 이성을 드러내며 모든 학문의 진리, 즉 아르키메데스의 지렛점에 도달하는 밑거름이 된다고 믿었다. 이런 점에 있어서 근대성은 로고스를 중심으로 이루어졌다.

사고하는 인간은 개인적 이익을 추구하는 경제적 인간을 의미하지 않는다. 대공황을 겪으면서 목전의 이익을 좇는 경제적 인간의 이성적 행동은 오히려 공멸이라는 반이성적 결과를 초래한다는 것을 경험하였다. 개인 수준의 이성적인 결정이 국가와 사회 전체에 최적의 결과를 보장해 주지 않는 것이다. 단순히 손익계산의 논리로 행동하는 경제적 인간은 공정성과 형평성의 원칙에 따른 사회계약

의 이행을 주저한다. 진정으로 사고하는 인간은 자신의 권리를 행사하고 의무를 수행하는 데 합리적이고 책임감 있으며 정의로운 사람이다.

1983년 미국의 「위기에 처한 국가(A Nation at Risk: The Imperative for Educational Reforms)」라는 연구보고서에서 책임 있는 민주 시민의 자질 부족, 타인과의 의사소통능력의 취약 등이 모두 '사고능력의 결여'로부터 기인한다고 보고된 후, 사고능력은 민주 시민으로서 갖추어야 할 기본 능력으로서 더욱 주목받았다. 보고서 발간 이후 사고능력은 교육의 선택 사항이라기보다는 교육 받을 도덕적 권리로 간주되었다. 그래서 개인이 합리적으로 문제를 해결하고 의사결정할 수 있는 능력을 가지고 사회의 시민으로서 살아가도록 하는 것은 사회과 교육이 성취해야 할 주요 과제와 책임으로 강조되고 있다.

사회과 교육에서 이루어진 사고능력의 교수-학습에 대한 대부분의 연구는 주로 사고기술(skill)을 가르치기 위한 수업 절차의 모형화에 집중되었다. 탐구와 문제해결과정 등 사회과에서 가르치고자 하는 사고능력은 맹목적인 사고와 판단보다는 합의된 지식을 기초로 하여 구체적 자료 분석 및 해석을 요구하는 체계적인 과정이다. 탐구와 문제해결과정은 일반적으로 문제 제기→용어 정의→가설 설정→가설 검증을 위한 자료 수집→자료 정리 및 분석→가설 검증→결론 도출의 과정을 거친다.

Banks(1990)는 사실문제와 가치문제에 대한 사고과정을 세분하였는데, 사실문제에 대해서는 6단계, 가치문제에 대해서는 9단계의 사고과정을 거쳐 탐구하도록 하였다. 그리고 Massialas와 Cox(1966)도 탐구수업 절차를 특정 문제로의 안내→가설 설정→용어 정의→가설 입증을 위한 증거 탐색→증거 제시→일반화의 단계로 제시하였다. Oliver와 Shaver(1966)는 의사결정능력을 가르치기 위하여 공공 쟁점(Controversial Public Issues; CPI)을 학습내용으로 끌어들여 개념의 명료화→경험적 증거에 의한 사실의 증명→가치 갈등의 해결이라는 학습 절차를 제시하였다. Engle과 Ochoa(1988)도 합리적 의사결정능력을 가르치기 위한 학습 절차로 문제 인식과 정의→가치 가정 인식→대안 인식→결과 예측→결정 도출→결정의 정당화→결정의 임시성 인식 등 7단계를 제시하였다.

Parker(1991: 354)는 탐구능력, 문제해결능력 및 의사결정능력과 같은 사고능력을 가르치기 위해 사회과 교육에서 이루어진 연구를 검토한 후 "바람은 열정으로 남아 있을 뿐 아직 실현되지 못하였다."고 결론지었다. McPeck(1981: 4; 노경주, 2002: 60에서 재인용)은 "사고는 항상 X에 관하여 생각하는 것이며, X는 결코 '일반적인 모든 것' 일 수 없고, 항상 특수한 어떤 것이어야 한다는 개념적 진리의 문제다."라고 주장하면서, 일반적 사고기술의 전이 가능성을 부정하였다. 그리고 McLaren(1994) 또한 비판적 사고를 사회정치적 실행의 맥락에서 가르쳐야 한다고 주장하면서 사고능력에 대한 모식화를 통한 교육공학적 접근을 비판하였다.

사회과 교실 수업 수준에서 사고능력을 기르기 위해서 무엇보다 우선적으로 고려할 것은 사고의 절차가 아니라 비판적으로 생각할 수 있는 과제 혹은 문제다. Brown(1997)은 사고능력을 가르칠 때 현실 문제가 학생들의 적극적인 참여 동기를 부여하고, 현실로부터 도출한 문제가, 즉 정의되지 못하고 복잡하게 뒤엉킨 문제가 사고능력을 요구하기 때문에 문제를 현실 세계로부터 도출해야 한다고 주장하였다. 특히 학생 자신과 관련되어 자신이 해당 과제에 어떤 영향을 미칠 수 있는지를 고려하거나 행할 수 있는 기회가 제공되는 과제를 개발하는 것이 중요하다.

(2) 참여능력

프랑스 혁명 이후 근대 시민의 개념은 정치적 의사결정 과정에 참여하는 주체로 그려지고, 개인은 자율적 선택자이자 스스로의 판단과 행동에 책임지는 적극적인 주체로 간주된다. 최근 사회과 교육에서는 능동적이고 책임감 있는 참여능력을 가진 시민으로의 성장을 강조하고 있다. 참여능력은 사회생활에 참여하거나 사회적 행위를 직접 경험하고 반복적으로 행함으로써 체득하게 된다. 참여능력은 사고능력에 실재성을 부여한다. 왜냐하면 참여능력은 복잡한 사회 상황에서 어떤 행위가 가장 민주적인가를 심사숙고하여 선택하는 사고 활동과 그 선택에 따라 실천하려는 경향을 포함하기 때문이다(박상준, 2005).

참여의 메타포는 사회적 자아로서 학생의 정체성 형성과 떼려야 뗄 수 없는 기초를 공유한다는 사실에 정당화된다. 활동체계에서 참여자는 행위를 수행하는 동시에 의미를 할당한다. 행위와 의미는 동전의 양면이다(Zinchenko & Davydov, 1985: x). 행위는 기본적으로 의미에 의해서 정의되고, 활동체계는 그것에 부여된 의미를 강화함으로써 살아남고 발전하며, 활동체계에 참여한 개인은 다른 참여자가 해당 행위에 의미를 부여할 때 힘을 얻을 수 있다. 활동체계에서 진정한 참여

자가 되기 위해서는 행위를 관찰 · 분석하여 행위 이면에 숨겨진 의미를 도출할 수 있어야 한다.

행위는 참여자가 참여 자체를 개인적으로 유의미한 것으로 만드는 과정에서 탐구 가치가 있는 공적인 것으로 전환된다. 그리고 개인의 특성은 공적 과정에 참여하면서 공적 · 문화적 의미가 개인적 감각으로 전환되는 과정에서 내면화되고 공공화된다. 따라서 활동체계에 참여자로서 개인 발달은 문화적 도구나 목록을 사유화하는 것으로 한정되는 것이 아니고, 개인의 정체성을 발달시키거나 새로운 정체성을 형성시키는 것으로 확장된다.

지식과 사고기술의 획득만으로는 사회의 참여자가 되기 어렵다. 참여는 실천공동체의 구성원이 된다는 의미이고, 이것은 개인 스스로 사회 구성원으로서 자신을 인식하며 자신의 행위에 대한 책임을 질 수 있다는 것을 뜻한다. 학생은 실천공동체에 참여함으로써 자신이 누구인지를 해석하고, 그 과정에서 자신의 정체성을 형성해 갈 수 있다. 정체성은 참여과정에서 그 구체성과 실재성을 획득할 수 있고, 참여는 사회문화적 상황 속에서 실제로 활동을 통하여 특정 문화에 속한 구성원 간에 서로 의미 있는 관계를 형성할 때 비로소 성립된다.

White(1985)의 주장처럼 개인은 각자 속한 집단 속에서 의사결정과정에 실제로 참여함으로써 참여에 필요한 기술, 태도, 능력을 획득할 수 있다. 참여능력을 가르치기 위한 사회과 교육은 학교와 마을에서 학생들이 경험할 수 있는 사례를 중심으로 사회적 행위의 의미를 이해하도록 하고, 다양한 선택 상황을 제시하여 참여와 행위를 체험하도록 하며, 그러한 체험을 토대로 민주적이라는 개념을 스스로 깨닫도록 학습 환경을 구조화할 필요가 있다. 그리고 참여능력을 학습하도록 사회적 행위방식과 개인의 내부에서 일어나는 사고 활동을 끊임없이 매개할 수 있는 과제를 제시하여 개인 내부의 사고과정이 외부 사회에서 요구하는 민주적 실천행위로 연결되도록 해야 한다.

3) 가치 · 태도목표

2007년 개정 사회과 교육과정은 가치 · 태도영역의 목표를 다음과 같이 명시하였다.

"개인과 사회생활을 민주적으로 운영하고, 우리 사회가 당면한 문제들에 관심을 가지고 민주 국가 발전과 세계의 발전에 적극적으로 이바지하려는 태도를 가진다."

2007년 개정 사회과 교육과정에서 명시하고 있는 기본 가치는 개인과 사회생활을 민주적으로 운영하는 한편, 국가 발전과 세계 발전에 기여하는 것이다. 개인과 사회생활을 민주적으로 운영하는 데 필요한 자질은 인간의 존엄성, 합리적 의사결정, 사회참여와 비판, 공동체에 대한 협력과 연대의식 등으로 이는 시민적 하부구조라고 할 수 있는 민주적인 시민성 및 시민 문화의 정착을 성숙시키는 전제조건이다. 서구 사회과 교육에서도 개인과 사회생활을 민주적으로 운영하도록 하기 위해서 어떻게 가르칠 것인가의 문제는 가장 소중하면서도 가장 성취하기 어려운 교육목표로, 이것의 교수 가능성을 탐색하기 위하여 많은 노력을 수행하여 왔다(Leming, 1998: 61).

1946년 12월 미군정이 도입한 미국 사회과 교육 모델을 기초로 탄생한 한국의 사회과 교육에서도 개인과 사회생활을 민주적으로 운영할 수 있는 태도와 가치를 사회과 교육의 주요 목표로 수용하였다. 국가나 사회 부속품이 아닌 스스로의 힘으로 사회문제를 해결하고 민주주의를 발전시켜 나가는 민주 시민의 자질과 역할이 강조된 것이다. 심지어 교수요목에서는 교수방법까지도 민주적으로 할 것을 구체적으로 명시하고 있다(차경수, 모경환, 2008: 73).

그러나 최근까지 이와 같은 사회과 교육목표는 교육과정의 문구로 사문화된 채 한국적 이론화의 시도와 교실 상황에서의 실천적 경험이 뒷받침되지 못했다고 평가된다. 이는 교육과정의 '조숙성'으로 규정될 수 있는데, 이때 조숙하다의 의미는 한국인의 경험과 인식 수준이 서구인들이 의미하는 개인과 사회생활을 민주적으로 운영하기에는 일천한 상태에서 너무 빨리 그리고 너무 쉽게 교육과정에 도입된 것을 의미한다.

한국의 시민사회 형성이 민주주의로의 실행과정에서 제도와 실행 간의 불완전한 모습으로 발전하여 왔듯이 사회과 교육의 가치 · 태도목표로서 개인과 사회생활의 민주적 운영 또한 제도화와 교실 수업 간에 불일치되는 모습을 보여 왔다. 해방 이후 1980년대 말까지 실제로 한국 사회가 요구하는 바람직한 시민상은 민

주적으로 개인의 삶과 사회생활을 운영하는 사람이라기보다는 미국식 민주주의 이념과 가부장적 권위주의 그리고 반공의식을 가진 사람이었고, 사회과 교육에서 이러한 특정 가치나 신념을 학생들에게 주입하는 방식으로 가르쳐 왔다.

2007년 개정 사회과 교육과정에서 명시한 또 다른 가치 · 태도영역의 목표는 국가 발전과 세계 발전에 기여하는 시민을 기르는 것이다. 국가 발전을 강조하는 사회과 교육은 한국 사회에서 오랜 중앙관료제와 유교적 전통으로 유지되어 온 국가가 갖는 위치에 기초한다. 한국의 경우 사회생활의 기본 단위는 개인이 아니라 가족인데, 가부장적 원리를 토대로 공적 영역과 사적 영역을 결합시켜 국민들의 일상생활영역을 일차적으로 가족에, 나아가서는 가족의 외연인 국가에 예속시켰다(김호기, 1995: 275). 한국에서 오랜 중앙관료제의 경험 · 유교적 전통 · 미군정 통치와 한국 전쟁 및 냉전의 경험에 따라 국가의 우위성이 더욱 강화되었고, 국가와 시민사회의 경계선이 모호했으며, 시민사회는 국가에 흡수되었다고 할 정도로 종속적이었다(최장집, 2005: 226). 해방 이후 국가가 시민사회에 대한 '위계적 통제'가 지배적인 조직 원리로 군림하여 왔기 때문에(임혁백, 1993: 90) 한국 상황에서 국가는 사람들이 태어날 때부터 의심할 여지가 없는 실체이고 사회에 대한 관념은 존재하지 않았다.

1969년에 국민교육헌장이 선포되고, 1973년에는 국적 있는 교육을 제창하여 주체적이고 강력한 국력 배양을 국가교육이념의 바탕으로 삼았다. 1963년부터 1981년 이전까지 한국 사회과 교육은 반공교육과 국민정신교육 및 국가에 대한 충성과 애국심을 주입하고 민족중흥의 새 역사를 창조할 정책교과로서 중요한 구실을 하였다. 1980년대 들어와서도 학교교육은 국가체제 안에서 이루어져야 한다는 논리하에 교육의 전체성이 강조되었고, 여전히 국민정신교육을 강조하였다(박환이, 1998: 6-8). 이러한 국민정신교육은 사회과 교육의 시민성 전달 모형에 기초한다. 시민성 전달 모형은 개혁의 필요성보다는 안정성을 강조하며 기존 사회질서에 근본적으로 모순되지 않은 변화만을 수용하는 사회화 기능론에 입각한 교육 모형이다. 여기서 지향하는 시민성은 특정의 관습 · 신념 · 가치 · 규범에 충실하고 순응하는 사람이다(Giroux, 1983: 178).

1960년대 초반 Parsons의 기능론적 관점에서 보면, 집단적 규범은 사회적 행위를 조직하고 사회적 질서를 가능하게 하는 규칙으로 다루어졌고 이는 교육이나 사회적 경험을 통하여 개인에게 내면화되어 사회적 질서가 유지되는 기제로 작동한다. Garfinkel(1964)은 Parsons의 설명체계에서 일상적 개인을 외부의 사회적 힘이나 이의 내면화된 내부의 동기에 의해 움직이는 꼭두각시로 간주한 것이라고 비판하였다.

그런데 1980년대 후반 집중화된 권위주의 국가에 대응하는 민주화 운동은 한국 시민사회의 형성을 촉발하였다. 1987년 이후 제한적 · 형식적 민주화 과정에서 관찰되는 시민사회의 분화는 국가와 시민사회의 다층적 대결구도로 이행했음을 의미한다(김호기, 1995: 328). 국가와 시민사회의 다층적 구도 형성은 민주화의 쟁점을 시민사회 내 다양한 영역으로 확산시키는 계기를 제공하였고, 민주화의 사회적 기반을 확대하여 왔다(김호기, 1997: 239). 이러한 사회 분위기에 따라 1990년대에 들어와서야 한국의 사회과 교육은 비로소 민주적으로 사고하고 행동하는 시민에 관심을 갖기 시작하였다.

1980년대 후반부터는 반공주의를 바탕으로 구축된 보수적 기득 이익의 지지를 받아 헤게모니를 장악한 국가가 해체되고, 1997년 IMF 관리체제를 거치면서 앞다투어 수용한 세계화로 새로운 사회 균열이 한국 사회를 강타하였다. 이 과정에서 국가에 반하는 한국의 시민사회 테제는 더 이상 민주주의를 지키고 발전시키는 수호자의 역할에서 벗어났고 따라서 민주화 과정에서 나타났던 건강성도 더 이상 보여 주지 못하였다(최장집, 2005: 227). 그리고 한국의 시민 문화는 여전히 이기적 가족주의와 보수적 권위주의, 민족주의에 침전되어 있으며, 개인은 자신들이 만들어가는 공동체로서의 사회에서보다는 주어진 국가라는 집단에서 자신의 정체성을 찾았다. 이를 통해 한국 사회에서는 자유롭고 비판적이며 관용적인 개인성보다는 이기적인 개인주의와 온정주의가 확산되고 있다.

한국의 사회과 교육은 학생들에게 변증법적 사고를 통한 주체적 자기 인식을 촉진하고 주변의 인적 · 사회 · 자연환경과의 조화를 이룰 수 있는 이기 · 이타적 공정심과 책임감을 지닌 시민성을 기르는 것이 무엇보다 강조되어야 한다. 그리고 한국의 사회과 교육은 가치중립적 훈련형태의 교육에서 가치지향적 교육의 목적과 방법으로 전환되어야 하고, 교사와 학생 간의 기계적 상호작용에서 비판적 사고와 반성적 사고를 바탕으로 한 능동적 상호작용으로 변환되어야 한다. 한국의 사회과 교육에서 개인과 사회생활의 민주적 운영은 배타적 개념으로 전면에

나서기보다는 오히려 자신이 속한 공동체와 사회적 실행에 참여하는 과정에서 자연스럽게 배우는 능력으로 재개념화되어야 할 것이다.

2. 사회과 평가영역

1) 우리나라의 사회과 평가영역

사회과 평가영역은 사회과 교육목표로부터 추출된다. 따라서 우리나라 사회과 평가영역은 사회과 교육과정에 제시된 교육목표를 고려하여 지식영역, 문제해결 및 의사결정영역, 의사소통 및 참여영역, 가치 · 태도영역으로 구분될 수 있다.

(1) 지식영역

지식영역은 교육목표의 지식목표에 해당된다. 지식영역에서는 해당 학교급에서 반드시 배워야 할 지리학, 역사학, 제반 사회과학의 기본 사실과 개념 그리고 일반화에 대한 이해 정도를 평가한다.

(2) 문제해결 및 의사결정영역

교육목표의 '사고능력'은 '문제해결 및 의사결정영역'에서 평가된다. 문제해결영역에서는 사회 현상에 대한 문제를 제기하고 사회과와 관련된 자료와 정보를 수집하여 문제별 · 특정 관점별로 분류 · 정리하고 각종 정보 및 자료를 분석 · 해석하여 사실과 의미를 추론하며 결론을 도출할 수 있는 탐구능력에 초점을 맞추어 평가한다. 즉, 문제해결영역은 사회과와 관련된 자료와 정보를 수집하여 문제별 · 특정 관점별로 분류 · 정리할 수 있고 그 자료로부터 물음을 제기할 수 있으며, 각종 정보 및 자료를 분석 · 해석하여 사실과 의미를 추론하고 결론을 도출할 수 능력을 측정한다.

그리고 의사결정영역에서는 서로 다른 가치관과 이해관계를 지닌 집단이 특정 쟁점에 대해 그들의 의견을 모아, 집단 전체의 의사결정과정을 요구하는 과제를 중심으로 선택 가능한 여러 대안 중에서 한 가지를 합리적으로 선택할 수 있는 능

력을 중심으로 평가한다.

(3) 의사소통 및 참여영역

교육목표의 기능영역 중 '참여능력' 은 '의사소통 및 참여영역' 에서 평가된다. 그런데 참여능력은 학교평가 상황에서 신뢰성 있고 타당하게 측정되기 어려운 능력이므로 참여능력의 하위능력이면서 비교적 쉽게 측정 가능한 의사소통능력을 강조하여 평가영역을 '의사소통 및 참여영역' 이라고 명명하였다.

참여영역에서는 앞서 언급한 바와 같이 학교와 지역사회의 주요 활동에서 책임감을 가지고 협상 · 결정하는 과정에 참여하는 과정을 강조하고, 행위의 체험과 연습을 통하여 행위능력 중심으로 평가한다.

의사소통능력은 지식의 습득과 구성 및 문제해결과정에서 도출된 결과를 나타내고 이를 타인과 공유하는 과정에서 요구되며 의사소통영역에서는 이 능력을 평가한다. 특히 글이나 말, 혹은 그림을 가지고 자신의 생각을 나타낼 수 있는 능력, 언어적 정보를 시각화하는 능력, 표 · 그래픽 · 지도 등에 나타난 정보를 언어적 정보로 번역 · 기술하는 능력 등을 측정한다.

(4) 가치 · 태도영역

가치 · 태도영역에서는 인간행위와 사회 환경에 대한 다양한 관점을 수용하고, 사회적 합의성을 탐색하며, 타인의 기본 가치에 대하여 존중하고, 사회과의 학습 내용에 흥미 · 관심 등을 내면화하는 정도를 측정한다.

2) 외국의 사회과 평가영역

(1) 미국

미국의 경우 우리나라와는 달리 지리, 역사, 시민교육으로 구분하여 평가한다. 지리과목은 평가영역을 〈표 2-1〉에서 볼 수 있듯이 내용영역과 행동영역으로 구분하였는데, 내용영역은 '공간과 장소' '환경과 사회' '공간적 역동성과 공간관계' 이고, 행동영역은 인지적 차원(cognitive dimension)을 중심으로 크게 기억, 이해, 적용으로 분류하여 기술하고 있다. 기억은 학생들에게 배우기를 기대하는

〈표 2-1〉 미국 NAEP의 지리과목의 평가영역

인지영역	내용영역		
	공간과 장소	환경과 사회	공간적 역동성과 관계
기억	세계에서 가장 넓은 열대우림은 어디에 있는가?	노천 광산으로부터 발굴되는 광물 자원은 무엇인가?	인간 이주의 요인은 무엇인가?
이해	왜 열대우림은 적도부근에 입지하는가?	일반광산과 노천광산이 경관에 미치는 영향을 설명하시오.	근대에 멕시코인과 쿠바인이 미국으로 이주한 이유에 대하여 설명하시오.
적용	열대우림이 변종에 미친영향에 대하여 논하시오.	노천광산지역에 경제적 · 환경적 이해를 결합시킬 수 있는 방안에 대하여 제시하시오.	미국에서의 쿠바와 멕시코의 이민자의 취락과 고용을 비교하시오.

지리적인 개념과 용어를 아는 것을 의미하고, 이해는 그들이 그것의 의미에 대하여 생각하는 것이며 적용은 그것을 실제 생활에 응용하는 것을 뜻한다. 기억은 대체로 "무엇인가?" "어디에 있는가?"를 묻는 것이고, 이해는 "왜 거기에 있는가?" "어떻게 거기에 있는가?"이며, 적용은 "어떻게 지식과 이해를 바탕으로 지리적 문제를 해결하는가?"로 질문한다. 내용영역은 〈표 2-2〉와 같이 주제, 하위주제, 학교급별 성취기준으로 구성되고 공간과 장소에서 40%, 환경과 사회에서 30%, 공간적 역동성과 공간 관계에서 30%가 출제된다. 12학년까지 학생들은 이해와 적용에 이용되는 사실과 개념을 습득해야 하며 〈표 2-3〉에서 볼 수 있듯이 적용은 학년이 높아질수록 그 비율이 높아진다.

역사과목의 경우 내용과 행동영역을 종합하여 '미국사의 중심 주제' '미국사의 시기 구분' '역사에 대한 인식과 사고의 방법'이라는 평가영역을 설정하였다. 미국사의 중심 주제는 '미국 민주주의에서 변화와 지속' '사람 · 문화 · 이념의 집적 및 상호작용' '경제적 · 기술적 변화 및 그것과 사회 · 이념 · 환경과의 관계' '세계 속에서 변화하는 미국의 역할'이다. 그리고 미국사의 시기는 미국 역사의 시작으로부터 현대 미국에 이르기까지 8개의 시기로 구분된다. 8개의 시기는 ① 3개의 세계와 미국에서의 3개 세계의 만남(시작~1607), ② 식민화, 정착, 지역사회(1607~1763), ③ 혁명과 새로운 국가(1763~1815), ④ 팽창과 개혁(1801~1861), ⑤ 연방의 위기: 남북전쟁과 재건(1850~1877), ⑥ 근대미국의 발전(1865~1920), ⑦ 근대미국과 세계 대전(1914~1945), ⑧ 현대미국(1945~현재)이다. 그리고 미국

〈표 2-2〉 NAEP 지리 평가영역 중 내용영역 구조와 출제 비율

<table>
<tr><th></th><th>주제</th><th>하위 주제</th><th>성취기준</th></tr>
<tr><td rowspan="9">공간과 장소
(40%)</td><td rowspan="6">장소와 지표면상의 공간유형, 그와 같은 공간유형을 형성하는 자연적·인문적 과정과 관련된 지식</td><td rowspan="3">자연특징과 주요 지형, 기후, 식생과 같은 자연환경 유형</td><td>4학년
세계지도를 보고 대륙과 해양의 위치와 명칭을 안다.</td></tr>
<tr><td>8학년
세계지도를 보고 주요 산맥과 사막과 같은 특정 자연지역의 위치와 명칭을 안다.</td></tr>
<tr><td>12학년
세계지도를 보고 아마존 강의 배후습지와 지구대를 구분하는 등 특정한 자연적 특징의 위치와 명칭을 안다.</td></tr>
<tr><td rowspan="3">도심, 농업지역, 정치적 분화와 같은 인문환경의 특징과 유형</td><td></td></tr>
<tr><td></td></tr>
<tr><td></td></tr>
<tr><td>기본적인 지리 개념과 방법</td><td></td><td></td></tr>
<tr><td>자연지리 기초</td><td></td><td></td></tr>
<tr><td>인문지리 기초</td><td></td><td></td></tr>
<tr><td>환경과 사회
(30%)</td><td></td><td></td><td></td></tr>
<tr><td>공간적
역동성과
관계(30%)</td><td></td><td></td><td></td></tr>
</table>

〈표 2-3〉 NAEP 지리 평가영역 중 행동영역의 구조와 출제 비율

	기억	이해	적용
4학년	45%	30%	25%
8학년	40%	30%	30%
12학년	30%	30%	40%

사에 관한 인식 및 사고의 방법은 '역사 지식과 전망에 대한 평가'와 '역사의 분석과 해석에 대한 평가'로 구성된다. 역사 지식과 전망에 대한 평가는 사람, 사건, 개념, 주제, 변화,맥락에 대한 지식을 이해하고, 시계열적 사건과 사료 등을 다양한

관점에서 인지하며, 미국사에 대한 일반적 개념화를 도출하는 것을 대상으로 한다. 역사의 분석과 해석은 쟁점에 대한 설명, 역사 유형의 명료화, 인과관계 확립, 가치진술 발견, 의미도출, 역사 지식 적용, 타당한 결론을 도출하기 위한 증거 숙고, 타당한 일반화 도출, 과거에 대해 통찰력 있는 설명 등을 대상으로 한다.

시민교육의 평가영역은 '지식', '인지적 기능과 참여기능', '시민으로서의 자질 혹은 성향' 등으로 구분되는데 이러한 구분은 우리나라의 사회과 평가영역 구분과 유사하다. 지식영역은 '시민 생활 · 정치 · 정부란 무엇인가?' '미국 정치체제의 근본은 무엇인가?' 등과 같이 정치철학자 및 정치가뿐만 아니라 일반 시민들이 끊임없이 관심을 가지고 있는 내용이 여러 가지 질문의 형식으로 구성되어 있다. 인지적 기능은 민주주의 헌법체제에서 시민 생활을 통해 일어나는 문제에 효과적으로 대응하기 위하여 지식을 어떻게 활용할 것인가와 관련된 것이고, 참여기능은 시민으로 하여금 다른 사람과 함께 활동하고 이익과 관심을 명료하게 하고 합의를 도출하며, 타협하고 갈등을 조절할 수 있는 능력을 의미한다. 시민으로서의 자질 혹은 성향은 정서적인 경향성 혹은 습관을 의미한다. 시민으로서의 성향은 사회의 독립적인 성원이 되고, 개인의 가치와 인간의 존엄성 숭상 등이 포함된다.

(2) 영국

영국의 경우도 미국과 마찬가지로 지리, 역사, 시민교육으로 구분하여 평가한다. 영국의 지리과목의 평가영역은 '지리적 탐구' '지리적 기능' '장소에 대한 지식과 이해' '유형과 과정에 대한 지식과 이해' '환경 변화와 지속가능한 발전에 대한 지식과 이해' 다.

역사과목은 과거 인간 삶과 생활방식 및 사건과의 끊임없는 의사소통을 통하여 현재 자신의 삶을 넓은 차원에서 분석 · 해석하여 미래의 보다 나은 삶의 방향을 설정할 수 있도록 가르치고, '연대기와 역사적 생활 모습과 사건' 등에 대한 이해뿐만 아니라 '역사 탐구' 및 '의사소통기능' 으로 평가영역을 구분한다.

영국의 시민교육은 정치적 · 경제적 · 사회적 · 문화적 · 종교적 쟁점과 문제에 대하여 관심을 가지고 탐구하며, 그들의 공동체에서 책임감 있는 시민으로서 살아가는 데 요구되는 자질 함양에 그 목적이 있다. 학생들이 정치적 · 정신적 · 도덕적 · 사회적 · 문화적 쟁점 · 문제 · 사건에 대하여 고려할 수 있고, 그들의 일상 생활과 커뮤니티에 영향을 주는 법적 · 정치적 · 종교적 · 사회적 · 경제적 제도와 체계의 역할을 확인할 수 있도록 한다. 그리고 그들은 학교 · 이웃 · 보다 넓은 공동체에서의 삶에 활발하게 참여하고, 공적인 삶의 영역에서도 책임감 있게 일을 수행함으로써 학교 · 지방 · 국가 · 세계 수준에서 민주주의와 다양성에 대하여 배우고 그 영역을 중심으로 평가한다.

실습문제 1

사회과교육 목표를 지식, 기능, 가치 · 태도 영역으로 구분하여 진술하고, 사회과교육 목표영역과 평가영역의 관계에 대하여 서술하시오.

제3장

사회과 평가 방향과 절차

1. 사회과 평가 방향

2007년 개정 사회과 교육과정에 제시된 평가의 기본 방향은 다음과 같이 5가지로 정리해 볼 수 있다. 첫째, 교육과정 내용의 대강화와 교수-학습방법의 자율화에 맞는 다양한 평가방법을 활용할 수 있도록 한다. 국가에서 제시하는 교육과정의 기준은 연극에서 대본의 플롯(plot)과 같다. 최근 들어 교육과정 결정 권한이 점차 학교에 이양되고, 교사의 교육과정 재구성 권한이 증대되고 있다. 모든 교사는 교육과정의 최종 운영자로서 수업을 설계하고 조정하며 실행하는 사람이다. 교과서의 진도를 나간다는 생각으로 가르치는 교사와 내가 가르치는 동안에 학생들이 무엇을 얻기를 원하는지, 자신이 가르치는 한 차시 한 차시 수업이 그 목표와 어떻게 관련되는지를 고민하는 교사의 수업은 차이가 나게 마련이다. 교사에게 요구되는 능력 중 지식의 양은 필요조건이지 충분조건은 아니다. 교사에게 요구되는 것은 어떤 내용을 어떻게 조직하여 가르칠 것인가를 연구하려는 노력과 의식이다.

2007년에 개발된 사회과 교육과정은 학교 수준에서 교사에 의한 교육과정 재

구성이 이루어져 다양하고 융통성 있게 운영될 수 있도록 국가 수준에서 '대강의 교육과정 지침'을 제시하고 기존의 대단원-중단원-소단원 체제를 대단원-중단원 체제로 단순화하였으며, 학교 수준에서 '교육과정 개발'을 수행하도록 이원화하였다. 국가 수준의 대강의 교육과정 지침은 교육정책의 경계를 설정하고 교육의 방향을 명확하게 제시하는 기초로 기능한다. 학교 수준의 교육과정 개발은 학교의 상황과 맥락을 반영하여 다양한 교육과정을 확보할 수 있는 근거가 된다. 따라서 교수-학습 및 평가와 관련된 중요한 의사결정 사항들은 단위 학교에 많이 위임되었다. 다시 말하면 국가 수준의 교육과정은 대강의 얼개만을 제시하고, 교사는 그 얼개에 기초하여 자신이 가르치는 학생들에게 맞는 수업을 계획하고, 자신이 수행한 수업에 따라 평가할 수 있어야 한다.

이때 대강이라는 용어는 추상적이라는 의미가 아니다. 교육은 명백한 목표를 가진 활동이고 교육과정은 학교교육의 전체 과정에 참여함으로써 얻어지는 변화된 생각과 행동을 표현한 진술문이다. 교육 활동의 적절한 범위는 교육과정에 의해 한정된다. 대부분의 교육과정은 각 학교에 분명하고 명료한 목표를 제공하고, 학생과 학부모에게 배워야 할 지식과 이해 및 기능의 목표 수준과 실제 성취 수준에 대한 정확한 정보를 제시하며, 또한 교사에게는 자신이 가르치는 학생들로부터 최선의 학습결과를 도출하기 위한 지침으로 사용된다. 대강화된 사회과 교육과정에서의 평가목표는 사회과 교육을 받은 후 학생들의 생각과 행동의 변화 방향이 명백하게 드러나도록 진술되어야 한다. 이때 명백하다는 것은 상세하고 구체적이라는 것과는 다르다. 너무 상세하고 구체적인 것은 큰 방향을 제시하는 데 걸림돌로 작용할 수 있다. 단순하고 분명한 것이 방향을 지시하는 데 유용하다.

둘째, 사회과 평가는 교육과정에 제시된 목표와 내용 및 교수-학습방법과의 일관성이 유지되도록 해야 하고, 교육과정에 제시된 목표를 준거로 하여 추출된 내용 요소에 따라 이루어지도록 한다. 우리나라 사회과 교육과정에서 제시한 평가의 제1원칙은 학습결과로 나타나는 목표 도달 정도의 측정이다. 이때 목표는 바로 사회과 교육의 목표를 말하는 것이므로, 평가영역도 사회과 목표에 근거를 두고 설정되어야 한다. 사회과 교육에서 평가가 제대로 이루어지기 위해서는 사회과에서 학생들이 성취해야 할 내용과 수준을 분명하게 제시하고, 실제로 학생들이 성취한 수준을 확인할 수 있는 평가도구를 개발하며, 평가결과를 교육과정

및 교수-학습과정에 반영할 수 있는 환류체계가 마련되어야 한다.

셋째, 평가요소가 지식영역에만 치우치지 않고, 기능영역과 가치 · 태도영역을 동시에 고려하는 종합적이고도 균형 있는 평가가 되도록 한다. 지식영역에서의 평가는 사실적 지식의 습득 여부와 함께 사회 현상의 설명과 문제해결에 필수적인 기본 개념 및 원리, 일반화에 대한 이해 정도를 측정하는 데 역점을 두고, 성취결과에 대해서는 양적 평가와 함께 질적 평가가 조화를 이룰 수 있도록 한다. 사회과에서 배워야 할 지식은 사회 현상을 설명하는 데 요구되는 지리, 역사, 일반사회의 사실, 개념과 이론 등으로 구성된다. 기능영역의 평가에서는 지식의 습득과 민주적 사회생활을 하는 데 필수적인 정보의 획득 및 활용기능과 의사소통기능뿐만 아니라, 획득된 지식을 이용하여 상황을 추론하고 의사결정하며, 문제를 해결하는 등의 사고능력과 참여능력을 측정하는 데 초점을 둔다. 가치 · 태도영역의 평가에서는 국가 · 사회의 요구와 개인적 요구에 비추어 바람직한 가치와 합리적 가치의 내면화 정도, 가치에 대한 분석 및 평가 등의 실제적인 능력을 평가한다.

넷째, 평가는 개개인의 학습과정과 성취 수준을 이해하고 발달을 돕는 차원에서 실시하며, 학습의 과정 및 수행에 관한 평가가 이루어지도록 한다. 2007년에 개정된 사회과 교육과정에 제시된 평가에서는 학습의 결과뿐만 아니라 그 과정에 초점을 맞추어야 한다고 강조하고 있다. 만약 실재가 인간의 인지적 활동에 의존하고 개인의 인지적 과정에 의해서 의미가 결정되며 이들 과정이 지각작용(perception)에 기초한 경험으로부터 비롯된다는 가정을 받아들인다면, 학습자의 행위나 행위의 결과물뿐만 아니라 지식의 획득과정도 평가 대상이 되어야 한다. 이는 평가가 학습과정의 일부가 되어야 한다는 것을 의미한다. 따라서 학습자가 지식을 획득하는 과정에서 평가지침들을 알 수 있어야 하며, 학습자와 교사는 학습자가 어떻게 학습에 진전을 보이는지 알고 있어야 한다. 이러한 과정을 통해서 획득되는 학습에 대한 메타 인지적인 깨달음(awareness)은 학습과정뿐만 아니라 궁극적으로 학습결과를 개선시킬 수 있다.

학습과정을 평가하는 것은 양적인 평가보다는 질적인 평가를 통해, 학습자의 능력을 있는 그대로 밝히고자 하는 것이다. 학습자가 자신이 획득한 지식을 보여줄 기회를 단 한 번밖에 가지지 못한다는 사실은 정당하지 못하다. 만약 우리들이 지식의 전이가 종합적이고 고등한 차원의 학습기능이라는 사실을 인정한다면 학습자는 당연히 자신의 능력을 보여 줄 수 있는 여러 차례의 기회를 부여받아야만 한다. 그리고 학습과정과 마찬가지로 평가 또한 풍부하고도 복잡한 맥락 속에서 이루어져야 한다. 교사는 가능한 많은 정보를 구하고 학생들을 관찰하고 그들과 이야기하고 다른 교사와 대화하고 학생들이 수행한 과제물을 읽어야 한다.

다섯째, 수업의 과정과 그 결과에 대한 평가를 하기 위해서는 다양한 수행평가 방법을 활용해야 한다. 수행평가는 검사의 타당도를 강조하는 평가다. 수행평가는 '어떻게' 시행할 것이고 '얼마나' 성취했는지를 해석하기 위한 준거 설정이 중요하다. '어떻게'는 수행평가 설계를 결정하고 '얼마나'는 평가를 시행한 후 얻은 자료를 가지고 분석될 경험적 문제다.

2. 사회과 평가 절차

1) 수업 및 평가계획서 작성

사회과 교사들은 상호 협의를 거쳐 학기별 혹은 연간 '수업 및 평가계획서'를 사전에 작성한다. 연간 수업 및 평가계획을 수립하기 전에 각 단원별 교수-학습 목표를 구체화하고, 단원별 목표를 달성하기 위한 수업방식과 교수-학습자료를 결정한다. 수업 및 평가계획은 대체로 교육과정의 중단원을 기준으로 각 주별 계획으로까지 상세하게 작성할 필요가 있다. 수업 및 평가계획서 작성의 일반적 절차는 다음과 같다.

첫째, 사회과 교육목표를 검토한다.

둘째, 교사 수준에서 교육과정에 제시된 단원별 교육목표 및 내용을 해석한다. 수업과 평가는 결국 교사 수준에서 운영되는 것으로, 교사는 각 단원의 목표와 내용을 재해석하여 수업 방향을 설정한다.

셋째, 각 단원을 몇 차시에 걸쳐 수업할지 결정하고, 각 차시별 수업방식과 교수-학습자료를 준비한다.

넷째, 수업방식, 내용, 자료에 알맞은 평가도구를 결정하고 수업의 운영과 관련

하여 평가 시기를 결정한다.

다섯째, 각 평가문항에 따른 배점을 결정한다.

〈표 3-1〉은 ○○○부속고등학교 1학년 사회를 담당하는 이 교사가 「자연환경과 인간 생활」 대단원 중 '지형과 인간 생활' 이라는 중단원의 교수-학습목표를 해석한 후 수업의 전개방식과 교수-학습자료 및 평가방법을 설계한 예시다.

〈표 3-1〉 중단원 '지형과 인간 생활'의 수업 및 평가 설계 예시

중단원	시수	교수-학습목표	수업의 전개방식	교수-학습 자료	평가
1. 지형과 인간 생활	1	• 지표를 이루는 다양한 지형요소들이 어떻게 형성되었는지 설명할 수 있다. • 산지와 고원의 지형적 특징과 인간 생활과의 관계를 파악할 수 있다.	강의: 지형 형성작용 및 산지와 고원의 지형적 특징 발표: 산지와 고원 위치 백지도에 표시하고 판구조 운동과의 관계 발표 탐구: 고위평탄면의 이용에 관한 교과서 '활동' 풀이	교과서 백지도 사진	선다형
	2	• 하천작용이 지형 형성과정에 미치는 영향을 설명할 수 있다. • 하천 중 · 상류 일대의 평야의 특징을 하천 하류 일대의 평야와 비교할 수 있다.	강의: 하천에 의한 지형 형성과정, 하천 주변 지형 발표: 산지와 평지를 흐르는 하천의 경관을 비교하여 발표	교과서 모식도 지형도 사진	선다형 서술형
	3	• 인간의 하천 지형 이용에 따라 발생할 수 있는 문제점을 조사할 수 있다.	강의: 하천 주변 평야에서의 인간 생활 탐구: 홍수 시 하천 하류 일대에 나타날 수 있는 상황을 사례 지역을 통해 탐구	교과서 지형도 시청각자료	선다형 서술형
	4	• 다양한 해안 유형을 구분하고 그 형성과정을 이해할 수 있다.	강의: 해안의 특징 및 종류, 형성과정 탐구: 교과서 활동 풀이하여 발표	교과서 한국전도 지형도 동해안과 황해안사진	선다형 서술형
	5	• 갯벌의 개발과 보전을 둘러싼 논쟁에 자신의 의견을 발표할 수 있다.	발표: 조수 간만의 차를 극복하기 위한 인간의 노력 발표 토론: 새만금 간척사업을 예로 들어 간척사업으로 인한 환경문제에 관한 토론	교과서 사진 새만금 간척사업에 관한 읽기자료	논술형

	6	• 인간 간섭에 의한 지형 변화를 설명할 수 있다. • 〈심화학습〉 홍수가 잦은 우리나라의 하천과 그에 적응하여 살아가는 인간의 생활 모습을 이해할 수 있다.	발표: 인간 활동에 의한 지형 변화의 사례를 조사하여 발표 탐구: 자신이 살고 있는 지역의 침수 가능 지역 표시 발표: 교과서 '더 생각해 보기' 문제풀이 후 발표	교과서 지형도 시청각자료	선다형

〈표 3-2〉 고등학교 1학년 1학기 사회과 수업 및 평가계획서 예시

월	주	시수	대단원	중단원	수업방법	평가방법		
						선택형	수행평가	배점
3	1	2	I. 국토와 지리 정보	1. 국토 인식과 지리 정보	강의법	10%	10%	20점
	2	3		2. 지리 정보와 지도	개별 탐구 및 강의법			
	3	2		3. 지리 정보의 이용	강의법 및 조별 발표			
	3, 4	6	II. 자연 환경과 인간 생활	1. 지형과 인간 생활	강의법 및 토론	5%	10%	15점
4	4, 5	5		2. 기후와 인간 생활	강의법 및 조별 탐구 학습	15%		15점
	6	3		3. 환경과 자연재해	발표 학습 및 강의법	5%		5점
	7	5	III. 생활 공간의 형성과 변화	1. 장소의 인식과 입지 결정	강의법			
				중간 고사	소계	35%	20%	55점
5	8			1. 장소의 인식과 입지 결정	개별 탐구 학습	5%	10%	15점
	9, 10	4		2. 도시체계와 내부구조	조별 탐구 학습 및 강의법	5%		5점
	11	3		3. 지역 생활권의 형성과 변화	강의법 및 발표	5%		5점
6	12, 13	3	IV. 환경 문제와 지역문제	1. 환경문제와 지역문제	강의법 및 토의 학습	10%		10점
	13, 14	2		2. 지역 개발과 환경 보전	강의법			
	14	2		3. 지역차와 지역 갈등	강의법 및 발표			
	15	4	V. 문화권과 지구촌의 형성	1. 종교와 문화의 다양성	조별 토의 학습	10%		10점
7	16	2		2. 상업의 발달과 생활권의 확대	강의법 및 조별 탐구			
	17, 18	2 2		3. 세계화와 지역화	강의법 및 발표			
	19			기말 고사	소계	35%	10%	45점
				계		70%	30%	100점

※ 주당 수업 시수: 일주일 3시간

※ 선택형 활용 비율(%): 70%/수행평가 활용 비율(%): 30%

※ 학기별 100점 만점(100%)

수업 및 평가계획서는 수업의 전개방식과 교수-학습자료 및 평가방법을 구체적으로 설계한 후 작성하는데, 이는 교육과정의 중영역을 기준으로 주단위로 작성한다. 〈표 3-2〉는 ○○○부속고등학교 1학년 이 교사가 작성한 고등학교 1학년 1학기 사회과 수업 및 평가계획서다.

2) 성취기준의 구체화

수업 및 평가계획서에 따라 수업을 하기 전에 교수-학습목표로 기능하는 성취기준을 분명히 할 필요가 있다. 성취기준이란 '교수-학습 활동에서 실질적인 기준 역할을 할 수 있도록 교육과정을 구체화하여 학생들이 성취해야 할 능력 혹은 특성의 형태로 진술한 것' 이다. 무엇을 가르치고 배워야 할 것인가의 문제는 교육과정의 핵심으로 성취기준은 내용(content)과 활동 수행(performance)의 두 가지 요소를 내포한다. 내용은 교수-학습의 대상이며, 수행은 그 대상을 소재로 하여 학습자가 실제로 해 나가야 할 활동이다. 교사는 교육과정상의 목표에 비추어 내용요소를 어느 정도의 범위와 깊이까지 학습해야 하는지, 또 어떠한 기능과 자질을 갖추어야 하는지를 명료화해야 한다.

예를 들어, 고등학교 1학년 사회 '지형과 인간 생활' 이라는 중단원 중 '하천지형' 에 대하여 제7차 사회과 교육과정에서는 "주요 하천지형과 평야의 형성과정 및 주민 생활과의 관계, 이용 등에 대하여 설명한다."라고 기술되어 있다. 이러한 목표에 대하여 ○○○부속고등학교 이 교사는 다음과 같은 성취기준으로 구체화하였다.

1차시

- 하천의 작용이 지형 형성과정에 미치는 영향을 모식도를 보며 설명할 수 있다.
- 실제 사례 지역을 들어 하천 중·상류 일대에서 볼 수 있는 평야의 특징을 하천 하류 일대에서 볼 수 있는 평야의 특징과 비교할 수 있다.

2차시

- 하천 주변 평야의 개간 및 인간 삶터로서의 변화 및 하천지형의 이용에 따라

발생할 수 있는 자연재해를 조사하고 발표할 수 있다.

그리고 사회과 교육과정에 제시된 "주요 해안지형과 해안선, 해양의 특색을 파악하고, 간척사업 및 해양자원 개발에 대하여 살펴본다."라는 해안지형에 대한 목표에 대해서도 이교사는 2차시를 배분한 후 1차시에는 다양한 해안지형의 형성과정을 이해하는 것으로, 2차시에는 갯벌 개발에 대한 자신의 의견을 나타내는 것으로 구체화하였다.

1차시

- 사빈 해안, 암석 해안, 갯벌 해안의 분포 지역과 다양한 해안지형의 형성과정을 이해할 수 있다.

2차시

- 갯벌 해안의 특징을 파악하여 갯벌의 개발과 보전을 둘러싼 논쟁에 자신의 의견을 발표할 수 있다.

3) 수업의 진행

수업은 교수-학습목표와 학습내용의 특성에 따라 다양하게 조합될 수 있다. 교수-학습목표는 사회과 교육목표의 큰 틀 속에서 설정되고, 학습내용은 기본적으로 교육과정에서 제시된 내용체계를 준거로 설정된다. 교수-학습방법은 교수-학습목표, 내용과 밀접하게 관련되는 것으로서 수업목표와 내용 및 방법은 유기적으로 밀접한 관계를 가지고 있어야 한다. 따라서 사회과 교수-학습은 가장 먼저 사회과에서 무엇을 왜 가르치고 배워야 하는가에 대한 고찰로부터 모색되어야 하고, 그러한 원리에 기초하여 각각의 교수-학습방법에 접근해야 할 것이다.

4) 평가도구의 개발

학습목표의 성취 정도를 측정할 수 있도록 좋은 평가도구를 개발해야 한다. 좋은 평가도구가 되기 위해서는 평가도구의 내용이 측정하고자 하는 내용과 얼마나

일치하는지, 단순 기억보다는 고등 능력을 측정할 수 있는지, 불필요하게 복잡한 구조를 지니지는 않았는지, 체계성을 갖추었는지, 난이도는 적절한지 등을 고려하여 개발하여야 한다.

5) 평가의 실시

평가방법 및 도구에 대한 정확한 이해를 바탕으로 평가계획에 부합하도록 평가를 시행한다. 이때 학생에게 평가도구 및 채점기준과 평가 실시방법을 정확하게 안내한다. 대체로 중간고사 · 기말고사와 같은 정기고사 때에는 선택형 평가도구를 활용하여 학생들의 학습결과를 총괄평가한다. 그리고 학습 과제의 특성이나 평가도구의 특성(워크시트법이나 토론법, 실습법 등)에 따라 특별히 평가 실시 기간을 별도로 두지 않고 수업이 진행되는 동안 실시하기도 한다.

수업이 진행되는 과정 중에 이루어지는 수행평가는 평가문항의 성격에 따라 수업과정에서 이용할 수 있는 문항과 수업과 수업을 연계하거나 수업에서 학습한 것보다 심화된 내용을 학습할 수 있도록 구조화된 과제중심의 문항으로 나누어 볼 수 있다. 수업과정에서 이용할 수 있는 문항은 워크시트법이나 토론법 등이 있고 과제중심의 문항은 보고서법, 포트폴리오법, 프로젝트법 등이 있다.

6) 채점기준에 따른 채점

채점기준과 채점방법을 정확하게 이해한 후 채점하고 평가의 목적에 부합하도록 성적을 부여한다. 선다형 평가는 학생들에게 정답을 해설하여 주고, 수행평가는 채점기준을 제시해 주어야 한다. 채점기준은 문항에서 평가하고자 하는 목표를 기준으로 설정된다. 학생들의 학습과정과 결과를 채점할 경우에는, 반드시 사전에 작성한 채점기준에 따라 채점하고 그 결과를 보고해야 한다. 가능하면 2명 이상이 채점에 참여하여 채점의 오차를 줄이는 것도 바람직하다. 교사 간에 생각하는 점수의 차가 너무 큰 경우는 합의하여 점수를 조정함으로써 채점의 신뢰도를 높이도록 한다.

7) 평가결과의 분석과 해석

교사는 평가결과를 정확하고 타당하게 분석 및 해석할 수 있어야 한다. 이를 위하여 교사는 기초적인 통계 개념 및 문항 분석방법을 이해하고, 평가결과에 대한 각종 기초 통계자료를 산출할 수 있으며, 그 결과를 이해하고 해석할 수 있어야 한다. 그리고 평가방법에 따라 동일한 학생에 대해 서로 다른 평가결과가 제공될 때 그 원인을 파악할 수 있어야 하고, 평가의 내용과 측정 오차를 고려하여 평가결과를 해석하며, 표준화 검사의 여러 가지 점수를 정확하고 타당하게 해석할 수 있어야 한다. 이러한 과정을 통하여 학생의 강 · 약점을 파악하고 성취 정도를 판단할 수 있어야 한다.

8) 평가결과의 피드백

교사는 양적 · 질적 평가결과를 종합하여 학생을 총체적으로 이해하고 교육적 의사결정에 활용할 수 있어야 한다. 학생들이 무엇인가를 학습했다고 말할 때, 대체로 그들이 학습한 결과와 과정을 포함한다. 학습결과는 다음 학습을 위한 출발점이 되고, 과정에 대한 반성은 그들이 수행해 온 절차를 잘 인식하도록 한다. 여기서 말하는 절차는 광범위한 영역을 말하는데, 예를 들면 문제해결의 규칙으로부터 집단에서 개인이 어떤 공헌을 하고 그 사람이 어떤 가치를 가지고 있는지 등 개인의 역할에 대한 것까지 포함된다.

구체적으로 살펴보면 다음과 같다. 교사는 진단평가 결과를 활용하여 학생의 수준을 파악하고 수업계획을 수립할 수 있어야 하며, 형성평가 결과를 활용하여 학생의 발달과 성장을 돕고 수업 활동을 개선할 수 있어야 한다. 그리고 총괄평가 결과를 활용하여 학생의 성취 정도를 파악하고 학습 계획 및 진로 결정에 도움을 줄 수 있어야 한다. 또한 학습 동기의 촉진과 학습 기회 제공 및 학습 환경 개선을 위해 평가결과를 활용하고, 대규모 학업성취도평가와 같은 표준화 검사결과를 자신의 수업내용과 수준을 점검하는 데 활용할 수 있어야 한다. 그리고 평가결과에 대하여 학생, 학부모, 교육 관련자가 이해할 수 있도록 평가 목적과 점수를 설명하며, 평가결과를 토대로 학생의 강 · 약점을 설명하고 학습의 개선 방향을 제시

해 줄 수 있어야 한다.

3. 평가도구 개발 절차

평가도구 개발은 일반적으로 평가목표의 확인, 교육목표 및 내용 확인, 평가 환경 분석, 평가도구 결정, 평가도구 개발 체크리스트 작성, 평가도구 개발의 순서로 이루어진다.

1) 평가목표 확인

평가목표를 확인하는 것은 실제적으로 평가도구 작성의 첫 단계로서, 평가의 핵심이라고 할 수 있다. 따라서 평가도구를 개발하기 전에 평가를 실시하는 목적이 무엇인지를 분명하게 하는 것이 우선되어야 한다. ○○○부속고등학교 이교사의 경우 하천지형과 해안지형 관련 수업을 시작하기 전에 학생들의 수준을 확인하기 위해서 다음과 같이 진단평가를 실시하여 선수 학습 정도와 경험을 파악하였다.

"하천과 평야의 관계에 대하여 자신이 아는 대로 쓰시오."
"동해와 서해의 차이를 아는 대로 쓰시오."

진단평가 결과 이교사는 대부분의 학생들이 하천과 평야 간의 관계에 대하여 "하천은 평야를 흐르고, 하천이 흐르는 곳이 평야지역이냐 산악지역이냐에 따라 그 모양이 달라진다."의 수준에서 알고 있다는 정보를 추출할 수 있었다. 해안지형에 대해서도 이교사는 학생들이 여름에 놀러간 안면도와 경포대 등을 떠올리며 "바닷물은 동해가 더 차다." "동해는 갑자기 깊어지는데 서해는 서서히 깊어진다."의 수준에서 동해와 서해의 차이를 알고 있다는 정보를 추출할 수 있었다. 이교사는 이와 같은 학생들의 선지식과 경험을 고려하여 수업의 도입 장면을 설계하고 수업의 출발기준점을 설정하였다.

2) 교육목표 및 내용 확인

평가도구를 제작하기 위한 사전 단계로, 단원의 교육목표에 비추어 내용요소를 어느 정도의 범위와 깊이까지 학습하였는지, 또 어떠한 기능과 자질을 갖추어야 하는지를 명료화할 필요가 있다. 예를 들어, 이교사는 고등학교 1학년 1학기 사회 기말고사 문항을 출제하기 위하여 자신이 계획한 하천지형과 해안지형에 대한 성취기준을 다시 검토하였다. 그리고 그는 수업시간에 다루었던 다양한 성취기준 중 교육목표와의 정합성, 중요성 등을 고려하여 평가할 내용을 선택한 뒤 평가내용을 다음과 같이 진술하였다.

하천지형에 대한 평가내용

- 하천의 상류/중류/하류 지형의 특징을 비교할 수 있다.
- 자유곡류하천과 감입곡류하천의 형성과정과 그 지형적 특징 및 이용을 비교할 수 있다.
- 하천의 침식과 퇴적작용이 지형 형성에 미치는 영향을 설명할 수 있다.

해안지형에 대한 평가내용

- 우리나라 동 · 서해안선의 형태와 형성 원인을 비교할 수 있다.
- 간척사업의 긍정적 · 부정적 효과에 대한 지식을 기초로 간척사업에 대한 자신의 의견을 제시할 수 있다.

3) 평가 환경 분석

평가도구를 제작하기 위하여 교육목표와 내용을 확인할 때는 평가 상황과 평가도구의 성격을 고려해야 한다. 평가도구를 평가할 목표와 내용이 분명해진 다음에는 평가가 실시되는 환경과 여건을 파악해야 한다. 예를 들어, 평가목표와 내용 특성상 야외조사법이 적합한 평가도구라 할지라도 학교 환경과 여건이 이를 뒷받침해 줄 수 없다면, 야외조사법은 평가도구로 개발될 수 없다. 또한 의사소통 및 참여능력을 토론법 등으로 평가하고자 하더라도 지필고사라는 한계가 설정되어 있다면 평가도구를 달리 개발할 수밖에 없다. 따라서 평가가 이루어질 환경과 여

건도 평가도구를 개발하기 전에 분석해야 할 주요 요소다.

4) 평가도구 결정

평가도구 및 문항의 유형은 분류기준에 따라 여러 형태로 나뉜다. 가장 일반적으로 객관성의 정도에 따라 선택형 평가와 수행평가로 구분할 수 있다. 선택형 평가에는 진위형, 배합형, 선다형 문항이 속하고 수행평가에는 서술형, 논술형, 실습형, 워크시트형, 보고서형 평가도구 등이 속한다. 선택형 평가는 채점이 객관적으로 이루어지기 때문에 채점자의 주관이 개입될 가능성이 적은 평가여서 학생들의 학습결과를 상대적으로 비교하거나 선발하기 위해 활용된다. 수행평가는 선택형 평가보다 객관성 측면에서 떨어지지만 수업 과제의 실제적인 수행과정과 그 속에 드러나는 사고과정을 종합적으로 평가하는 체제라고 할 수 있다. 사회과의 평가는 또한 활용하는 도구와 시기에 따라 지필평가, 수업시간에 이용하는 수행평가, 수행 과제형식의 수행평가 등으로 구분해 볼 수 있다. 지필평가는 선택형 문항, 서술형 문항, 논술형 문항 등이 속하고, 수업시간에 이용할 수 있는 평가도구는 워크시트형, 토론법, 실습법 등이 있으며, 수행 과제로 제시하는 평가도구는 조사법, 포트폴리오법, 보고서법 등이 해당된다.

이 교사는 학생들이 하천지형과 해안지형에 대한 성취기준을 어느 정도 달성하였는지 여부를 총괄적으로 평가하기 위하여 1학년 기말고사 선다형, 서술형, 논술형 문항을 출제하기로 하였다. 선다형 평가도구와 서술형 평가도구는 지식의 이해 수준 정도를 측정하는 데 적합하고, 논술형은 수업시간에 배운 내용을 토대

〈표 3-3〉 이교사의 하천지형과 해안지형에 대한 평가도구별 평가목표

평가도구	평가목표
선다형	• 하천의 상류/중류/하류 지형의 특징을 비교할 수 있다. • 하천의 침식과 퇴적작용이 지형 형성에 미치는 영향을 설명할 수 있다. • 우리나라 동 · 서해안선의 형태와 형성 원인을 비교할 수 있다.
서술형	• 자유곡류하천과 감입곡류하천의 형성과정과 그 지형적 특징 및 이용을 비교할 수 있다.
논술형	• 간척사업의 긍정적 · 부정적 효과에 대한 지식을 기초로 간척사업에 대한 자신의 의견을 제시할 수 있다.

로 자기 나름대로의 생각을 논리적으로 전개할 수 있는지를 평가하는 데 적합하다. 〈표 3-3〉은 이교사의 하천지형과 해안지형에 대한 평가도구별 평가목표에 대한 예시다.

5) 평가도구 개발 계획표 작성

평가목표, 내용, 환경 등이 분석되고 어떤 형태의 평가도구를 개발할 것인지를 결정한 후에는 문항별로 대단원, 중단원, 성취기준, 평가기준, 평가영역, 평가 유형, 난이도 등을 개괄할 수 있도록 〈표 3-4〉와 같이 평가도구 개발 계획표를 작성해야 한다.

〈표 3-4〉 이교사의 평가도구 개발 계획표

문항번호	성취기준	평가영역				난이도			배점	평가도구유형
		지식	문제해결	의사소통	가치태도	상	중	하		
1	하천의 상류/중류/하류 지형의 특징을 비교할 수 있다.	○						○	2	선다형
2	하천의 침식과 퇴적작용이 지형 형성에 미치는 영향을 설명할 수 있다.		○				○		2	선다형
3	우리나라 동·서해안선의 형태와 형성 원인을 비교할 수 있다.	○					○		2	선다형
4	자유곡류하천과 감입곡류하천의 형성과정과 그 지형적 특징 및 이용을 비교할 수 있다.		○				○		1	서술형
5				○		○			2	서술형
6	간척사업의 긍정적·부정적 효과에 대한 지식을 기초로 간척사업에 대한 자신의 의견을 제시할 수 있다.				○	○			5	논술형
	계	1	2	2	1	2	3	1	계	14점

6) 평가도구 개발

지금까지 분석한 요소를 고려하고 평가도구의 유형별 특징을 최대한 살릴 수 있는 구체적인 도구를 개발하는 단계로서 성취기준에 비추어 성취 정도를 평가하기 위해서 그것에 적절한 평가도구를 제작한다. 교육목표에의 도달 정도를 평가하기 위해서는 다양한 평가도구의 특징과 장단점을 이해하고 교육목표에 적절한 평가도구를 개발해야 한다. 평가도구는 적용되는 상황과 맥락에 따라 유연하게 적용할 수 있지만, 대체로 결과평가는 선택형 평가로 이루어지고 과정평가는 수행평가도구를 활용한다. 선택형의 경우, 선택형 평가도구 개발에 필요한 기본 원리와 절차를, 수행평가의 경우 과제와 채점기준의 개발에 필요한 기본 원리와 절차를 이해한 후 개발해야 한다. 수행평가 도구를 개발할 때에는 가능한 한 학생이 자신의 생각이나 의견을 드러낼 수 있도록 해야 하며, 평가를 시행하기 전에 채점기준표와 예시답안을 작성하는 것이 바람직하다. 평가도구를 개발할 때는 성취기준, 평가내용, 난이도, 평가도구 등을 표시한 문항 카드를 작성할 필요가 있다. 평가도구 개발에 대해서는 제4장~제6장에서 자세하게 다루고자 한다.

7) 문항 검토 및 수정

평가도구가 개발되면, 검토와 수정과정을 거쳐 완성된다. 검토는 내용 점검과 형식 점검으로 구분되는데 내용 검토는 주로 평가도구와 평가목표, 성취기준과의 부합성, 오답 여부, 오답매력도, 난이도, 예시 정답의 정확성, 채점기준의 적절성 등을 고려하여 검토한다. 형식 검토는 질문의 명료화, 매력적인 답지의 문법적 구조, 자료의 편집 부합성 등을 기준으로 검토한다.

문항내용 점검표

학년:
대단원:
성취기준:
평가영역:
난이도:

1. 문항내용에 대한 평가

예 아니요
___ ___ (1) 문항의 내용이 성취기준에 부합합니까?
___ ___ (2) 질문의 내용과 정답이 논쟁거리가 되지 않습니까?
___ ___ (3) 질문이 평가영역(지식, 문제해결, 의사소통 및 참여 등)을 측정합니까?
___ ___ (4) 질문의 내용이 교육과정의 내용과 수준에 맞습니까?
___ ___ (5) 질문과 답지가 피험자 언어 수준에 적합한 단어들로 서술되었습니까?
선 ___ ___ (6) 정답이 되는 답지가 한 개만 있습니까?
선 ___ ___ (7) 오답지들이 매력적입니까?
___ ___ (8) 자료와 답지가 질문과 관계된 내용을 포함하고 있습니까?
___ ___ (9) 질문, 자료, 답지에 답을 암시하는 단어나 내용이 포함되어 있지 않습니까?
서 ___ ___ (10) 예시 정답이 질문에 부합합니까?
서 ___ ___ (11) 예시 정답 외에도 나올 수 있는 정답이 있습니까?
서 ___ ___ (12) 채점기준에 채점요소가 모두 포함되어 있습니까?
서 ___ ___ (13) 채점기준에 점수 분할 근거가 타당합니까?

*선: 선다형문항에 해당, 서: 서술형 · 논술형 문항에 해당

2. 문항에 대한 총평:

( ) 사용가
( ) 수정 후 사용가
( ) 사용불가

3. 특기사항 및 문항 수정내용

[그림 3-1] 문항내용 점검표

문항형식 점검표

학년:
대단원:
성취기준:
평가영역:
난이도:

1. 문항제작 관점

예	아니요	
___	___	(1) 질문의 내용이 간결, 명확합니까?
___	___	(2) 부정문을 사용하지 않았습니까? 사용하였다면 밑줄이 그어졌습니까?
___	___	(3) 문두의 내용이나 답지들이 간단한 단어와 단문으로 구성되어 있습니까?
___	___	(4) 답지들의 문법적 구조가 동일합니까?
___	___	(5) 답지들에 공통되는 단어, 구, 절이 반복하여 포함되어 있지 않습니까?
___	___	(6) 답지들의 길이가 유사합니까? 만약 유사하지 않다면 짧은 답지부터 긴 답지로 배열되어 있습니까?
___	___	(7) 답지들이 연도나 수를 나타낼 때 작은 수부터 큰 수로 배열되었습니까?
___	___	(8) '모든 것이 정답' 이나 '정답 없음' 의 보기를 사용하지 않았습니까?
___	___	(9) 문항과 답지의 서술, 표현형식이 문항 작성 편집에 부합합니까?
___	___	(10) 보기와 인용문 등이 있는 경우 편집규정에 맞습니까?

2. 문항에 대한 총평:

( ) 사용가
( ) 수정 후 사용가
( ) 사용 불가

3. 특기사항 및 문항 수정내용

[그림 3-2] 문항형식 점검표

실습문제 1

2007년 개정 사회과 교육과정에 제시된 평가 방향을 5가지로 구분하여 제시하시오.

실습문제 2

(가)는 2007년 개정 사회과 교육과정 중 중학교 1학년 1단원「내가 사는 세계」의 학습목표와 내용의 일부이고, (나)는 김 교사가 이를 4차시 분량으로 설계한 차시별 교수–학습목표다. 자신이 김 교사라고 생각한 후 (다)의 양식에 따라 수업의 전개 방식과 교수–학습자료 및 평가 방법을 설계하시오.

(가)

(1) 내가 사는 세계

내가 사는 지역, 우리나라, 세계 각 지역의 위치를 구체적으로 확인하고, 위치에 따라 시간, 계절 등이 다르게 나타남을 인식한다. 지구상에는 다양한 면적과 형태를 가진 여러 나라가 존재함을 알고, 각 나라에 대해 관심을 갖는다.

① 지구본과 세계지도에서 우리나라 및 세계 주요 국가의 위치를 조사한다.

② 세계 주요 국가의 면적과 형태를 비교한다.

(나)

차시	주제	교수–학습목표
1차시	세계 각 지역의 위치	• 지구본에서 대양, 대륙, 우리나라, 세계 주요 국가의 위치를 찾을 수 있다. • 세계지도에서 대양, 대륙, 우리나라, 세계 주요 국가의 위치를 찾을 수 있다.
2차시	지구본과 세계지도의 차이	• 지구본과 세계지도의 차이를 조사할 수 있다. • 지구본과 세계지도의 장점과 단점을 발표할 수 있다.
3차시	세계 각 지역의 면적	• 세계에서 주요 국가의 면적을 조사하고 우리나라 면적과 비교할 수 있다. • 세계에서 주요 국가의 가거지 면적과 인구 비율을 비교할 수 있다.

4차시	세계 각 지역의 형태	• 세계에서 다양한 국가의 형태를 조사한다. • 다양한 국경선을 조사하고 국경선에 영향을 미치는 요인을 분석할 수 있다. • 각 대륙을 구성하는 국가의 형태를 오려내어 퍼즐 형태로 만든 다음 조별로 대륙을 완성한 후 전체 학습이 세계지도를 완성할 수 있다.

(다)

중단원	시수	교수-학습목표	수업의 전개 방식	교수 · 학습자료	평가
1. 내가 사는 세계	1				
	2				
	3				
	4				

제2부

사회과 평가도구 개발의 실제

제4장

선택형 문항 개발

1. 선택형 문항의 특징

선택형 문항(selection type item)은 문항 내에 주어진 답지 중에 하나를 고르는 문항 형태를 말한다. Mehrens와 Lehmann(1975), Gronlund(1989)는 선택형 문항에 포함되는 문항 형태를 진위형(true-false type), 선다형(multiple choice type), 연결형(matching type)으로 구분하였다. 진위형 문항은 제시된 진술문에 대하여 피험자가 옳고 그름을 응답하는 형태이고, 연결형 문항은 일련의 문제군과 답지

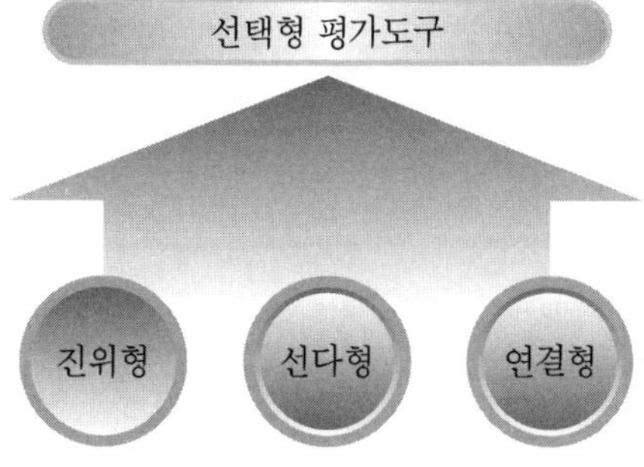

[그림 4-1] 선택형 문항 형태

군을 배열하여 문제군의 질문에 대한 정답을 답지군에서 찾아 연결하는 형태로 배합형이라고도 한다. 선다형 문항은 문항과 그에 잇따르는 두 개 이상의 답지로 구성되어, 피험자로 하여금 맞는 답지 혹은 가장 알맞은 답지를 선택하게 하는 형태이다.

이 중에서 선다형 문항은 다른 선택형 문항에 비해 내재적인 결점이 상대적으로 적고, 매우 쉬운 문항에서부터 어려운 문항을 제작할 수 있으며, 채점이 쉽고 객관적이라는 장점을 지니고 있어 학교에서 가장 보편적으로 사용된다. 선다형 문항은 학생이 자신의 의견을 피력하기보다는 주요 지식이나 원리 등을 잘 이해하고 있는지 혹은 기억하고 있는지를 판별하는 데 적절한데, 답지를 단순하게 제작하면 단순기억능력을 측정하는 문항이 되지만, 답지를 매력적으로 만들면 고등한 수준의 사고능력까지 측정할 수 있다.

고등한 수준의 사고 능력을 측정하는 선다형 문항의 대표적 예는 우리나라에서 1994년부터 시작된 대학수학능력시험이라고 할 수 있다. 대학수학능력시험은 학생들의 사고능력 및 탐구능력을 측정하기 위하여 사회탐구의 경우, 개념 및 원리의 이해, 문제파악 및 인식, 탐구설계 및 수행, 자료분석 및 해석, 결론도출 및 평가, 가치판단 및 의사결정과 같은 행동영역을 평가목표로 제시하고 있다(서태열, 2005 : 447−448).

그리고 선다형 문항은 여러 가지 문제 상태 · 목적 · 내용을 다룰 수 있는 다양성 · 포괄성이 있을 뿐만 아니라 다른 선택형 문항에 비하여 피험자의 우연적 오차의 영향도 적게 받는다. 선다형 문항은 학교 현장에서 가장 많이 활용되는 평가도구지만 문항 제작이 어렵다는, 특히 매력적인 오답지를 만드는 일이 어렵다는 단점이 있다. 따라서 좋은 문항을 만들기 위해서는 문항 제작의 실습과 경험을 통하여 선다형 문항 개발에 필요한 지식과 기술 및 감각을 익혀야 한다. 이 장에서는 선택형 문항 중에서도 사회과 평가도구로 가장 많이 활용되는 선다형 문항 개발 원리를 정리하고자 한다.

2. 질문지 작성의 원리

(1) 교육목표의 성취 수준을 파악하도록 질문지를 작성한다

평가의 중요한 기능은 학생의 능력을 정확히 파악하고 이를 기반으로 교수-학습을 개선하는 데 필요한 정보를 추출 · 제공하는 것이다. 교육목표가 단순한 사실을 기억하는 것이라면 기억 여부를 측정하는 문항을 개발해야 하고, 여러 사회현상에 대한 분석결과로부터 일반화를 추론하는 능력을 요구하는 것이라면 그러한 능력을 측정할 수 있도록 문항을 개발해야 한다. 따라서 평가문항을 개발하는 데 가장 먼저 고려할 점은 교육목표에의 도달 정도를 측정하는 데 적합한 질문의 개발이다. 즉, 문항에서 측정하고자 하는 능력이 원래 학습목표로 했던 능력과 일치하여야 한다.

일반적으로 교사는 기출문제를 피하고 참신성을 지닌 문항을 출제하거나 난이도를 높이고자 할 때 지엽적인 내용이나 중요하지 않은 내용 또는 지나치게 생소한 내용에서 출제하기 쉽다. 그러나 평가의 목적이 수업에서 중요하게 다룬 교육목표와 내용을 학생들이 얼마나 성취했는지를 측정하기 위한 것이라면 그러한 학습목표와 내용에서 문항을 출제해야 한다.

○○○부속고등학교 이 교사는 제3장에서 밝힌 하천지형과 해안지형에 대한 학습목표를 학생들이 어느 정도 성취하였는지 평가하기 위하여 선다형 문항을 출제하였다. 【예시문항 1】은 “하천의 상류/중류/하류 지형의 특징을 비교할 수 있다.”라는 목표를 평가하기 위한 문항이고, 【예시문항 2】는 “하천의 침식과 퇴적작용이 지형 형성에 미치는 영향을 설명할 수 있다.”라는 목표를 평가하기 위한 문항이며, 【예시문항 3】은 “우리나라 동 · 서해안선의 형태와 형성 원인을 비교할 수 있다.”라는 목표를 평가하기 위한 문항이다.

【예시문항 1】 다음은 하천의 어느 부분을 묘사한 글이다. 이와 같은 특징을 가장 흔하게 볼 수 있는 지점은 어느 곳인가?

> 강바닥의 기울기가 급하여 물의 흐름이 빠르므로 침식과 운반작용이 활발히 일어난다. 그래서 이곳에는 암반이 드러난 곳이 많고, 깊고 좁은 협곡과 폭포 등이 발달한다.

① 하천의 상류 ② 하천의 중류
③ 하천의 하류 ④ 하천의 하구
⑤ 하천의 중 · 하류

【예시문항 1】은 하천 상류의 특징을 자료로 제시하고 이와 같은 특징을 잘 볼 수 있는 지점이 어디인지를 묻는 문항으로 "하천의 상류/중류/하류 지형의 특징을 비교할 수 있다."라는 목표를 실제로 타당하게 측정할 수 있는 문항이다.

【예시문항 2】 다음은 대산 평야에 위치한 범람원의 모습이다. 두 지도를 통해 알 수 있는 이 지역의 변화된 모습에 대하여 바르게 추론한 것은?

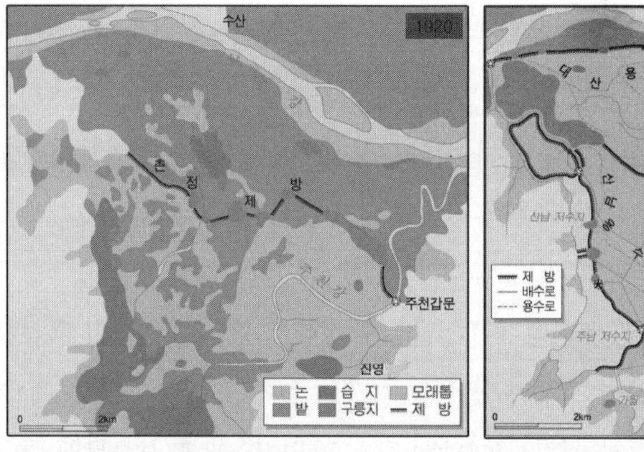

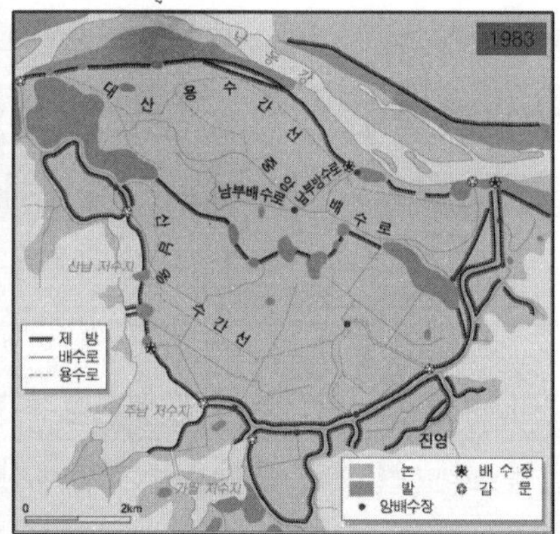

① 주남저수지의 축조로 인하여 집중호우 시 침수 피해가 없어졌다.
② 주천강이 직강화되면서 수초가 증가하여 물고기 서식이 용이해졌다.
③ 인공제방을 축조한 후 자연제방과 배후 습지의 경계가 분명해졌다.
④ 홍수로부터 농경지를 보호하기 위해 낙동강 양안의 인공제방을 축조하였다.
⑤ 주천강의 유역 면적이 좁아 평야의 서쪽과 남쪽은 대부분 습지상태로 있다.

【예시문항 2】는 "하천의 침식과 퇴적작용이 지형 형성에 미치는 영향을 설명할 수 있다."라는 목표의 성취 여부를 평가하기 위하여 출제되었다. 이 교사는 1920년과 1983년 두 시기의 대산 평야 범람원 지도를 제시하여 자신이 측정하고자 했던 교육목표가 구체적으로 드러나도록 문항장면을 설정하였다. 그러나 실제로 문항에서 측정하고자 하는 능력은 교육목표와는 다르게 지도를 읽을 수 있는 능력과 지도에 나타난 지역 변화의 원인을 추론하는 능력을 평가하는 문항이다.

【예시문항 3】 다음은 우리나라의 황 · 남해안과 동해안의 지도다. 해안의 형태가 서로 다르게 나타나게 된 원인을 〈보기〉에서 골라 바르게 연결한 것은?

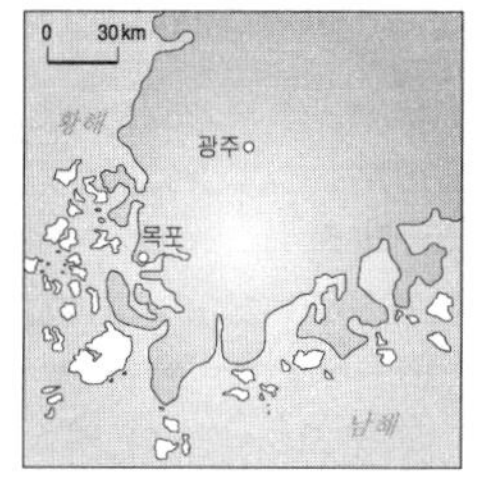

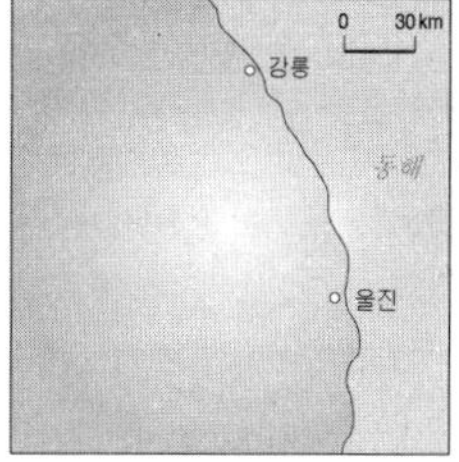

보기

㉠ 산맥의 방향이 해안선과 평행해서
㉡ 바닷물에 서식하는 산호충이 성장해서
㉢ 하천의 침식으로 만들어진 골짜기가 침수돼서
㉣ 빙하에 의해 침식된 골짜기에 바닷물이 들어와서

	황 · 남해안	동해안		황 · 남해안	동해안
①	㉠	㉡	②	㉠	㉣
③	㉡	㉢	④	㉢	㉠
⑤	㉣	㉢			

【예시문항 3】은 황 · 남해안과 동해안 지도를 제시하고, 다양한 해안선 형성 원인을 〈보기〉에 제시한 후 그중 우리나라의 황 · 남해안과 동해안의 형태가 서로 다르게 나타나게 된 원인을 고르는 문항으로 "우리나라 동 · 서해안선의 형태와 형성 원인을 비교할 수 있다."라는 목표에 타당한 문항이다.

(2) 지시문을 분명하게 제시해야 한다

출제자의 출제의도가 피험자에게 정확히 전달되도록 문항의 지시문이 분명해야 한다. 질문이 추상적이고 포괄적이어서 해석의 여지가 많다면 오답 시비 가능성이 크기 때문에 문항으로 적절하지 않다. 문항은 피험자가 답해야 할 방향이 명확하게 드러나야 한다. 선다형 문항이 가진 가장 큰 장점은 객관성이다. 객관적이라는 의미는 평가과정과 결과에 평가자의 개인적 주관, 취향, 편견, 선입견, 특성 등이 작용하지 않는 것을 의미한다(박도순 외, 2007: 115). 이는 그 문항에 대하여 누가 채점해도 정답이 하나이고, 그 정답에 대하여 누구나 동의할 수 있어야 한다는 것을 전제한다. 정답이 하나이고 누구나 그 정답에 동의하기 위해서는 무엇보다도 지시문에서 묻고자 하는 바가 분명하게 드러나야 한다.

【예시문항 4】 다음 중 성격이 다른 하나는?

① 성곽 ② 숭례문 ③ 경복궁 ④ 척화비 ⑤ 경국대전

【예시문항 4】의 "다음 중 성격이 다른 하나는?" 이라는 문항은 성격이 다른 하나를 고르는 데 요구되는 구체적인 기준이 명확하게 제시되어 있지 않았기 때문에 오답 시비가 제기될 수 있다. 이 문항은 실제로 2002년 초등학교 사회과 학업성취도 평가의 출제위원이 출제한 문항으로 그가 제시한 정답은 ④번이었지만 당시 검토위원들에 의해 기각되었다. 실제 사회과 평가론 강의를 하면서 대학생들에게 풀어보도록 하면 답이 다양하게 나온다. 예를 들면, ⑤번이라고 한 학생들의 경우 ①~④는 건축물의 일종이고, ⑤는 문서의 일종이기 때문이라고 주장한다. 한편 ④번이라고 한 학생들의 경우 ①, ②, ③, ⑤는 조선 전기에 해당하는 것이고 ④만이 조선 후기에 해당하는 것이기 때문이라고 주장한다. 또한 ①번이라고 한 학생은 ①번의 성곽은 여러 개가 존재하지만 ②~⑤는 하나만 존재하기 때문에 ①번이 정답이라고 주장한다. 여기에서 어떤 주장은 옳고 어떤 주장은 그른가? 사실 모두 맞는 주장이다. 그렇다면 이 문항은 ①, ④, ⑤번 모두 정답 처리해야 한다.

많은 사회(예비)교사들은 선다형 문항을 출제할 때 지시문을 구조화하고 분명하게 제시해야 한다는 원리를 알고 있고, 자신은【예시문항 4】와 같이 지시문이 포괄적이고 모호한 문항을 출제하지 않을 것이라고 자신한다. 그러나 자신이 개발한 중간고사와 기말고사 문항을 살펴보면 얼마나 많은 모호함이 숨어 있는지 발견하고는 깜짝 놀랄 것이다.

다음은 ○○○부속고등학교 이 교사가 "하천의 침식과 퇴적작용이 지형 형성에 미치는 영향을 설명할 수 있다" 라는 목표를 평가하기 위하여 출제한 문항이다.

【예시문항 5】 다음 지도를 보고 이 지역에서 농사를 짓는 농부가 우려하는 재해는?

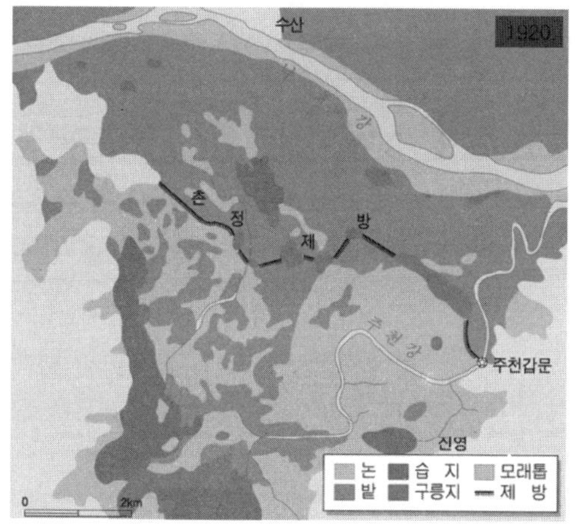

① 가뭄　　② 홍수　　③ 설해
④ 냉해　　⑤ 병충해

【예시문항 5】는 【예시문항 4】에 비하여 지시문이 훨씬 명료하고 구조화되어 있다. 지도를 보면 이 지역은 홍수시 낙동강과 주천강의 범람 때문에 농작물 피해가 예상된다. 따라서 이 지역에서 농사를 짓는 농부가 우려하는 재해는 ②번 홍수일 것이다. 그렇다고 이 지역에서 농사짓는 농부가 병충해를 걱정하지 않는다고 할 수 있을까? 비에 젖은 농작물에 병충해가 심각하다면 이 지역의 농부는 병충해를 우려할 것이다. 지시문에 지역과 시기가 한정되지 않았기 때문에, 홍수가 없는 어느 해 농부는 홍수보다 병충해를 더 걱정할 수도 있다. 또한 이 지역 농부는 가뭄에 대해서는 걱정이 없을까? 설해와 냉해는?

대부분의 교사들은 자신이 출제한 문항의 지시문이 다소 모호해도 지시문에서 묻고 있는 내용이 교과서에서 다루어지고, 자신뿐만 아니라 많은 사회과 교사가 학생들에게 그 내용을 그렇게 가르치고 있다면 정답에 대한 오답 시비를 피할 수 있다고 주장한다. 그러나 선다형 문항을 개발할 때 유의해야 할 점은 수업 상황과 평가 상황이 구분되어야 한다는 것이다. 교과서에 내용이 제시되어 있더라도, 그리고 교사가 수업시간에 그렇게 설명했더라도 문항 지시문이 모호하다면 오답 시비가 있을 수밖에 없다. 따라서 선다형 문항은 지시문을 정교하게 구조화하고 분명하게 제시함으로써 오답 시비가 발생하지 않도록 해야 한다.

(3) 지시문에서 내용을 설명하거나, 정답을 암시하는 내용을 포함하지 말아야 한다

【예시문항 6】 이른바 더럽고 어렵고 힘든 일을 기피하는 우리나라 노동자들을 대신해 30만여 명에 달하는 외국인 노동자들이 그러한 일을 하고 있다. 그러나 이 같은 일을 하고 있는 외국인 노동자들의 노동조건은 열악하기 짝이 없어 이들의 실태가 잇따라 각종 매체에 보도됨으로써 사회적인 문제가 되고 있다. 외국인 노동자문제는 우리나라 산업화 과정의 특징을 봤을 때 필연적으로 발생할 수밖에 없는 문제라고 할 수 있다. 다음 중 우리나라 산업화 과정에서 나타난 외국인 노동자문제로 볼 수 없는 것은?

【예시문항 6】처럼 교사는 문항의 지시문을 통하여 가르치려는 경향이 강하다. 왜냐하면 수업시간에 주의 집중하지 않은 학생일지라도 시험을 볼 때만큼은 주의를 집중하여 읽기 때문이다. 그러나 앞서 언급한 바와 같이 수업과 평가 상황은 구분되어야 한다. 가르치고자 하는 내용은 수업시간에 가르치고 평가시간에는 가르친 내용을 얼마나 잘 학습하였는지를 평가하는 데 초점을 맞추어야 한다. 시간이 제한된 상황에서 학생들이 복잡하고 긴 질문을 접하면 읽는 과정에서 질문의 요지를 파악하기 어렵게 되고, 이것이 오차로 작용하여 실제 학생의 능력을 낮게 평가할 수 있다. 【예시문항 6】에서 "우리나라 노동자들은 ~필연적으로 발생할 수밖에 없는 문제라고 할 수 있다."라는 문장을 삭제해도 문항을 푸는 데 아무런 어려움이 없다. 【예시문항 6】의 지시문은 "다음 중 우리나라 산업화 과정에서 나타난 외국인 노동자문제로 볼 수 <u>없는</u> 것은?" 으로 수정하는 것이 바람직하다.

그리고 지시문에서 내용을 길게 설명하면 정답을 암시하는 내용이 포함될 가능성이 높다. 지시문에 정답을 암시하는 내용이 포함되어 있다면 이 또한 피험자의 능력을 제대로 측정하는 데 오차로 작용하여 검사의 신뢰도를 저하시킨다. ○○○ 부속고등학교 이 교사는 "우리나라 동 · 서해안선의 형태와 형성 원인을 비교할 수 있다."라는 목표를 성취했는지 평가하기 위하여 【예시문항 7】을 개발하였다.

【예시문항 7】 신생대 제3기 경동성 요곡운동으로 황·남해안은 해안선이 복잡하고 반도, 만, 섬 등이 많고, 동해안은 비교적 단조로운 해안선이 형성되어 있다. 이처럼 황·남해안과 동해안의 형태가 서로 다르게 나타나게 된 원인을 〈보기〉에서 골라 바르게 연결한 것은?

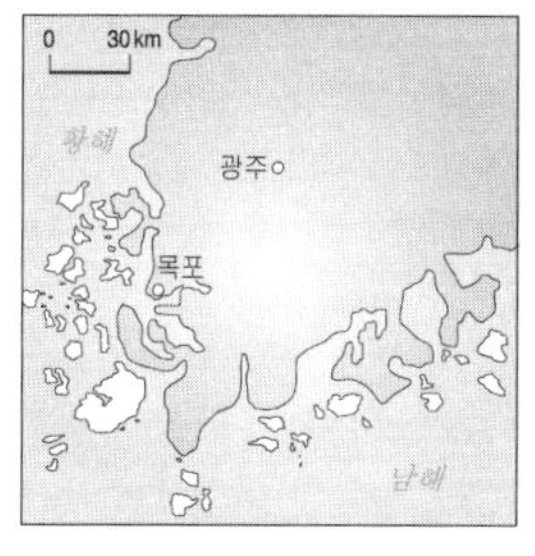

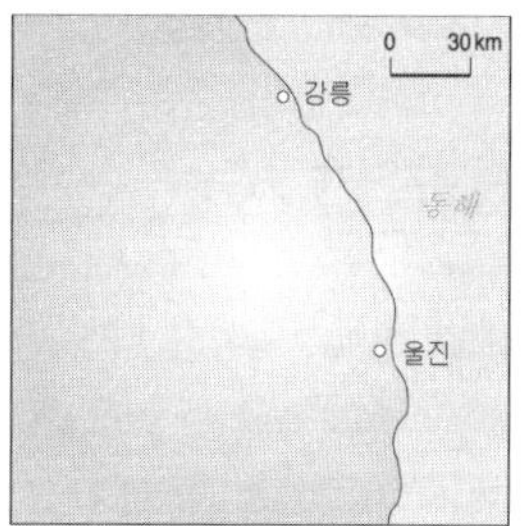

그는 지시문에서 "신생대 제3기 경동성 요곡운동으로 황·남해안은 해안선이 복잡하고 반도, 만, 섬 등이 많으며, 동해안은 비교적 단조로운 해안선이 형성되어 있다."라고 황·남해안과 동해안의 해안선 특징 및 그 원인을 설명한 후 "이처럼 황·남해안과 동해안의 형태가 서로 다르게 나타나는 원인을 〈보기〉에서 골라 바르게 연결한 것은?"이라는 질문을 제시하였다. 여기서 '신생대 제3기 경동성 요곡운동'이라는 문구는 동쪽에 치우쳐서 융기가 이루어졌다는 것으로 황해안과 동해안 해안선이 다르게 나타나는 원인을 추측하도록 함으로써 정답을 암시하고 있다. 따라서 정답을 암시하는 '신생대 제3기 경동성 요곡운동'을 포함한 황·남해안과 동해안의 해안선 특징 및 그 원인에 대한 내용을 지시문에서 삭제해야 한다.

(4) 용어의 정의나 개념을 묻는다면 질문에 용어를, 답지에 정의나 개념의 의미를 제시한다

용어나 개념을 묻는 문항은 지식의 암기나 이해 정도를 묻는 데 적합하다. 용어의 정의나 개념의 의미를 묻는 경우 이를 질문에 제시하고 답지에 용어나 개념을 찾도록 하는 문항은 용어를 구분하는 능력을 측정할 뿐 용어에 대한 정확한 이해 정도를 측정하기 어렵다. 따라서 용어나 개념에 대한 정확하고 깊이 있는 이해를 측정하기 위해서는 용어나 개념을 질문지에, 그리고 그에 대한 정의나 설명 등은 답지에 제시하는 것이 바람직하다. 예를 들어, 감입곡류하천의 개념과 특징을 이해하고 있는지를 평가하고자 한다면 질문에 감입곡류하천에 대한 설명을 제시하고 답지에서 감입곡류하천을 찾도록 하기보다 질문에 "감입곡류하천에 대한 설명으로 알맞은 것은?" 이라고 개념을 제시하고, 답지에 감입곡류하천에 해당하는 설명을 제시하는 것이 좋다.

【예시문항 8】 다음 내용과 관련이 깊은 개념은?

> • 기범이는 선생님께 예의바르게 인사하였다.
> • 미나는 학교에 지각하지 않으려고 서둘렀다.
> • 민수는 다섯 살이 되자 젓가락질 하는 법을 배웠다.

① 사회화　② 상호작용
③ 준법의식　④ 자아정체감
⑤ 합리적 의사결정

【예시문항 9】 관료제에 대한 설명으로 거리가 <u>먼</u> 것은?

① 조직의 효율성이 중시된다.
② 목적보다 수단에 얽매이기 쉽다.
③ 사회 변화에 민감하게 대처하기 어렵다.
④ 규칙보다 개인의 가치관에 따라 업무가 수행된다.
⑤ 업무 수행과정에서 하급자의 의견이 반영되기 어렵다.

【예시문항 8】은 2003년 중학교 사회과 학업성취도 평가문항으로 사회화에 대한 개념의 이해 정도를 묻는 문항이다. 이 문항은 사회화를 나타내는 현상을 자료로 제시하고 답지에서 사회화를 고르도록 하는 문항구조로 되어 있다. 이 경우 【예시문항 9】와 같이 질문을 "다음 중 사회화와 가장 관계 깊은 현상은?" 혹은 "다음 중 사회화와 가장 관련이 <u>없는</u> 현상은?" 으로 수정하고 답지에 사회화 관련 현상을 제시한다면 답지에 제시된 각각의 현상이 사회화와 관련된 것인지를 매번 판단해야 하기 때문에 학생들의 사회화에 대한 이해 정도를 더 정확하게 측정할 수 있다. 【예시문항 9】는 관료제에 대한 개념을 묻는 문항으로 관료제라는 개념을 질문에 제시하고, 관련 설명을 답지에 제시함으로써 【예시문항 8】의 문항구조보

다 관료제에 대한 이해 정도를 더 정확하고 풍부하게 측정할 수 있다.

(5) 문항의 구조와 질문을 최대한 간결하게 제시한다

문항의 구조는 최대한 간결하면서도 꼭 필요한 요소만 제시해야 한다. 문항의 구조가 복잡하고 자료의 개수가 많으면 묻고자 하는 내용이 잘 전달되지 않을 위험이 있다. 따라서 문항에서 측정하고자 하는 내용이 변함이 없다면 구조와 자료를 단순화하는 것이 측정하고자 하는 내용을 명료화하는 데 도움을 줄 수 있다. 대체로 교사들이 5지 선다형 문항을 개발할 때 오답지 구성의 어려움 때문에 보기를 주고 그중에서 정답 두 가지 정도를 고르는 문항을 출제하는 경향이 있고, 문항이 그럴듯하게 보이도록 반드시 필요한 자료가 아니어도 제시하는 경우가 있다. 자료와 보기가 복잡하게 제시되면 학생들이 자료를 읽고 문항의 구조를 파악하는 데 시간을 소비하기 때문에 질문의 내용에 대해 숙고할 시간이 줄어들고 따라서 학생의 능력을 제대로 측정하지 못할 수 있다. 그러므로 문항의 자료와 구조를 최대한 간결하게 제시해야 한다.

문항을 개발해 본 경험이 많지 않은 (예비)교사들이 저지르기 쉬운 실수 중 하나는 친절함이 지나쳐서 문항의 구조가 복잡해지고, 불필요한 자료가 추가되는 경

【예시문항 10】 다음 예문은 학생들이 지도를 보며 대화하고 있는 상황이다. 이 중에서 학생들이 나타낼 수 있는 반응으로 알맞지 않은 것은?

철수: 나는 이번 여름방학에 동남아시아에 여행을 갔다 왔어. a. ㄱ나라에서는 이슬람교 신봉자가 많더라^^
영미: 혹시 ㅁ나라는 가보지 않았니? 그 나라에도 이슬람교 신봉자가 많을 텐데…….
철수: 아! 가봤지^^ 니 말이 맞아……. b. 내가 알아본 바로는 ㅁ나라가 예전에 에스파냐의 식민지 지배를 받았데.
영미: 아, 나중에 난 ㄴ나라를 가보고 싶어. 아삼지방의 차도 한번 마셔 보고 싶고^^
철수: c. 야야…. 아삼지방은 사탕수수의 플랜테이션으로 유명한 곳이야ㅡㅡ;;;
영미: 아~그런가-_-;; 혹시 ㄹ나라에는 가봤니?
철수: 물론이지^^ d. 도시가 참 깨끗하더라고…… 중국에서 온 화교도 많더라……. e. 참! 다음 여행 때에는 ㄷ나라 가서 칭창철도를 꼭 타봐야지^^

2006.9.16. 인천국제공항에서

① b　② b, c
③ a, c　④ b, d
⑤ c, d

향이다. 【예시문항 10】은 중학교 1학년 사회의 '문화가 다양한 동남 및 남부아시아' 단원에 대하여 2006년 ○○대학교 지리학습 및 평가론 수강생이 개발한 문항이다. 문항은 지도에 나타난 국가를 ㄱ, ㄴ, ㄷ, ㄹ, ㅁ으로 표시하고, 각 국가에 대한 설명을 a, b, c, d, e로 제시하여 국가와 국가에 대한 설명이 바르게 연결되지 않은 것을 고르는 구조다. 그러나 문항구조가 복잡하여 중학교 1학년 피험자가 문항에서 요구하는 것이 무엇인지 파악하기 매우 어렵다. 이러한 문항은 대체로 특정 지역에 빗금을 친 지도를 제시하고, "빗금 친 지역에 대한 설명으로 알맞은 것은?" 혹은 "알맞지 <u>않은</u> 것은?" 이라는 구조로 단순화하는 것이 좋다.

(6) 질문은 가능한 긍정문으로 개발하고 지시문에 최선의 답을 찾도록 제시한다

5지 선다형 문항을 개발할 때 일반적으로 그럴듯한 오답을 네 가지 만들기보다는 옳은 답을 네 가지 만드는 것이 쉽다. 그래서 질문을 '~알맞지 <u>않은</u> 것은?' 과 같이 부정문으로 제시하는 경우가 많다. 그러나 이는 피험자가 부주의로 자신의 능력과는 상관없이 오답에 반응할 확률이 높아 측정의 오차를 발생시키는 원인이 된다. 따라서 질문은 되도록이면 긍정문으로 만들되, 부득이하게 부정문을 사용해야 할 경우 전체 문항의 30%를 넘지 않도록 해야 한다. 특히 이중 부정은 어떤 것을 선택하라는 것인지 이해하기 어렵기 때문에 질문지에 제시하지 말아야 한다. 그리고 부득이하게 부정어구를 사용하는 경우 부정을 나타내는 단어에 밑줄을 그어 표시해 주어야 한다.

그리고 사회과의 경우 다양하게 답할 수 있는 경우가 많고, 사회나 시대에 따라 다르게 해석되는 질문도 다른 교과보다 많은 편이다. 따라서 질문지에는 가장 적절한 답지를 선택하라는 내용이 질문에 포함되어야 한다. 이러한 유형의 선다형을 최선답형 문항이라고 한다. 최선답형 문항은 '옳은' 것을 선택하라는 정답형 문항에 비하여 발생할 수 있는 복수 정답 시비가 생길 확률이 낮고, 다양한 내용을 물을 수 있는 개연성이 높아진다. 예를 들어, 【예시문항 11】의 지시문에 '가장' 이라는 단어가 없었다면 이 문항은 복수 정답 시비에 걸릴 수 있다.

【예시문항 11】 다음과 같은 활동의 공통적인 목적을 가장 잘 나타낸 것은?

- 선거를 통해 정치적 의사를 표현한다.
- 희망사항을 지방자치단체나 정부에 청원한다.
- 시민단체에 가입하여 환경문제에 대해 의견을 제시한다.
- 이익단체에 가입하여 자신의 이익을 정책에 반영시킨다.

① 집단 간 갈등 해결 ② 직접 민주정치의 확립
③ 지방자치단체의 활성화 ④ 개인 및 공공의 이익 추구
⑤ 민의가 반영된 민주정치 실현

그러나 정답형이나 최선답형 문항을 개발하기 어려울 경우 〈보기〉에 제시된 여러 개의 선택지 중 하나 또는 둘 이상의 답지를 고르는 합답형 문항으로 개발할 수 있다. 지시문이 '~을 〈보기〉에서 모두 고른 것은?' 으로 이루어진 경우 합답형 문항에 해당한다.

【예시문항 12】 기후변화에 관한 정부간협의체(IPCC)의 제4차 보고서에 의하면 최근 100년 동안 전 지구의 평균기온이 0.74℃ 상승하였다고 한다. 이와 같은 현상이 지속될 경우 한반도와 그 주변에서 나타날 수 있는 환경 변화로 옳은 것을 〈보기〉에서 모두 고른 것은?

ㄱ. 집중호우에 의한 피해의 가능성이 커진다.
ㄴ. 동해의 염도가 황해나 남해보다 낮아질 것이다.
ㄷ. 적조가 삼척, 울릉도 주변으로 확대될 가능성이 있다.
ㄹ. 전통적인 사과 산지의 재배조건이 더욱 유리하게 될 것이다.

① ㄱ, ㄴ ② ㄱ, ㄷ ③ ㄴ, ㄷ
④ ㄱ, ㄴ, ㄹ ⑤ ㄱ, ㄷ, ㄹ

【예시문항 12】의 경우 합답형 문항 사례로서 정답은 ①번이다. 이 경우 〈보기〉에 옳은 것 2개와 옳지 않은 것 2개를 제시함으로써 그럴듯한 오답 4개를 만드는 어려움을 해결함과 동시에 지구의 평균 기온 상승에 따른 우리나라 주변의 환경 변화를 종합적으로 묻고 있다.

(7) 문항 형식에 맞게 편집한다.

문항은 지시문, 자료, 답지 순서로 배치하고, 문항번호는 1, 2, 3…으로 표기하며, 답지 번호는 ①, ②, ③, ④, ⑤로 표기한다. 문항의 지시문은 〈사례 1〉에서 볼 수 있듯이 불완전 문장 형식으로 처리한다. 그리고 〈사례 2〉처럼 문장을 강조하거나 인용하는 경우에는 "　"로, 어구나 단어를 강조하거나 인용하는 경우 '　'로 표기한다.

> 다음은 마샬라스의 탐구수업 단계에 따라 작성한 중학교 3학년 '인구 성장과 경제 발달'에 대한 수업지도안이다. 이에 대한 설명으로 가장 적절한 것을 고르시오.
>
> ↓
>
> 다음은 마샬라스의 탐구수업 단계에 따라 작성한 중학교 3학년 '인구 성장과 경제 발달'에 대한 수업지도안이다. 이에 대한 설명으로 가장 적절한 것은?

〈사례 1〉 문항의 지시문 형식 예시

> 후에 구소련의 개혁을 주도한 '고르바초프'가 하루는 승용차로 도로를 달리는데 앞서 가던 트럭에서 감자가 떨어지고 있었다. 그는 트럭 운전사가 떨어지는 감자를 왜 주워담지 않고 계속 달리는지 궁금하며 목적지까지 쫓아가서 이유를 물었다. 그 트럭 운전사는 "제가 국가에서 받은 임무는 감자를 생산하는 것이 아니라 시간 안에 감자를 운반하는 것입니다. 제가 늦게 되면 정부 경제 계획에 차질이 생깁니다."라고 대답하였다.

〈사례 2〉 문항 강조와 인용 방법 예시

〈사례 3〉에서 볼 수 있듯이 지문 속에서 문단을 구분하여 나타낼 경우 (가), (나), (다)…로 표기하며, 지문 속에서 문장이나 문구를 지시할 경우 ㉠, ㉡, ㉢…으로 표기하고 해당 부분에 밑줄을 친다.

교수 · 학습과정	
(가) 부모의 형제 수와 자신의 형제 수 비교 (나) 〈자료 1〉을 보고 연평균 인구 성장률이 높은 국가와 낮은 국가 분류 〈자료 2〉를 보고 1인당 GDP가 높은 국가와 낮은 국가 분류	교사: 우리나라의 황해안에서 가장 가까운 나라가 어디예요? 학생들: (㉠ 대부분의 학생이 대답하지 못한 채 웅성거린다.) 교사: (학생들이 중국의 위치를 알지 못한다는 사실에 당황한다. ㉡ 중국의 위치를 알려 줄 수 있는 지도를 준비하지 못한 상태다. 잠시 생각한 후)

〈사례 3〉 지문 속 번호 표기방법 예시

그리고 제시된 자료에서 내용을 단순히 열거할 경우 각 항목 앞의 기호를 'ㅇ' 혹은 '·'로 표기하고, 〈보기〉에서 열거한 내용을 선택할 경우 각 항목 앞의 기호를 ㄱ, ㄴ, ㄷ…으로 표기한다. 〈보기〉는 문두와 답지 사이에 위치시킨다.

〈보기〉	〈보기〉
• 단순한 것에서 복잡한 것으로 • 친숙한 것에서 낯선 것으로 • 구체성에서 추상성으로	ㄱ. 집중호우에 의한 피해 가능성이 커짐 ㄴ. 동해의 염도가 황해나 남해보다 낮아짐 ㄷ. 적조가 삼척, 울릉도 주변으로 확대

〈사례 4〉 자료와 보기의 항목 표기방법 예시

〈사례 5〉에서 볼 수 있듯이 문장 안에 나오는 책 이름은 『 』를 쓰고, 논문이나 자료명은 「 」를 쓴다. 자료의 출처를 밝히는 경우는 자료의 우측 하단에 표기한다.

애덤 스미스(Adam Smith)의 『국부론(國富論)』에 의하면…
「교육공무원승진규정」에 의하면…

–애덤 스미스(Adam Smith), 『국부론(國富論)』–

– ○○일보, 2008년 12월 25일자–
또는 – 『○○지』, 2008년 12월호–

〈사례 5〉 출처 표기방법 예시

3. 답지 작성의 원리

(1) 답지에 정답이나 오답의 단서를 제공하여 답지 분석만으로 정답을 선택하도록 하지 말아야 한다

정답을 알지 못하더라도 배열의 논리성을 분석하여 답을 찾을 수 있도록 답지를 구성하면 측정 오차가 발생하여 검사의 신뢰도를 저하시킬 수 있다. 예를 들어, 보기가 있는 문항에서 특정 보기를 다른 보기보다 답지에 여러 차례 포함시킬 경우 피험자는 그 보기를 정답으로 간주할 수 있다. '~을 순서대로 바르게 배열한 것은?' 이나 '~을 바르게 짝지은 것은?' 이라는 지시문을 가진 문항에서 답을 하나만 알면 풀 수 있도록 답지를 구성한다면 피험자는 내용을 정확하게 알지 못해도 정답을 추려낼 수 있다.

【예시문항 13】 다음은 현대사회에서 일어나고 있는 다양한 사회 현상이다. 다음 중 사회문제로 볼 수 없는 것은?

① 석유자원을 둘러싼 갈등이 심화되고 휘발류 가격이 오르고 있다.
② G8 정상회담이 열린 제네바에서 세계화에 반대하는 시위를 한다.
③ 우리나라 노인 인구 비율이 2030년에는 29.8%에 달할 것이라고 한다.
④ 컴퓨터 해킹과 바이러스, 홈뱅킹 사기 관련 피해 사례가 속출하고 있다.
⑤ 유명 연예인의 공연을 보기 위해 모여든 10대 청소년들이 환호하고 있다.

【예시문항 13】과 같이 하나의 답지가 다른 답지와 성격이 매우 다를 경우 대부분의 피험자들은 문항의 질문을 읽지 않아도 답지만 보고 정답을 선택할 수 있다.

또한 특정 답지가 다른 답지보다 구체적이고 그럴듯한 문장이나 긴 문장으로 된 경우도 정답의 단서가 된다. 이러한 경우 학생들의 학습능력을 측정하는 것이 아니라 답지 분석능력을 측정하게 된다. 따라서 답지만을 분석하여 정답을 추측할 수 없도록 답지를 개발하는 것이 중요하다.

【예시문항 14】 세계 지리 시간에 2002 한 · 일 월드컵 축구대회에 참가하는 주요 국가에 대하여 모둠별로 조사한 결과를 발표하였다. 각 모둠이 발표한 내용 중 바르지 못한 것은?

① 1 모둠: 영국은 앵글로아메리카 문화권에 많은 영향을 미쳤다.
② 2 모둠: 공동 개최국인 일본은 우리나라와 같은 표준시를 사용한다.
③ 3 모둠: 사우디아라비아 선수단에게는 술과 돼지고기를 제공하지 말아야 한다.
④ 4 모둠: 브라질 선수단과 우리와의 의사소통을 위해서는 에스파냐어 통역이 필요하다.
⑤ 5 모둠: 나이지리아는 아프리카 최대의 인구 국가이며 석유수출국기구(OPEC) 회원국이다.

〈2002년 세계지리 대학수학능력시험 6월 모의고사〉

'절대' '항상' '모두' '전혀' '오직' 등의 부사어는 틀린 답의 단서가 될 수 있고, '흔히' '간혹' 은 정답의 단서가 될 수 있다. 【예시문항 14】의 정답률은 34.0%로 낮은 편이다. 각 국가의 문화적 특징 중 바르지 못한 것을 고르는 것인데, 답지 ③의 경우 "사우디아리비아 선수단에게는 술과 돼지고기를 제공하지 말아야 한다."는 '강한 부정' 을 의미하는 서술어구가 있어 학생들이 선택할 확률이 높고, 답지 ⑤의 경우 "나이지리아는 아프리카 최대의 인구 국가이며 석유 수출국기구(OPEC)회원국이다."라고 하여 '최대'라는 부사를 사용함으로써 학생들이 바르지 못한 것으로 선택할 확률이 높다. 이처럼 답지에 강한 부정어구나 '가장' 등과 같은 부사는 정답률에 영향을 미친다.

(2) 매력적인 오답을 잘 만들어야 한다

오답지의 매력도는 문항의 질을 좌우할 뿐만 아니라 난이도에 영향을 미친다. 답지들이 그럴듯하고 매력적일 때 문항의 난이도는 높아지며, 비교 · 분석 · 종합 등의 고등 정신능력을 측정할 수 있다. 만약 오답 중 하나가 오답으로서 매력이 전혀 없을 경우 답지의 기능을 상실하므로 5지 선다형 문항은 4지 선다형 문항으로, 그리고 3지 선다형 문항은 진위형 문항으로 변하게 된다. 답지 중 오답지가 매력적인지의 여부는 확률에 의하여 계산된다. 답지 중 오답지를 선택한 피험자들은 문항의 답을 맞히지 못한 피험자들이고, 이들은 확률적으로 균등하게 오답지를 선택하게 된다. 그러므로 문항의 답을 맞히지 못한 피험자들이 오답지를 선택할 확률은 다음과 같다.

$$P_O = \frac{1-P}{Q-1}$$

P_O: 오답지 선택 확률

P: 문항난이도

Q: 보기 수

각 오답지가 매력적인지 아닌지의 기준은 오답지 선택 확률에 의하여 결정되는데 각 오답지의 응답 비율이 오답지 선택 확률보다 높으면 매력적인 답지, 그 미만이면 매력적이지 않은 답지로 평가된다. 〈표 4-1〉에 제시된 .4라는 난이도의 4지 선다형 문항의 오답지 선택 확률을 구해 보면 .2가 나온다.

$$P_O = \frac{1-.4}{4-1} = .2$$

본 문항의 오답지 중 답지 선택 확률 .2보다 큰 오답지는 매력적이라고 할 수 있고, 작은 경우는 매력적이지 않다고 해석할 수 있다. 각 오답지의 매력 여부는 〈표

4-1〉에서 볼 수 있듯이 ①번 답지는 매력적이지 않은 오답지로, ③, ④번 답지는 매력적인 오답지로 평가된다. 어떤 답지가 오답지로서 지나치게 매력적이지 않은 경우 답지를 수정함으로써 선다형 문항의 난이도 지수를 낮출 수 있고 문항의 질을 향상시킬 수 있다.

〈표 4-1〉 오답지 매력도 추정

내용 / 답지	응답자	응답 비율	비고
①	100	.1	매력적이지 않은 오답지
②	400	.4	정답
③	300	.3	매력적인 오답지
④	200	.2	매력적인 오답지

【예시문항 15】는 2003년 고등학교 1학년 사회 성취도 문항으로 루소의 『사회계약론』에서 직접 인용된 지문의 요지를 제대로 파악하고 있는지를 묻고 있다. 제시된 지문은 선거와 관련하여 국민들의 의무는 선거권의 행사에서 끝나는 것이 아니고, 선출된 국민의 대표들이 통치행위과정에서 자신들의 민의를 잘 전달하고 있는지를 계속적으로 지켜봐야 한다는 국민들에 대한 경고와 각성의 메시지를 담고 있다.

【예시문항 15】 다음 주장에 나타난 필자의 선거에 대한 관점을 가장 잘 나타낸 것은?

> 영국의 국민은 자유롭다고 생각하지만 그것은 중대한 착각이다. 그들이 자유로운 것은 대표를 선거하는 동안뿐이며, 대표가 일단 선출되면 영국인은 다시 노예로 돌아가 버린다. …… 그래서 대표들이 국민으로부터 위임받은 권력을 행사하는 임기 동안 그들의 행위를 규제하기 위한 어떠한 제한도 가하지 않는 국민의 태만, 무관심 그리고 그 무지함에 대해 경탄해 마지않는 바이다.
>
> -루소 『사회계약론』-

① 국민의 이익이 실현되는 과정이다.
② 직접 민주정치를 실현하는 과정이다.
③ 국민의 정치적 능력을 키우는 과정이다.
④ 통치행위에 정당성을 부여하는 과정이다.
⑤ 국민의 소극적 자유를 행사하는 과정이다.

번호	난이도	답지 반응분포(%)						정답
		1	2	3	4	5	무응답	
15	22.6	6.8	18.3	14.6	22.6	37.6	0.0	④

【예시문항 15】는 오답지 선택 확률이 .194이다. 오답지 ⑤번은 .376으로 오답으로서 매력도가 매우 높다. 따라서【예시문항 15】의 난이도 지수가 낮은 이유를 오답지 ⑤의 매력도가 매우 높기 때문이라고 해석할 수 있다. 피험자의 37.6%가 제시된 지문의 내용을 '국민의 소극적 자유를 행사하는 과정' 이라고 해석하였는데 이는 지시문의 행간에 깔린 의미를 읽지 않고 '선거' 의 일반적 특징을 고려하여 문제를 풀었기 때문이라고 판단된다. 즉, 영국 국민들에 대한 루소의 경고가 지니는 궁극적인 핵심은 각성하고 반성하라는 애정 어린 충고였지만, 답지 ⑤를 고른 학생들은 피상적으로 드러나는 선거의 직접적 의미, 즉 '소극적 자유의 행사로서의 의미' 를 선택한 것으로 파악된다.

$$P_O = \frac{1-.226}{5-1} = 0.194$$

【예시문항 16】 다음은 현대사회의 변동과 이에 따른 문제점을 제시한 글이다. 이와 같은 문제점을 해결할 수 있는 현실적 방안으로 가장 적절한 것은?

> 현대사회는 과거와 달리 한 국가 내에서의 교류에 그치지 않고 보다 확장된 지구촌 범위에서 국가 간 교류가 활발히 일어나고 있다. 개개인의 삶에 있어서도 다양한 기술, 특히 정보통신기술의 발달로 시간과 공간상의 한계를 뛰어넘어 상호 간에 지식, 정보를 교류할 수 있는 기회가 증가하고 있다. 이로 인해 세계는 정보의 홍수 속에 살고 있지만 정보를 이용하고 소유하는 데 있어 불평등 현상이 발생하고 있다. 소득이 높은 계층에서는 정보를 얻을 수 있는 물질적 여유가 많아 정보 획득의 기회가 높은 반면 소득이 낮은 계층에서는 물질적 여유가 없어 정보 획득의 기회가 부족한 것이 현실이다.

① PC방에 가는 것을 장려하여 개인의 힘으로 극복하도록 한다.
② 저소득층의 컴퓨터 구입 비율을 높이기 위해 특별 할인을 실시한다.
③ 4인 이상의 저소득 계층에 해당하는 가구에 국가가 컴퓨터 1대씩을 지급한다.
④ 컴퓨터를 배우고자 하는 저소득 계층의 사람들을 대상으로 정보화교육을 지원한다.
⑤ 컴퓨터를 2대 이상 소유한 계층에게 저소득 계층을 위해 컴퓨터 1대씩을 기부하도록 한다.

【예시문항 17】 다음은 간척사업이 일어난 아산만 일대의 모습이다. 이 지역에서 나타나는 주민 생활 모습으로 가장 알맞은 것은?

① 양식업이 활발해졌다.

② 대규모 농업이 가능하게 되었다.

③ 갯벌 축제 등의 관광산업이 발전하였다.

④ 자연적인 정화기능이 활발해져 환경오염이 완화되었다.

⑤ 토지 면적이 줄어들어 공장이나 주택 등을 짓는 데에 어려움이 있다.

【예시문항 16】은 ○○대학교 사회교육과 사회과 교육과정 및 평가론 강좌의 수강생이 출제한 문항이고, 【예시문항 17】은 ○○대학교 지리교육과 지리학습 및 평가론 강좌의 수강생이 개발한 문항이다. 두 문항은 오답 시비를 없애기 위하여 수차례 수정한 결과 정답이 너무 분명하게 드러나는 문항이 되고 말았다. 선다형 문항을 개발할 때 주의해야 할 점은 오답 시비가 없을 만큼 정답이 분명해야 하지만 오답이 매력적이어야 한다는 점이다. 이것은 선다형 문항을 개발하는 데 가장 전문성이 드러나는 부분이고 문항 개발의 경험이 거의 없는 예비교사나 초임교사가 가장 어려워하는 부분이기도 하다.

(3) 답지들의 형태와 길이를 유사하게 하고, 가능한 짧게 해야 한다

평가시간을 고려하여 의미의 변화가 없다면, 답지 길이를 가능한 짧게 구성하고 답지의 길이와 문법적 구조도 유사하게 하는 것이 바람직하다. 【예시문항 18】에서 볼 수 있듯이 공통적으로 반복하여 나타나는 단어는 가능한 질문에 서술하여 답지를 짧게 구성하도록 하고, 답지의 길이가 서로 비슷하게 유지되도록 문장을 다듬는 작업이 중요하다. 그리고 답지는 짧은 것부터 긴 것으로 배열하는 것이 좋다.

【예시문항 18-수정 전】 다음에서 설명하는 것은 무엇인가?

> 한 시민단체에서는, 예산을 무책임하게 편성하고 지나치게 낭비한 사례를 선정해 발표함으로써 시민들에게 정부의 예산이 어떻게 잘못 쓰이고 있는지를 알리고, 예산 낭비에 대한 무책임한 태도를 막기 위해 노력하고 있다.

① 납세자로서 시민의 역할
② 선거권자로서 시민의 역할
③ 정책 결정자로서 시민의 역할
④ 법률 제정자로서 시민의 역할
⑤ 정책 입안자로서 시민의 역할

⇩

【예시문항 18-수정 후】 다음에서 설명하는 시민의 역할은?

> 한 시민단체에서는, 예산을 무책임하게 편성하고 지나치게 낭비한 사례를 선정해 발표함으로써 시민들에게 정부의 예산이 어떻게 잘못 쓰이고 있는지를 알리고, 예산 낭비에 대한 무책임한 태도를 막기 위해 노력하고 있다.

① 납세자
② 선거권자
③ 정책 결정자
④ 법률 제정자
⑤ 정책 입안자

4. 선다형 문항 검토 및 수정

선다형 문항 질문지와 답지 개발원리에 따라 문항을 개발한 후 다음과 같은 항목을 고려하여 검토하고 수정해야 한다. 선다형 평가문항은 개발하기 매우 어려운 형태의 문항으로 아무리 문항 개발의 경험이 많은 전문가라 할지라도 검토와 수정작업 없이 좋은 문항을 개발할 수 없다. 일반적으로 학업성취도평가와 대학수학능력시험에서 선다형 문항을 출제하는 경우 개발보다 검토와 수정에 더 많은 노력과 시간을 투자한다. 이는 선다형 문항 개발보다 검토와 수정이 얼마나 중요하고 어려운 과정인지를 보여 주는 일례라고 할 수 있다. 문항내용과 형식 검토항목을 다음과 같이 정리해 볼 수 있다.

(1) 문항내용 검토항목

① 문항의 내용이 성취기준에 부합합니까?

② 질문의 내용과 정답이 논쟁거리가 되지 않습니까?

③ 질문이 평가영역(지식, 문제해결, 의사소통 및 참여 등)을 측정합니까?

④ 질문의 내용이 교육과정의 내용과 수준에 맞습니까?

⑤ 질문과 답지가 피험자 언어 수준에 적합한 단어들로 서술되었습니까?

⑥ 정답이 되는 답지가 한 개만 있습니까?

⑦ 오답지들이 매력적입니까?

⑧ 자료와 답지가 질문과 관계된 내용을 포함하고 있습니까?

⑨ 질문, 자료, 답지에 답을 암시하는 단어나 내용이 포함되어 있지 않습니까?

⑩ 문항 자체에 내용상 오류는 없습니까?

⑪ 묻고자 하는 것이 명료합니까?

⑫ 묻고자 하는 것이 지나치게 지엽적이거나 세부적이지 않습니까?

(2) 문항형식 검토항목

① 질문의 내용이 간결, 명확합니까?

② 부정문을 사용하지 않았습니까? 사용하였다면 밑줄이 그어졌습니까?

③ 문두의 내용이나 답지들이 간단한 단어와 단문으로 구성되어 있습니까?

④ 답지들의 문법적 구조가 동일합니까?

⑤ 답지들에 공통되는 단어, 구, 절이 반복하여 포함되어 있지 않습니까?

⑥ 답지들의 길이가 유사합니까? 만약 유사하지 않다면 짧은 답지부터 긴 답지로 배열되어 있습니까?

⑦ 답지들이 연도나 수를 나타낼 때 작은 수부터 큰 수로 배열되었습니까?

⑧ '모든 것이 정답' 이나 '정답 없음' 의 보기를 사용하지 않았습니까?

⑨ 문항과 답지의 서술, 표현형식이 문항 작성 편집에 부합합니까?

⑩ 보기와 인용문 등이 있는 경우 편집규정에 맞습니까?

⑪ 오자, 탈자, 띄어쓰기 등에 문제가 없습니까?

⑫ 정답 번호가 고르게 분포합니까?

실습문제 1

수업목표와 전개과정을 고려한 후, 제시된 평가자료와 답지를 이용하여 선다형 질문지를 개발하시오.

수 업 목 표

시민혁명의 원인, 이념, 결과 등을 알아보고 그것이 시민사회를 형성하는 데 어떤 의미를 가지는지를 설명할 수 있다.

수 업 의 전 개 과 정

1조와 2조는 영국의 명예혁명, 3조와 4조는 미국의 독립혁명, 5조와 6조는 프랑스혁명에 대하여 조사한 후 각각의 시민혁명의 원인 및 결과를 정리하여 발표한다. 그리고 교사가 각 혁명의 원인, 경과, 이념, 결과를 비교 · 정리한 후 그것이 시민사회를 형성하는 데 어떤 의미를 가지는지 설명한다.

평 가 자 료

- 국왕이 의회의 승인 없이 법률의 집행을 정지하는 것은 위법이다. (영국의 권리장전)
- ……정부의 정당한 권리의 근원은 피치자의 동의라는 것. (미국의 독립선언)
- 법은 일반 의지의 표현이다. 모든 시민은 직접 또는 대표를 통하여 입법에 참여할 권리를 가진다. (프랑스의 인권선언)

답 지

① 국가는 시민 위에 군림한다.
② 국가는 시민사회를 지배한다.
③ 국가는 시민사회와 별개로 존재한다.
④ 국가는 시민이 추대한 왕이 지배해야 한다.
⑤ 국가는 시민사회의 발전을 위해 공적 서비스를 제공해야 한다.

질 문 지

____

____

____

실습문제 2

【예시문항 1】을 질문지 작성원리와 답지 작성원리에 기초하여 검토 후 수정하시오.

【예시문항 1】 다음은 우리나라의 현재 인구밀도를 나타내는 자료다. 수도권의 문제점과 대책을 올바르게 짝지은 것은?

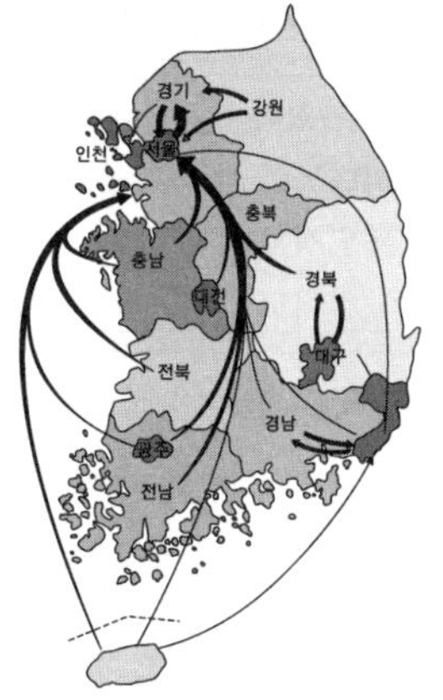

	문제점	대책
①	선진국과 비교하여 대중교통 수단의 종류가 부족하다.	대중교통 수단을 확충하고 그 이용을 홍보한다.
②	수도권의 인구를 수용할 만큼 도로 수가 충분하지 않다.	대중교통 수단을 확충하고 그 이용을 홍보한다.
③	주택, 산업쓰레기 문제가 발생한다.	오존 발생량을 체크하고 오존주의보 발령 등을 통해 이를 알린다.
④	빛 공해가 심각하다.	방음벽을 설치한다.
⑤	인구수에 비례하여 주택보급률이 낮다.	집값 담합을 허락한다.

질 문 지 검 토 의 견

답 지 검 토 의 견

수 정 후 문 항

실습문제 3

선다형 문항과 해당 문항에 대한 답지반응분포다. 이 문항의 오답의 매력도를 계산한 후 그 의미를 30자 이내로 해석하시오.

【선다형 문항】 1. 밑줄 친 내용에 대한 사례로 타당한 것은?

> 사회적 갈등을 합리적으로 해결하고 시민 사회가 건전하게 발전하기 위해서는, 시민들이 사익과 공익을 조화시키면서 합법적 절차에 따라 갈등을 해결해 나가는 제도적 원칙과 장치를 마련하는 것이 중요하다. 하지만 제도적 원칙과 장치가 마련되었어도 참여형 시민 문화가 형성되지 않아서 정치 발전이 지체되기도 한다.

① 국민 소환과 국민 발안 제도의 미비
② 선거구 간 과다한 인구 편차와 투표율 저조
③ 환경분쟁위원회 활동에 대한 시민들의 무관심
④ 언론의 자유를 제한하는 언론 보도 지침 파문
⑤ 중앙 정부의 지방 자치 단체에 대한 행정 감사

【답지반응분포】

문항번호	정답률(%)	변별도	답지반응분포(%)					
			1	2	3	4	5	무응답
1	37.5	0.29	13.5	34.6	37.5	8.2	6.1	0.1

실습문제 4

다음 문항의 문제점을 정답의 오류 가능성, 질문지 · 자료 · 답지 간 관련성 등에 초점을 맞추어 분석하시오.

1. 다음 사례들은 우리 주변에서 흔히 볼 수 있는 일들이다. 다음과 같은 현상이 나타나는 사회의 모습으로 바르지 않은 것은?

> 동희는 영국 남자와 결혼하기를 원한다.
> 성호는 외국 웹 사이트에서 자료를 다운받는다.
> 일석이는 매주 컴퓨터로 유명 강사의 수업을 듣는다.
> 재웅이는 매일 밤 외국 유명 브랜드의 기능성 화장품을 바른다.

① 문화의 대중화가 이루어진다.
② 여성의 사회 참여가 증가한다.
③ 다국적 기업의 수가 증가한다.

④ 정부주도의 생산품 수출입이 이루어진다.

⑤ FTA 체결 이후 값싼 외국산 농산물을 먹을 수 있다.

실습문제 5

다음은 문항카드와 평가 자료다. 물음에 답하시오.

【문항카드】

문항번호	1		
학년	고등학교 1학년	대영역	Ⅷ. 국민경제와 합리적 선택
중 영 역	Ⅷ-3. 세계 시장의 경쟁과 협력		
성취기준	Ⅷ-3-1. 비교 우위, 국제 수지, 환율 등의 개념을 활용하여 국제 사회와 관련된 경제 현상을 설명할 수 있다.		
평가영역	문제해결	문항난이도	중간

【평가 자료】

구 분	한국	터키
인라인스케이트	5명	15명
자전거	7명	10명

5-1) 문항카드의 내용과 평가 자료를 활용하여 선다형 질문과 4개의 답지를 개발하시오.

5-2) 자신이 개발한 위의 문항에 대하여 다음에 제시한 선다형 문항 검토 항목별로 yes 혹은 no라고 답한 후 그 이유를 기술하시오.

(1) 질문이 평가 영역을 측정합니까?
(2) 질문의 내용이 고등학교 교육과정의 내용과 수준에 맞습니까?
(3) 문항의 내용이 성취기준에 부합합니까?
(4) 정답이 되는 두 개 이상의 답지가 없습니까?
(5) 오답지들이 매력적입니까?

제5장

서술형 · 논술형 평가도구 개발[1)]

1. 서술형 · 논술형 평가도구의 특징

1) 서술형 평가도구

서술형 평가도구(short-answer form)도 선다형 평가도구와 유사하게 사회과 평가영역 중 지식의 이해 정도를 측정하는 데 적합하다. 서술형 평가도구는 간단한 구나 절 등으로 응답하는 문항형태로 용어의 정의나 의미를 질문할 때 자주 사용되고, 짧은 답을 요구하는 문항유형의 특성상 단순 지식 · 개념 · 사실 등을 알고 있는지를 측정하는 데 적합하다. 서술형의 경우 답의 길이는 약 10~100자 정도로 한다. 문항에서 요구하는 답안의 길이를 중심으로 비교적 짧은 분량의 문항(약 10~50자)과 비교적 긴 분량의 문항(51~100자)으로 나눌 수 있다. 평가문항의 성격에 따라 필요할 경우, 목적 · 분량 · 시간 등을 제한하여 명시할 수 있다.

서술형 평가도구 개발은 선다형 평가도구 개발보다 상대적으로 용이하고, 피험

1) 서술형 · 논술형 평가도구는 제6장에서 다룰 예정인 수행평가에 해당하지만 사회과 평가에서 그 중요성이 높기 때문에 별도의 장을 할애하고자 한다.

자가 추측에 의해 정답을 맞힐 확률이 낮다. 그리고 논술형 평가도구에 비하여 객관적으로 채점할 수 있고, 문장력에 의해 점수가 부여되는 효과를 배제할 수 있다는 장점이 있다. 그러나 서술형 평가에서 묻고자 하는 것이 너무 포괄적이면 학생들의 답안 반응이 다양하게 나올 수 있기 때문에 채점의 공정성 문제가 야기되기 쉽다. 그래서 서술형 평가도구를 개발할 때 가장 힘든 점은 정답이 하나가 되도록 지시문을 개발하는 것과 학생들의 답안에 대한 정 · 오답 판단이다.

1998년에 한국교육과정평가원 사회과 연구실에 ○○고등학교 사회과 교사가 다음과 같은 문제로 문의를 하였다. 그와 동료교사는 기말고사에서 도심공동화를 추론할 수 있는 도심인구 변화에 대한 시기별 자료를 제시하고 관련된 개념을 쓰라는 서술형 문항을 출제하였다. 그들은 정답이 '도심공동화 현상' 인데, '도심에 상주인구가 감소하는 현상' 혹은 '도심의 인구가 줄어드는 것' 등으로 기술한 답안이 정답인지 오답인지 판단하기 어렵다는 것이었다. 자신은 정답으로 처리했는데 동료교사는 오답으로 처리하여 정답에 대한 학생들의 항의가 많다고 하면서 이런 경우 어떻게 채점하는 것이 좋은지를 문의하였다.

여러분이라면 어떻게 채점할 것이고, 왜 그렇게 채점해야 한다고 생각하는가? 혹시 여러분 중 몇 명은 이런 단순한 문제로 연구기관에 전화까지 하는 교사가 과연 있을까 의구심을 가질지 모른다. 그러나 서술형 평가에서 가장 해결하기 힘든 문제는 채점을 위한 판단이다. '도심에 상주인구가 감소하는 현상' 혹은 '도심의 인구가 줄어드는 것' 등을 정답이라고 채점한 교사는 그렇게 기술한 학생은 자료를 읽을 수 있고, 자료에서 나타내고 있는 내용을 알고 있다고 판단하였기 때문이고, 오답으로 채점한 교사는 지시문에 개념을 기술하라고 하였는데 개념을 쓰지 않고 그 의미를 기술하였기 때문에 틀렸다고 판단하였다.

이러한 문제는 매우 단순한 서술형 문항에서도 나타난다. 예를 들어, 【예시문항 1】은 2003년 초등학교 사회과 학업성취도 문항으로 정답은 '소방서(소방소)' 이다. 그런데 학생들은 소방서라는 답뿐만 아니라 119 구조대, 119, 불나면 전화하는 곳, 불 끄는 곳, 소방관, 구조대원, 구조대 등 다양한 답안을 작성하였다.

【예시문항 1】 다음은 어느 공공기관의 인터넷 홈페이지에 실린 감사의 글이다. ( ) 안에 공통으로 들어갈 공공기관의 이름을 쓰십시오. (2점)

> 지난 밤 할머니가 갑자기 편찮으셨습니다. 아버지는 전화로 (　　)에 도움을 요청하셨습니다. 잠시 후 (　　)에서 나오신 두 분이 할머니를 대학병원 응급실로 옮겨 주셨습니다. 할머니는 다음 날 아침에 퇴원하셨습니다. 나는 이 분들이 화재와 관련된 일만 하시는 줄 알았는데 이런 일도 하신다는 것을 처음 알았습니다. 저희 할머니를 도와주셔서 정말 감사합니다.

교사는 119를 정답 처리해야 하는지, 오답 처리해야 하는지, 소방관을 정답 처리해야 하는지 오답 처리해야 하는지 끊임없이 판단해야 한다. 정 · 오답 판단에 대한 문제를 해결하기 위한 가장 좋은 방법은 묻고자 하는 내용을 구체적으로 제한하고, 충분한 자료를 제시하며, 정답의 방향을 지시하는 응답 제한형 질문으로 문항을 구조화하는 것이다. 응답 제한형 문항은 요구하는 답이 분명하기 때문에 답을 적당히 추측해서 쓸 위험이 줄어든다. 응답 제한형 문항을 개발하기 전에 반응의 자유를 어느 수준에서 허용할 것인지 사전에 판단하는 것이 좋다.

【예시문항 2】는 2006년 ○○대학교 사회과 교육과정 및 평가론 시간에 수강생이 개발한 서술형 문항이다. 【예시문항 2】의 "한국 사회의 전통사회에서 현대사회로의 변동 특성과 각 사회에서 나타나는 특징을 서술하라."는 질문은 응답이 제한되지 않고 무한히 열린 구조다.

【예시문항 2】 한국 사회의 전통사회와 현대사회로의 변동 특성과 각 사회에서 나타나는 특징을 간단히 서술하시오.

이 문항은 앞서 예시한 '도심공동화 현상'이나 '소방서'라는 답을 요구하는 서술형 문항에 비하여 훨씬 열린 구조로 개발되었기 때문에 채점의 어려움이 매우 클 것이다. 문항 개발자가 제시한 예시 정답은 다음에 제시한 바와 같이 "전통사회에서 현대사회로의 변화 중 가장 큰 것은 닫힌 사회에서 열린 사회로 변화하였다는 것이다. 전통사회에서는 공동체의 가치가 존중되지만 남성중심사회, 경직된 상하의식, 개성 상실, 여성참여 제한의 특성이 나타나고 이에 반해 현대사회에서는 자율화, 개방화, 다원화에 따른 남성과 여성의 공존사회, 열려 있는 인간관계

및 개성 존중의 특징이 나타난다." 이다. 그러나 아마도 예시 정답처럼 기술한 학생 답안은 10%도 되지 않을 것이다. 문제는 예시 정답처럼 답안을 기술하지 않은 많은 피험자도 문항 개발자가 예시 정답으로 미처 생각하지 못한 변동 특성, 전통사회의 특징, 현대사회의 특징을 나름대로 논리적으로 기술할 수 있다는 것이다. 그렇다면 채점자는 피험자 모두의 답안 각각에 대하여 정 · 오답을 판단해야 하고, 판단의 과정에서 주관이 개입할 여지가 많아 검사의 신뢰도는 저하될 수밖에 없다. 이러한 문제를 방지하기 위하여 【예시문항 2】의 경우 현대사회 변동 특성 중에서도 문항 개발자가 묻고자 하는 특성 하나를 추출한 후 관련자료를 제시하고, 반드시 그 특성이 답으로 도출될 수 있도록 구조화하여, 분량 등을 제한하는 방식으로 수정한다면 채점의 문제는 상당 부분 해결될 수 있다. 예를 들어, 【예시문항 3】은 2003년 고등학교 사회 학업성취도 평가문항인데, 이 문항은 '문화지체' 와 관련된 사례 세 가지를 제시하고 "이들 사례에서 공통적으로 발견되는 우리 사회의 문제점을 기술하라." 는 것이다. 이 문항의 경우 자료를 충분히 제시해 줌으로써 '문화지체' 라는 정답 방향을 지시해 주는 문항으로 【예시문항 2】에 비하여 채점의 어려움이 덜하다.

【예시문항 3】 다음 사례들에서 공통적으로 발견되는 우리 사회의 문제 현상을 쓰시오.

> • 초고속 통신망 가입률이 세계 1위로 올라섰지만 동시에 인터넷을 통한 명예 훼손이나 개인정보 유출 등 사이버 범죄가 급속하게 증가하고 있다.
> • 65세 이상 노인 인구가 급속하게 증가하여 고령화 사회로 접어들었지만 노인들을 위한 복지제도가 미흡하고, 노인에 대한 편견이 여전히 사라지지 않고 있다.
> • 자동차의 대중화와 교통망 확충으로 전국이 1일 생활권으로 좁혀졌지만 운전자들의 교통법규 준수의식은 여전히 낮은 것으로 나타나고 있다.

그러나 아무리 제한된 구조로 질문하여도 학생들의 답안은 다양하기 마련이다. 따라서 개발하는 과정에서 가능한 답안을 모두 고려하여 채점기준을 개발하고, 본 채점 시작 전에 피험자 답안의 약 5%를 표집하여 가채점한 후 채점기준을 수정 · 보완할 필요가 있다. 채점기준이 완성되면 그 기준을 일관되게 적용하여 채점해야 한다. 예를 들어, 【예시문항 3】의 정답은 '문화지체(현상)' 인데 가채점을 한 결과

'국민의식 발달 미흡' '시민의식(문화) 미성숙' '물질영역의 발달에 뒤따라가지 못한 정신영역' 등으로 기술한 답안지가 발견된다면 이를 정답 처리할 것인지, 오답 처리할 것인지 판단한 후에 추후 모든 답안 채점과정에서 수정된 정답을 일관되게 적용해야 한다. 짧은 서술형의 경우 대체로 맞다/틀리다로 채점하고, 긴 서술형의 경우 2~3단계 수준에서 채점기준을 작성하여 채점하는 것이 좋다.

2) 논술형 평가도구

논술형 평가도구(essay)는 주어진 질문에 여러 개의 문장으로 응답하는 문항형태를 말한다. 논술형 평가도구도 일종의 서술형 평가도구지만 개인이 지닌 나름의 생각이나 주장을 창의적이고 논리적이면서도 설득력 있게 조직해야 한다는 점에서 정답이 제한된 서술형 평가도구와 구별된다. 논술형은 가치판단/의사결정/문제해결 등의 요소를 포함하여 지식의 이해 정도, 자료 해독기능의 정도, 지식을 이용한 고등 추론 정도를 종합적으로 질문한다는 점에서도 개념과 이론의 이해 정도나 자료 해독능력 등을 독립적으로 평가하는 서술형 평가도구와 구분된다. 따라서 논술형 평가도구는 정답이 분명하게 주어진 주제보다 지리적 · 역사적 · 사회적 현상에 대하여 학생의 가치판단과 그 판단에 대한 정당화를 요구하는 주제가 적합하다.

논술형 평가도구는 [그림 5-1]에서 볼 수 있듯이 다양하게 구분된다. 서술양식에 따라서는 '지식을 적용하는 (비교)서술형', '논리적 근거를 가지고 가치판단을 요구하는 논리 · 주장 제시형' '(자료)분석 요구형' 으로 구분한다. 지식을 적용하는 (비교)서술형 문항은 지시문을 '비교 · 분석하라' '이유를 설명하라' 등으로 하고, 사회 현상 또는 주요 개념 및 이론을 종합적으로 설명할 수 있는 능력을 측

- 서술양식에 따른 분류: 지식 적용(비교)서술형, 논리 · 주장 제시형, (자료)분석 요구형
- 피험자의 반응 허용 정도에 따른 분류: 자유형, 분량 제한형, 내용 범위 제한형
- 자료 제시 유무에 따른 분류: 자료 없는 단독 과제형, 자료 제시형
- 하위문항 유무: 단독 과제형, 하위문항 제시형

[그림 5-1] 논술형 평가도구 유형

정한다. 지식을 적용하는 (비교)서술형의 경우 지식의 이해 정도를 측정한다는 측면에서 서술형 평가도구로 분류될 수 있지만 서술 분량이 100자 이상이거나 지식의 암기보다 분석이나 적용에 강조점이 있는 경우 논술형 평가도구로 분류된다. 논리적 근거를 가지고 가치판단을 요구하는 논리 · 주장 제시형은 현재 쟁점이 되는 사회문제나 현상을 문항 소재로 활용하고, 다양한 관점을 검토한 후 사실에 근거하여 논리적으로 자신의 주장을 제시하는 능력을 요구하는 문항이다. 지시문을 '견해를 논하라' 등으로 하되, 논쟁을 다룰 경우 지시문을 어느 한 편의 주장을 지지하는 입장에서 작성하지 말고, 피험자의 견해를 밝히고 그의 견해를 논리적으로 전개할 수 있도록 유도해야 한다. (자료)분석 요구형은 자신이 가진 선지식을 활용하여 자료를 분석한 후 답을 도출할 수 있는 능력을 측정할 수 있도록 개발된 문항이다.

논술형 평가도구는 피험자의 반응 허용 정도에 따라 자유형, 분량 제한형, 내용 범위 제한형으로 구분된다. 대체로 채점 가능성을 고려하여 피험자의 수가 많을수록 분량이나 내용 범위를 제한하고, 피험자 수가 적을수록 자유롭게 기술하도록 한다. 내용 범위 제한형은 피험자들이 문항을 보고 어떻게 답을 기술해야 할지 분명히 알 수 있도록 지시문을 구조화하는 것을 의미한다. 논술형 평가도구는 문제해결능력, 의사결정능력, 비판적 사고능력 등 고등한 사고 능력을 측정할 수 있다는 장점에 비하여 채점의 주관성 문제를 안고 있기 때문에 응답내용의 범위를 제한하는 내용 범위 제한형 문항이 주로 개발된다.

일반적으로 중등학교에서 논술형 문항을 개발하고자 하는 사회과 교사는 채점을 고려하여 피험자들이 논해야 할 주제가 무엇인지 분명히 드러나도록 지시문을 분명하게 구조화하고 지시문에서 요구하는 능력을 중심으로 채점기준을 작성한다. 내용 범위 제한형 논술형 문항이 갖는 장점은 구체화된 학습내용과 연계시킬 수 있고, 자유형 논술형 문항보다 채점이 용이하다는 것이다. 그러나 내용 범위 제한형 논술형은 학생이 제한된 범위 내에서 사고하고 분석하도록 하기 때문에 고등한 사고능력을 충분하게 측정하지 못한다는 단점도 있다. 분량 제한형은 글자 수를 제한하는 것을 의미한다. 대체로 논술형 분량은 100~1,200자 정도로 출제하고 지시문에 분량을 제시한다. 분량을 쉽게 확인하기 위해 답안지로 원고지(400자 혹은 1,000자 원고지 등)를 활용할 수 있다. 일반적으로 제시된 분량의 ±

10% 수준으로 작성된 답안지에는 감점을 부여하지 않고, 그 이상이거나 이하인 경우 감점 처리한다. 그리고 피험자가 문항점수를 고려하여 문항에 응답할 수 있도록 문항점수를 지시문에 제시하는 것이 좋다.

자료 제시 유무에 따라 자료 없는 단독 과제형과 자료 제시형으로 구분된다. 서술형 평가도구는 자료를 풍부하게 제시하여 응답의 반응을 치밀하게 구조화하는 데 비하여 논술형의 경우 해당 주제에 대한 피험자의 지식과 생각을 자유롭게 표현하도록 자료 없는 단독 과제형으로 개발할 수도 있다. 그러나 앞서 말한 바와 같이 피험자의 반응을 자유롭게 표현하도록 하면 채점의 어려움이 따르기 때문에 논술형 문항도 주로 내용 범위 제한형 문항으로 개발된다. 이때 내용 범위를 제한하기 위해서는 자료를 제시하는 것이 일반적이다.

마지막으로 논술형 평가도구는 하위문항의 유무에 따라 단독 과제형과 하위문항 제시형으로 구분된다. 하위문항 제시형은 하나의 자료를 가지고 여러 단계의 문항이 세트로 구성된 문항을 의미한다. 다수의 문항으로 구성된 하위문항 제시형 문항은 광범위한 내용을 종합적으로 묻는 소수의 문항보다는 학습내용을 체계적으로 질문할 수 있다는 장점이 있다.

【예시문항 4】 다음은 커피 생산에 대한 글이다. 물음에 답하시오.

커피나무는 흔히 ㉠ <u>커피벨트</u>라고 일컫는 지역에서 재배되는데, 커피의 주요 생산국은 브라질, 콜롬비아, 베트남, 인도네시아, 인도 등이고, 주요 수출국은 브라질, 베트남, 콜롬비아, 인도네시아 등이다. 커피의 1년 교역량은 17조 원으로 원유 다음으로 중요한 교역품목이다. 지구촌에서 하루에 소비되는 커피는 25억 잔 정도로 세 명 가운데 두 명은 커피를 마시는 꼴이다. 그러나 커피 한 잔에서 나오는 이익의 99%는 ㉡ <u>다국적 기업</u>, 수출입업자, 중간거래상, 소매업자가 차지하고 단 1%만이 소규모 커피 재배 농가 몫이다.

1) 세계 커피 10대 생산국을 고려하여 ㉠ 커피벨트를 백지도에 나타내시오. (2점)

2) ㉡의 '다국적 기업'을 정의하고 다국적 기업의 순기능과 역기능을 검토하시오. (6점, 분량: 300자 내외)

3) 자신은 다국적 기업 경영에 대하여 찬성 혹은 반대하는지 견해를 밝히고 그 이유를 논리적으로 제시하시오. (6점, 분량: 600자 내외)

【예시문항 4】는 하위문항을 가진 자료 제시형 문항으로 서술양식에 따른 분류로는 1)과 2)는 지식 적용 서술형 문항에 해당되고, 3)은 논리 · 주장 제시형 문항에 해당된다. 그리고 1), 2), 3) 모두 내용 범위를 제한하는 내용 범위 제한형에 해당되고, 그중에서 2)와 3)은 분량을 제한하고 있는 분량 제한형 문항에도 해당된다.

논술형 검사의 가장 큰 단점은 채점에 있다. 논술형 검사는 '객관도(objectivity)'를 중요하게 고려하는데, 객관도라는 용어는 최근 채점자 간 신뢰도(inter-rater reliability)라는 용어로 사용된다. 이는 채점자들의 채점이 얼마나 유사한가를 측정한 것이다. 동일한 답안이라도 채점자마다 다른 점수를 부여할 수 있으며, 심지어 동일한 답안을 동일한 채점자가 다시 채점을 하더라도 다른 점수를 부여할 수 있다. 논술형 채점은 2인 이상의 사회과 교사가 채점하고, 한 학생의 글에 대하여 채점 교사 사이에 점수 차이가 많이 났을 경우, 채점자들이 그 답지를 다시 읽으면서 점수를 조정하도록 하여 객관도를 높이고자 한다. 그러나 무엇보다도 검사

의 객관도를 높이기 위해서는 채점기준을 명료화하거나 채점방법을 체계화하는 것이 중요하다. 논술형 문항을 개발할 때 채점기준을 동시에 개발하는 것이 채점 가능성을 고려하여 문항을 수정 · 보완할 수 있기 때문에 바람직하다.

논술형 검사에서 채점방법은 총체적 채점방법과 분석적 채점방법으로 구분된다. 총체적 채점방법은 피험자의 응답을 읽은 후 전체적인 느낌에 의하여 점수를 부여하는 방법으로 상대적으로 빠른 시간 내에 채점한다는 장점이 있다. 반면 채점의 신뢰도가 떨어지고 과제에서 평가하고자 하는 특성에 대해 어떤 학생이 매우 불균형한 모습을 보일 때 그 학생을 우수하다고 평가해야 하는지 보통이라고 평가해야 하는지 혹은 미흡하다고 평가해야 하는지 애매해질 수 있다.

총체적 채점방법이 갖는 논리적 문제를 고려했을 때, 여러 특성을 포함하는 논술형 문항에는 분석적인 방법이 이용되어야 한다. 분석적 방법은 모범답안을 작성하고 평가요소의 중요성에 따라 점수를 배분한 후 채점기준을 명시하는 방법이다. 분석적 방법의 장점은 더 진단적이라는 데 있다. 채점기준은 명료하고, 서로 배타적이게 구성해야 한다. 일반적으로 논술형 평가에서 채점의 평가요소는 자신의 논리적인 해석(내용)과 그러한 해석에 대한 근거를 조직적으로 구성했느냐(조직)로 구분된다. 내용의 경우, 자신이 주장하는 내용에 대해 타당한 논거를 제시하고 있는지, 그리고 그 논거가 상식적이거나 식상한 것이 아니라 참신하고 독창적인지, 다른 견해를 적절하게 비판하는지에 초점을 맞추어 채점한다. 또한 논술형 검사에서는 내용의 깊이와 넓이뿐만 아니라 글을 조직하고 구성하는 능력도 평가해야 한다. 조직은 서론 · 본론 · 결론으로 나누어 기술하고 있는지, 내용의 연계가 매끄러운지 등을 기준으로 채점한다.

〈표 5-1〉 논술형 채점기준 예시[2)]

평가요소	채점기준
이해 · 분석력	• 논제에 대한 이해 · 분석능력 • 제시문에 대한 이해 · 분석능력 • 답안이 논제에 충실한 정도 • 제시문을 적절히 활용한 정도

2) 논술형 채점기준 예시는 서울대 논술고사의 인문계열 채점기준을 수정 · 보완한 것임.

논증력	• 근거 설정능력 – 주장에 대한 적절하고 분명한 논거 제시 – 주장과 논거의 논리적 타당성 – 논제에 대한 분명한 자기 의견 표현 – 자기 의견과 제시문의 연관성 • 구성 조직능력 – 전체 논의 전개의 정합성 및 일관성 유지 – 전체 논의 전개에 있어 논리적 비약 여부 – 글의 전체적인 흐름이 체계적이고 조직적으로 전개
창의력	• 심층적인 논의 전개 – 주장이나 논거에 대해 스스로 가능한 반론 제기 – 논의에서 더 나아간 함축이나 귀결에 대해 고려 – 논의가 전개되고 있는 맥락이나 배경 상황에 대한 적절한 고려 – 묵시적인 가정이나 생략된 전제에 대한 고찰 • 다각적인 논의 전개 – 발상이나 관점의 전환 시도 – 가능한 대안들에 대한 고려 – 여러 이질적 개념들의 종합 – 암묵적으로 가정된 전제에 대한 비판적 고찰 • 독창적인 논의 전개 – 주장이나 논거의 새로움 – 문제를 통찰함에 있어 특이함 – 관점이나 논의 지평의 참신함
표현력	• 표현의 적절성 – 문장 표현의 매끄럽고 자연스러움, 적절한 비유 – 단락 구성 및 어휘의 적절성 – 맞춤법 등의 어법, 원고지 사용법 준수

그러나 논술형 평가에서 〈표 5-1〉에서 볼 수 있는 일반적 채점기준을 적용하여 채점하는 경우는 거의 없다. 예를 들어, 【예시문항 5】는 2008년 대한지리학회에서 수행한 '지리과목의 교사자격기준 개발과 평가영역 상세화 및 수업능력평가 연구' 에 제시된 논술형 문항의 일부인데, 채점기준은 논술형 평가의 일반적 채점기준과는 달리 평가요소가 내용을 기준으로 구분되었다.

【예시문항 5】 구체적인 사례를 중심으로 베버(A. Weber)의 최소비용이론과 뢰슈(A. Lösch)의 최대수요이론에서 제시하는 최적입지원리를 설명한 후, 우리나라 공업입지를 설명하는 데 이들 이론이 갖는 한계를 분석하시오. (10점, 분량: 1,200자 내외)

【채점기준】

평가요소	채점 내용
베버의 입지론 (6점)	• 기본 원리(3점): 세 가지 기본 원리인 최소운송비원리, 노동비에 따른 최적입지의 변화, 집적경제에 따른 최적지점의 변화에 대하여 논리적으로 설명한 경우 각 1점씩 부여 • 사례 제시(3점): 세 가지 원리에 대하여 사례를 적절하게 제시한 경우 각 1점씩 부여
뢰슈의 입지론 (2점)	• 2점: 최대수요이론의 원리를 제시하고, 구체적인 예를 든 경우 • 1점: 최대수요이론의 원리를 제시하였으나 구체적인 예를 들지 못한 경우
우리나라 공업입지를 설명하는 데 갖는 한계(2점)	• 베버 이론의 한계(1점): 베버의 입지이론의 한계를 한 가지 이상 제시한 경우 1점 부여 • 뢰슈 이론의 한계(1점): 뢰슈의 입지이론의 한계를 한 가지 이상 제시한 경우 1점 부여
감점	• 제시한 분량에 10% 미달이나 초과인 경우, 맞춤법이 어긋난 경우 각각 −1점

【예시답안】 베버의 최소비용원리는 다른 비용이 동일하다면 운송비가 최소인 지점이 최적입지라는 것이다. 그러나 다른 비용에 비하여 노동비의 비중이 높은 공업의 경우 노동비 절감액이 최소 운송비 지점을 벗어났을 때 발생하는 추가 운송비보다 크면 그곳이 최적입지가 된다. 최근 우리나라 기업들이 운송비가 증가하지만 이보다 노동비 절감효과가 더 큰 중국이나 동남아시아 등으로 진출한 것은 대표적인 사례다. 또한 기술, 정보, 시설, 원료의 공동 관리 및 이용 등을 통해 비용을 절감할 수 있고, 법률 서비스, 제품의 디자인과 광고, 공장의 경비와 청소 등 생산자 서비스 집적에 따른 이익이 큰 공업의 경우 최적입지는 집적의 이익이 극대화되는 곳으로 변화될 수 있다. 자동차 한 대의 생산에 약 20,000개의 부품이 필요한 자동차 산업은 집적 이익의 영향을 받는 대표적인 업종이라 할 수 있다.

뢰슈는 수요를 핵심적 변수로 하여 입지이론을 전개하였다. 그는 총소득이 최대가 되는 지점, 즉 수요를 최대로 하는 지점이 이윤극대화 지점으로 최적의 입지 지점이 된다고 주장하였다. 뢰슈의 최대수요이론은 시장의 중심부와 멀어질수록 수요의 차

이가 발생한다는 것을 가정하고 공장 옆에 거주하는 소비자들은 운송비가 포함되지 않은 가격에 물건을 구매하지만 시장에서 멀어질수록 증가되는 운송비로 인해 제품의 가격이 상승하여 수요가 감소하며 수요가 '0' 이 되는 지점이 발생한다고 하였다. 그래서 이윤을 추구하는 기업의 입지는 시장지역의 중심부가 최적입지가 되고 개개의 시장지역의 형태는 자유경쟁을 통해 정육각형의 패턴을 형성한다. 유행에 민감한 의류산업이 시장조사, 의류디자인실, 공장 등이 논스톱으로 연계되도록 도심에 입지한 경우가 대표적인 사례라고 할 수 있다.

그러나 베버의 최소비용이론을 가지고 우리나라 공업입지를 설명할 때 지역에 따른 시장수요의 변화나 원료공급의 공간적 변이를 고려하지 못하고, 수송비가 거리에 비례한다는 가정은 상당히 비현실적이며, 원료의 수송이나 제품의 수송 시에 필요한 선적비, 하역비, 취급비 등의 종착지 비용을 고려하지 않았고, 노동력이 비유동적이며 그 공급량 또한 무한하다고 가정한 것 등은 한계가 있다. 뢰슈도 비용을 무시하는 등 우리나라 공업입지를 설명하기에는 현실성이 부족하다는 한계를 지닌다.

채점기준을 개발하는 일반적 절차는 다음과 같다.

첫째, 출제 교사는 출제과정에서 나름대로 모범 답안을 작성한다.

둘째, 동료 교사와의 토론 및 협의를 통하여 예상할 수 있는 피험자의 다양한 반응을 추출한다.

셋째, 피험자의 반응을 유형화하고 그것을 위계화한다.

넷째, 채점기준표를 작성한다.

다섯째, 피험자의 답안지를 약 5% 정도 가채점한 후 채점기준표를 수정한다.

2. 서술형 · 논술형 평가도구 개발 및 채점의 실제

1) 서술형 평가도구

제3장에서 언급한 바와 같이 ○○○부속고등학교 이 교사는 "자유곡류하천과 감입곡류하천의 형성과정과 그 지형적 특징 및 이용을 비교할 수 있다."라는 성취기준을 학생들이 어느 정도 성취했는지 평가하기 위하여 3점짜리 서술형 문항인

【예시문항 6】을 개발하였다. 그가 이와 같은 성취기준을 평가하기 위하여 서술형 문항을 개발한 이유는 자유곡류하천과 감입곡류하천의 형성과정과 그 지형적 특징 및 이용에 대하여 학생들이 알고 있는 수준을 평가하는 데 서술형 문항이 적합하다고 판단하였기 때문이다. 그는 수업시간에 자유곡류하천과 감입곡류하천에 대한 지도와 사진을 보여 주며 학생들에게 다음과 같이 설명하였다.

> "자유곡류하천은 넓은 범람원상을 흐르는 하천으로 파워포인트에 제시된 지도와 사진에서 볼 수 있듯이 굴곡이 심한 하천이다. 자유곡류하천은 소규모 하천의 하류나 대하천의 지류에서 주로 발달하고 하천과 주변지역 간에 고도차가 거의 없이 평탄하기 때문에 홍수가 나면 유로 변경이 잦다. 그리고 이곳 주변은 범람원이 넓어서 대부분 논으로 이용되고 있다. 반면, 감입곡류하천은 지도에서 볼 수 있듯이 골짜기를 따라 곡류하여 흐르는 하천이다. 감입곡류하천은 하천 상류의 산간지역에서 잘 발달하고 하천과 주변지역 간의 고도차가 크다. 그래서 주변의 하안단구에는 농경지, 도로, 촌락 등이 발달하고 있다."

그는 수업시간에 보여 주었던 자유곡류하천과 감입곡류하천의 지도를 제시한 후 "이와 같은 하천 유형을 무엇이라고 하는지 쓰시오."라는 단답형 문항과 "두 지도를 보고 하천 주변의 지형적 특징과 농경지가 각각 어떻게 이용되고 있는지를 비교하여 설명하시오."라는 서술형 문항을 개발하였다. 단답형 문항과 서술형 문항 모두 문항구조를 단순화하고, 요구하는 정답의 방향을 분명하게 제시함으로써 정 · 오답 논란의 위험을 최소화하고, 정답을 알지 못한 학생이 추측해서 쓸 수 없도록 하였다.

【예시문항 6】 다음 지도를 보고 물음에 답하시오.

A

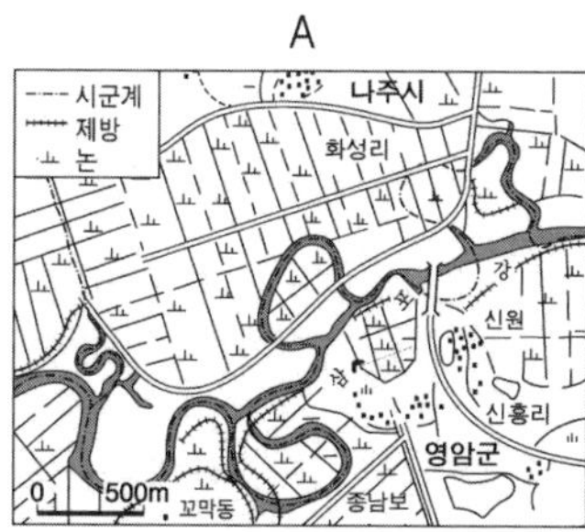

B

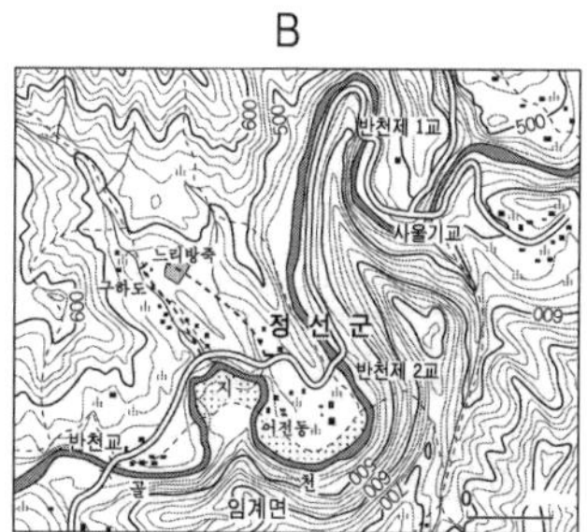

1. A, B와 같은 하천 유형을 각각 무엇이라고 하는지 쓰시오.

1) A: ______________________________

2) B: ______________________________

2. 위의 두 지도를 보고 하천 주변의 지형적 특징과 농경지가 각각 어떻게 이용되고 있는지를 비교하여 설명하시오. (150자 내외)

____

____

그리고 그는 문항을 개발하는 과정에서 모범 답안을 작성하고, 3점에 대한 채점기준을 3단계(3점/2점/1점)로 구분하였다. 그가 작성한 모범 답안과 채점기준은 다음과 같다.

【모범 답안】

1. 1) 자유곡류하천
   2) 감입곡류하천

2. 두 지도를 비교해 볼 때, 평야지대를 흐르는 A의 자유곡류하천 주변에는 평탄하고 넓은 범람원이 발달하여 벼농사가 주로 이루어진다. 반면, 산지 사이를 흐르는 B의 감입곡류하천은 하천과 주변지역 간의 고도차가 크게 나타나며, 하안단구가 발달한 곳에 밭농사가 널리 행해진다.

【채점기준】

수준 평가요소	3점	2점	1점
곡류하천의 종류 및 특징	곡류하천의 종류 두 가지와 경관상의 특징을 비교 · 서술하였다.	곡류하천의 종류 두 가지만 작성하거나, 경관상의 특징만을 비교 · 서술하였다.	곡류하천의 종류 한 가지만 제시하였다.

기말고사를 치르고 난 후 이 교사는 【예시문항 6】에 대한 학생들의 답안지 중 약 5% 정도인 25명의 답안지를 가채점하였는데, 그 결과 자신의 채점기준을 가지고 채점했을 때 점수 판단이 어려운 경우가 많다는 것을 깨달았다. 지시문은 "자유

곡류하천과 감입곡류하천 주변의 지형적 특성과 관련하여 토지 이용이 어떻게 이루어지는가?" 이며, 학생들도 질문의 취지를 이해하고 매우 구체적인 답을 작성하였다. 그러나 처음 개발한 채점기준을 적용하여 채점을 해 본 결과 학생들의 능력을 변별하여 정확한 점수를 부여하기가 어려웠다. 만약 채점자가 여러 명이었다면 채점자의 주관이 많이 반영되어 다양한 채점결과가 나왔을 것이다.

예를 들어, 이 교사가 처음 개발한 채점기준으로 [그림 5-2]~[그림 5-4]의 ㉮ 학생, ㉯ 학생, ㉰ 학생의 답안지를 채점한다고 해 보자. 세 학생 모두 하천 유형의 명칭을 정확하게 기술하였으나, ㉮ 학생의 답안지는 "A 주변은 논농사로 이용되고, B 주변은 밭농사로 이용된다."고 지형적 특징에 대해서는 기술하지 않고 농경지 이용만을 기술하였고, ㉯ 학생의 답안지는 "A하천 주변은 경사가 완만하여 논으로 이용되는 곳이 많고, B하천 주변은 경사가 급하여 논보다 밭이 많다."고 지형적 특징과 농경지 이용 모두 기술하였다. 그리고 ㉰ 학생 답안지는 "A 주변은 평탄하고 넓은 범람원이 발달하여 벼농사가 주로 이루어지고 있다. 반면 B 주변은 산지로 이루어져 있어 하안단구가 발달한 곳에 밭농사가 널리 행해지고 있다."고 기술하여 하천 주변의 지형적 특징을 ㉯ 학생보다 정확하게 기술하고 있다.

이들 세 명의 답안지를 위에 제시한 기준을 가지고 채점해 보자. 여러분은 세 학생의 답안지에 각각 몇 점을 부여하였는가? 이 교사는 ㉮ 학생 답안지에 2점을 부여해야 할지, 3점을 부여해야 할지 판단하기 어렵고, ㉯ 학생과 ㉰ 학생의 답안지를 비교해 보면 두 학생의 하천 주변의 지형적 특징에 대한 이해 수준 차이가 있음에도 불구하고 동일한 점수를 줄 수밖에 없다는 것을 알았다. 만약 ㉮ 학생 답안지에 3점을 부여한다면 이 교사가 문항 개발과정에서 개발한 채점기준은 자유곡류하천과 감입곡류하천의 지형 차이에 대한 학생들의 이해 수준이 다름에도 불구하고 동일한 점수를 부여하게 되는 문제가 있다.

이러한 문제를 해결하기 위하여 이 교사는 학생들의 이해 수준을 변별하여 점수를 부여하고 다른 사람이 채점을 하더라도 일관된 결과가 나올 수 있도록 채점기준을 다음과 같이 수정하였다. 첫째, 곡류하천의 명칭에 1점, 곡류하천 주변의 지형적 특징과 토지 이용에 2점을 부여한다. 둘째, 곡류하천의 명칭은 두 가지 모두 정확하게 기술하였으면 1점, 한 가지만 정확하게 기술하였으면 0.5점을 부여한다. 셋째, 곡류하천 주변의 지형적 특징과 토지 이용의 경우 자유곡류하천과 감입곡류하천 주변의 지형적 특징과 관련하여 토지 이용이 각각 바르게 설명되었으면 2점, 자유곡류하천과 감입곡류하천 주변의 일반적 토지 이용은 바르게 설명되었으나 지형적 특징과 관련된 설명이 부족하면 1점, 자유곡류하천과 감입곡류하천 주변의 일반적 토지 이용만 바르게 설명되고 지형적 특징이 언급되지 않으면 0.5점을 부여한다.

【수정된 채점기준】

곡류하천의 명칭(1점)	1점	곡류하천의 명칭 두 가지 모두 정확하게 기술하였다.
	0.5점	곡류하천의 명칭을 한 가지만 정확하게 기술하였다.
곡류하천 주변의 지형적 특징과 토지 이용 (2점)	상(2)	자유곡류하천과 감입곡류하천 주변의 지형적 특징과 관련하여 토지 이용이 각각 바르게 설명되었다.
	중(1)	자유곡류하천과 감입곡류하천 주변의 일반적 토지 이용은 바르게 설명되었으나 지형적 특징과 관련된 설명이 부족하다.
	하(0.5)	자유곡류하천과 감입곡류하천 주변의 일반적 토지 이용만 바르게 설명되고 지형적 특징이 언급되지 않았다.

그는 학생들에게 수정된 채점기준을 공지하여 이의신청을 받은 후 최종 채점기준을 확정하고 본 채점을 실시하였다. ㉮ 학생, ㉯ 학생, ㉰ 학생 답안지에 대하여 수정된 채점기준을 적용한 결과는 ㉮ 학생 1.5점, ㉯ 학생 2점, ㉰ 학생 3점이었다.

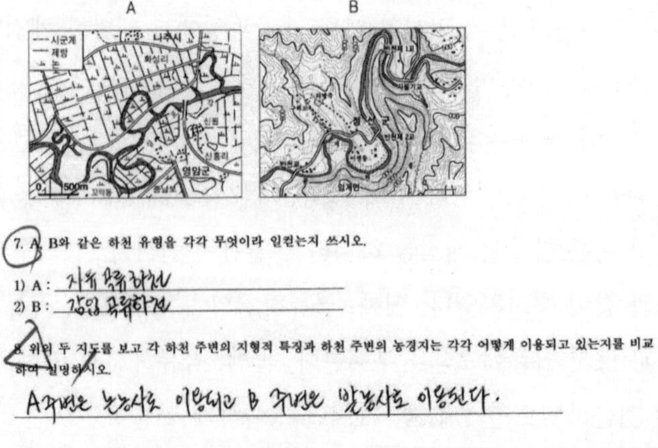
[7-8] 다음 지도를 보고 물음에 답하시오.

A B

7. A, B와 같은 하천 유형을 각각 무엇이라 일컫는지 쓰시오.

1) A : 자유 곡류하천

2) B : 감입 곡류하천

8. 위의 두 지도를 보고 각 하천 주변의 지형적 특징과 하천 주변의 농경지는 각각 어떻게 이용되고 있는지를 비교하여 설명하시오.

A주변은 논농사로 이용되고 B 주변은 밭농사로 이용된다.

[그림 5-2] ㉮ 학생의 답안지(1.5점)

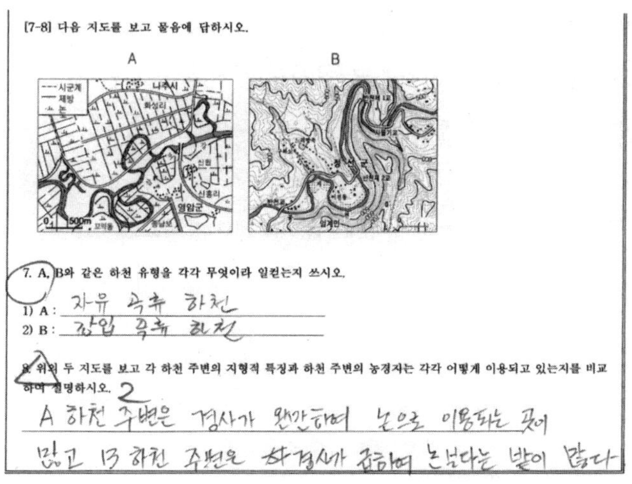

[7-8] 다음 지도를 보고 물음에 답하시오.

A　B

7. A, B와 같은 하천 유형을 각각 무엇이라 일컫는지 쓰시오.

1) A : 자유 곡류 하천

2) B : 감입 곡류 하천

8. 위의 두 지도를 보고 각 하천 주변의 지형적 특징과 하천 주변의 농경지는 각각 어떻게 이용되고 있는지를 비교하여 설명하시오. 2

A 하천 주변은 경사가 완만하며 논으로 이용되는 곳이 많고 B 하천 주변은 경사가 급하여 논보다는 밭이 많다

[그림 5-3] ㉯ 학생의 답안지(2점)

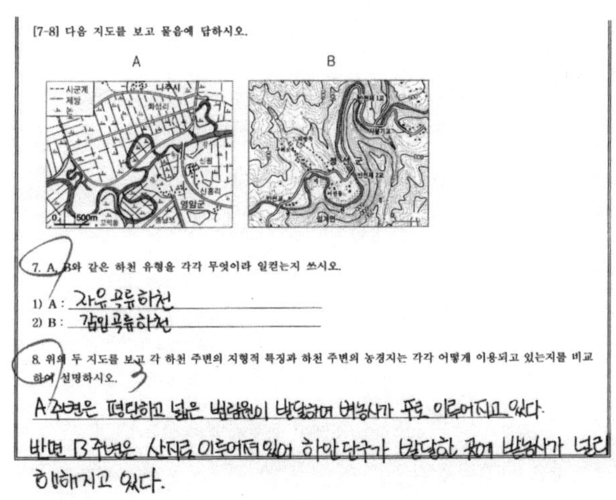

[7-8] 다음 지도를 보고 물음에 답하시오.

A　B

7. A, B와 같은 하천 유형을 각각 무엇이라 일컫는지 쓰시오.

1) A : 자유곡류하천

2) B : 감입곡류하천

8. 위의 두 지도를 보고 각 하천 주변의 지형적 특징과 하천 주변의 농경지는 각각 어떻게 이용되고 있는지를 비교하여 설명하시오. 3

A 주변은 평탄하고 넓은 범람원이 발달하여 벼농사가 주로 이루어지고 있다.

반면 B 주변은 산지로 이루어져 있어 하안단구가 발달한 곳에 밭농사가 널리 행해지고 있다.

[그림 5-4] ㉰ 학생의 답안지(3점)

2) 논술형 평가도구

이 교사는 "간척사업의 긍정적 · 부정적 효과에 대한 지식을 기초로 간척사업에 대한 자신의 의견을 제시할 수 있다."라는 성취기준을 학생들이 어느 정도 성취했는지 평가하기 위하여 5점짜리 논술형 문항인 【예시문항 7】을 개발하면서 현재 쟁점이 되고 있는 간척사업에 대하여 학생들이 가치판단을 하고 그 판단을 정

당화할 수 있는지를 평가하는 데 초점을 두었다. 그는 학생들이 다양한 관점을 검토한 후 사실에 근거하여 논리적으로 자신의 주장을 제시할 수 있도록 간척사업에 대한 중립적 입장의 자료를 제시하였다.

【예시문항7】 다음은 새만금 간척사업에 관한 보고서의 일부다. 이 글의 내용을 기초로 하여 새만금 사업에 대한 찬성, 반대의 입장 중 하나를 골라 논하시오.

> 최근에 나온 우리나라 전도를 펼쳐 놓고 서해안을 살펴보다가 한반도의 배꼽쯤 되는 부분에서 눈길을 멈추면 바다를 가로질러 뻗어가는 선을 보게 된다. 좀 더 정확한 위치는 전라북도 부안군과 김제시 · 군산시 앞바다이고, 그 선은 바닷물을 막는 방조제다. 말도 많고 탈도 많은 새만금 사업의 현장이다.
>
> 1991년 11월 방조제를 쌓기 시작한 새만금 사업은 우리 세대가 수행하는 마지막 간척사업이 될지도 모른다. 세계 최장의 방조제를 쌓아 사상 최대 규모의 국토를 확장하는 새만금 사업이 간척사업에의 장렬한 최후를 예비하고 있다는 것은 대단한 역설이다.
>
> 새만금에는 이 밖에도 온갖 역설, 갈등, 길항과 교착이 존재한다. 여러 개의 힘들이 끊임없이 부딪히고 뒤섞이는 곳이 새만금이다. 땅과 바다가 부딪히며 힘을 겨루고 강물과 바닷물이 세력을 다툰다. 파도들이 성을 내어 사람들이 쌓아놓은 둑에 머리를 들이받고 사람들은 더 크고 튼튼한 둑을 쌓아 바닷물을 밀어낸다. 바다를 줄여 땅을 넓히고, 갯벌을 없애 농지를 만들고, 해수를 밀어내고 담수를 저장하는 일에 대해 '자연을 극복하는 역사(役事)' 라는 주장과 '인간의 본질적인 어리석음' 이라는 주장이 맞서 싸운다. 단군 이래 최대의 간척사업이라는 찬사와 단군 이래 최대의 갯벌 파괴행위라는 비난이 새만금에서 격렬히 부딪힌다. 개발과 보존이라는 양보할 수 없는 가치들이 새만금에서 힘을 겨룬다. 간척사업을 통해 조성한 농지의 값어치가 높은지, 갯벌 스스로의 존재 가치가 더 높은지를 따지는 학계의 토론이 새만금을 중심으로 벌어지고 있다. 자연끼리, 자연과 사람이, 사람과 사람이 이곳 새만금에서 싸우고 갈등한다.

논술형 평가는 문항 개발보다는 모범 답안 개발과 채점기준 개발이 어렵고 중요하다. 이 교사는 자신이 생각하는 예시 모범 답안을 반대 입장과 찬성 입장으로 구분하여 다음과 같이 작성하고 그것에 비추어 채점기준을 개발하였다.

【예시 모범 답안: 반대 입장】

새만금 간척사업은 전북 군산과 부안 사이를 33km에 달하는 방조제로 연결, 여의도 면적의 140배에 달하는 국토를 새로 만드는 아주 큰 공사다. 1991년에 착공, 2011년 완공 예정인 새만금 사업은 앞으로 많은 쌀을 생산해 식량 자급에 기여하고 담수호를 통해 수자원을 확보한다는 계획이다. 현재까지 1조 원 이상의 공사비가 투입돼 60%의 공사 진척을 보이고 있으며, 방조제 공사의 마무리를 앞두고 있다.

그러나 일부 학계와 환경단체들의 조사에 의하면 엄청난 자연 생태계를 파괴한 대가로 얻은 간척사업치고는 경제적 가치가 갯벌을 보존하면서 양식업을 육성하는 것에 비해 떨어진다고 한다. 그리고 가장 큰 문제는 제2의 시화호로 전락할 가능성이 높다는 점이다. 만경강과 동진강의 수질 개선이 요원한 데다가 상류지역에 대규모 축사가 있어 방조제가 완공될 경우 최악의 환경 재앙이 우려된다. 또한 갯벌이 갖고 있는 것으로 육지로부터 흘러 들어오는 오염물질을 최종적으로 걸러주는 자정작용 및 태풍이나 해일을 완화시켜 주는 완충 작용이 없어질 것이다. 뿐만 아니라 어족 자원과 해양 생태계에도 심각한 영향을 미쳐 새만금에서 서식했던 일부 생물들이 사라지고, 각종 어패류가 집단 폐사할 것이다. 특히 방조제가 들어서면서 해양 수질에서 질소의 총량이 증가하고, 영양 염류의 축적으로 대규모 적조가 발생하고 있다. 이로 인해 양식업과 어업에 종사하는 어민들은 심각할 정도로 큰 피해를 입고 있다.

이러한 막대한 대가를 지불하고 농토를 얻으려고 한다면 왜 기존의 우량 농지가 대단위 택지와 공장부지로 전용되는 것을 막지 못하고 있느냐는 것이다. 간척사업으로 농지를 만들기 이전에 난개발로 사라져 가는 농지를 보호하는 것이 우선인 것 같다. 단지 2만여 ha의 농지를 확보하기 위해 수십 년에 걸쳐 생태계를 파괴하고 막대한 국고를 낭비하는 것은 이해할 수 없는 일이다. 따라서 새만금 간척사업은 반드시 중단되어야 한다.

【예시 모범 답안: 찬성 입장】

간척사업이 토지 확보, 경제 발전을 통한 생활의 편익 추구를 목적으로 하기 때문에 새만금 사업은 계속 진행되어야 한다.

현 상태에서 사업을 백지화한다면 지금까지 투입된 엄청난 국고 손실과 쌓아 놓은 방조제 유실에 따른 더 큰 환경오염 및 생태계 파괴가 초래될 것이다. 간척으로 인한 갯벌의 소멸, 생태계 파괴, 담수호의 수질 악화, 해양 환경 훼손 등의 문제점이 지나치게 과장되었다고 생각한다. 새만금 사업이 갯벌을 간척하기 때문에 갯벌을 일정 부분 파괴하는 것은 분명하지만 새로운 갯벌의 형성에도 이바지하는 측면이 있기 때문에 무조건적인 갯벌 파괴는 아니라고 본다.

갯벌은 오랜 세월이 지나면 육지화하여 갯벌의 기능이 퇴화되기 때문에 이러한 갯벌은 간척하여 토지로 활용하고 방조제 바깥쪽으로 새로운 갯벌이 발달할 수 있도록 유도하며, 갯벌로서의 가치가 높은 지역은 보존 · 관리하는 탄력적인 대책이 필요하다. 간척사업이 생물의 서식 환경을 파괴하기도 하지만 새로운 생태 환경을 형성하기 때문에 생태계 역시 파괴되는 것이 아니라 변화될 뿐인 것이다.

새만금호의 제2시화호 우려 역시 크게 걱정할 일이 아니라고 생각한다. 새만금호 유역에 대한 종합적인 수질 보전 대책을 세워 철저히 관리하면 될 것이다. 지금까지 시행된 많은 간척사업이 국토를 확장하여 토지자원과 수자원을 공급함으로써 각종 산업용지를 공급하고 쌀의 자급 달성에 일익을 담당하는 등 국가와 사회 발전에 기여해 왔는데도 마치 국가 예산을 들여 생태계나 파괴하는 사업인 것처럼 무조건 백안시하는 분위기는 재고되어야 한다.

갯벌을 매립 조성한 광양 제철소나 인천 국제공항의 경제적 가치를 갯벌과 비교할 수 없으며, 갯벌의 생산성이 농지의 생산성을 웃돈다는 주장도 수산물의 생산이 많은 일부 갯벌에 불과할 뿐 일반화할 수는 없는 일이다.

간척 사업을 하더라도 담수호의 수질을 개선할 수 있으며 갯벌도 살릴 수 있다. 따라서 간척사업을 통해 식량 증산과 수자원 확보 및 신항만 개발을 함으로써 환황해권의 한 축을 담당하고 국토의 균형 발전을 도모하기 위해서라도 새만금 간척사업은 완수되어야 한다.

채점기준은 자신의 논리적인 해석(내용)과 그러한 해석에 대한 근거를 조직적으로 구성했느냐(조직)이다. 채점기준 내용의 경우, 자신이 주장하는 내용에 대해 타당한 논거를 제시하고 있는지에 초점을 맞추었다. 그리고 조직은 서론 · 본론 · 결론으로 나누어 기술하고 있는지, 서론 · 본론 · 결론의 내용상 연계가 매끄러운지 등을 기준으로 하였다. 이 교사는 논술형의 경우에도 채점기준을 보완하기 위하여 학생 답안지의 약 5% 정도를 가채점하였는데, 그 결과 '생각과 내용'이라는 평가요소 중 자신의 주장만을 나타내는 답안지의 경우 점수를 부여할 방법이 없다는 것을 알았다.

【채점기준】

평가요소	배점	내 용
생각과 내용	1점	답안지에 내용을 기술했지만 자신의 입장이 분명하게 나타나지 않는다.
	2점	새만금 사업에 대한 찬성, 반대의 이유를 일부만 주장한다.
	3점	새만금 사업에 대한 찬성, 반대의 이유를 자세하게 주장한다.
내용의 조직	1점	서론, 본론, 결론을 나누어 기술하고 있지만 그들 간에 관계가 모호하다.
	2점	서론, 본론, 결론이 체계적으로 조직되어 있다.

예를 들어, 다음에 제시한 【학생답안지 1】은 채점기준 '내용의 조직' 이라는 평가요소에 대해서 서론, 본론, 결론이 나뉘어 있지만 그들 간에 연관성이 분명하지 않아 1점을 부여하였다. 그런데 '생각과 내용' 평가요소에 있어서는 주장만 있을 뿐 주장을 정당화하는 지식이 뒷받침되어 있지 않은 글이다. 이 교사가 개발한 채점기준은 이런 경우 해당하는 점수항목이 설정되어 있지 않아 점수를 부여하기 어렵다. 그래서 채점기준 중 '생각과 내용' 평가요소에서 1점 항목에 "논리적 근거 없이 자신의 주장만 제시한다."는 내용을 추가하였다.

【학생답안지 1】

반대
이유: 갯벌이 파괴되기 때문이다.
갯벌이 파괴되면 생태계는 보나마나 파괴될것
이 뻔하다. 아무리 국토를 넓히는것도 좋지만
환경을 먼저 생각해야 한다고 난 생각한다.
그리고 가치를 따져도 농경지 보다 갯벌이
더 가치가 높다고 생각한다. 아무리 농경지
에서 곡물을 생산해도 어차피 값싼
중국산에 밀릴 것이 뻔하다. 차라리
간척을 하는 것보다 우리 농산물 홍보가
시급한 것 같다. 우리 농산물 홍보를 해서
자라나는 아이들에게 우리것을 먹여야
하지 않겠는가? 그리고 개발이니뭐니
하면서 자꾸 자연을 파괴하는데, 그러
면 후세에게 물려줄 자연이 없을것
같다.

내1
조1) 2

【수정된 채점기준】

평가요소	배점	내 용
생각과 내용	1점	답안지에 내용을 기술했지만 자신의 입장이 분명하게 나타나지 않는다.
		논리적 근거 없이 자신의 주장만 제시한다.
	2점	새만금 사업에 대한 찬성, 반대의 이유를 일부만 주장한다.
	3점	새만금 사업에 대한 찬성, 반대의 이유를 자세하게 주장한다.
내용의 조직	1점	서론, 본론, 결론을 나누어 기술하고 있지만 그들 간에 관계가 모호하다.
	2점	서론, 본론, 결론이 체계적으로 조직되어 있다.

【학생답안지 2】는 수정된 채점기준에 따라 5점 만점을 받았다. 이 답안지는 서론에서 고등학교 사회 1단원에서 배운 내용인 자연과 인간관계에 대한 생태론적 관점과 택리지의 내용에 기초하여 새만금 간척사업에 반대한다는 자신의 입장을 분명히 밝히고, 본론에서 간척사업의 부정적인 측면을 논리적이고 구체적으로 정당화하며, 결론에서는 다시 생태론적 관점으로 자신의 주장을 확인하고 마무리하였다. 따라서 이 교사는 생각과 내용에서 3점을, 내용의 조직에서 2점을 부여하였다.

【학생답안지 2】

나는 새만금 간척 사업에 전적으로 반대의 입장을 표명한다. 생태학적 관점에서 보았을 때, 인간과 자연은 서로 떨레야 뗄 수 없는 불가분의 관계에 놓여 있다. 즉, 우리가 개발이라는 목적 아래에 자연환경을 파괴했던 것이 고스란히 우리에게 되돌아 오는 것을 우리는 무수히 많은 예를 통해서 알 수 있다. 예를 들어, 이중환의 '택리지'에서는 영서 지방의 화전민들이 화전을 한 이유로 산사태가 발생했고, 그 일로 인해서 토사가 한강 상류 쪽으로 흘러가 쌓이면서 강물이 점차 얕아졌다 고 쓰여 있다. 이렇듯 자연을 파괴한 대가로 인간은 크나큰 곤혹을 치르고 있다. 새만금 간척 사업도 이와 크게 다르지 않다. 그럼 새만금 간척 사업결과 어떤 악영향이 나타날 수 있을까? 첫째로 새만금 간척사업으로 갯벌이 파괴되므로써 바다 정화 기능이 상실된다. 그동안 많은 갯벌의 매립으로 바다 정화 기능이 많이 상실됐다. 이런 갯벌의 매립은 바다 정화 기능을 떨어뜨려서 바다의 오염을 더욱 가속화시키는 원인으로 작용할 수 있다. 둘째로 갯벌의 매립은 많은 해양 생태계 종의 서식지를 파괴하는 것이다. 본래 자기 집에서만 살도록 되어있는 생물들은 자신들의 집이 맨땅으로 뒤덮이므로써 그들의 생명을 위협받게 된다. 그리고 그들은 멸종의 길을 걷게 된다. 그들의 멸종은 비단 그들만의 문제가 아니다. 그것들을 먹고 사는 우리 인간에게도 그 여파가 미친다. 그렇기 때문에 인간과 자연은 떨레야 뗄 수 없는 관계에 놓여있다고 할 수 있는 것이다. 우리가 우리의 삶을 유지하고 또 우리 후손들의 삶을 유지하기 위해서는 더이상의 자연 파괴는 있어서는 안된다. 우리는 지금의 새만금 간척 사업을 지양하고, 갯벌 보존에 힘을 기울여야 한다. 자연이야말로 창조주가 인간에게 준 최고의 선물이다. 우리는 그 선물을 보존해야 할 것이다.

내용 3
조직 2) 5

실습문제 1

자료와 예시 정답을 보고, 서술형 문항과 채점기준을 개발하시오.

자 료

프랑스의 경우, 1846년의 선거법으로도 성년 남자 중에서 3%만이 투표권을 행사할 수 있었다. 3%의 선택된 사람들은 주로 부유한 은행가, 대상인, 대학교수, 법률가 그리고 왕정으로의 복귀를 포기한 일부 귀족들뿐이었다. 당시의 수상이었던 프랑수아 기조(F. Guisot)는 참정권 확대를 요구하는 사람들에게 이렇게 답변하였다. "부유하게 되시오. 그러면 여러분도 투표권을 얻게 될 것이오."

예 시 정 답

시민을 납세액의 정도에 따라 적극적 시민과 소극적 시민으로 나누고, 적극적 시민에게만 선거권을 부여하였다. 또한 여자는 선거권을 얻을 수 없었다. 따라서 모든 시민에게 평등하게 참정권을 보장한 것은 아니었다.

서 술 형 문 항

____

____

____

채 점 기 준

평가요소	배점	내 용
시민혁명의 한계에 대한 내용	2	
	1	

실습문제 2

논술형 문항을 보고 채점기준을 개발하고, 예시 답안을 채점하시오.

논 술 형 문 항

다음 글을 읽고 '신자유주의' 정책에 대해 찬반 양쪽의 입장 중 하나를 선택하여 자신의 견해를 500자 내외로 논술하라. (5점)

> 세계 경제 공황을 계기로 자본주의는 초기의 자유방임주의에서 탈피하여 수정자본주의로 변모하였다. 그리하여 경제 활동에 대해 행정부가 일정 규모 안에서 간섭과 통제를 가하며, 최저임금제와 실업수당의 지급 등 복지국가를 지향하고 있다. 그러나 근래에 들어와 세계 자본주의는 또다시 변화를 보이고 있다. 미국과 영국 등은 장기적인 경제 불황을 극복하기 위해 행정부의 간섭을 줄여 자본의 효율성을 높이려는 한편, 구조조정 등 노동시장의 유연성을 높여 자본의 수익성을 극대화하는 방향으로 나가면서, 동시에 복지정책의 축소를 통해 국가 재정의 지출을 줄이고 있다. 이러한 경향을 이른바 '신자유주의'라고 하는데, 최근 우리나라 정부에서도 외환 위기를 계기로 '신자유주의'에 입각한 정책을 적극적으로 추진하고 있다. 이에 대해 우리 국민들은 다양한 반응을 보이고 있다.

채 점 기 준

평가요소	배점	내 용

예 시 답 안

지금의 시대는 인터넷과 통신의 급속한 발전에 따라, 순식간에 새로운 정보가 세계 어느 곳으로도 전달된다. 이는 사람들의 생각과 행동에 즉각적인 변화를 유도

하고 있으며, 이를 통해 세상은 과거 어느 때와 비교하기 힘들 만큼 빠르게 변하고 있다. 또한 근래의 사회, 문화적인 가치는 개인의 자유를 소중히 하고, 개인에게 더 많은 자유를 부여하는 것을 지향하고 있다. 즉, 규제하기보다는 스스로 행동하고 책임질 줄 아는 모습을 기대하는 것이다.

신자유주의는 정부의 과다한 규제를 줄이고, 노동시장의 유연성을 높이는 정책이다. 이는 기업에게는 급격히 변하는 세계에 보다 빨리 대응하고, 새로운 가치를 창출하는 데 도움을 줄 수 있는 정책이다. 또 한 개인에게는 스스로 자신의 능력과 창의성을 발휘할 수 있는 기회가 되며, 더욱더 열심히 살 수 있는 성취 동기를 부여해 준다.

이처럼 변화의 속도가 급격하고, 개인의 존엄성을 중요시하는 사회 분위기를 고려할 때, 신자유주의는 개인과 기업에게 모두 발전적 방향의 가치를 가져다줄 것이다.

실습문제 3

서술형 문항과 평가 실시 전과 후의 채점기준을 보고 채점기준을 수정한 이유를 추론하시오.

서술형 문항

다음 사진 ①, ②는 동현이가 우리나라의 해안지역을 답사하면서 찍은 것이다. 동현이가 각 사진을 동해안에서 찍었는지 황해안에서 찍었는지 쓰고, 그렇게 생각한 이유를 간단하게 쓰시오.

사진 ①

사진 ②

평가실시 전 채점기준

위치와 이유	상(2)	사진 ①과 사진 ②의 위치와 이유가 모두 바르게 제시되었다.
	중(1)	사진 ①과 사진 ② 중 한 가지의 위치와 이유가 바르게 제시되었다. 사진 ①과 사진 ②의 위치가 바르게 제시되었다.
	하(0)	사진 ①과 사진 ②의 위치와 이유가 모두 바르게 제시되지 않았다.

평가실시 후 수정된 채점기준

위치와 이유	상(2)	사진 ①과 사진 ②의 위치와 이유가 모두 바르게 제시되었다.
	중상(1.5)	사진 ①과 사진 ②의 위치가 바르게 제시되었고, 이유는 한 가지만 바르게 제시되었다.
	중(1)	사진 ①과 사진 ② 중 한 가지의 위치와 이유가 바르게 제시되었다.
	중하(0.5)	사진 ①과 사진 ②의 위치가 바르게 제시되었다.
	하(0)	사진 ①과 사진 ②의 위치와 이유가 모두 바르게 제시되지 않았다.

수정한 이유

___

___

___

제6장

수행평가 도구 개발

1. 수행평가의 의미와 설계

1) 수행평가의 의미와 특징

수행평가(performance assessment)는 검사의 신뢰도보다는 타당도에 비중을 둔다. 수행평가는 학생들의 능력이 드러날 수 있도록 구조화된 상황에서 수행되는 상황 맥락적 평가이고, 학습의 결과뿐만 아니라 과정에 대한 평가이며, 전문가의 판단을 중시하는 평가다. 수행평가는 본질적으로 방법론적 문제로 '피험자의 수행'과 '전문가의 판단과정'이라는 요인에 의하여 전통적인 평가와 구별된다. NCTM(1995)은 '수행(performance)'을 지식이나 판단이 드러나도록 개발된 과제를 하거나 의미 있는 결과를 도출하는 것으로 규정하고 있다.

Stenmark(1991)는 "수행 과제를 하도록 하여 그 산출물을 근거로 학생들이 실제로 아는 것과 할 수 있는 것이 무엇인지를 평가하는 것"이라고 하였다. 그런데 과제를 성공적으로 수행했는지 누가 결정하는가? 이에 대하여 Mehrens(1992)는 수행평가를 "피평가자들의 반응을 평가하는 과정에서 평가자의 관찰과 전문가의 판단을 중시하는 평가방식"이라고 정의하면서 평가 전문가로서 교사가 학생의 과제 수행 여부를 판단하고 여러 증거를 가지고 판단을 객관화해야 한다고 주장하였다. 이때 객관적 판단의 자료는 중요한 역할을 한다. 교사는 가능한 많은 정보를 구하고 학생들을 관찰하며 그들과 이야기하고 다른 교사와 대화하며 학생들이 수행한 과제물을 읽어야 한다.

또한 박도순(1995)은 수행평가를 "학생 개개인이 처한 상황 요인을 고려한 과제 수행과정과 결과에 대한 포괄적인 정보 수집방식이며, 학생이 답을 구하거나 만들어 가는 과정에서 능력이나 지식을 드러내 보일 것을 요구하는 다양한 검사방법을 망라하는 광의의 의미를 가지고 있는 것"으로 정의하였다. 백순근, 박선미 외(1998)도 "학생 스스로가 자신의 지식이나 기능을 나타낼 수 있도록 산출물을 만들어 내거나 답을 작성할 수 있도록 요구하는 평가방식"이라고 하였다. 따라서 수행평가에서는 수행과정이 드러나도록 수행 과제를 개발하는 것이 무엇보다 중요하다.

수행 과제는 달성하고자 하는 목표가 분명하게 제시되어야 한다. 교육목표가 문제에 대한 그들 스스로의 해석을 구축하는 것이라면 그것이 탐구과제에 제시되어야 한다. 과제를 제시한다는 것은 탐구자료와 수단을 동시에 구조화한다는 의미다. 예를 들어, 경제학자 · 사회학자 · 정치학자 등 다양한 집단이 실업에 대하여 어떻게 접근하는지를 조사하는 것이 수행 과제라면 경제학자의 경우 경제지표, 무역수지 등에 대한 자료를, 사회학자의 경우 사회계층, 교육 수준, 인종 등에 대한 자료를, 정치학자의 경우 국가정책, 정당 등에 대한 자료를 가지고 실업을 분석하도록 자료를 제공하고, 정보를 수집할 수 있는 다양한 수단(인터뷰, 설문조사, 도서관 리서치 등)과 표현방법(보고서, 그래픽, 표, 사진 등)을 알려 주어야 한다.

성태제(1999)는 수행평가에 대하여 "습득한 지식, 기능이나 기술을 실제 상황이나 인위적인 평가 상황에서 얼마나 잘 수행했는지 또는 최소한 어떻게 수행할 것인지를 관찰하고, 면접 등을 통하여 종합적으로 판단하는 평가방법"이라고 정의하였다. 이처럼 수행평가는 실제 상황이나 인위적인 평가 상황 모두를 활용한다. 학자에 따라서 수행평가를 참평가(authentic assessment) 혹은 실제적 평가와 동일시하는 경우도 있다. Fitzpatrick과 Morrison(1971: 238)은 수행평가가 선다형 위주의 지필평가에 비하여 훨씬 실제화되고 맥락화되었다고 하였다.

이러한 측면에서 수행평가는 참평가의 개념과 유사한데, 참평가는 평가 상황이 실제 상황과 동일하다는 것을 강조하기 때문에 실제적 평가라고 불린다. 참평가는 기존의 표준화된 검사가 지나치게 추상화 · 탈맥락화되어 있을 뿐 아니라 작위적이어서 해당 학문 영역의 전형적인 과제나 실생활의 문제를 반영하지 못한다는 비판과 더불어 체계화되었다. 참평가에서는 특히 자실성(authenticity)을 강조한다(이간용, 2001 : 178).

참평가는 학생들이 현실적이고 실제적인 과제를 수행하는 방향으로 교수행위가 이루어지고 평가가 그와 같은 상황에서 자연스럽게 이루어진다는 것을 전제한다. Vygotsky(1978)에 의하면 학생들은 각자의 근접 발달영역(Zone of Proximal Development)에서 자신보다 성숙한 파트너(교사나 보다 앞선 학생)의 도움을 받아 그가 혼자 풀 수 있는 문제보다 더 앞선 문제를 해결할 수 있다고 하였다. 그와 같은 관점에서 교사의 역할은 학생에게 지식을 전수하는 권위적인 상으로부터 연장자적인 파트너의 역할로 바뀐다. 평가가 자연스럽게 이루어진다는 것은 바로 이러한 상황에서 이루어지는 판단을 의미한다.

그러나 Slater(1980: 3)는 수행평가를 실시할 때 수행을 일으키는 자극의 특성들, 요구되는 반응의 유형들, 수행이 나타나도록 하는 조건들을 규정해야 하기 때문에 자연스러운 실제 상황뿐만 아니라 피험자의 수행이 나타나도록 평가 환경을 인위적으로 구조화하는 것까지 포함시켰다. 따라서 수행평가는 이러한 측면에서 참평가와 차별화된다.

한편 수행평가는 피험자의 학습과정을 중시하고 다양한 관점으로 학습의 결과물을 평가하는데, 학습의 한 가지 결과물만을 가지고 평가하는 것은 옳지 않다는 점에서 포트폴리오(portfolio) 평가와 유사하다. 교육에서 포트폴리오는 구체적인 목적을 가지고 일정 기간 동안 이루어진 학생의 발달, 학습에 대한 기록과 증거물을 의도적으로 모아놓은 것이다. 포트폴리오는 주어진 과제에 대해서 학생들의 해석을 담고 있거나 학습의 과정에 따라 상이한 내용을 담고 있어야 한다. 참다운 과제는 하나의 결과물만을 요구하는 경우가 거의 없다. 학습은 다면적이고 다양한 방법이 동원되므로 학습결과물 또한 다양하게 산출된다. 따라서 개별 결과물들은 서로 다른 매체를 통하여 만들어지며, 동일한 매체에서도 서로 다른 양식을 통하여 표현되므로 평가도 상이한 방법으로 이루어져야 한다.

포트폴리오평가는 특정 목적을 준거로 전문가의 판단이 요구되는 평가이고, 피험자의 수행과정을 강조한다는 점에서 수행평가와 유사하지만, 일정 기간 동안 지속되는 피험자의 학습과정과 결과에 대한 증거물을 평가 대상으로 국한하고, 전문가의 판단뿐만 아니라 자기 반성이 반드시 포함되어야 한다는 점에서 수행평가와 차이가 난다. 어떤 학자는 수행평가와 포트폴리오평가를 동일시하고, 어떤 학자는 수행평가를 포트폴리오평가의 하위 범주로, 또 다른 학자는 포트폴리오평가를 수행평가 도구로 간주한다. 우리나라에서는 수행평가 연구가 활발하게 이루어진 1990년대 후반 포트폴리오평가가 수행평가 도구로 소개되었기 때문에 대체로 포트폴리오평가는 수행평가의 하위 범주로 간주되고 있다.

2) 수행평가 설계 단계에서 고려할 사항

타당한 수행평가가 이루어지기 위하여 설계 단계에서 고려해야 할 점은 '준거 상황으로부터의 표집문제'와 '평정 준거의 개발'이다. 준거 상황을 대표하는 문항을 표집하는 문제는 내용타당도를 갖춘 수행평가의 필수 조건으로 이를 위해서 먼저 평가영역을 정의하고, 각 영역에서 평가할 내용을 선정하며, 평정방법을 고려해야 한다. 내용의 적절성과 대표성을 고려하는 것이 점수로부터 학생의 성취를 추론하는 데 결정적인 영향을 미치기 때문에 평가영역을 대표하는 내용의 선정은 이 중에서도 가장 중요하게 고려되어야 할 것이다.

수행평가 설계 단계에서부터 고려해야 할 또 다른 요소는 수행결과를 어떻게 판단할 것인지에 대한 문제, 즉 판단을 위한 적절한 준거의 결정이다. 평정자들은 암묵적이든 명시적이든 준거를 가지고 판단한다. Slater(1980: 13)는 명백하게 정의된 성취 수준을 가진 평정척도가 평정자 판단의 신뢰도를 향상시킬 수 있다고 하였다. 수행 준거는 교육과정의 성취기준에 대한 수행 수준을 고려하여 결정되어야 하고, 각각의 준거가 무엇을 의미하는지 구체적으로 제시되어야 한다.

> "행동과 연계된 평정척도는 우수, 보통, 기초 등과 같은 전체적인 척도를 사용하기보다는 오히려 분명하게 관찰할 수 있는 행동으로 척도점을 정의한다. 개인의 성취를 판단하기 위하여 평정되는 특성의 분명한 정의와 그 특성에 대해 객관

적인 참조 틀을 제공함으로써 행동으로 진술된 평정척도는 무의식적으로 점수의 편파성을 야기할 수 있는 평정자의 경향성을 제한시킨다."

Stiggins(1987: 36-37)는 교사들을 위한 수행평가 안내서에서 수행 준거의 필요성을 다음과 같이 강조하였다.

"수행 준거를 열거하라. 어떠한 다른 설명도 수행평가의 질 제고를 위해 더 기여하지는 못할 것이다. 평가가 이루어지기 전에 수행 준거, 즉 평정에서 고려될 피험자 수행의 차원(관찰할 수 있는 행동이나 산출물의 특성)을 언급해야 한다."

2. 사회과 수행평가 과제 개발 방향

사회과 교육목표에 비추어볼 때 수행평가가 필요하다는 것에 대해서 사회과 교사 대부분은 공감한다. 선다형 평가는 주요 지식이나 원리를 이해하고 있는지를 평가하기에 좋은 방법이지만 사회과에서 강조하는 비판적 사고능력, 의사소통능력, 문제해결능력, 의사결정능력, 참여능력 등을 평가하는 데에는 한계가 있다. 우리나라는 1999년 이후 전국적으로 사회과 교육에서 수행평가를 실시하고 있으나, 아직까지 수행평가 본래 의미가 학교교육에서 뿌리내리지 못했다고 평가된다.

이는 교사 1인당 가르치고 평가해야 하는 학생수가 많고, 평가의 신뢰성과 객관성을 강조하는 학교 문화, 교사가 평가한 결과에 대한 신뢰감 부족 등 수행평가가 작동하기 위한 외적 조건이 충족되지 못한 점이 가장 큰 원인으로 진단된다. 더불어 수행평가 본래의 취지에 맞는 도구를 개발하는 방법이나, 경험의 부족 등도 주요한 원인으로 작용한다. 좋은 수행평가 도구를 개발하기 위해서 가장 먼저 해야 할 일은 사회과를 학습함으로써 기대되는 능력의 변화가 무엇인지 명확히 하고, 그러한 능력을 평가할 수 있는 수행 과제를 개발하는 것이다. 일반적으로 사회과 수행 과제는 다음과 같은 방향에서 개발되어야 한다.

첫째, 과제는 사회과 교육목표를 고려하여 내용(content)과 활동과정(activity process)으로 구성되어야 한다. 내용은 실제성과 의미를 지녀야 하고 현실적인 자

료를 통하여 추론이 가능해야 한다. 즉, 내용은 사회과 교과서에 수록된 내용 이외에도 학생이 실제 경험할 수 있는 실생활로부터 구할 수 있다. 활동은 사회과 지식의 이해와 탐구능력을 바탕으로 합리적 의사결정 및 문제해결능력과 의사소통능력 등을 요구하는 것이어야 한다.

둘째, 학생들의 학습결과가 다양하게 나와야 한다. 예를 들어, 학생에게 자신이 살고 있는 도시의 불량주거지역에 대한 비디오를 보여 주고 그 지역의 삶에 대하여 신문기사를 작성하도록 과제를 제시한다. 그러면 몇몇 학생은 비디오 내용에 대한 간략한 요약만을 제시하고, 어떤 학생들은 불량주거지역에서의 삶에 대한 긍정적인 측면과 부정적인 측면을 개략적으로 기술하며, 어떤 학생들은 다른 지역의 불량주거지역과 비교할지도 모른다. 만약 '제주도 오름의 토지 이용에 대하여 조사하기' 라는 수행 과제를 제시할 경우, 학생들의 조사결과는 "오름은 주로 관광지 · 목초지 · 밭농사로 이용된다." 라는 내용이 대부분일 것이다. 이를 평가할 때는 학생들의 수행결과가 모두 유사하기 때문에 평가의 변별력이 저하된다. 만약 '제주도 화산지형을 답사하기 위한 경로 계획하기' 라는 수행과제를 제시한다면, 주제가 학생 나름대로 다양한 답을 구성할 수 있도록 열려 있기 때문에 수행결과물이 다양하게 나올 수 있다. 그리고 그러한 과제의 수행결과에 대해서는 '맞다/틀리다' 라는 하나의 잣대로 평가할 수 없고 제주도 화산지역의 특색이 나타나도록 답사경로를 계획했는지, 조사할 내용의 특성을 고려하여 일정을 계획했는지, 답사지역과 지역 간의 동선을 고려했는지 등 다양한 기준으로 평가할 수 있다.

셋째, 동일한 주제에 대해서도 다양한 활동과 자료를 통하여 수행할 수 있어야 한다. 수행자료는 교사가 제시할 수도 있고 학생이 수집할 수도 있다. 이런 과제는 보통 주제만 제시되고 학생들이 주제와 관련된 자료를 수집하고 분석하여 보고서로 작성하는 보고서법이나 포트폴리오법 등이 적합하다. 가령 불량주거지역의 삶에 대한 신문기사를 작성한다는 공동 과제를 제시할 때, 어떤 조는 교과서 · 잡지 · 전문 서적 · 신문 등과 같은 읽기자료를 통하여 과제를 수행하고, 어떤 조는 도표 · 지도 · 사진 · 다이아그램 등의 시각적인 자료를 통하여 수행할 수 있다. 학생들은 과제 수행의 결과를 비교하면서 동일한 주제에 다양한 자료를 통하여 접근할 경우, 다양한 해석이 가능하다는 것을 배울 수 있을 것이다.

넷째, 과제는 학생들의 과제 수행능력을 고려하여야 한다. 주제는 동일하지만

과제가 단계별로 제시되어 학생들이 자신의 능력에 맞는 단계까지만 과제를 수행하도록 한다. 일련의 과제와 문제들은 점차 난이도가 높아지며 복잡해진다. 과제 중 어떤 것은 모든 학생들이 접근할 수 있도록 열려 있으며, 어떤 과제는 복잡하고 어려워서 소수의 학생만이 접근할 수 있도록 설계된다. 어떤 학생들은 쉽게 과제의 모든 단계를 수행하는 한편, 어떤 학생들은 첫 단계의 과제도 수행하지 못하는 경우가 있다. 예를 들어, 첫 단계는 용어 · 사진 · 정보 · 주어진 사례에 따라 카드를 분류하는 과제라면 두 번째 단계는 제시된 정보를 조사하고 요약하는 과제일 수 있다. 세 번째 단계는 학생에게 정보를 추출하여 명칭을 부여하고 해석, 설명할 것을 요구할 수 있다. 더 높은 단계의 과제로는 보고서 작성을 통하여 다른 전략에 대한 평가와 대안을 조사하는 것일 수 있다.

다섯째, 학생의 흥미와 관심을 고려하여 과제를 개발하고 학생들이 선택적으로 수행하도록 한다. 모든 학생에게 같은 자료를 제시하지만 다양한 과제가 제시되고, 학생은 그중에 하나를 선택하여 여러 결과를 도출하는 것이다. 과제와 결과에 대한 경우의 수는 다양하다. 가령 불량주택지역의 비디오를 보여 주고 여러 유형의 사례를 들어 지도나 다이어그램을 그리게 하거나, 정부의 주택 보급의 비용-편익을 산출하라든지, 정부 관료라고 가정하고 주택문제를 해결할 수 있는 정책 보고서를 작성하라는 등의 과제가 다양하게 제시되고, 학생은 자신의 흥미와 관심을 고려하여 과제를 선택하여 수행한다. 그러면 각 과제에 맞추어 각기 다른 결과가 도출될 것이고 또 같은 과제를 선택한 학생이라도 다른 수준의 결과를 낼 수 있을 것이다. 즉, 학생은 다양한 수준의 지도나 다이어그램 · 분석결과 · 보고서를 낼 수 있다.

3. 사회과 수행평가 도구

사회과에서 주로 사용하는 수행평가 도구는 제5장에서 살펴본 지필검사 형태의 서술형, 논술형 문항을 포함하여 지도 그리기, 그래프 작성하기, 연표 만들기 등 비교적 간단한 수행형 지필평가 도구, 수업시간에 활용할 수 있는 학습지법과 토론법, 프로젝트형식으로 제시되는 실외조사법, 보고서법, 포트폴리오법 등이다.

1) 수행형 지필평가 도구

간단한 학습 수행능력을 측정하는 수행형 지필평가 도구는 사회과 수행평가에 활용하기 적합하다. 수행형 지필평가 도구의 예로 지도에 특정 위치나 현상 표시하기, 특정 지형이나 지역에 대한 모식도나 지도 그리기, 특정 개념에 대한 개념도 그리기, 역사 연표나 역사 지도 그리기, 표자료나 글자료를 그림자료로 전환하기, 그림자료나 글자료를 표자료로 전환하기 등을 들 수 있다.

【예시문항 1】과 【예시문항 2】는 모두 중학교 1학년 학생을 대상으로 우리나라 주요 지역의 위치에 대한 이해능력을 측정하기 위한 문항으로 【예시문항 1】은 지필평가를 위한 간단한 수행형 평가도구이고, 【예시문항 2】는 선다형 평가도구다. 두 문항이 어떤 차이가 있는지 생각해 보자.

【예시문항 1】 다음에 제시된 우리나라 백지도에 북부지방/중부지방, 중부지방/남부지방을 구분하여 그리고 그 기준을 제시하시오. 또한 보기에 제시된 항목을 백지도에 표시하시오. (10점)

① 휴전선
② 서울
③ 평양
④ 태백산맥
⑤ 전라북도
⑥ 충청북도
⑦ 대구광역시
⑧ 광주광역시

【예시문항 2】 지도에서 행정구역 명칭이 바르게 연결된 것은?

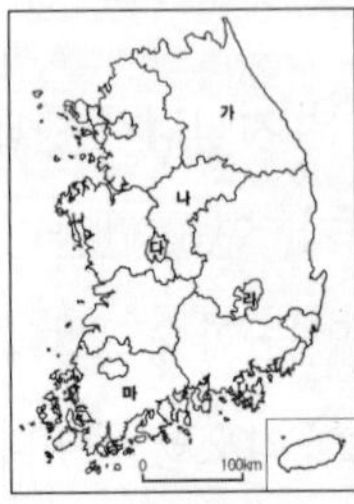

① 가 — 전라북도 ② 나 — 충청북도
③ 다 — 대구광역시 ④ 라 — 광주광역시
⑤ 마 — 경상남도

【예시문항 1】은 【예시문항 2】보다 추측하여 정답을 선택할 확률이 적고, 각 지역의 위치를 정확하게 알고 있어야 응답할 수 있으며, 많은 항목을 동시에 질문할 수 있다는 장점이 있다. 【예시문항 1】과 같은 수행형 지필평가 도구는 선다형 도구보다 채점기준을 개발해야 하는 부담과 채점에 시간이 많이 소요되는 단점이 있다. 그렇지만 정답이 비교적 분명하기 때문에 다른 수행평가 도구보다 채점의 객관성 확보가 쉽다는 장점을 지니고 있다.

【예시문항 1의 채점기준】

세부내용	채점내용
북부/중부, 중부/남부지역 구분 (2점)	• 2점: 북부/중부지방과 중부/남부지방을 정확하게 구분하여 그리고 그 기준을 제시하였다. • 1점: 북부/중부지방이나 중부/남부지방 중 한 가지를 정확하게 구분하여 그리고 그 기준도 정확하게 제시하였다. • 0점: 북부/중부지방이나 중부/남부지방의 구분기준을 제시하였으나 백지도에 그리지 못하였다.
위치 표시(8점)	• 각 항목별로 1점씩 부여한다.

【예시문항 3】도 수행형 지필평가 도구의 예시다. 교통시대별 도시 성장모형을 설명하거나 답지 중 관련된 내용을 선택하도록 하는 문항보다 그것의 모식도를 그려 보도록 하는 문항은 사회과 교육에서 강조하는 도해력을 평가하는 데 적합하다. 이 문항은 학생이 교통시대별 도시 성장과정에 대해 '얼마나' 정확하고 체계적으로 이해하고 있는지 '이해 수준'을 평가하는 데에도 적합하다.

【예시문항 3】 다음 고등학교 1학년 사회선생님의 교통시대별 도시 성장모형에 대한 설명을 참고하여 ㉠의 교통시대별 도시 성장모형에 대한 모식도를 그리시오. (4점)

> 사회선생님은 ㉠ 교통시대별 도시 성장모형의 모식도를 칠판에 그린 후 교통이 도보 및 우마차시대, 전차 · 철도시대, 자동차시대, 도시 간 고속교통시대 단계를 거쳐 발달하였다고 설명하였다. 선생님은 "도보 및 우마차시대에는 사람들이 이동하는 거리에 한계가 있어서 도시 규모가 작고 원형이었으며 직주가 미분화되어 있었어요. 그러다가 전차시대에는 도시 모양이 철로를 따라 길게 뻗고 역 주변을 중심으로 지역 성장이 이루어졌어요. 무슨 모양처

럼 보이죠? 부메랑? 십자가? 이 끝에 부심이 형성됩니다."라고 설명하였다. 계속해서 선생님은 교통의 발달과 도시형태의 관계를 설명하였다. "자동차 시대에는 도시가 확대된 원형이 됩니다. 왜 원형이 될까요?", "자동차가 다니려면 뭐가 놓여야 하죠?"라고 질문하고, "도로가 놓여야죠."라고 스스로 대답하였다. 자동차시대에 도시형태가 원형이 되는 이유를 " 철도를 놓는 것보다 도로를 놓는 것이 쉽고, 자동차는 아무데나 갈 수 있기 때문에 도시형태가 다시 원형이 돼요."라고 설명하였다. 그리고 도시 간 고속교통시대의 도시구조를 설명하기 위하여 "지역이 커졌죠? 대도시권이 되려면 뭐가 수반되어야 하죠?"라고 질문하고, 잠시 후에 자신이 "교통이 발달해야죠."라고 스스로 대답하면서 "도시 간 고속 교통로를 따라 대도시권이 형성됩니다."라고 설명하였다.

【채점기준】

세부내용	채점내용
모식도 그리기 (4점)	4점: 4시기에 대한 도시 성장모형에 대한 모식도를 정확하게 그렸다.
	3점: 3시기에 대한 도시 성장모형에 대한 모식도를 정확하게 그렸다.
	2점: 2시기에 대한 도시 성장모형에 대한 모식도를 정확하게 그렸다.
	1점: 1시기에 대한 도시 성장모형에 대한 모식도를 정확하게 그렸다.
	감점: 시기명, 도심, 부도심, 위성도시 등 구체적인 명칭 기재 등이 누락된 경우 −1점

【예시 답안】

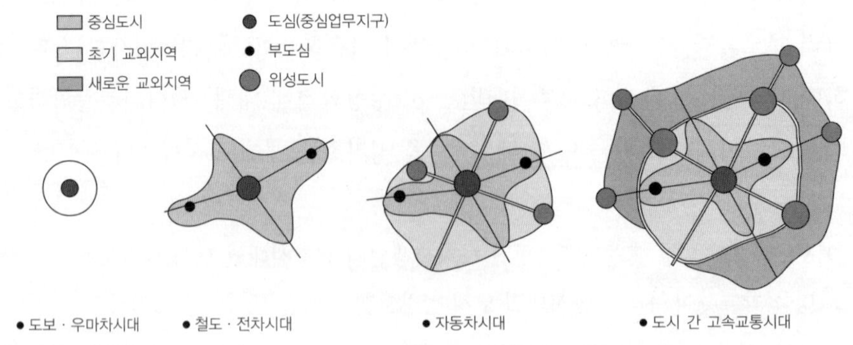

이처럼 수행형 지필평가 도구는 사회과 교육에서 강조하는 도해력이나 문해력과 같은 의사소통능력을 평가하는 데 적합하고, 학생들이 무엇을 어느 수준에서 알고 있는지를 간단하면서도 신뢰할 수 있게 평가가 가능하다.

2) 학습지법

학습지법(worksheet)은 계획된 수업안을 구현할 수 있도록 학습자료, 학습 내용과 활동을 구조화시켜 학습지를 개발한 후 그것을 중심으로 수업하고 평가하는 방법으로 학습과 평가가 동시에 이루어질 수 있는 방법이다. 즉, 학습지는 학습과정을 평가할 수 있도록 구조화된 수업에서 이용되는 수업 교재이자 평가도구다. 학습지의 개발 절차는 다음과 같다.

첫째, 수업목표를 분석한다.

둘째, 수업의 내용과 활동을 분석한다.

셋째, 수업안을 작성한다.

넷째, 수업안을 분석하여 학습지에 제시될 질문을 구체화시킨다.

다섯째, 수업을 위해서 요구되는 자료, 학습내용, 구체적인 질문 및 활동을 체크리스트로 작성한다.

여섯째, 필요한 자료를 수집하여 수업에 적합하게 재구성한다.

일곱째, 재구성된 자료, 구체화된 질문, 활동을 고려하여 학습지의 전체적인 구조를 설계한다.

여덟째, 개발된 학습지와 수업안을 비교하여 수정 · 보완한 후 완성한다.

학습지를 중심으로 수업을 할 때는 대체로 교사는 학습지에 기재된 학생들의 활동결과를 중심으로 평가할 수 있다. 【예시문항 4】는 "우리나라 도시화가 어떻게 진행되어 왔고 어떻게 진행될 것인가?"라는 주제에 대한 고등학교 1학년 사회 수업에서 사용된 학습지다. [그림 6-1]은 우리나라 도시화에 대한 수업안으로 수업시간에 필요한 자료와 수업 흐름에 따른 학습 활동과 내용을 구조화하였다. 【예시문항 4】는 [그림 6-1]에 제시된 학습 활동과 내용에 따라 질문을 구체화하고 그것에 필요한 자료를 수집하여 과제를 5~7가지 정도로 구성하여 개발되었다.

자료

1. 도시화 곡선
2. 우리나라 도시화율의 변화
3. 서울의 인구 변화

개별 활동

1. 도시화 곡선과 도시화율의 변화를 보고 2007년 우리나라는 도시화의 어느 단계에 속하는지를 쓰시오.
2. 우리나라 도시화율 변화를 보고 다음 그래프에 1990~2007년에 해당하는 점을 찍고, 선으로 연결하시오.
3. 우리나라의 현재 도시화율 변화과정을 보고 2050년의 도시인구비율은 어떻게 변할 것인지를 추론하여 그래프에 점선으로 그려 보시오.

↓

소집단 활동

그림은 서울의 인구 변화(1950~2005)를 그래프로 나타낸 것이다.

1. 서울의 인구 변화의 특징에 대하여 토론한 후 정리하시오.
2. 사람들이 서울과 같은 대도시에 매력을 느끼는 이유를 다섯 가지의 목록으로 작성하여 보시오.
3. 개별 과제 중 세 번째 질문에 대한 자신의 생각을 바탕으로 미래 우리나라 도시인구 비율은 계속해서 확대될지? 아니면 역도시화 현상이 나타날지에 대하여 토론하시오.

↓

전체 활동

앞으로 10년 후 도시화가 더 확대될지 아니면 역도시화 현상이 나타날지에 대하여 조별 의견을 발표하고 토론한다.

[그림 6-1] 우리나라 도시화에 대한 수업 흐름도

【예시문항 4】 우리나라 도시화가 어떻게 진행되어 왔고, 어떻게 진행될 것인가?

▶자료

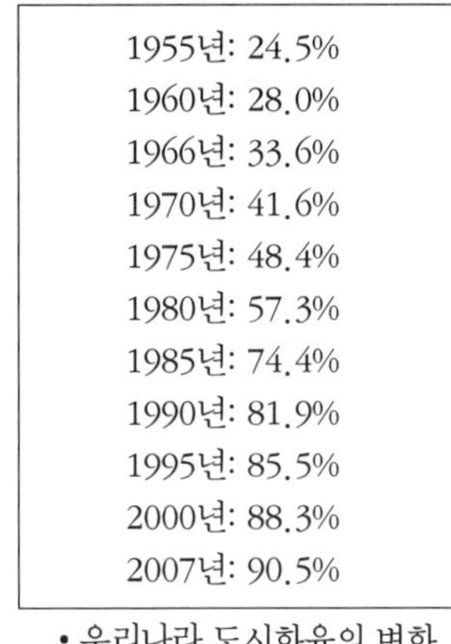

1955년: 24.5%
1960년: 28.0%
1966년: 33.6%
1970년: 41.6%
1975년: 48.4%
1980년: 57.3%
1985년: 74.4%
1990년: 81.9%
1995년: 85.5%
2000년: 88.3%
2007년: 90.5%

• 우리나라 도시화율의 변화

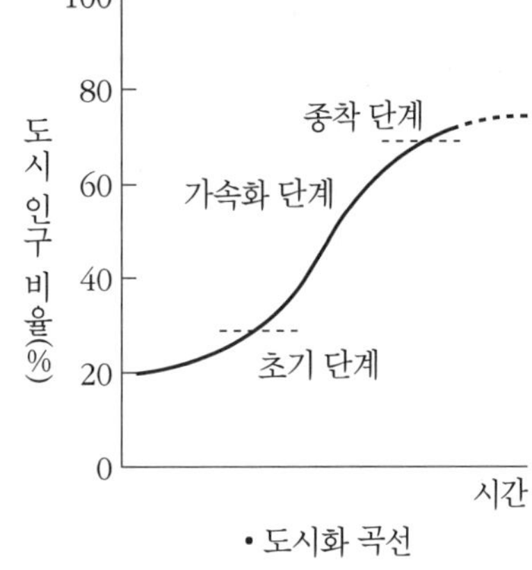

• 도시화 곡선

▶ 개별 수행 과제

1. 도시화 곡선과 도시화율의 변화를 보고 2007년 우리나라는 도시화의 어느 단계에 속하는지를 쓰시오.

2. 우리나라 도시화율 변화를 보고 다음 그래프에 1990~2007년에 해당하는 점을 찍고, 선으로 연결하시오.

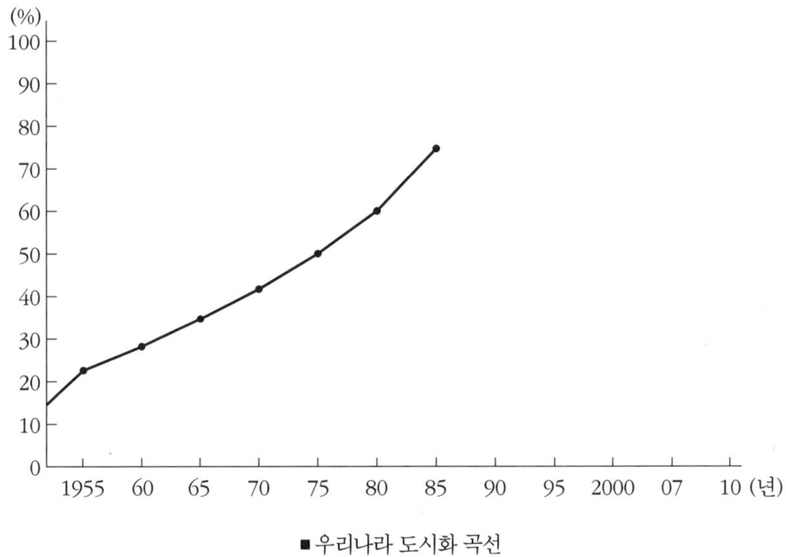

■ 우리나라 도시화 곡선

3. 우리나라 현재 도시화율의 변화과정을 보고 2050년의 도시인구 비율이 어떻게 변할 것인지를 추론하여 그래프에 점선으로 그려 보시오.

▶ **조별 수행 과제**

자료: 다음 그림은 서울의 인구 변화(1950~2005)를 그래프로 나타낸 것이다.

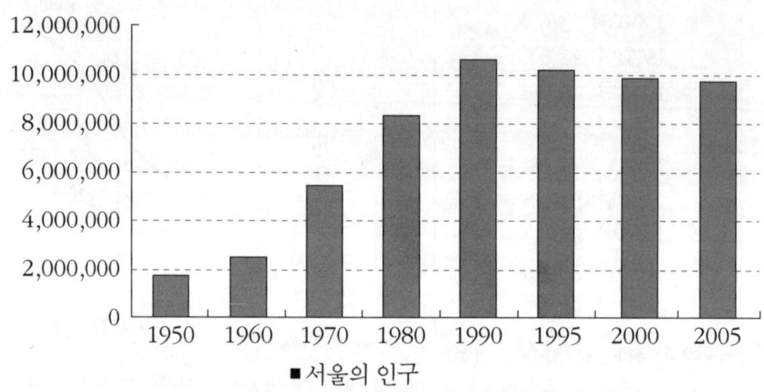

4. 서울의 인구 변화의 특징에 대하여 토론한 후 정리하시오.

5. 사람들이 서울과 같은 대도시에 매력을 느끼는 이유를 다섯가지의 목록으로 작성하시오.

6. 미래 우리나라 도시인구 비율은 계속해서 확대될지? 아니면 역도시화 현상이 나타날지에 대하여 토론하시오.

채점기준은 과제별로 제시된다. 학습지법은 한 가지 주제에 대하여 단순한 지식의 이해 정도와 자료 해석 정도를 묻는 과제로부터 창의적이고 논리적인 탐구능력을 요구하는 과제 및 다른 학생들과 토론하는 과제까지 다양한 활동을 요구하는 과제로 구성되어 학생들의 지적 활동영역을 다양하게 평가할 수 있다는 장점이 있다.

【채점기준】

과제 번호	채점기준		
	2점	1점	0점
1		종착 단계	종착 단계 외의 대답
2	4시기의 점을 정확하게 표시하고 선으로 연결하였다.	1~3시기의 점을 정확하게 표시하였으나 한 시기의 점은 바르게 찍지 못하여 선을 부정확하게 그렸다.	4시기의 점을 모두 정확하지 않게 표시하였다.
3	3번 질문에 대한 응답내용은 1, 2번 질문에 대한 응답에 기초하여 일관성이 있고, 논리적 비약이 없고 타당하게 서술되어 논리적이다.	3번 질문에 대한 응답내용과 1, 2번 질문에 대한 응답내용에 기초하고 있으나 논리적으로 비약된 부분이나 타당하지 못한 부분이 한두 군데 있다.	3번 질문에 대한 응답내용과 1, 2번 질문에 대한 응답내용 간에 일관성이 없고 논리적 비약이 심하며 타당성이 크게 결여되었다.
	추론의 근거와 일치하도록 그래프에 점선으로 나타냈다.	그래프로 나타내긴 했지만 추론의 근거와 일치하지 않는다.	그래프로 나타내지 않았다.
4	제시된 자료에 근거하여 서울의 인구 변화의 특징을 사회·경제적인 상황과 결부시켜 제시하였다.	제시된 자료에 근거하여 서울의 인구 변화의 특징을 제시하였다.	제시된 자료에 근거하여 서울의 인구 변화의 특징을 제시하지 못했다.
5	5가지 이유를 근거 있게 제시하였다.	2~4가지 이유를 근거 있게 제시하였다.	이유를 제시하였으나 근거가 부족하거나 1가지 이유만 근거 있게 제시하였다.
6	논리적 비약이 없고 타당하게 서술되어 논리가 명확하다.	논리가 비교적 명확하나, 논리적으로 비약된 부분이나 타당하지 못한 부분이 한두 군데 있다.	논리가 명확하지 못하고, 논리적 비약이 심하며 타당성이 크게 결여되었다.
	내용의 전개가 독창적이고 흥미 있다.	내용의 전개가 개략적이고 평범하지만 주제는 분명하다.	내용의 전개가 평범하다.

이처럼 학습지법은 수업과 연계한 평가방법으로서 학교에서 활용도가 높은 수행평가라고 할 수 있으나, 학습지를 개발하기 위해서는 수업안 작성, 그에 따른 과제 개발, 과제와 관련된 자료 수집 및 재조직, 활동과 결합시키는 과정에서 시간, 비용, 노력이 많이 요구되기 때문에 개인 수준의 교사가 개발하기 힘들다는 단점이 있다. 2000년대 들어와서 여러 사회과 교사모임은 공동으로 워크시트를 개발하여 수업 및 평가자료로 활용하고 있다.

3) 토론법

토론법은 학생들로 하여금 주어진 주제에 대하여 소집단별 혹은 전체 학급별로 토론하도록 하고 교사가 이를 관찰하는 것으로, 학습지법과 마찬가지로 학습과 평가가 동시에 이루어지는 평가도구다. 토론법은 사회과 평가영역 중 의사소통능력을 측정하는 데 적합하고, 학생 주도의 토론에서 요구되는 협력적이고 비판적 사고는 학생의 사회화 과정에서 매우 가치 있는 것으로 평가된다. 토론은 지식과 기능을 습득한 이후에 체계적인 과정에 따라 문제를 해결할 수 있도록 구조화된 것이라기보다는 부딪치는 상황과 각각의 개인이 느끼는 감정과 해결방법 · 해결과정이 무수히 다를 수 있다는 개연성을 전제로 한다.

토론법을 시행하기 위해서 교사가 우선적으로 준비해야 할 것은 토론의 형식이나 절차가 아니라 비판적으로 생각할 수 있는 과제 혹은 문제를 개발하는 것이다. 사회과 토론수업에서는 토론 절차나 방법 등 토론기술을 갖춘 학생을 기르기보다는 특정 문제에 대하여 풍부한 지식을 바탕으로 한 사고능력과 그것을 논리적으로 표현할 수 있는 의사소통능력을 갖춘 학생을 기르는 데 더 많은 관심을 기울인다. 따라서 토론수업을 설계할 때 가장 먼저 고려해야 할 점은 어떤 토론수업모형을 적용할 것인가가 아니라 어떤 문제를 토론의 대상으로 삼을 것인가이다.

Oliver와 Shaver(1966: 91-112)에 의하면 사회수업에서 다루는 토론 과제는 기본적 가치들이 충돌하거나 대립하는 문제로 특히 개념정의 문제, 가치문제, 사실문제라는 세 가지 형태의 불일치가 포함된 문제라고 하였다. Newmann과 Oliver(1970: 42-43)도 토론 과제는 보통 윤리적 · 가치적 문제, 개념정의의 문제, 사실 설명의 문제 등 세 가지 요소에서 불일치를 보이는 문제라고 하였다. 그러나

무엇보다도 토론수업 과제를 선택하는 데 고려해야 할 조건은 학생 자신의 판단이 해당 주제에 영향을 미칠 수 있는 기회가 제공되는가, 그리고 풍부하고 정확한 지식이나 경험을 요구하는가라는 것이다.

2008년 5월 중국에서 티베트 독립과 관련한 문제가 사회 쟁점이 되었을 당시 ○○대학교에서 시행한 고등학생 대상 영어 토론경시대회의 주제는 "중국이 시장경제를 도입하면서 공산당을 중심으로 하는 중국 정치체제의 변화 요구에 대하여 중국 정부는 어떻게 대처해야 하는가? 공산주의를 포기해야 하는가? 아니면 공산주의를 유지해야 하는가? 중국 정부의 입장에서 한 가지를 선택하고 자신의 선택과 다른 입장을 선택한 학생 팀과 토론하시오."라는 것이었다. 이 문제는 중국의 현재 정치체제와 경제체제 및 정치과정에 대한 풍부한 지식을 요구하는 것이다. 그런데 참여한 대부분의 고등학생들은 이 문제를 티베트문제와 관련시켜 토론하기 시작하였고, 종국에는 토론 주제가 티베트 독립에 대한 문제로 바뀌었다. 그들은 티베트문제에 대하여 논리적으로 상대방을 설득하기도 하고, 관련자료를 제시하기도 하면서 꽤 훌륭한 토론을 이끌었다. 왜 이러한 일이 일어났을까?

학생들의 경험과 연결되어 학생들이 과제에 소유의식을 갖는다고 학생의 사고능력이 저절로 생기는 것은 아니다. 사고능력은 관련된 고등한 지식을 기초로 이루어진다. ○○대학교 영어 토론경시대회에 참가한 학생 팀은 예상문제 리스트를 작성했을 것이고 그중에는 티베트 사태가 있었을 것이며, 그와 관련된 자료와 논리를 준비했을 것이다. 그런데 토론 주제로 티베트문제가 제시되지 않고 중국 공산당과 시장경제체제의 병립에 대한 문제가 제시되면서 학생들은 당황했을 것이고, 자신들이 준비한 토론 리스트 중에서 가장 유사한 티베트 사태로 토론을 진행했을 것이다. 여기서 우리는 관련된 지식이 풍부할 때 토론이 발산적으로 확장되기도 하고 다른 한편으로 수렴되기도 한다는 사실을 알 수 있다. 따라서 토론 과제는 수업 일주일 전에 제시하여 학생들이 자료를 수집하고 분석하여 충분한 지식을 습득하도록 한 후 토론에 임하도록 해야 한다.

【예시문항 5】는 사형제도를 강화하는 것에 대한 찬반토론을 이끄는 문제다. 제시문은 두 가지를 요구하고 있다. 첫째, 사형제도를 강화하는 것에 대하여 찬성 혹은 반대 입장을 분명히 밝히는 것이고 둘째, 구체적 사례와 논리적 근거를 제시하면서 토론하는 것이다. 조건을 충족하기 위해서는 제시된 사형제도 강화내용이

무엇인지 파악하고 제시문의 내용에 있는 '착한 사마리아 인의 법'이 무엇인지 알고 있어야 하며, 자신의 입장을 옹호할 구체적 사례와 논리적 근거가 될 만한 지식을 가지고 있어야 의견을 분명하게 나타내고 상대방을 설득할 수 있다.

【예시문항 5】 다음 제시문의 내용과 같이 사형제도를 강화하는 것에 대하여 찬성 혹은 반대 입장을 선택한 후 구체적인 사례와 논리적 근거를 바탕으로 토론하시오.

> 정부는 날로 흉포해지는 범죄에 대처하기 위해 '범죄와의 전쟁'을 선포했다. 이러한 정부의 시책에 맞추어 국회는 특별법 제정을 준비하고 있다. 새로 제정될 특별법에서는 범죄 수단이 잔인하고 비인도적으로 되는 것을 막기 위해 사형제도를 강화하기로 하였다. 뿐만 아니라, "타인의 생명이나 신체에 중대한 위험이 발생하고 있음을 목격한 사람이, 자신에게 특별한 부담이 생기지 않음에도 불구하고 그 구조에 나서지 않은 경우에는 1년 이하의 징역이나 500만 원 이하의 벌금에 처한다."라는 규정이 포함되어 있다. 이는 도덕적인 의무를 법으로 강제한다는 점에서 '착한 사마리아 인의 법'이라고도 한다.

토론학습은 일종의 사회적 활동이다. 개인의 사고의 질과 깊이는 다른 사람의 관점과 공유될 수 있어야 하고 공유 가능성은 사회적 환경 안에서만 결정될 수 있다. 대부분의 토론수업은 소집단으로 나누어 특정 주제의 여러 측면을 논의한다. 학급은 여러 관점을 반영하는 소집단으로 나누어지고 자료를 조사하고 토론한 후 각 소집단별 혹은 전체 학급별로 공유하는 하나의 입장을 결정한다. 학생들은 토론을 통하여 주제와 관련된 자신의 생각을 전개시킬 수 있고 자신의 생각을 논리적으로 발표하는 능력과 다른 학생의 견해를 경청하는 태도를 기를 수 있다. 이때 교사는 토론수업에서 서로 다른 관점이 융합하고 학습과정과 결과를 반성할 수 있는 기회를 제공해야 한다.

토론법은 공동 토론학습의 성공, 사고의 질적 수준, 생각의 상호작용에 중심을 두어 수업을 진행하고, 학생들의 비판적 사고, 집단 토론에의 참여도, 구술 토론 능력 등이 평가의 대상이 된다. 토론법의 채점기준은 각자 자신의 의견을 주장하기 위한 토론 준비도(관련자료 및 증거 수집 정도, 토론내용의 조직), 토론내용의 충실성과 논리성, 의사소통능력, 토론 태도(반대 의견을 존중하는 태도, 토론 진행방법) 등으로 구성된다. 다음은 【예시문항 5】에 대한 채점기준이다. 이 채점기준의 평

가요소는 준비도, 이해력, 조직력, 표현력, 판단력, 의사소통능력, 토론 태도로 구성되었고 이해력, 조직력, 표현력은 준비도, 판단력, 의사소통능력, 토론 태도보다 2배의 가중치를 부여하고 있다.

【채점기준】

평가요소	점수			가중치	점수
	2	1	0		
준비도: 찬 · 반 토론을 위해 관련자료 등 준비를 제대로 하였는가?				1	
이해력: 토론할 내용을 제대로 이해하고 발표하는가?				2	
조직력: 토론할 내용을 제대로 조직하여 체계적으로 발표하는가?				2	
표현력: 자신의 의견을 제대로 표현하는가?				2	
판단력: 상대편이 발표한 내용을 재대로 파악하고 대응하는가?				1	
의사소통능력: 다른 사람의 시선을 끌면서 설득력 있게 발표하는가?				1	
토론 태도: 상대방의 의견을 존중하면서 토론을 진행하는가?				1	

4) 포트폴리오법

포트폴리오(portfolio)는 "보관 · 유지가 가능한 서류철로서 그림 · 작품 등의 진술 증거를 수반하는 용기이며, 정부관료의 문서목록을 칭하기도 하고, 사업적인 문서나 은행 투신의 안전에 대한 문서목록"(Webster, 1997) 등으로 정의된다. 교육 분야에서 포트폴리오는 특정 과제를 수행하기까지의 과정을 보여 주거나 일정 기간 동안 학습의 진전을 보여 주는 자료를 수집하여 체계적으로 정리한 작품집이다. 포트폴리오는 비교적 장기간에 걸쳐서 수행되는데, 짧게는 한 단원을 대상으로 할 수 있고 길게는 한 학기나 한 학년을 단위로 할 수 있다. 교사는 포트폴리오의 결과물을 통하여 특정 주제에 대한 학생의 과제 수행과정을 볼 수 있고, 그 속에서 드러난 학생들의 인지 발달에 대한 구체적인 정보를 획득할 수 있으며, 보다 넓게는 자신의 교수과정을 반성하는 자료로 활용될 수 있다(박선미, 1999). 그 동안의 연구자(Barton & Collins, 1993; Oosterhof, 1994)들이 제시한 포트폴리오 평가의 특징을 정리해 보면 다음과 같다.

• 장시간에 걸친 학생의 성장과 학습의 기록으로 개인의 변화와 발전과정을 총

체적이면서 지속적으로 파악할 수 있다.

- 교수과정과 통합됨으로써 학습의 실제 상황에서 평가할 수 있다.
- 교사와 학생에게 교수-학습에 대한 정보를 제공하고 반성의 기회를 제공함으로써 학생 스스로 능동적으로 학습하도록 하고 교사에게는 자신의 교수과정을 개선할 수 있는 정보를 제공함으로써 교사전문성을 향상시키도록 한다.
- 학생 스스로 포트폴리오의 내용과 구성방법을 선택하도록 기회를 제공함으로써 학습과 평가에 대한 책임감을 갖도록 한다.
- 실생활의 맥락에서 문제해결력을 요구하는 과제를 중심으로 이루어지기 때문에 학생들로 하여금 실제적인 학습이 가능하도록 한다.
- 학생의 성취도에 관한 정보를 학교, 교육청, 학부모에게 알려 주기 쉬울 뿐 아니라 학업 성취과정이나 결과에 대한 증거물을 제공해 준다.

한편 Ward와 Murray-Ward(1999)는 교육활동에서 포트폴리오를 활용할 때의 장점을 교육적 장점, 보다 의미 있는 과정, 교사를 위한 정보 제공, 교사의 수업행동에 대한 긍정적 영향으로 구분하여 〈표 6-1〉과 같이 정리하였다.

대체로 포트폴리오는 다음과 같은 요소로 구성된다. 첫째, 목적(purpose)을 지닌다. 예술가의 포트폴리오가 그들의 예술적 능력을 증명하기 위한 것이라면 학생의 포트폴리오는 그들의 지식, 기능을 포함한 다양한 능력을 보여 주기 위한 것이다. 둘째, 특별한 관객(audience)을 위해 개발되는데 예술가의 관객이 자신을

〈표 6-1〉 포트폴리오의 장점

영역	내용
교육적 장점	• 교수와 평가의 통합을 용이하게 한다. • 보다 유용한 평가를 촉진하고 교육과정에 적합한 평가다. • 넓은 범위의 과제와 활동을 평가한다.
보다 의미 있는 과정	• 평가과정에 학생을 보다 많이 참여하도록 한다. • 학생들이 스스로 학습목표를 설정하도록 한다.
교사를 위한 정보 제공	• 교사가 학생의 학습과정을 관찰하도록 한다. • 학생들의 성장을 보여 준다.
교사의 수업행동에 대한 긍정적 영향	• 전체적인 교수-학습과정에 대한 피드백자료를 제공한다. • 학생들에게 정확한 성취기준을 알도록 도움을 준다.

고용하거나 자신의 작품을 구입할 사람이라면 학생의 관객은 교사이거나 대학의 입학담당관이고,(예비)교사의 관객은 자기 자신이거나 과목담당교수 혹은 중 · 고등학교의 교장일 수 있다. 셋째, 증거물(evidence)이라고 불리는 다양한 단원별 학습내용과 학습 수행 결과물 등을 포함한다. 넷째, 반성(reflection) 과정이 포함되는데 반성은 학습을 유지하고 발전시키는 추동력으로 네 가지 요소 중 가장 중요한 것으로 평가받는다(Bullock & Hawk, 2001: 13).

포트폴리오 맨 앞장에는 [그림 6-2]에서 볼 수 있듯이 배경, 목적, 개발자, 조직, 증거물, 반성, 평가항목으로 구성된 목차를 제시해야 한다. 배경에는 자신을 2~3줄 정도로 간단하게 소개하고, 목적에는 과제 수행 목적을 간단하게 제시하며, 개발자에는 소속과 이름을 기록한다. 조직에는 포트폴리오가 어떻게 조직되었는지 설명한다. 예를 들어, 3개의 스프링 노트로 구성되었다면 3개의 스프링 노트로 구성되었다고 기록하고 각 노트의 내용과 조직을 간단하게 설명한다. 증거물에는 관련자료를 수행하는 과정을 보여 주는 자료 리스트를 번호를 매겨 작성하고 각각의 자료를 뒤에 첨부한다. 반성에는 반성방법을, 평가에는 평가방법을 간단하게 기술한다. 예를 들어, 반성에는 "한 달에 한 번 학습과정을 정리하면서 잘한 점과 부족한 점을 기록하고, 과제를 마무리할 때 전체 과정에 대하여 간단한 요약문을 작성하며 그 과정을 분석한 결과를 글로 작성한다."고 기술하고, 평가에는 "한 달에 한 번 반성적 글쓰기를 통하여 자기 평가를 하고, 과제가 마무리되었을 때 교사로부터 평가받는다. 자기 평가와 교사의 평가결과를 토대로 과제와 관련된 다음 과정을 결정한다."고 기술할 수 있다.

교육 분야에서 포트폴리오는 크게 학생평가와 교사 교육자료로 활용될 수 있다. 학생평가의 관점에서 포트폴리오는 학습자의 관심 · 능력 · 진도 · 성취 · 노력 · 성장 등의 증거를 보여 주는 학생(들)의 작품을 의도적으로 모아 둔 작품집으로 학생(들)이 교사에게 평가받기 위해서 서류가방의 형태로 제출한다. 이 작품집에는 학생의 개인적 지식 · 기능 · 학습경험 · 성장 · 진전도 등을 증명할 수 있는 학생들의 작품 · 수행 결과물 그리고 다양한 형태의 기록물들이 스크랩북처럼 담겨진다. 따라서 포트폴리오에는 학생들이 무엇을 배우고 무엇을 할 수 있는지에 대한 적합하고 상세한 설명을 해 줄 수 있는 자료가 담겨 있다.

우리나라에서 학생평가를 위한 포트폴리오는 【예시문항 6】과 같이 과제를 제시

배경: 김윤경은 중학교 3학년 학생이다. 암기할 내용이 많기 때문에 사회과목에 대해서는 별로 흥미를 느끼지 못한다. 그녀는 이 과제를 수행하면서 사회과에서 요구하는 탐구능력을 기르고, 그 과정에서 사회과목에 대한 흥미도를 높이고자 한다.

목적: 기독교 문화권과 이슬람 문화권의 위치와 문화 및 경관을 조사하고, 이들 간의 분쟁의 역사를 살펴본 후 그 원인을 분석한다.

개발자: 김윤경

조직: 포트폴리오는 3개의 스프링 노트로 구성된다. 첫 번째 노트는 기독교 문화권과 이슬람 문화권의 위치, 문화, 경관에 대한 자료 수집과 분석과정을, 두 번째 노트는 이들 간 분쟁의 역사에 대한 자료 수집과 분석과정을, 세 번째 노트는 이들 간 분쟁의 원인을 조사한 후 정리한 것이다.

증거물: 지난 3개월간 수행한 기독교 문화권과 이슬람 문화권의 분쟁에 대한 분석을 증명하기 위해 다음과 같은 자료를 제시한다.

1. 탐구계획서 초안
2. 탐구계획서 수정안과 수정 이유
3. 기독교 문화권과 이슬람 문화권의 지도 자료
4. 기독교 문화권과 이슬람 문화권의 경관 사진자료와 경관 특징을 정리한 글자료
5. 기독교 문화권과 이슬람 문화권의 갈등 지도 작성과정과 결과물
6. 기독교 문화권과 이슬람 문화권의 갈등 사례 선정과정과 네 가지 갈등 사례
7. 네 가지 갈등 사례별 원인에 대한 자료 수집
8. 네 가지 갈등 사례의 공통점과 차이점 및 그 이유 분석과정과 결과물
9. 기독교 문화권과 이슬람 문화권의 위치, 경관 특징, 갈등 지도, 갈등의 원인을 정리한 보고서
10. 발표 자료(파워포인트 자료)
11. 발표 후 선생님과 학생들의 검토 의견
12. 검토 의견을 반영한 수정된 보고서
13. 과제 수행을 마친 후 소감글

반성: 각각의 조사내용을 검토하면서 다음과 같은 질문에 대하여 대답을 기술한다. (1) 왜 이 자료를 선택하였는가? (2) 이렇게 결론을 도출하는 것의 강점과 한계는 무엇인가?

평가: 사회선생님이 제시한 채점기준에 따른 포트폴리오평가(80%), 과제 수행과정에서 이루어진 면담 횟수와 면담결과의 반영 정도(20%)

[그림 6-2] 포트폴리오 구성요소 예시

하고 수행하기까지의 과정과 그 결과물을 평가하는 것으로 간주된다. 【예시문항 6】은 ○○여대 부속 중학교 윤 교사가 3학년 사회에서 실행한 포트폴리오 평가다. 윤 교사는 학생 2인이 한 조가 되어 관심 있는 주제를 정하여 자료를 수집 · 분석하고 결론을 도출한 후 수업시간에 발표하도록 하였다. 그리고 내용을 수정 · 보완하여 보고서로 완성한 후, 학습과정이 체계적으로 나타날 수 있도록 포트폴리오를 작성하도록 하였다.

【예시문항 6】 우리나라와 세계 각지에서 발생하는 지역 갈등이나 지역 특성과 관련된 주제를 선정하여 탐구 계획을 세우고 정보를 수집 · 정리 · 분석하여 보고서를 작성하시오.

▶ 주제 예시: ○○중학교 3학년의 예

1. 민족과 종교의 차이에 따른 갈등 지도 만들기
2. 기독교 문화와 이슬람 문화권
3. 김치 지도 만들기
4. 100만 년 전 지구의 온도는?
5. 지진은 어디서 왜 일어날까?
6. 다른 나라 사람들은 어떤 집에서 무엇을 먹고 살까?
7. 자원이 많은 나라가 잘 사는 나라일까?
8. 프랑스 포도주가 왜 유명할까?
9. 우리나라 섬을 여행해 봅시다.

▶ 과제 수행 절차 및 수업구성

- 교사는 학기 초에 과제를 안내한다.
- 2인이 한 조가 되어 관심 있는 주제를 정하여 교사에게 제출한다.
  - 교사는 1단계로 주제를 수합하여 조정한다. 교사는 사전에 다양한 지리적인 주제의 예를 들어주고, 학생들이 자유롭게 선택할 수 있도록 안내한다.
- 교사는 학생들의 자료 조사 활동을 위하여 유용한 인터넷 사이트나 서적, GEO 등의 잡지, 각종 신문자료, '세계는 지금', '세계의 지리' 등의 시청각자료를 안내하고 제공한다.
- 계획 → 정보 수집 → 정보 분석 → 결론 도출의 과제 수행과정을 포트폴리오로 구성하여 제출하게 한다.

• 탐구 활동이 진행되는 중간 단계에서 교사는 적절한 확인과 격려를 한다.
• 주제 발표는 수업시간마다 약 5분 정도의 시간을 할애한다.
  탐구자들은 탐구내용을 발표하고 질문을 받는다.
• 주제에 맞는 적절한 발표방법을 선택하도록 지도한다.
  (예: OHP, Power Point, 괘도)
• 발표방법은 교사의 재량에 따라 다양하게 할 수 있다.
• 발표 후 내용을 수정 · 보완하여 주제 탐구내용은 보고서로 작성하고, 반별로 묶어서 책자로 만들어 배부한다.

중등학교 사회과 수행평가 과제로 활용되는 포트폴리오평가를 준비하는 데 가장 먼저 고려해야 하는 것은 과제를 개발하는 일이다. 과제를 개발할 때는 학생들이 탐구할 만한 가치가 있고, 자료를 찾아 분석하는 등 학습과정이 드러날 수 있도록 구조화해야 한다. 예를 들면, 자신의 집에서 배출된 쓰레기가 어떻게 처리되고 있는지 조사하고 생태론적 관점에서 어떻게 처리되어야 하는지에 대하여 조사하도록 한다든지, 자신의 가족사를 범위를 확장하여 한국의 역사적 흐름과 관련지어 정리하도록 하면서 개인의 생애사를 역사 사회학적 관점으로 조망할 수 있도록 하거나, 여러 지역의 갈등 사례의 표면화된 현상 이면에 내재하는 다양한 사회집단의 이해관계를 분석하고, 그와 같은 이해관계가 우리 사회에 어떻게 표출되는지를 조사하도록 한다.

포트폴리오평가에서도 채점의 문제가 중요하고 매우 어렵다. 포트폴리오 채점기준은 대체로 다음과 같다.

① 포트폴리오의 계획 및 구성과정이 포트폴리오 목적에 적합한가?
② 동료 · 교사 등과 충분히 협의를 거쳤는가?
③ 포트폴리오의 조직 및 체계가 합당한가?
④ 자료의 수집과정과 분석과정은 충실히 진행되었는가?
⑤ 문제에 대한 분석의 결과는 논리적인가?
⑥ 문제해결이나 의사결정은 조직적으로 이루어졌는가?
⑦ 반성의 방법이 적절하고 체계적으로 이루어졌는가?

⑧ 평가의 방법이 적절하고 체계적으로 이루어졌는가?

다음은 【예시문항 6】에 대한 윤 교사가 개발한 채점기준으로, 평가요소는 계획과정, 자료의 수집과 처리, 내용의 충실성과 논리성, 발표 태도, 보고서의 구성으로 되어 있다. 이 채점기준에는 자기반성과 평가에 대한 항목과 포트폴리오 조직에 대한 항목이 누락되어 있다.

【채점기준】

수준 평가요소	상(5점)	중(3점)	하(1점)
계획과정	구체적인 수행평가 일정과 자료 수집방법, 자기 체크리스트 등을 명시하였다.	수행과정의 일정과 자기 평가 체크리스트를 마련했으나 구체적이지 않다.	수행과정의 일정과 자기 평가 체크리스트를 마련하지 않았다.
자료 · 수집과 처리	자료가 풍부하고 수집과 처리 혹은 설문 조사 및 해석이 뛰어나다.	자료가 풍부하고 수집과 처리 혹은 설문 조사 및 해석이 양호하다.	자료가 풍부하고 수집과 처리, 혹은 설문 조사 및 해석이 미흡하다.
내용의 충실성과 논리성	내용이 충실하고 내용 전개가 논리적이다.	내용의 충실성과 내용 전개의 논리성이 평이하다.	내용의 충실성과 내용 전개의 논리성이 미흡하다.
발표 태도	발표내용을 잘 알고 자신감 있게 발표하였으며, 질문에 성의 있게 대답하였다.	발표내용 인지와 발표 태도가 대체로 양호하였으며, 질의응답에 노력하였다.	발표내용을 잘 알지 못하였으며, 자신감이 부족하다.
보고서의 구성	보고서의 구성이 짜임새 있고 결론이 잘 도출되었다.	보고서 구성의 짜임새는 갖추어졌으나 결론 도출이 미흡하다.	보고서의 구성이 산만하고 결론이 제대로 도출되지 못하였다.

한편 교사교육을 위한 포트폴리오는 예비교사나 현직교사의 전문성 향상을 위하여 사회과 (예비)교사가 한 학기나 1년 동안 수행한 자신의 교수-학습 과정을 나타내는 자료를 체계적으로 모아둔 것을 의미한다. 이는 스스로의 교수-학습과정을 반성함으로써 자신의 교수능력을 향상시키는 데 주로 활용된다. 미국에서 포트폴리오는 교사교육의 중요한 수단으로 활용되고 있고, 우리나라 몇몇 대학의 사회교육과에서도 예비교사의 사회과 교사전문성을 기르는 데 활용되고 있다.

예를 들면, ○○대학교 사회교육과 '사회과 교재연구 및 지도법' 강좌에서는 사회과 예비교사의 교사전문성을 신장시키기 위하여 포트폴리오평가를 실시하고 있다. '사회과 교재연구 및 지도법' 강좌는 특정 주제에 대한 중 · 고등학생과 예비교사의 선개념 확인 단계, 교육내용 분석 및 수업 설계 단계, 수업 실행 단계, 반성적 검토 및 이 과정에서 새롭게 알게 된 교수내용 지식 인식이라는 4단계로 구성된다.

첫 번째 단계는 학기 시작 후 약 3주 동안 이루어지며, 조별로 중 · 고등학교 사회과 교육과정 내용체계를 분석하고 수업을 실행할 단원을 정한 후 각 단원에서 다루는 주요 주제가 무엇인지 파악하여 특정 주제에 대한 고등학생과 예비교사가 지닌 선개념을 조사한다.

두 번째 단계는 수업 설계 단계로서 학기 시작 후 4~6주차에 이루어진다. 이 단계에서 예비교사는 수업에서 다룰 주제에 대한 교재 연구와 첫 번째 단계에서 조사한 중 · 고등학생의 선개념에 기초하여 수업을 설계한다.

세 번째 단계는 수업 실행 단계로서 7~12주차에 걸쳐 6주 동안 이루어진다. 7주차에는 교수가 수업 관찰, 수업기술, 수업 해석, 수업 평가방법에 대하여 강의하고, 8~12주차까지 예비교사는 개인별로 약 10분 동안 micro-teaching 방식으로 수업을 실행한다.

네 번째 단계는 반성적 검토 및 이 과정에서 새롭게 알게 된 교수내용 지식 인식 단계로 13~16주차에 이루어진다. 이 단계에서는 조별로 예비교사가 자신의 교수 설계 혹은 실행과정을 반성적 검토를 통하여 새롭게 인식하게 된 교수내용 지식을 조원들과 공유한다. 수업 설계나 실행 후 알게 된 교수내용 지식을 기록하고 그것과 관련하여 토론한 후, 자신이 실행한 수업을 다시 설계하고, 첫 번째 단계에서 설계한 수업과 네 번째 단계에서 설계한 수업에 어떤 변화가 있는지, 왜 그러한 변화가 발생하였는지를 반성적으로 검토한다.

4단계로 이루어진 프로그램을 16주 동안(1주당 3시간) 적용한 후 그동안 예비교사가 수행한 내용과 활동 및 질문에 대한 기록 등이 담긴 포트폴리오를 분석하여 예비교사의 교수내용 지식의 변화를 중심으로 평가가 이루어진다. 예비교사는 프로그램의 각 단계마다 주어진 과제에 대하여 답을 기술하고, 기술한 답변을 중심으로 조별로 토론한다. 토론과정은 녹음되고, 수업 실행과정은 녹화된다. 그리고

조별로 녹음되거나 녹화된 자료를 분석하고 모든 과정은 개인별 포트폴리오에 수록된다. 포트폴리오평가는 개인별로 수업 설계에서 어떤 변화가 이루어졌는지, 그러한 변화에 영향을 미친 요인이 무엇인지를 중심으로 이루어진다.

5) 실외조사법

실외조사법은 학생들이 사회적으로 유의미한 지역에서 조사활동을 벌이는 과정과 결과를 평가하는 방법이다. 실외조사법은 실외조사를 위한 여러 방법과 도구 이용능력뿐만 아니라 지식을 적용하는 능력이나 문제해결능력, 의사소통 및 참여능력, 가치 · 태도 등을 포괄적이면서도 종합적으로 평가할 수 있는 평가도구이다. 그러나 현실적으로 자주 사용할 수 없다는 한계를 지니고 있다.

실외조사법의 평가는 3단계로 이루어진다. 첫 번째 단계의 평가는 실외조사를 실시하기 전에 실내조사를 실시할 때 이루어지고, 두 번째 단계의 평가는 실외조사를 실시할 때 이루어지며, 세 번째 단계의 평가는 조사결과를 정리하여 발표한 내용이나 기록한 보고서를 평가할 때 이루어진다.

실외조사법은 자연환경영역에서는 경사를 측정하고, 암석과 식생의 표본을 수집하며, 거리를 측정하고, 유수량을 관찰하는 등의 활동과 인문환경영역에서는 가시적인 자료(토지 이용 조사, 교통 조사, 지역의 시장 조사 등)를 수집하고, 설문지를 작성하여 조사하고, 문헌자료를 연구하여 정보를 수집한 후 수집한 자료를 주제에 맞게 재해석하고 정리하여 기록하는 등의 과정을 포함한다.

【예시문항 7】은 낙동강과 등대리 일대를 답사한 후 충적평야에서 주민 생활 모습과 토지 이용 변화의 관점에서 답사기를 작성하는 과제다. 이를 위하여 먼저 실내조사에서 관련 지도와 통계자료 및 문헌을 찾고, 토지 이용의 변화를 살펴볼 수 있는 시기를 결정한다. 그리고 통계자료와 문헌 등을 통하여 주민구성의 특성을 조사하고, 지도에 나타난 토지 이용의 변화를 알아보며, 문헌 조사를 통하여 변화의 이유를 분석한다. 그리고 주민 생활 모습과 토지 이용의 변화를 살펴볼 수 있도록 답사 경로를 짜고 답사내용을 구체화한다. 실외조사에서는 주민 생활 모습과 토지 이용의 변화 등을 조사하기 위하여 주민과 면담하고, 가옥구조를 스케치하며, 토지 이용도를 작성한다. 그리고 주민과의 면담과정을 녹음 · 녹화하고

가옥구조와 토지 이용 등 주요 경관을 사진으로 찍는다. 그리고 답사기를 체계적으로 작성하고 관련자료에 대한 출처를 밝힌 후 제시한다. 채점기준은 실내조사, 실외조사, 답사기, 모둠 활동으로 구분하여 제시한다.

【예시문항 7】 고등학교 1학년 지리수업시간에 배운 충적평야에서의 주민의 생활과 토지 이용의 변화라는 관점에서 낙동강과 '등대리' 일대를 모둠별로 조사하고 답사기를 작성하시오.

【채점기준】

수준 평가요소	상(5점)	중(3점)	하(1점)
조사 계획 및 실내조사	조사내용에 적합하게 일정을 계획하였으며, 필요한 자료를 수집하여 정리하였다.	조사내용에 따라 적절한 일정을 잡거나, 필요한 자료를 수집하여 정리하였다.	조사 계획이 조사내용에 비추어 볼 때 부적합하고 수집한 자료가 조사하는 데 유용하지 않다.
실외조사	조사 일정에 따라 조사내용을 모두 조사하였다.	조사 일정에 따라 조사내용을 조사하였으나 일부는 누락되었다.	조사가 체계적으로 이루어지지 않아 계획했던 내용을 상당부분 조사하지 못했다.
답사기	조사한 내용이 체계적으로 잘 정리되었다.	조사한 내용이 정리되었으나 체계가 부족하다.	중요한 조사 내용이 많이 누락되었다.
모둠 활동	조원 모두에게 임무가 적절히 분배되고 참여가 잘 이루어졌다.	조원 모두에게 임무 분배는 잘 되었으나 참여도가 낮았다.	임무 배분이 적절하지 못했고 참여도가 낮았다.

6) 보고서법

보고서법은 주제를 선정하고 그에 따른 자료를 수집하고 이를 분석 · 처리하여 작성된 보고서를 평가하는 것이다. 포트폴리오나 야외조사 후에도 보고서를 작성하는데, 야외조사와 포트폴리오법은 보고서라는 결과만을 평가하는 것이 아니고, 보고서를 작성하기 위한 절차와 과정을 중시한다는 점에서 보고서법과 차별된다. 과제 수행 절차는 특정 단원과 관련된 주제를 선정하고 그 수업이 진행되기 한 달

전에 과제를 제시하며, 개별 주제를 중심으로 5~6명씩 조를 짠다. 보고서 목차 결정, 내용체계 조직화, 자료의 수집 및 정리 등은 모든 조원의 협의하에 이루어지도록 한다. 협동학습을 한 경우 자기 평가 체크리스트, 동료 평가 체크리스트를 만들어 스스로 평가해 보는 것도 좋다. 보고서법은 가정에서 과제로 부여되어 학생과 학부모에게 부담을 주는 경우가 많고, 교사가 학생들의 학습과정을 살펴보기 어렵다는 단점이 있다. 【예시문항 8】은 자신이 재미있게 본 문학작품이나 신문기사, 드라마나 영화 등에 나타난 사회적 편견을 찾아내고 그것을 근거 있게 비판하라는 과제로서, 보고서에는 작품 선택 이유, 작품내용, 작품 속에 나타난 사회적 편견 분석, 작가의 편견에 대한 논리적 비판이라는 요소가 포함되어야 한다.

【예시문항 8】 문학작품, 영화, 신문기사 또는 사설, 잡지, TV 프로그램 등에서 사회적 편견을 가진 사람을 찾아 작품 속에 나타난 사회적 편견을 자료에 근거하여 논리적이면서도 완곡하게 비판하시오(글에서 인용한 자료를 부록으로 제시하기).

보고서법의 채점기준은 대체로 다음과 같다.

(1) 주제에 알맞은 자료가 수집되었는가?
(2) 주제가 잘 드러나도록 보고서를 체계화하였는가?
(3) 글의 전개가 논리적인가?
(4) 보고서 쓰는 양식에 맞춰서 보고서가 완성되었는가?
(5) 인용문과 자료의 출처를 정확하게 제시하였는가?

다음은 【예시문항 8】에 대한 채점기준으로서 평가요소는 글 전개의 논리성, 근거자료 제시, 표현능력으로 구성되었다.

【채점기준】

평가요소	배점	내용
글 전개의 논리성	10	• 서론, 본론, 결론이 체계적으로 조직되어 있는가? • 상대방의 주장에서 편견이라고 판단하는 이유를 논리적인 근거를 가지고 제시하는가? • 다양한 사례를 들어 구체적으로 논의를 전개하는가?
근거자료 제시	10	• 이용한 자료의 출처를 밝히고 있는가? • 각주와 참고문헌을 제시하고 있는가? • 이용한 자료를 부록으로 첨부하는가?
표현능력	10	• 상대방의 기분을 고려하여 표현하는가? • 글의 주어, 목적어, 동사의 호응이 제대로 이루어지는가? • 글의 군더더기가 없는가? • 띄어쓰기, 맞춤법 등이 올바른가?

【채점 사례】

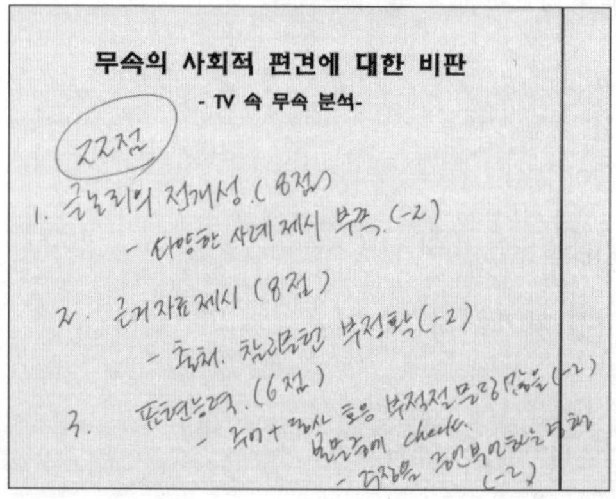
무속의 사회적 편견에 대한 비판

- TV 속 무속 분석-

22점

1. 글논리의 전개성 (8점)
   - 다양한 사례 제시 부족 (-2)
2. 근거자료 제시 (8점)
   - 출처, 참고문헌 부정확 (-2)
3. 표현능력 (6점)

보고서 작성 시 인용문과 자료의 출처를 제시하는 것은 무엇보다도 중요하다. 자료가 아무리 많아도 신뢰할 수 없는 정보원이면 글의 신뢰도가 저하된다. 신뢰할 수 있는 정보와 자료를 가지고 자신의 주장을 제시하고, 그 출처를 반드시 밝혀야 한다. 본문 중의 인용문헌은 다음과 같이 저자와 발표연도를 기재하고 필요한 경우에는 인용한 쪽수를 밝힌다.

본문 중 인용문헌 작성 요령

- 단독 연구일 경우

  [예 1] 서태열(2005)에 의하면……

  [예 2] 서태열(2005: 401)에 의하면……

  [예 3] ……라는 것을 의미한다(Case, 1978; Fischer, 1980).

- 공동연구일 경우

  [예 4] 차경수 · 모경환(2008)은……[2명의 경우]

  [예 5] Davies, Durbin, Clark와 Dale(2004: 24)은……[3명 이상의 경우]

  [예 6] Cliff et al(1975)은……[3명 이상의 경우]

본문에 인용된 참고문헌은 참고문헌 목록에 반드시 제시해야 하는데 문헌의 경우 주로 국문문헌, 일본어문헌 · 중국어문헌, 영문문헌 순으로 하고, 국문과 일본어문헌 · 중국어문헌의 경우 저자의 한글 자모음 순으로 하며, 영문문헌은 알파벳 순으로 한다. 동일한 저자의 문헌은 연대순으로 나열하고, 동일한 연도의 문헌이 2개 이상일 경우 순서에 따라 연대 뒤에 a, b, c…를 기입한다. 참고문헌 작성 요령은 APA(American Psychological Association) 방식, Harvard 방식, MLA(Modern Language Association of America) 방식 등 다양한 방식이 있는데 주로 외국어로 된 참고문헌은 대체로 APA 방식에 따라 작성하고, 국문 또는 국 · 한문으로 된 참고문헌은 한국교육학회의 논문 작성 요령과 APA 형식을 따르는 것을 원칙으로 한다.

참고문헌 작성 요령

- 단행본의 경우: 저자명, 발행연도(괄호로 묶어서 제시), 서명(영문의 경우 이탤릭체로), 판수(초판은 표시하지 않음), 출판지명(출판지명 뒤에 콜론(:)을 찍는다), 출판사명을 표시한다. 우리나라 단행본일 경우 출판지명을 생략하기도 한다.

  [예 1] 서태열(2005). 지리교육학의 이해. 서울: 한울아카데미.

  [예 2] Banks, J. A. (1990). *Teaching strategies for the social studies* (4th edition). NY: Longman.

- **학술지의 경우:** 논문저자 명, 발행연도(괄호 속에 표시), 논문제목(국문 논문의 경우 쌍따옴표 안에 제목 기재), 잡지명(영문의 경우 이탤릭체로), 권호, 면수를 표시한다.

  [예 3] 남상준(2002). "초 · 중등 지리교육과정 개발 과정의 평가". 한국지리환경교육학회지, 10(1), 1-12.

  [예 4] Shulman, L. S. (1987). Knowledge and teaching: Foundations on the new reform. *Harvard Educational Review*, 57(1), 1-22.

- **단행본 속의 논문의 경우:** 논문저자명, 발행연도(괄호 속에 표시), 논문제목, 편집자명, 서명(영문의 경우 이탤릭체로), 출판지명(출판지명 뒤에 콜론(:)을 찍는다), 출판사명, 면수를 표시한다.

  [예 5] Cronbach, L. J. (1971). Test Validation. In R. L. Thorndike (ed.). *Educational Measurement*. Washington DC: American Council on Education, 443-507.

보고서에 제시되는 그림과 표의 경우 일련번호를 매기는데 표는 〈표 1〉, 〈표 2〉, 〈표 3〉…으로 하고, 그림은 [그림 1], [그림 2], [그림 3]…으로 한다. 그림 제목은 그림 하단에, 표의 제목은 표의 상단에 표시하고 표의 경우 자료의 출처는 하단에 기재한다(예: 출처: 서울통계연보, 2005).

실습문제 1

【예시문항 1】에 대한 채점기준의 문제점을 분석하고 채점기준을 수정하시오.

【예시문항 1】 다음에 제시된 우리나라 백지도에 북부지방/중부지방, 중부지방/남부지방을 구분하여 그리고 그 기준을 제시하시오. 그리고 보기에 제시된 항목을 백지도에 표시하시오. (10점)

보기

① 휴전선
② 서울
③ 평양
④ 태백산맥
⑤ 전라북도
⑥ 충청북도
⑦ 대구광역시
⑧ 광주광역시

【채점기준】

세부내용	채점 내용
북부/중부, 중부/남부지역 구분 (2점)	• 2점: 북부/중부지방과 중부/남부지방을 정확하게 구분하여 그리고 그 기준을 제시하였다. • 1점: 북부/중부지방이나 중부/남부지방 중 한 가지를 정확하게 구분하여 그리고 그 기준도 정확하게 제시하였다. • 0점: 북부/중부지방이나 중부/남부지방의 구분기준을 제시하였으나 백지도에 그리지 못하였다.
위치 표시(8점)	• 각 항목별로 1점씩 부여한다.

채 점 기 준 의 문 제 점 분 석 결 과

수 정 후 채 점 기 준

실습문제 2

김 교사는 우리나라와 세계 각지에서 발생하는 지역 갈등 사례를 선정하여 원인, 과정, 결과 등을 조사한 후 보고서를 작성하도록 하고 보고서를 중심으로 평가하였다. 박 교사는 같은 과제에 대하여 포트폴리오 평가를 하였다. 김 교사와 박 교사의 채점(평가)요소를 비교하여 제시하시오.

제3부

사회과 평가결과의 분석과 해석

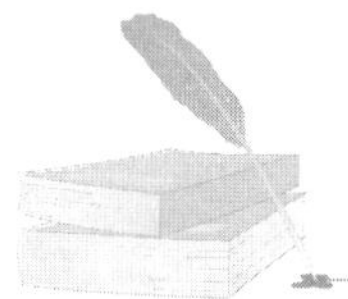

제7장

사회과 문항의 난이도와 변별도

1. 문항분석이론의 종류

문항분석이론은 고전검사이론(classical test theory)과 문항반응이론(item response theory)으로 구분된다. 고전검사이론은 1920년대 이후 개발되어 이론적으로 발전하고 학교에서도 보편적으로 활용되고 있다. 고전검사이론은 검사도구의 총점을 분석하는 이론으로 검사에 의한 관찰점수는 진점수와 오차점수로 구성된다는 것을 가정한다. 고전검사이론의 문항 분석은 피험자들의 응답을 문항별로 채점한 후 총점으로 문항을 분석하는 방법이며, 검사집단의 영향을 받게 된다(박도순 외, 2007: 178). 만약 어떤 문항이 능력이 높은 집단에서 검사가 실시되었다면 그 문항은 쉬운 문항으로 분석되고, 능력이 낮은 집단에서 검사가 실시되었다면 어려운 문항으로 분석된다.

문항반응이론은 1940년대 이론적 논의가 시작되어 1970년대와 1980년대 이르러 발전되었는데, 문항모수와 능력모수의 불변성을 전제한다. 문항모수의 불변성은 문항의 난이도와 변별도가 피험자집단의 특성에 따라 변화가 없다는 의미이며, 능력모수의 불변성은 검사에 따라 학생들의 점수가 변하는 것이 아니라 학생

자신의 고유한 능력을 산출한다는 것이다. 고전검사이론에 의하면 쉬운 검사를 택할 때 어떤 피험자의 점수는 높아지고, 어려운 검사를 택하면 능력이 낮게 추정되는데 문항반응이론에 의하면 어떤 피험자가 어려운 검사를 택하든 쉬운 검사를 택하든 능력 추정이 같다. 문항모수의 불변성은 해마다 일관성 있게 문항을 분석하고 문항 특성정보를 보관할 수 있도록 하며, 능력모수의 불변성은 검사를 여러 번 시행하더라도 학생의 점수를 계속 비교하여 사용할 수 있는 점수체제가 될 수 있게 한다. 현재 우리나라 학업성취도 평가 연구에서는 학생들의 성취 수준과 그 변화 추이를 일관성 있게 분석하기 위하여 문항반응이론에 의한 척도점수체제를 이용하고 있다.

그러나 문항반응이론에 근거하여 문항 모수와 능력모수를 추정하는 과정에서 오차가 발생하고, 동일한 원점수를 받은 학생도 척도점수로 변환했을 때는 점수가 달라지기 때문에 일반인들이 이해하기 어렵다는 문제점이 있다. 그래서 현재까지 우리나라 학교 현장에서는 난이도와 변별도를 추정할 때 문항반응이론보다는 고전검사이론을 사용하고 있다. 이 장에서는 우리나라 학교에서 사회과 문항분석에 주로 사용되는 고전검사이론에 근거하여 사회과 문항난이도와 변별도를 추정하고 해석하는 방법을 제시하고자 한다.

2. 문항난이도

1) 난이도 개념

문항난이도(item difficulty)는 '한 문항의 어려운 정도', '한 문항에 학생들이 정답을 한 확률'로서 난이도 지수(P)로 표시된다. 문항난이도 지수는 정답의 백분율이기 때문에 0~1에 이르는 변산을 지니며, 값이 클수록 그 문항은 쉽다는 의미다. 피험자집단이 [문항 1]에 대해서는 80%가 정답을 맞혔는데, [문항 2]에 대해서는 70%가 정답을 맞혔다면 [문항 1]은 [문항 2]보다 쉬운 문항이라고 할 수 있다. 문항의 난이도는 집단이 달라짐에 따라 변한다. 한 개인에 대한 문항난이도란 존재하지 않는다. 개인에 대해 알 수 있는 것은 그 문항에 정답을 했느냐 오답을 했느냐

뿐이다. 측정학적 용어를 빌리면 문항난이도란 집단의 표준편차와 평균에 의해 결정되는 통계치다. 문항난이도는 문항의 쉽고 어려운 정도를 나타내는 지수로서, 총 피험자 중 답을 맞힌 피험자의 비율이 된다. 선택형 문항난이도를 계산하는 공식은 다음과 같다.

$$P = \frac{R}{N}$$

N: 총 피험자 수
R: 정답에 응답한 피험자 수

다음은 5,114명의 피험자에게 실시한 학업성취도 검사문항과 응답자료 예시이다. 총 피험자 5,114명 중 정답에 반응한 피험자는 1,920명이므로 문항난이도는 .375이다.

$$P = \frac{1920}{5114} = 0.375$$

1. 밑줄 친 내용에 대한 사례로 타당한 것은?

> 사회적 갈등을 합리적으로 해결하고 시민사회가 건전하게 발전하기 위해서는, 시민들이 사익과 공익을 조화시키면서 합법적 절차에 따라 갈등을 해결해 나가는 제도적 원칙과 장치를 마련하는 것이 중요하다. 하지만 제도적 원칙과 장치가 마련되었어도 참여형 시민 문화가 형성되지 않아서 정치 발전이 지체되기도 한다.

① 국민 소환과 국민 발안제도의 미비
② 선거구 간 과다한 인구 편차와 투표율 저조
③ 환경분쟁위원회 활동에 대한 시민들의 무관심
④ 언론의 자유를 제한하는 언론 보도지침 파문
⑤ 중앙 정부의 지방자치단체에 대한 행정 감사

번호	난이도	답지 반응 분포												정답
		1		2		3		4		5		무응답		
		빈도	%	빈도	%	빈도	%	빈도	%	빈도	%	빈도	%	
1	.375	690	13.5	1,770	34.6	1,920	37.5	418	8.2	311	6.1	5	0.1	③

서술형 · 논술형 문항 등 수행평가의 난이도는 특정 문항에서 전체 피험자가 받은 점수의 합을 R, 그 문항에 주어진 배점을 A, 총 사례수를 N이라고 하면 전체 피험자가 받은 점수의 합을 총 사례수에 문항별 배점을 곱한 것으로 나눈 것이다.

$$P = \frac{R}{N \times A}$$

R: 전체 피험자가 받은 점수의 합
N: 총 사례수
A: 문항별 배점

Cangelosi(1990)는 문항난이도에 따른 평가기준을 〈표 7-1〉과 같이 제시하였다. 일반적으로는 난이도를 5단계로 구분하여 ① .20 미만은 매우 어려운 문항, ② .20 이상~.40 미만은 어려운 문항, ③ .40 이상~.60 미만은 중간 난이도, ④ .60 이상~.80 미만은 쉬운 문항, ⑤ .80 이상은 매우 쉬운 문항으로 해석한다. 위에서 제시한 문항은 난이도 지수가 .375로서 어려운 문항에 해당된다.

〈표 7-1〉 Cangelosi의 문항난이도 지수 해석

난이도 지수	해석
.25 이하	어려운 문항
.25~.75	적절한 문항
.75 이상	쉬운 문항

〈표 7-2〉 문항난이도 지수 해석

난이도 지수	해석
.20 미만	매우 어려운 문항
.20 이상~.40 미만	어려운 문항
.40 이상~.60 미만	중간 난이도의 문항
.60 이상~.80 미만	쉬운 문항
.80 이상	매우 쉬운 문항

2) 난이도별 문항 분석

사회과 교사가 자신이 가르치는 학생들이 어려워하는 문항, 쉽게 정답에 반응하는 문항의 특성을 알고 있으면 학생들을 가르칠 때나 평가문항을 개발할 때 매우 유용하다. 이 절에서는 2003년 학업성취도 평가문항 중 학교급별로 난이도 지수 .40 미만인 문항(고등학교의 경우 .20 미만인 문항)과 난이도 지수 .80 이상인 문항의 공통적인 특성을 분석함으로써 난이도별 문항 분석의 예시를 제시하고자 한다.

(1) 초등학교

다음에 제시한 여섯 문항은 우리나라 초등학생을 대상으로 실시한 학업성취도 평가에서 난이도 지수 .80 이상을 나타낸 문항이다. 3번은 단순한 수준에서 도시와 촌락의 특징을 비교하는 문항이고, 5번은 자동차가 오늘날의 교통수단에 해당하는지를 찾는 문항이며, 14번은 자연환경을 보호하기 위한 노력으로 알맞은 것을 고르는 문제로서 가까운 곳은 걷거나 자전거를 탄다가 답이고, 16번은 쓰레기와 주차문제를 다룬 지문을 주고 이 지역에서 발생할 수 있는 문제로 쓰레기와 주차문제를 선택하도록 한 문항이다. 27번은 바닷가 갯벌에서 조개 등을 캐고 있는 아주머니 사진을 주고 이 지역에서 볼 수 있는 것이 무엇이냐는 문항으로 답은 갯벌과 염전이다. 30번은 동지, 대보름, 설날, 추석, 단오 등 유명한 민족의 전통적 풍습에 대한 문항이다.

【.80 이상의 난이도 지수 문항】

3. 도시와 촌락에 대한 설명으로 가장 알맞은 것은 무엇입니까?

	구 분	도 시	촌 락
㉠	땅의 이용	주로 농경지로 이용한다.	주로 주거지와 공공시설로 이용한다.
㉡	집과 집 사이 거리	대부분 거리가 멀다.	대부분 거리가 가깝다.
㉢	건물 모습	높이가 낮고 수가 적다.	높이가 높고 수가 많다.
㉣	인구	급격하게 감소하고 있다.	급격하게 증가하고 있다.
㉤	직업	주로 2, 3차 산업에 종사한다.	주로 1차 산업에 종사한다.

① ㉠(2.0) ② ㉡(11.9) ③ ㉢(2.4) ④ ㉣(2.8) ⑤ ㉤(80.7)

5. 다음 ○에 들어갈 내용으로 가장 알맞은 것은 무엇입니까?

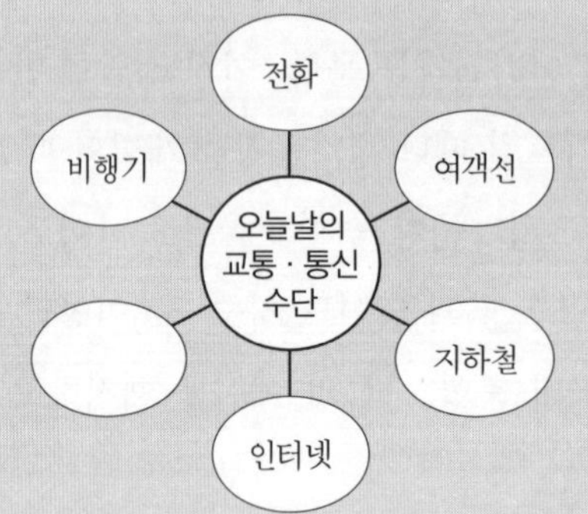

① 파발(0.4)
② 자동차(96.6)
③ 인력거(0.9)
④ 증기선(1.2)
⑤ 봉수(0.5)

14. 다음은 종철이가 생각한 우리 고장의 미래 모습이다. 이런 고장을 만들기 위해 우리가 할 일로 적절한 것은 무엇입니까?

〈미래의 우리 고장〉

미래의 우리 고장은 공기가 맑고, 푸른 산이 많으며, 깨끗한 강이 흐르는 아름다운 곳이 되었으면 좋겠다. 그러나 자연이 잘 보호된 고장을 만들기 위해서는 나부터, 지금부터, 작은 일부터 실천해야만 한다.

① 물 부족에 대비하여 댐을 많이 만들자고 건의한다.(4.9)
② 산에 나무를 심고, 가져간 쓰레기는 땅에 묻고 온다.(9.0)
③ 주민들의 소득을 높이기 위해 공장을 많이 짓자고 건의한다.(1.8)
④ 푸른 잔디에서 운동할 수 있도록 골프장을 만들자고 건의한다.(2.2)
⑤ 아버지께 가까운 곳은 걷거나 자전거를 타고 가자고 말씀드린다.(81.9)

16. 다음 지역사회에서 일어날 수 있는 문제를 골라 묶은 것으로 가장 알맞은 것은 무엇입니까?

순정이가 살고 있는 도시는 쓰레기 봉투 종량제를 실시하지만 도로의 구석진 곳에는 항상 쓰레기들이 있다. 그리고 주택에 사는 사람들은 골목에 자동차를 주차시킬 공간이 부족해서 이웃 주민들과 서로 사이가 나빠지는 경우가 있다. 그래서 주민들은 해결방법을 찾기 위하여 고민하고 있다.

① 쓰레기, 주차(90.1) ② 쓰레기, 주택(4.0) ③ 주택, 공기오염(1.7)
④ 교통, 수질오염(2.3) ⑤ 소음공해, 수질오염(1.9)

27. 다음 지역에서 볼 수 있는 것들을 가장 바르게 말한 사람은 누구입니까?

① 은영: 갯벌, 염전(94.0)
② 현수: 항구, 고랭지 채소밭(1.7)
③ 슬기: 목장, 양식장(1.4)
④ 영희: 간척지, 수력발전소(1.7)
⑤ 미경: 탄광, 염전(1.1)

30. 우리 민족의 전통적 풍습과 거리가 먼 것은 무엇입니까?
① 동짓날에는 팥죽을 쑤어 먹었다.(3.4)
② 정월 대보름날에는 쥐불놀이를 하였다.(5.4)
③ 설날에는 마을 사람들이 모여 윷놀이를 하였다.(3.9)
④ 단오날에는 친척들이 모여 함께 떡국을 먹었다.(83.7)
⑤ 추석날에는 햅쌀과 햇곡식으로 송편을 만들어 먹었다.(2.8)

.80 미만 문항의 공통된 특징을 보면 대부분 일상생활과 관련된 사실이나 지식을 묻거나, 갈등 상황이 주어지지 않은 문제의 단순한 해결방안을 제시하도록 하거나, 단순한 수준의 사진이나 표, 그림자료를 읽을 수 있는지를 평가하고 있다. 답지에 매력적인 오답이 없는 경우도 학생들의 정답률이 높은 편이다. 그래서 우리나라 초등학생들은 별도의 암기 없이도 생활 속의 경험을 통하여 알 수 있는 사실을 묻는 문항과 단순한 그림자료 등의 해석능력을 요구하는 문항에 대하여 매우 쉽게 정답에 반응한다고 할 수 있다.

난이도 지수 .40 미만의 문항을 보면 1번은 지도에 표시한 위치를 보고 해당 지역의 특징을 알아내는 문항으로 지도상의 위치와 지역적 특징을 연결시킬 수 있어야 풀 수 있고, 18번은 국민의 기본권에 대한 내용을 묻고 있는 문항으로 국민의 기본권에 대한 지식이 있어야 해결할 수 있다. 그리고 【수행평가 3】은 각 지방의 전통 가옥구조에 대한 사진을 제시하고 이처럼 지방마다 가옥구조가 다른 원인을 추론하도록 하는 문항이다. 【수행평가 4】는 고조선의 8조법의 세 가지 조항을 제시하고 이를 통해 짐작할 수 있는 고조선 사회의 특징을 세 가지 서술하라는 문항이다.

【.40 미만의 난이도 지수 문항】

1. 다음 지도에 표시된 각 지역의 생활 모습을 바르게 설명한 것은 무엇입니까?

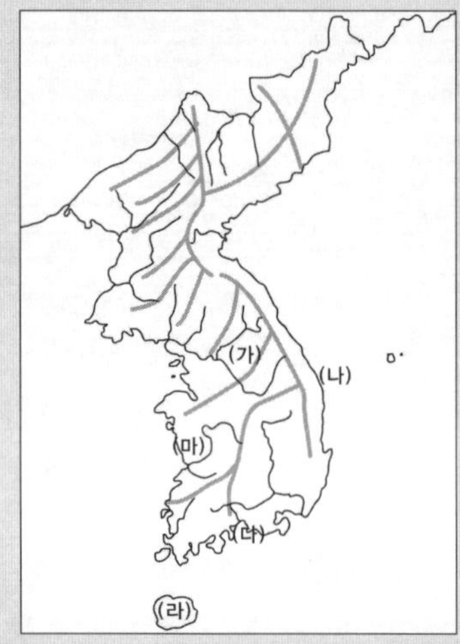

① (가) 지역 – 광산이 많았으나 요즘은 관광지로 개발되고 있다.(26.9)
② (나) 지역 – 갯벌이 발달하였고 염전이 많이 있다.(44.7)
③ (다) 지역 – 해안선을 막아 간척사업을 하여 공장을 세웠다.(16.4)
④ (라) 지역 – 우리나라에서 쌀을 가장 많이 생산하는 지역이다.(4.4)
⑤ (마) 지역 – 높은 산이 많아 주로 밭농사를 많이 한다.(7.3)

18. 다음 중 국민의 기본적 권리에 대한 설명으로 적절하지 않은 것은 무엇입니까?
① 개인의 행복 추구를 존중한다.(23.8)
② 법률이 정한 대로 세금을 납부한다.(26.1)
③ 대통령이나 국회의원을 뽑는 선거에 참여한다.(5.1)
④ 억울한 일을 당했을 때 법원에 재판을 청구한다.(5.3)
⑤ 경제적으로 빈곤한 사람에게 생활비나 의료비를 지원한다.(39.6)

【수행평가 3】 다음은 우리나라의 다양한 전통 가옥 구조를 보여 주는 사진들이다. 보기의 (   ) 안에 알맞은 말을 쓰십시오. (2점)(38.4)

〈남부지방의 가옥〉

〈중부지방의 가옥〉

〈북부지방의 가옥〉

우리나라 남부지방의 한옥은 부엌과 방이 나란히 있다. 그에 비해 북부지방의 한옥은 사방이 건물로 막혀 있다. 중부지방의 한옥은 남부지방과 북부지방의 중간 형태를 지니고 있다. 이렇게 남쪽에서 북쪽으로 갈수록 집의 구조가 달라지는 까닭은 우리 조상들이 (　　　) 조건에 잘 적응한 결과이다.

【수행평가 4】 다음의 세 가지 조항을 통해 짐작할 수 있는 고조선 사회의 특징 세 가지를 서술하십시오. (3점)(39.1)

◐ 사람을 죽인 자는 사형에 처한다.
◐ 남에게 상해를 입힌 자는 곡식으로 갚아야 한다.
◐ 도둑질을 한 자는 데려다 종으로 삼는다.

.40 미만의 문항은 지식을 정확하게 알아야 해결할 수 있거나, 여러 사상(事象)의 공통적인 특징을 찾거나, 자신이 알고 있는 지식을 이용하여 제시된 자료를 해석하도록 하는 경우다. 즉, 우리나라 초등학생들은 정확한 지식을 요구하거나 이를 이용하여 자료를 해석하거나 여러 현상의 공통점이나 차이점에 대한 분석을 요구하는 문항에 대해서는 어렵게 생각한다고 볼 수 있다.

(2) 중학교

중학교 학생들이 80% 이상 정답에 응답한 문항은 주로 특정 사실을 알고 있는지를 평가하는 문항이다. 특히 묻고 있는 사실이 실생활과 관련되었거나(19번, 29번), 교과서에서 강조하여 잘 알려져 있는 사실(9번, 15번), 또는 제시된 자료만 보고 문제를 해결할 수 있는 문항이다(28번). 오답의 매력도가 낮은 것도 공통적인데, 즉 정답률이 높은 문항은 학생들에게 친숙한 사실에 대하여 묻고, 제시된 자료만 해석하면 정답을 알 수 있는 문항이라고 할 수 있다.

【.80 이상의 난이도 지수 문항】

9. 다음과 같은 지역 갈등의 공통적인 원인은?

• 이스라엘과 팔레스타인 분쟁　　• 인도와 파키스탄 갈등

① 종교의 차이(80.4)　② 정치 이념의 대립(6.3)
③ 강대국의 식민지 정책(4.7)　④ 석유를 둘러싼 이권 다툼(7.2)
⑤ 인접 국가의 오염물질 배출(1.3)

15. 다음은 청동기 시대의 유적지에서 대량으로 출토된 유물이다. 청동기 시대에 이와 같은 도구들이 많이 사용된 이유로 가장 적절한 것은?

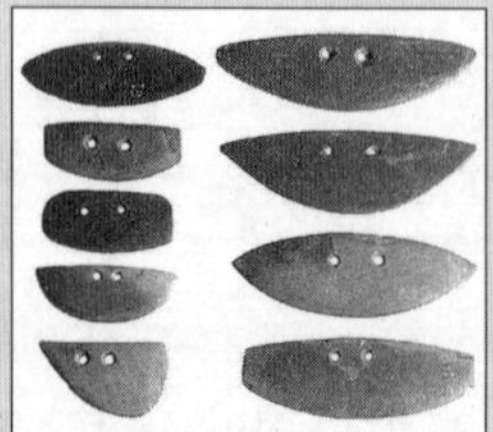

① 예술활동이 활발하였다.(2.4)
② 정복 전쟁이 활발하게 전개되었다.(6.8)
③ 족장이 제사장의 역할을 함께 하였다.(3.9)
④ 강력한 힘을 가진 지배자가 출현하였다.(6.5)
⑤ 생산활동에서 농업이 차지하는 비중이 커졌다.(80.3)

19. 다음 설명에 해당되는 사람은?

• 주민들의 투표로 선출된다.
• 지역 주민들의 의사가 반영된 정책을 집행한다.

① 장관(4.0)　② 은행장(1.5)　③ 시장(91.8)
④ 우체국장(1.4)　⑤ 경찰서장(1.3)

28. 다음은 지역 조사과정에서 얻은 인구자료를 인구구성도로 나타낸 것이다. 이를 통해 알 수 있는 이 지역의 특징을 바르게 서술한 것은?

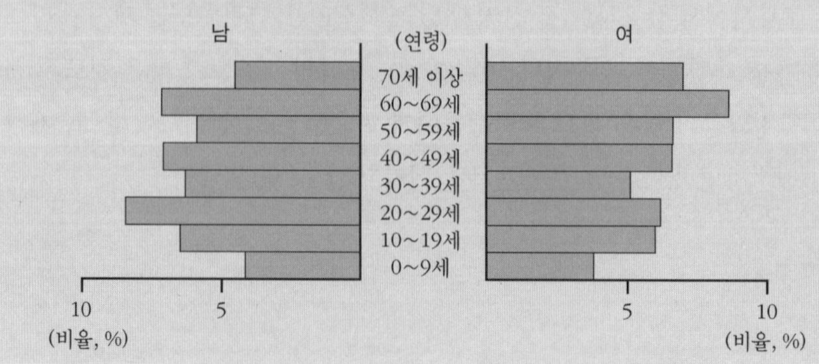

① 모든 연령층에서 여자의 비율이 남자보다 높게 나타난다.(3.6)
② 40대 이후에 다른 지역에서 전입해 오는 인구가 늘고 있다.(4.7)
③ 20대 여성들이 배우자를 구하기가 어려워 사회문제가 되고 있다.(5.4)
④ 어린이 수가 늘어나는 추세이므로 유치원과 초등학교를 늘려야 한다.(3.8)
⑤ 10대 이하보다 60대 이상의 인구 비율이 높으며, 특히 여성 노년인구 비율이 높다.(82.4)

29. 다음 중 환경문제의 원인과 그 대책이 잘못 연결된 것은?
① 상품의 과대 포장 — 일회용품 사용하기(85.2)
② 지나친 비료, 농약 사용 — 자연 퇴비 이용하기(4.5)
③ 건물 내부의 지나친 냉난방 — 실내외 온도차 줄이기(6.1)
④ 음식물 쓰레기 배출 — 식단 개선, 음식물 남기지 않기(2.4)
⑤ 자동차 배기가스 배출 — 가까운 거리는 걷기, 대중교통 이용하기(1.8)

.40 미만의 난이도 지수 문항은 대부분 지리 지식의 이해 정도를 측정하는 문항이다. 중학교 지리에서 가르쳐야 할 지식은 우리나라와 세계 여러 나라의 다양한 지리적 환경과 주민 생활의 특징을 이해하는 것과 공업 발달, 인구 성장, 도시 발달과 분포 등 계통지리의 기본 지식인데, 우리나라 중학생들은 특히 우리나라와 세계 여러 나라의 위치, 지리 환경과 주민 생활의 특징을 묻는 문항에 대하여 어려워한다. 선택형 5~7번은 세계 여러 지역의 자연적 · 인문적 특징을 체계적으로 이해했는지를 묻는 문항으로서 학생들의 정답률은 모두 35% 미만을 보였다.

특히 선택형 6번의 경우 정답률이 16.4%에 불과하였다. 이 문항은 지중해성 기후의 특징을 묻는 것으로 지도와 글자료를 보고 해당 지역이 지중해성 기후 지역이라는 것을 알고, 지중해성 기후 특징이 여름철에 아열대고압대의 영향으로 건조하기 때문에 지중해지역에서는 과수와 곡물을 함께 재배하는 수목농업이 발달한다는 것을 알아야 한다. 이 문항의 정답률을 통하여 특정 지역의 위치를 기후 특징과 연결시킬 수 있고, 그 기후가 인간 생활에 미친 영향을 종합적으로 이해하는 학생은 소수에 불과하다는 것을 알 수 있다. 선택형 5번과 7번은 지리와 역사 지식을 종합하여 특정 지역의 특성을 설명하는 능력을 측정하고 있는데, 이렇듯

지식을 종합적으로 이해하고 있는지를 묻는 문항에 대하여 우리나라 중학생들이 어려워한다는 것을 알 수 있다.

【.40 미만의 난이도 지수 문항】

4. 다음 내용이 설명하는 산을 지도에서 찾으면?

- 1만 2천 봉으로 일컬어지는 수많은 봉우리들이 기암괴석을 이루고 있다.
- 독특하고 변화무쌍한 모습 때문에 계절에 따라 부르는 이름이 다르다.
- 1998년부터 남한 사람들의 관광이 가능하게 되어 그 아름다움이 더욱 알려졌다.

① ㉠(18.2)　② ㉡(20.8)　③ ㉢(14.4)　④ ㉣(7.1)　⑤ ㉤(39.4)

5. 지도의 빗금 친 A와 B 국가는 서로 떨어져 있지만 문화적으로 공통성이 나타난다. 그 이유로 바른 것은?

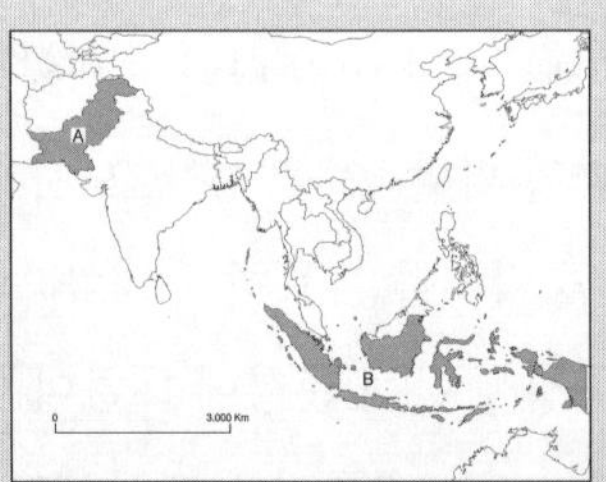

① 지형과 기후 환경이 유사하다.(13.9)
② 화교들이 경제력을 장악하고 있다.(4.1)
③ 국민이 같은 민족으로 구성되어 있다.(8.1)
④ 두 국가 모두 프랑스의 식민 통치를 받았다.(39.7)
⑤ 두 국가의 국민 대다수가 믿는 종교가 같다.(34.1)

6. 〈보기〉는 지도의 지역에서 주로 행해지는 농업 활동이다. 이와 관계 깊은 이 지역의 기후 특징은?

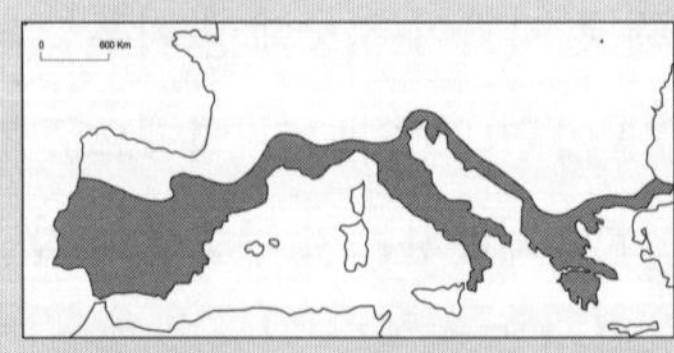

보기

- 수목농업 발달
- 올리브, 포도, 오렌지 등의 과수 생산량이 많음

① 여름철에 기온이 높고 비가 적게 내린다.(16.4)
② 1년 내내 기온이 높고 비가 적게 내린다.(24.0)
③ 겨울철에 매우 춥고 눈이 거의 내리지 않는다.(3.0)

④ 1년 내내 기후가 온화하고 비가 자주 내린다.(47.6)
⑤ 여름과 겨울의 기온 차가 크고 연중 강수량이 많다.(8.8)

7. 다음 글은 라틴아메리카의 역사에 대한 설명이다. 밑줄 친 ㉠~㉤과 관련된 설명으로 옳지 않은 것은?

> 이 지역은 15세기 말부터 유럽 세력이 진출하여 ㉠ 언어와 ㉡ 종교를 전파하고, ㉢ 원주민 문명을 파괴하였다. 또 ㉣ 대규모 농원을 조성하고 노동력을 보충하기 위해 ㉤ 아프리카에서 흑인들을 강제로 이주시켰다.

① ㉠ – 대부분 에스파냐어를 사용한다.(14.7)
② ㉡ – 신교를 믿는 사람들이 많다.(30.2)
③ ㉢ – 안데스 산지에서는 잉카 문명의 유적을 볼 수 있다.(16.3)
④ ㉣ – 커피, 사탕수수 등의 플랜테이션이 활발하다.(8.1)
⑤ ㉤ – 백인 및 원주민과의 혼혈로 주민 구성이 다양해졌다.(30.6)

이는 역사영역의 문항에서도 나타났는데, 다음에 제시된 선택형 12번 문항은 서남아시아지역이 동서 문화 교류에 이바지한 내용을 묻는 문항이고, 선택형 16번은 공민왕 때 이성계가 과전법을 시행한 배경을 당시 역사적 상황을 고려하여 이해하고 있는지를 평가하는 문항이다. 이러한 문항에 대한 낮은 정답률을 볼 때, 우리나라 중학생들은 역사적 상황과 관련된 지식을 종합적으로 이해하고 있지 못하다는 것을 알 수 있다.

12. 다음 지역 주민들이 동서 문화 교류에 이바지한 바를 설명한 것으로 잘못된 것은?

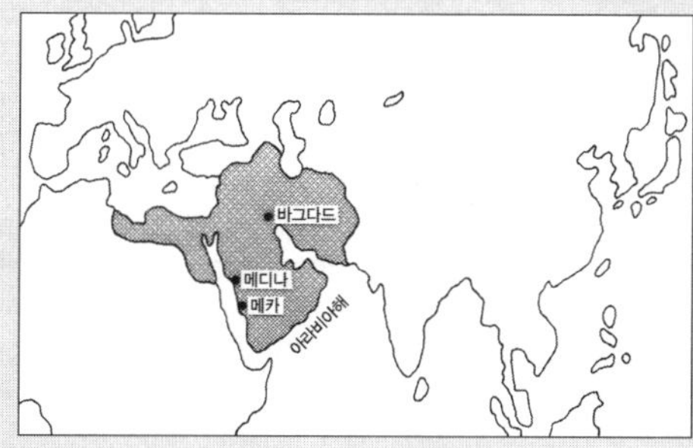

① 이슬람교가 발생하여 세계로 퍼져나갔다.(14.5)
② 중국의 화약, 나침반, 제지법을 유럽에 전해 주었다.(17.4)
③ 정복 활동을 통해 불교와 간다라 미술을 중국에 전하였다.(36.6)
④ 인도에서 발견한 '0(영)' 의 의미를 받아들여 아라비아 숫자를 완성하였다.(13.9)
⑤ 이 지역 상인들에 의해 고려(Corea)라는 이름이 서양에 알려지게 되었다.(17.5)

16. 다음과 같은 제도의 시행으로 나타난 변화에 대한 설명으로 알맞은 것은?

> 공양왕 3년(1391), 이성계 일파는 정도전, 조준 등 신진 사대부 세력과 손잡고 토지 분배 및 조세에 대한 새로운 법을 제정하였다. 이들은 새로운 법에 의거하여 권문세족 등 구세력의 토지를 몰수한 후 신진 사대부들에게 재분배하였다.

① 조선 왕조 개창의 경제적 기반이 마련되었다.(38.7)
② 권문세족의 몰락으로 성리학이 쇠퇴하게 되었다.(12.9)
③ 권문세족이 신진 사대부들과 손잡고 조선을 개창하였다.(15.5)
④ 무리한 토지제도의 개혁으로 농민들이 조선 건국에 저항하였다.(11.8)
⑤ 이성계, 정도전 등 권문세족이 조선 건국의 주체로 등장하게 되었다.(20.9)

개념과 사실을 정확하게 요구하는 문항에 대해서도 낮은 난이도 지수를 나타내었다. 선택형 14번 문항은 어떤 역사적 사실들이 무엇과 관련된 것인지를 묻고 있고, 선택형 18번 문항은 갑오개혁이 일어난 시기를 묻고 있으며, 22번은 사회화의 개념을, 【수행평가 5】는 기회비용에 대한 개념을 묻는 것으로 모두 40% 미만의 낮은 정답률을 나타내었다.

14. 한솔이는 '현대사' 를 공부하면서 다음과 같은 내용들을 배웠다. 한솔이가 공부한 학습 주제로 가장 적합한 것은?

> • 아시아, 아프리카 29개국의 반둥회의 개최
> • 반식민주의, 중립주의, 상호 연대 원칙
> • 비동맹중립의 공동 노선 추구

① 제3세계의 대두(32.6)   ② 냉전체제의 붕괴(17.6)

③ 전체주의의 출현(13.6) ④ 경제 대공황의 발생(7.7)

⑤ 국제 연합의 창설(28.4)

18. 다음은 철수가 어떤 역사적 사건이 추진하고자 했던 개혁내용을 조사한 것이다. 철수가 조사한 역사적 사건이 일어난 시기는?

- 김홍집을 중심으로 하는 내각이 구성되고, 개혁을 추진하기 위해 군국기무처가 설치되었다.
- '홍범 14조'를 통하여 개혁의 내용과 정신을 밝혔다.
- 개혁내용에는 신분제의 철폐, 도량형의 개정 통일, 왕실 사무와 행정 사무 분리, 조세의 금납화 등이 있다.

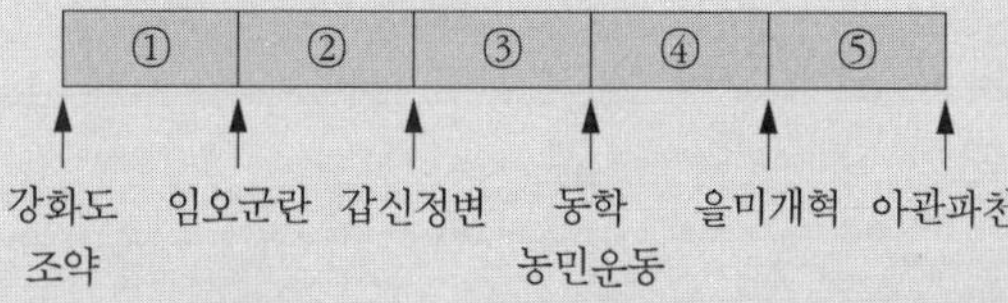

22. 다음 내용과 관련이 깊은 개념은?

- 기범이는 선생님께 예의바르게 인사하였다.
- 미나는 학교에 지각하지 않으려고 서둘렀다.
- 민수는 다섯 살이 되자 젓가락질하는 법을 배웠다.

① 사회화(39.8)

② 상호작용(7.8)

③ 준법의식(26.6)

④ 자아정체감(21.9)

⑤ 합리적 의사결정(3.8)

【수행평가 5】 다음과 같은 경제적 선택에서 가장 중시된 경제 개념을 쓰시오. (2점)(12.5)

- 서울의 고급 호텔 레스토랑 주방장인 김○○ 씨는 한 달에 200만 원의 월급을 받고 있다. 그는 오랜 고민 끝에 호텔을 그만두고 직접 레스토랑을 경영하는 것이 더 많은 수입을 가져올 것이라고 판단하였다.
- 기업가 A씨는 올해 기계를 한 대 더 사서 생산량을 늘릴 것인가, 기계를 사는 대신 그 돈을 은행에 넣어두고 이자를 받을 것인가 고민하다가 은행에 예금하는 대신 공장에 투자하기로 결정하였다.

(3) 고등학교

다음에 제시된 24번 문항은 지문에서 말하고 있는 '세계적 지역화'의 사례로 가장 적절한 것을 고르는 문제이고, 36번 문항은 지도 제작의 과정을 도식적으로 제시한 후, 이러한 결과로 얻을 수 있는 지도의 사례를 고르는 문제다. 제작과정에 제시된 핵심 정보인 '점'의 크기와 개수를 활용한다는 제작방식에 주목한 학생이라면 시각적으로 보았을 때 점으로 표현된 분포도인 보기 ④를 어렵지 않게 가려낼 수 있다. 즉, 사전 지식 없이도 자료를 읽으면 정답을 맞힐 수 있는 문항이다. 이들 문항 특성을 고려할 때 우리나라 고등학생들은 주어진 자료가 제시하고 있는 추상적인 개념이나 설명을 구체적인 사례와 연결시키는 능력을 측정하는 문항에 대해서는 쉽게 정답을 맞힌다고 할 수 있다.

【.80 이상의 난이도 지수 문항】

24. 다음 글에 제시된 민족 문화의 바람직한 발전 원칙을 올바르게 인식하고 있는 사람은?

> 세계적인 문화 개방의 추세에서 우리가 잊지 말아야 할 원칙은 이 시대의 진정한 세계화가 전 세계적인 문화적 획일화가 아니라, 문화적 다원주의라는 점이다. 즉, 이는 세계적인(global) 장에서 지역적(local)인 특수성이 공존하는 가운데 서로의 삶의 질을 향상시키는 데 기여하는 '세계적 지역화(glocalization)'를 의미한다.

① 원빈: 우리나라에도 뛰어난 전통 음악이 있으니 외국 유명 가수의 공연은 필요 없어.
② 혜교: 요즘처럼 바쁜 세상에 시간이 오래 걸리는 우리 음식 문화는 적절하지 않아.
③ 지원: 우리 대중음악의 경쟁력을 높이려면 모든 가수들이 영어로 공연할 수 있어야 해.
④ 병헌: 합리적인 소비자라면 한국 영화보다 할리우드의 블록버스터 영화를 선택하는 것이 당연한 거야.
⑤ 유리: 공연 '난타'가 사물놀이를 바탕으로 하여 록과 재즈를 접목하지 않았다면 크게 주목받지는 못했을 거야.

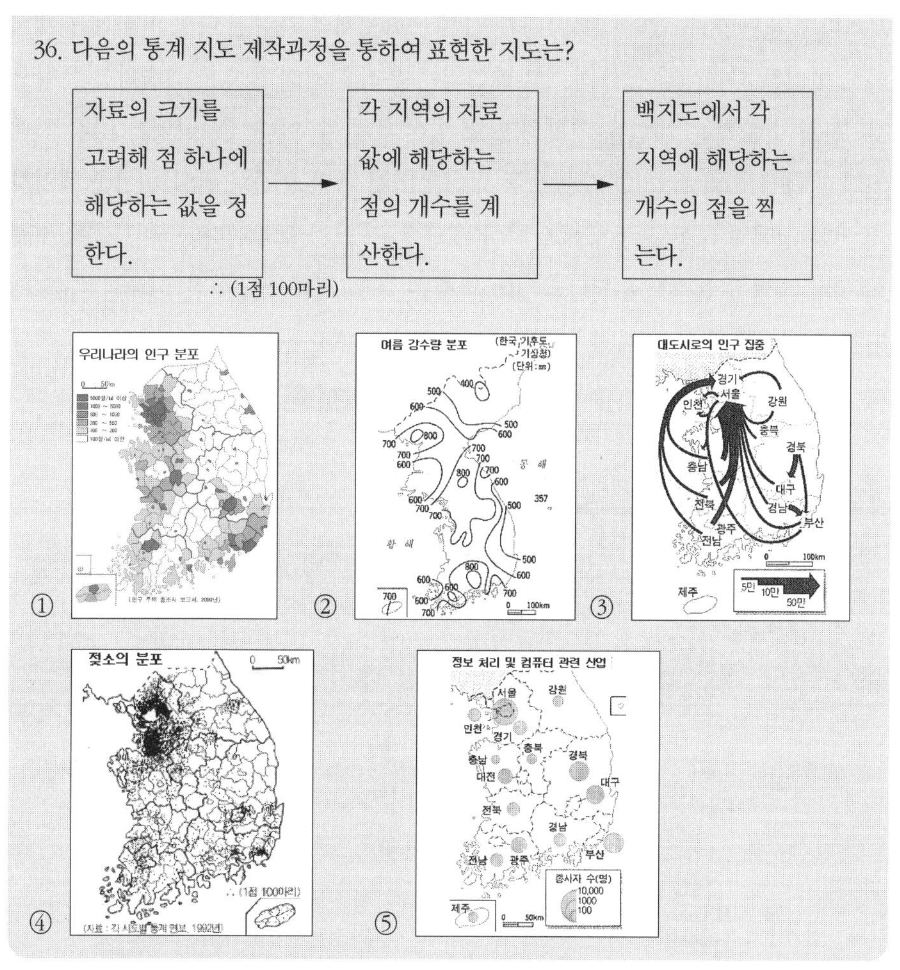

36. 다음의 통계 지도 제작과정을 통하여 표현한 지도는?

자료의 크기를 고려해 점 하나에 해당하는 값을 정한다. → 각 지역의 자료 값에 해당하는 점의 개수를 계산한다. → 백지도에서 각 지역에 해당하는 개수의 점을 찍는다.

∴ (1점 100마리)

① 우리나라의 인구 분포
② 여름 강수량 분포
③ 대도시로의 인구 집중
④ 젖소의 분포
⑤ 정보 처리 및 컴퓨터 관련 산업

42번 문항은 1990년대 이후 한국의 국제수지 변동 그래프가 의미하는 경제상황의 변화를 추론하도록 하고 있다. 이 문항은 관련 지식을 알아야 파악할 수 있는 그래프자료가 제시되고 경상수지와 자본수지의 증감이 국제 무역에 어떻게 인과적으로 연결되는지를 체계적으로 이해하고 있어야 풀 수 있다. 【수행평가 6】은 신라 말기의 사회적 상황을 그리는 삼국사기 지문을 제시하고 이 지문에 제시된 사실을 배경으로 등장하게 된 세력과 이들 세력이 집권 왕족 계층에 대해 가졌던 도전적 태도를 서술하도록 하는 문항이다. 지문이 제시되지 않았더라도 교과서 내용을 알고 있다면 신라 말기의 새로운 계층으로 지방 호족을 떠올릴 수 있을 것으로 보이지만, 70%의 응시자가 0점을 받은 것으로 보아, 과반수 이상의 많은 응시자들이 신라 말기의 새로운 정치세력으로서 호족의 개념을 제대로 알고 있지 못한다고 판단할 수 있다. 【수행평가 7】은 문화지체와 관련된 다양한 사례를 제시하고 이러한 사례에서 공통적으로 발견되는 우리 사회의 문제를 기술하는 문항으로 '문화지체' 라는 개념을 정확히 알고 있어야 풀 수 있다. 【수행평가 8】은 전태일의 진정서를 통해 알 수 있는 노동자 근로조건 관련 문제의 원인과 이를 해결하기 위한 정책적 대안을 동시에 알아야 해결할 수 있는 문항이다. 난이도 .20 수준의 문항 특징을 볼 때, 우리나라 고등학생은 특정 개념의 정확한 이해와 다른 개념과의 관계에 대한 체계적 이해를 묻는 문항을 매우 어려워하는 것으로 나타났다. 그리고 지식을 활용한 자료 분석도 매우 약한 것으로 보인다.

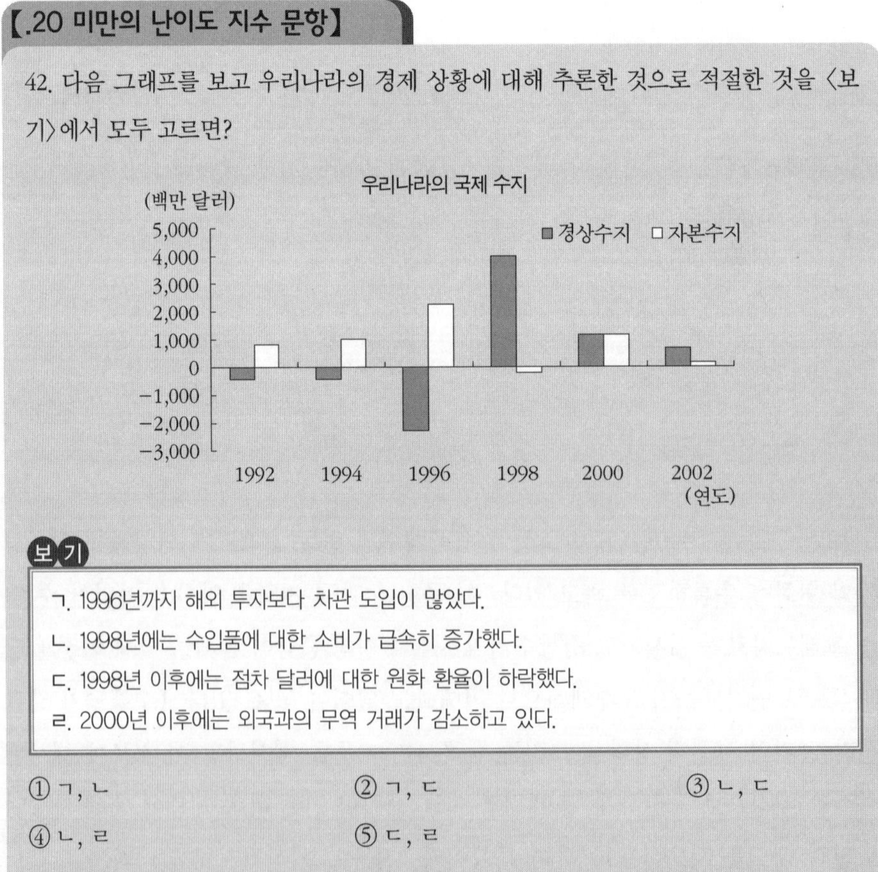

【.20 미만의 난이도 지수 문항】

42. 다음 그래프를 보고 우리나라의 경제 상황에 대해 추론한 것으로 적절한 것을 〈보기〉에서 모두 고르면?

보기

ㄱ. 1996년까지 해외 투자보다 차관 도입이 많았다.
ㄴ. 1998년에는 수입품에 대한 소비가 급속히 증가했다.
ㄷ. 1998년 이후에는 점차 달러에 대한 원화 환율이 하락했다.
ㄹ. 2000년 이후에는 외국과의 무역 거래가 감소하고 있다.

① ㄱ, ㄴ ② ㄱ, ㄷ ③ ㄴ, ㄷ
④ ㄴ, ㄹ ⑤ ㄷ, ㄹ

【수행평가 6】 신라 말기에 다음과 같은 사실들을 배경으로 새로 등장한 (가) 사회계층과 이들 계층의 (나) 신라 왕실에 대한 태도를 서술하시오. (3점)

- 여러 주, 군이 공물을 바치지 않았으므로 창고가 비고 말라서 국가의 재정이 궁핍했다. 이에 왕이 사자를 보내 독촉하니 이로 인해 사방에서 도둑이 봉기하였는 바, 원종, 애노 등이 상주에서 반란을 일으켰다. －『삼국사기』, 진성여왕－
- 왕 13년 봄에 백성들이 굶주림을 이기지 못하여 자손들을 팔아서 생활하였다. －『삼국사기』, 헌덕왕－
- 진성왕 6년에 아첨하는 소인들이 왕의 곁에 있어 정권을 농간하매 기강은 문란해지고, 기근까지 곁들어 백성들이 떠돌아다니고 도적들이 벌떼처럼 일어났다. －삼국사기, 견훤－

【수행평가 7】 다음 사례들에서 공통적으로 발견되는 우리 사회의 문제 현상을 쓰시오. (2점)

- 초고속 통신망 가입률이 세계 1위로 올라섰지만 동시에 인터넷을 통한 명예 훼손이나 개인정보 유출 등 사이버 범죄가 급속하게 증가하고 있다.
- 65세 이상 노인인구가 급속하게 증가하여 고령화 사회로 접어들었지만 노인들을 위한 복지제도가 미흡하고, 노인에 대한 편견이 여전히 사라지지 않고 있다.
- 자동차의 대중화와 교통망 확충으로 전국이 1일 생활권으로 좁혀졌지만 운전자들의 교통법규 준수의식은 여전히 낮은 것으로 나타나고 있다.

【수행평가 8】 다음의 두 자료를 보고 대화의 빈칸을 적절히 채우시오. (3점)

(가) 1962년 이후 우리 경제는 고도 성장을 이룩하여 왔다. 협소한 국토와 빈약한 천연자원, 노동력 외에는 변변한 자원이 없는 우리나라로서는 경제 성장의 원동력을 해외의 수요에서 찾을 수밖에 없었고, 그에 따라 수출과 성장에 최우선을 두는 정부 주도의 경제 개발정책을 채택하였다.

(나) 우리는 1개월 중 첫 번째 주와 세 번째 주에 각각 하루씩 총 2일을 쉽니다. 이 정도의 휴식으로는 아무리 강철 같은 육체라도 곧 쇠퇴해 버립니다. (중략) 하루 14시간의 작업 시간을 하루 10~12시간으로 단축하십시오. 1개월당 2일의 휴일을 4일로 늘려 주십시오. 미숙련공의 수당을 인상하십시오.

－전태일이 대통령에게 보내는 진정서, 1969년－

철수: 자료 (나)에는 한국 사회의 발전과정에서 나타난 노동자의 장시간 노동, 저임 노동 문제가 단적으로 나타나 있어.

영희: 그래, 그 문제가 발생하게 된 원인은 자료 (가)에 있듯이 (A) 때문이야.

은경: 오늘날 그와 같은 문제를 해결하기 위한 예로 (B) 와(과) 같은 제도가 시행되고 있으며, 노동자에 대한 사회 보장이 확충되고 있지.

오정준(2007)도 2005학년도, 2006학년도, 2007학년도 10월 고3 전국 연합학력평가의 「한국지리」 과목의 문항을 대상으로 지리문항의 난이도에 영향을 미치는 변인을 탐색하였다. 그 결과 개념 · 원리의 이해를 요구하는 문항이 자료분석을 요구하는 문항에 비해 난이도 지수가 낮고, 지역 특성과 계통적 지식의 결합을 요구하는 문항의 난이도 지수가 낮은 것으로 나타났다. 그리고 자료형태별로는 지형도 자료가 제시되는 문항과 답지의 형태가 글보다는 지도 등이 제시되는 문항의 난이도 지수가 낮았다. 반면 실생활을 소재로 하는 문항의 난이도 지수는 높은 것으로 나타났다.

3) 검사 목적에 따른 문항난이도의 구성

검사지를 구성할 때 검사의 목적에 따라 문항의 난이도를 다르게 구성해야 한다. 중간고사나 기말고사와 같은 총괄평가에서는 학생의 능력을 정확하게 변별하고, 개인차를 엄밀하게 측정하도록 검사 문항 하나하나가 정확한 눈금의 역할을 해 주어야 한다. 그리고 아주 쉬운 문항은 능력이 낮은 학생의 동기 유발을 위해, 그리고 어려운 문항은 상위 능력을 가진 학생의 성취감을 고무시키기 위해 포함시킨다. 그런 의미에서 검사의 문항난이도는 넓은 범위에 걸쳐 있는 것이 바람직하다. 따라서 총괄평가 검사지를 구성할 때는 다양한 수준의 난이도를 적절히 배열해야 한다.

그러나 형성평가는 총괄평가와는 다르게 각 문항이 의도했던 교수목표를 충실히 평가하고 있느냐에 초점을 맞춘다. 그러므로 모든 학생이 목표를 충실히 학습했으면 문항난이도는 $P = 1$이 될 것이고, 반 정도의 학생이 성공했으면 $P = .50$, 모든 학생이 목표 성취에 실패했으면 $P = 0$이 된다. 형성평가에서는 난이도의 의미를 '문항이 얼마나 어려운가?'라는 관점에서 해석하지 않고, '학생의 어느 정도가 목표를 달성했느냐?'로 해석해야 한다. 총괄평가에서 $P = 1$이거나 $P = 0$이면 문항이 잘못되었다고 보는 반면, 형성평가에서 $P = 1$이면 교수-학습이 성공한 것으로, $P = 0$이면 목표 달성을 위해 교수-학습과정을 개선해야 할 증거로 본다.

3. 문항변별도

1) 변별도 개념

사회과 교사는 문항의 변별도 지수를 이용하여 자신이 출제한 문항이 능력이 높은 학생과 낮은 학생을 가려낼 수 있는 문항인지 점검하고, 변별도가 높은 문항이 몇 퍼센트를 차지하는지를 검토하여 자신이 개발한 검사지에 의한 성적 부여의 신뢰성을 점검할 수 있어야 한다. 만약 변별도가 낮은 문항이 많다면 어떤 문항이 변별력이 낮은지 혹은 높은지 문항 특징을 분석하여 차후 문항 개발에 참고하도록 해야 한다. 사회과 교사의 이러한 노력은 어떤 문항이 학습에서 성공자와 실패자를 잘 구별하느냐를 알 수 있는 안목을 길러 준다. 그런 의미에서 사회과 교사는 변별도를 구할 수 있는 방법을 익히는 것이 필요하다.

문항변별도(item discrimination)란 문항의 피험자 능력을 변별하는 정도를 나타내는 지수다(박도순 외, 2007: 183). 능력이 높은 피험자가 문항의 답을 맞히고 능력이 낮은 피험자가 문항의 답을 맞히지 못하였다면 이 문항은 변별력을 가진 문항으로 해석할 수 있다. 즉, 어떤 문항에 답을 맞힌 피험자의 총점이 높고, 맞히지 못한 피험자의 총점이 낮다면, 이 문항은 피험자를 변별하는 기능을 가진 문항이라 할 수 있다. 반대로 그 문항에 답을 맞힌 피험자의 총점이 낮고, 맞히지 못한 피험자의 총점이 높다면, 이 문항은 검사에서 절대로 있어서는 안 될 문항으로 부적 변별력을 가진 문항이라 할 수 있다. 만약 상위집단과 하위집단에서 문항의 정답 비율의 차이가 없다면, 그 문항의 변별도 지수는 '0' 이 된다.

2) 변별도 지수 산출 및 해석

(1) 상하부 지수를 활용한 변별도

변별도 지수(discrimination index)는 피험자집단을 상위집단과 하위집단으로 구분하여 상위집단의 정답 비율과 하위집단의 정답 비율의 차이로 추정할 수 있다(Johnson, 1951). Johnson(1951)이 제시한 문항변별도 산출 공식은 다음과 같다.

$$DI = \frac{R_U - R_L}{f}$$

DI: 문항변별도 지수
R_U: 상위집단 정답자 수
R_L: 하위집단 정답자 수
f: 각 집단의 학생수

	상위집단	하위집단	
정답	300	180	480
오답	100	420	520
	400	600	100

$$U - L = \frac{300}{400} - \frac{180}{600}$$
$$= .45$$

[그림 7-1] 점수를 준거로 한 상위, 하위집단의 변별도

상위집단과 하위집단을 구분하는 방법 중 첫 번째는 점수를 준거로 구분한 경우이다. 예를 들면, 1,000명이 실시한 20점 만점의 사회시험에서 12점을 준거로 상위집단과 하위집단을 구분하였을 때 각 집단별 문항의 정답 여부가 [그림 7-1]과 같다면, 1,000명의 피험자 중 상위집단이 400명이고, 그중 문항의 답을 맞힌 피험자는 300명이므로 정답 비율은 .75이다. 그리고 하위능력 피험자는 600명 중 180명이 문항의 답을 맞혔으므로 정답 비율은 .30이다. 따라서 문항변별도 지수는 .45이다. 이 방법은 두 집단 간의 정답 비율 차이에 의한 문항변별도가 간단하게 추정되지만 20점 만점 중 준거점수를 12점이 아닌 다른 점수로 했을 때 문항변별도 지수가 달라진다는 문제가 있다.

두 번째는 상위집단과 하위집단을 구분할 때, 준거점수에 의하여 피험자를 구분하지 않고 총 피험자 수를 동일하게 두 집단으로 구분하여 (예: 상위 27%와 하위 27%), 문항변별도를 추정하는 방법이다(Kelly, 1939). 예를 들어, [그림 7-2]는 전체 100명 중 상위 27명, 하위 27명으로 나눈 다음, 〈문항 1〉, 〈문항 2〉, 〈문항 3〉에 대해 정답 또는 오답한 학생수를 기입한 사간표다. 이 사간표만 살펴보아도 문항변별도를 대충 짐작할 수 있다.

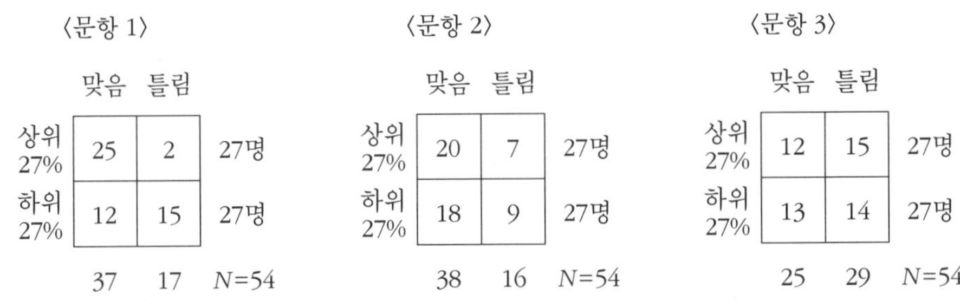

〈문항 1〉

	맞음	틀림	
상위 27%	25	2	27명
하위 27%	12	15	27명
	37	17	N=54

〈문항 2〉

	맞음	틀림	
상위 27%	20	7	27명
하위 27%	18	9	27명
	38	16	N=54

〈문항 3〉

	맞음	틀림	
상위 27%	12	15	27명
하위 27%	13	14	27명
	25	29	N=54

[그림 7-2] 27%를 준거로 한 상위, 하위집단의 변별도

〈문항 1〉, 〈문항 2〉는 상위집단이 하위집단에 비하여 정답에 응답한 수가 많아서 상위집단과 하위집단을 변별하는 문항이라고 할 수 있다. 〈문항 1〉은 〈문항 2〉에 비하여 변별도가 클 것이다. 〈문항 3〉은 상위집단이 하위집단에 비하여 정답에 응답한 수가 적기 때문에 부적 변별도를 가짐으로써 버려야 할 문항임을 알 수 있다. 정확한 문항변별도 지수를 구해 보면 다음과 같다.

〈문항 1〉 $DI = \frac{25-12}{27} = \frac{13}{27} = .481$

〈문항 2〉 $DI = \frac{20-18}{27} = \frac{2}{27} = .074$

〈문항 3〉 $DI = \frac{12-13}{27} = -\frac{1}{27} = -.037$

(2) 상관계수를 사용한 변별도

점수를 기준으로 하거나 상위집단과 하위집단의 비율을 기준으로 변별도를 산출할 경우에는 상위집단과 하위집단 내의 점수 차이를 고려하지 않고 해당 집단 내 모든 학생의 능력을 동일하다고 전제한다. 이 같은 이유로 변별도 추정의 정확성이 낮아진다. 상관계수를 사용한 변별도는 이러한 문제를 보완하기 위하여 피험자의 총점과 각 문항 반응 간의 상관을 사용하여 변별도 지수를 산출하는 방법이다. 문항변별도를 추정하는 상관계수 공식은 다음과 같은데, 이를 산출하기 위해서는 SPSS 프로그램을 활용하는 것이 좋다.

$$r = \frac{N\sum XY - \sum X \sum Y}{\sqrt{N\sum X^2 - (\sum X)^2}\ \sqrt{N\sum Y^2 - (\sum Y)^2}}$$

N: 총 피험자 수
X: 각 피험자의 문항점수
Y: 각 피험자의 총 점수

〈표 7-3〉 상관계수를 사용한 변별도 추정을 위한 자료

	X(문항점수)	Y(총점)	XY	X^2	Y^2
A	1	3	3	1	9
B	1	2	2	1	4
C	0	1	0	0	1
D	0	0	0	0	0
E	1	2	2	1	4
Σ	3	8	7	3	18

자료: 성태제, 2005, p. 231.

5명의 피험자가 3문항으로 구성된 검사를 실시하여 얻은 응답결과가 〈표 7-3〉과 같을 때 이 문항의 변별도는 .88로 추정된다.

$$r = \frac{5(7)-(3)(8)}{\sqrt{5(3)-3^2}\sqrt{5(18)-8^2}}$$

$$= \frac{11}{\sqrt{6}\ \sqrt{26}}$$

$$= .88$$

(3) 변별도 해석

변별도 지수는 상관계수와 마찬가지로 −1.00~1.00 사이에 분포된다. 그중 − 부호가 붙은 부적 변별도 지수는 상위집단이 맞히지 못하고 하위집단이 맞힌 문항으로 이 문항은 검사에 절대 포함시켜서는 안 된다. 영(0)에 가까운 변별도 지수도 상위집단과 하위집단이 거의 같은 반응을 한 것으로 해석되기 때문에 상 · 하위집단을 변별해 주는 역할을 하지 못한다. 따라서 검사문항에서 제외하는 것이 좋다. 변별도는 정적(+) 지수를 가지면서 그 값이 크게 나올수록 좋다. 따라서 [그림 7-2]의 〈문항 2〉와 〈문항 3〉은 좋은 문항이라고 할 수 없고, 〈표 7-3〉에 제시한 문항은 변별력이 매우 높은 좋은 문항이라고 해석할 수 있다.

〈표 7-4〉 Ebel의 문항변별도 평가기준

문항변별도 지수	문항평가
.40 이상	변별력이 높은 문항
.30~.39	변별력이 있는 문항
.20~.29	변별력이 낮은 문항
.10~.19	변별력이 매우 낮은 문항
.10 미만	변별력이 없는 문항

변별도 지수에 의하여 문항을 평가하는 절대적 기준은 없으나 Ebel(1979)은 문항변별도 지수를 해석할 수 있는 평가기준을 〈표 7-4〉와 같이 제시하였다. 변별도 지수가 .10 미만은 변별력이 없는 문항, .10 이상~.20 미만은 변별력이 매우 낮은 문항, .20 이상~.30 미만은 변별력이 낮은 문항, .30 이상~.40 미만은 변별력이 있는 문항, .40 이상은 변별력이 높은 문항으로 구분하였다. 문항변별도가 .40 이상이면 좋은 문항으로 평가되고 .20 미만인 문항은 적어도 수정 또는 제거하여야 할 문항이라고 평가된다. 문항변별도가 높으면 검사의 신뢰도는 높아진다.

3) 변별도별 문항 분석

일반적으로 서술형 문항은 선다형 문항보다 추측에 의한 정답 반응 확률이 낮기 때문에 변별력이 높다. 학업성취도 평가결과를 분석해 보면 선다형 문항은 변별도가 .10~.45 범위이고, 서술형의 경우 .40~.70 범위다. 이 절에서는 변별도가 낮은 문항과 높은 문항의 특징을 분석하고자 한다.

(1) 초등학교

문항 2는 변별도가 .04이고 19번은 변별도가 .07로서 Ebel의 문항변별도 평가기준에 의하면 변별력이 없는 문항에 해당한다. 이 두 문항은 모두 깊이 생각하면 틀릴 수 있도록 답지가 제시되었다. 문항 2는 홍수 피해를 예방하기 위한 노력으로 알맞은 것을 고르는 것인데 제시된 설명자료에서 가리키는 자연재해를 단순히 홍수가 아닌 태풍을 동반한 홍수라고 판단할 경우 ① 방파제를 건설한다와 ③ 하구둑을 건설한다는 오답에 반응할 가능성이 높다. 문항 19도 제시된 설명자료 중

【변별력이 없는 문항】

2. 다음과 같은 자연재해를 예방하기 위한 노력으로 가장 알맞은 것은 무엇입니까?

> 금강 상류에 위치한 ○○지역은 이틀 간 300mm의 많은 비가 쏟아져 마을 가운데로 흐르는 하천이 넘쳤다. 이로 인해 이틀 동안 대부분의 마을이 물에 잠겼다.

① 방파제를 건설한다.(14.5) ② 방풍림을 조성한다.(1.9)
③ 하구둑을 건설한다.(18.7) ④ 도로의 폭을 넓힌다.(1.1)
⑤ 댐과 저수지를 건설한다.(63.7)

19. 다음 글에 나타난 지역의 특징으로 가장 알맞은 것은 무엇입니까?

> 〈조사 보고서〉
> 1. 조사방법: 현장조사
> 2. 조사 목적: 가옥구조의 특징 밝히기
> 3. 조사내용
> • 주변에서 구하기 쉬운 재료들로 집을 지었다.
> • 나무껍질이나 나무판으로 지붕을 이어 놓았다.
> • 지붕에 돌을 올려놓은 경우도 있다.

① 숲이 울창한 산간지역이다.(50.2)
② 날씨가 더운 분지지역이다.(5.8)
③ 바람이 많이 부는 섬지역이다.(36.1)
④ 넓은 들이 있는 평야지역이다.(6.1)
⑤ 넓은 갯벌이 있는 해안지역이다.(1.7)

'지붕에 돌을 올려놓은 경우가 있다' 라는 내용을 제주도의 지붕형태와 연결할 수 있는 학생은 ③ 바람이 많이 부는 섬지역이다라는 오답에 반응할 가능성이 높다.

문항 7은 변별도 지수가 .49이고, 【수행평가 1】은 .61이며, 【수행평가 4】는 .64로 Ebel의 문항변별도 기준에 의하면 변별력이 높은 문항에 해당한다. 문항 7은 정족산성, 초지진, 광성보, 덕진진, 용두돈, 강화성 등의 문화재를 보고 파악할 수 있는 강화도의 역사적 특징을 찾는 것으로 난이도 .738의 쉬운 문항이다. 문항 7은 쉬운 문항임에도 불구하고 이들 문화재가 무엇과 관련된 것인지를 알지 못한 학

생은 정답을 맞힐 수 없는 것으로 아는 학생과 알지 못한 학생을 잘 변별하는 문항이다. 【수행평가 1】은 변별도가 .61이고, 난이도 지수가 .731로서 쉬운 문항이지만 광개토대왕, 진흥왕 등이 어느 시대 사람이고, 무슨 일을 한 왕인지 알아야 정답을 기술할 수 있다. 【수행평가 4】는 고조선의 8조법에 나타난 고조선 사회의 특징을 서술하는 것으로 8조법의 세 가지 항목이 나타내고 있는 사회 특징을 정확하게 알아야 풀 수 있는 문항이다. 이상에서 볼 때 변별력이 높은 문항은 매우 쉽거

【변별력이 높은 문항】

7. 다음 문화재를 보고 알 수 있는 강화도의 역사적 특징은 무엇입니까?

정족산성, 초지진, 광성보, 덕진진, 용두돈, 강화성

① 선사시대의 유적과 유물이 많다.(7.5)
② 불교가 중요한 종교였음을 보여 준다.(8.6)
③ 일본과 교류가 활발했음을 보여 준다.(4.3)
④ 하늘에 제사를 지내던 관습이 있었다.(5.5)
⑤ 외세의 침략에 대비하기 위한 성이나 진지가 많았다.(73.8)

【수행평가 1】 은미는 역사적 인물들에 대한 보고서를 작성하려고 합니다. ( ) 안의 내용을 완성하십시오. (2점)

제목: ① (　　　)시대를 빛낸 역사적 인물들	
② (　　　)를 크게 넓힌 왕	광개토대왕, 진흥왕, 무열왕, 근초고왕
나라를 지킨 장수	을지문덕, 김유신
문화를 빛낸 인물	왕인, 원효, 아직기

【수행평가 4】 다음의 세 가지 조항을 통해 짐작할 수 있는 고조선 사회의 특징 세 가지를 서술하십시오. (3점)

◐ 사람을 죽인 자는 사형에 처한다.
◐ 남에게 상해를 입힌 자는 곡식으로 갚아야 한다.
◐ 도둑질을 한 자는 데려다 종으로 삼는다.

나 매우 어려운 문항이 아닌 .20 이상~.80 수준의 난이도 지수를 보이고 정확한 지식을 알아야 풀 수 있는 문항이다.

이처럼 초등학교 사회과 학업성취도 문항 중 변별도가 없는 문항과 변별도가 높은 문항을 살펴본 결과, 초등학교 수준에서는 문항에서 다루는 내용과 관련된 경험이나 지식을 가진 학생이 오히려 틀릴 가능성이 높게 구조화된 문항 발문과 자료를 제시할 경우 변별도가 낮아진다는 것을 알 수 있다. 그리고 변별도가 높은 문항은 지시문과 자료가 명확하게 제시되고 관련 지식을 알아야 해결할 수 있는 문항들이다.

(2) 중학교

6번 문항을 풀기 위해서는 첫째, 지도를 보고 이 지역이 어디인지 알아야 하고 둘째, 이 지역의 기후를 알아야 하며 셋째, 기후가 농업에 미친 영향을 알아야 하는데 중학교 수준에서는 아무리 공부를 잘하는 학생도 이처럼 3단계의 문제해결 단계를 거쳐야 하는 문항에 대해서는 매우 어려워한다. 이처럼 어려운 문항은 상위집단에 속하는 학생도 틀릴 확률이 높기 때문에 변별도가 낮은 경향이 있다. 실제로 6번 문항은 난이도 지수가 .164로 매우 낮고, 변별도도 .03으로 변별력이 없

【변별력이 없는 문항】

6. 〈보기〉는 지도의 지역에서 주로 행해지는 농업활동이다. 이와 관계 깊은 이 지역의 기후 특징은?

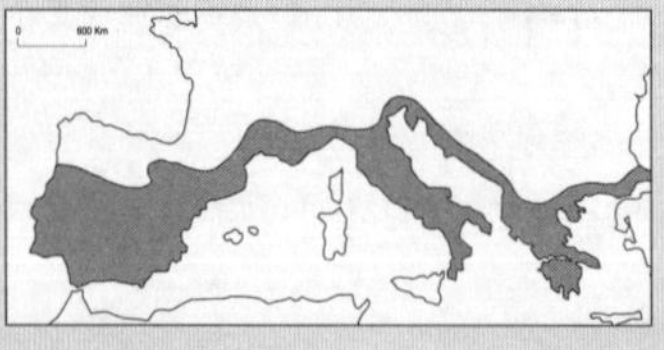

보기

- 수목농업 발달
- 올리브, 포도, 오렌지 등의 과수 생산량이 많음

① 여름철에 기온이 높고 비가 적게 내린다.

② 1년 내내 기온이 높고 비가 적게 내린다.

③ 겨울철에 매우 춥고 눈이 거의 내리지 않는다.

④ 1년 내내 기후가 온화하고 비가 자주 내린다.

⑤ 여름과 겨울의 기온 차가 크고 연중 강수량이 많다.

는 문항이다.

선택형 35번과 【수행평가 4】는 변별도가 .56과 .68로 매우 높은데, 선택형 35번은 난이도 지수가 .695이고, 【수행평가 4】는 .513으로 두 문항의 난이도는 중간이거나 쉬운 수준이다. 이상의 문항을 볼 때 일반적으로 어려운 문항이 상위집단과 하위집단을 잘 변별할 것으로 기대하지만, 초등학교와는 달리 교육내용이 많아지고 어려워지는 중학교부터는 지나치게 어려운 문항이 오히려 변별력이 낮고, 중간 수준이나 쉬운 문항이 변별력이 높은 경향이 있다.

【변별력이 높은 문항】

35. 다음과 같은 현상에 대한 설명으로 가장 타당하지 않은 것은?

> • 쓰레기 소각장 선정을 둘러싸고 정부와 지역 주민들이 대립하고 있다.
> • 지방자치단체들이 '과학관'을 자기 지역으로 유치하기 위해 치열한 경쟁을 벌이고 있다.
> • 댐 건설 계획을 놓고 정부와 환경단체의 대립이 심해지자, 정부는 건설 계획을 다시 검토하고 있다.

① 정치과정에서 주민의 의사가 반영되고 있다.
② 지방자치단체의 이익 추구가 강화되고 있다.
③ 주민들은 자신의 의사를 적극적으로 표현하고 있다.
④ 중앙 정부의 정책과 지역 주민의 요구가 마찰을 빚기도 한다.
⑤ 지방자치단체보다 중앙 정부의 권한이 점차 강화되고 있다.

【수행평가 4】 다음 자료들을 종합하여 볼 때 혁명 이후의 프랑스 사회에 나타난 가장 두드러진 변화를 신분제도의 변화 방향과 관련지어 간단히 쓰시오. (2점)

> • 혁명 전 프랑스에서 인구의 2%에 불과한 제1신분(성직자)과 제2신분(귀족)은 광대한 토지와 관직을 독점하고, 세금이 면제되는 등 많은 특권을 누렸다. 그러나 98%에 달하는 제3 신분(시민과 농민)은 재정을 거의 부담하면서도 정치에 참여할 수 없었다.
> • 1789년 평민들은 자신들이 국민의 참된 대표라고 주장하며 새로운 국민 의회를 결성하였다.
> • 1789년 10월 6일, 루이 16세는 국민 의회에서 발표한 다음과 같은 '인간과 시민의 권리 선언'을 승인하였다.
>   제1조: 인간은 태어날 때부터 자유롭고 권리에 있어 평등하다.

(3) 고등학교

중학교에서와 마찬가지로 고등학교에서도 난이도 지수가 .20 수준의 어려운 문항의 변별도가 매우 낮거나 없는 것으로 나타났다. 예를 들어, 문항 21과 42는 난이도 지수가 약 .20 정도의 문항으로 변별도 지수는 각각 .14, .12로 변별력이 매우 낮다. 앞서 살펴본 바와 같이 21번의 경우 제시된 자료를 읽지 않은 채 선거에 대한 일반적인 개념을 가지고 푼다면 틀리기 쉽다. 42번의 경우 먼저 우리나라 국제 수지 그래프를 읽을 수 있어야 하고, 국제 수지와 경제 상황 관계에 대한 종합적인 지식을 이용하여 각 시기별 경제 상황을 추론할 수 있어야만 풀 수 있는 문제로 상위집단 학생도 맞히기 어려운 문항이다. 문항의 답을 맞힌 학생 중에 추측에 의해 문항의 답을 맞힌 학생이 있다는 것을 감안한다면 난이도 지수 .20 미만의 문항은 변별력이 낮을 수밖에 없다. 그래서 문항을 출제할 때 자신이 가르친 수준의 문항을 개발하는 것이 변별도를 높이는 방법이다.

【변별력이 없는 문항】

21. 다음 주장에 나타난 필자의 선거에 대한 관점을 가장 잘 나타낸 것은?

> 영국의 국민은 자유롭다고 생각하지만 그것은 중대한 착각이다. 그들이 자유로운 것은 대표를 선거하는 동안뿐이며, 대표가 일단 선출되면 영국인은 다시 노예로 돌아가 버린다. …… 그래서 대표들이 국민으로부터 위임받은 권력을 행사하는 임기 동안 그들의 행위를 규제하기 위한 어떠한 제한도 가하지 않는 국민의 태만, 무관심 그리고 그 무지함에 대해 경탄해 마지않는 바이다.
>
> –루소, 『사회계약론』–

① 국민의 이익이 실현되는 과정이다.
② 직접 민주정치를 실현하는 과정이다.
③ 국민의 정치적 능력을 키우는 과정이다.
④ 통치행위에 정당성을 부여하는 과정이다.
⑤ 국민의 소극적 자유를 행사하는 과정이다.

42. 다음 그래프를 통해 우리나라의 경제 상황에 대해 추론한 것으로 적절한 것을 〈보기〉에서 모두 고르면?

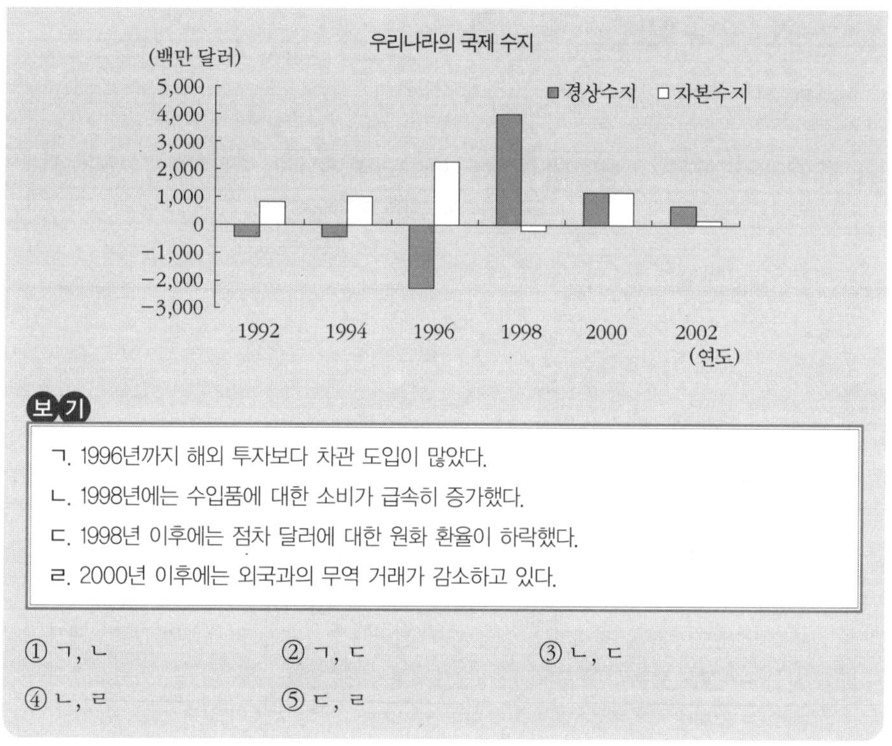

보기

ㄱ. 1996년까지 해외 투자보다 차관 도입이 많았다.
ㄴ. 1998년에는 수입품에 대한 소비가 급속히 증가했다.
ㄷ. 1998년 이후에는 점차 달러에 대한 원화 환율이 하락했다.
ㄹ. 2000년 이후에는 외국과의 무역 거래가 감소하고 있다.

① ㄱ, ㄴ ② ㄱ, ㄷ ③ ㄴ, ㄷ
④ ㄴ, ㄹ ⑤ ㄷ, ㄹ

10번과 24번, 【수행평가 5】는 모두 변별도가 매우 높은 문항으로 중간 난이도 혹은 쉬운 문항이다. 10번과 24번은 세계화와 지역화에 대한 문항으로서 10번은 'glocalization' 의 예로 적합한 사례를 고르는 문항이고, 24번은 세계적 지역화 시대의 민족 문화 발전 방향으로 적합한 것을 고르는 문항으로 자료에 제시된 'glocalization' 의 개념을 이해하면 맞힐 수 있다. 그리고 【수행평가 5】는 '풍수지리설' 에 대한 설명을 제시하고 그 개념을 쓰는 문항으로, 난이도 지수 .483인 중간 난이도 수준의 문항이지만 변별도 지수는 .71로 매우 높다. 이 문항에서 묻고 있는 개념이 어렵지 않고 문항을 푸는 데 요구되는 사고 수준도 높지 않지만 개념을 정확하게 알고 있어야 정답을 기술할 수 있다. 이상에서 볼 때 몇 단계의 사고과정을 요구하지 않으면서도 정확한 지식을 알고 주어진 자료의 의미를 읽으면 해결할 수 있도록 구조화된 문항이 변별력이 높다는 것을 알 수 있다.

【변별력이 높은 문항】

10. 다음 글의 밑줄 친 내용과 관계가 깊은 것은?

> 세계화가 진전된다고 해서 각 지역의 다양한 문화가 없어지는 것은 아니다. 세계화가 진전되는 한편으로 각 지역의 문화가 더욱 중요하게 부각되고 있다.

① 정보기술이 발달하고 있다.
② 종교의 역할이 줄어들고 있다.
③ 한복에 대한 관심이 늘고 있다.
④ 세계의 문화가 비슷해지고 있다.
⑤ 외국어학습의 중요성이 줄어들고 있다.

24. 다음 글에 제시된 민족 문화의 바람직한 발전 원칙을 올바르게 인식하고 있는 사람은?

> 세계적인 문화 개방의 추세에서 우리가 잊지 말아야 할 원칙은 이 시대의 진정한 세계화가 전 세계적인 문화적 획일화가 아니라, 문화적 다원주의라는 점이다. 즉, 이는 세계적인(global) 장에서 지역적(local)인 특수성이 공존하는 가운데 서로의 삶의 질을 향상시키는 데 기여하는 '세계적 지역화(glocalization)'를 의미한다.

① 원빈: 우리나라에도 뛰어난 전통 음악이 있으니 외국 유명 가수의 공연은 필요 없어.
② 혜교: 요즘처럼 바쁜 세상에 시간이 오래 걸리는 우리 음식 문화는 적절하지 않아.
③ 지원: 우리 대중음악의 경쟁력을 높이려면 모든 가수들이 영어로 공연할 수 있어야 해.
④ 병헌: 합리적인 소비자라면 한국 영화보다 할리우드의 블록버스터 영화를 선택하는 것이 당연한 거야.
⑤ 유리: 공연 '난타' 가 사물놀이를 바탕으로 하여 록과 재즈를 접목하지 않았다면 크게 주목받지는 못했을 거야.

【수행평가 5】 두 사람의 대화를 잘 보고 '이것' 이 무엇인지 쓰시오. (2점)

> • 영호: 이것은 신라 말 고려 초에 큰 영향을 끼친 사상 가운데 하나이지.
> • 민지: 불교의 선종과 함께 신라 중앙 정부의 권위를 흔드는 역할을 했다고 하던데?
> • 영호: 맞아. 산세와 같은 자연환경이 개인과 국가의 운명과 행복에 영향을 준다는 생각으로, 경주가 더 이상 신라의 중심지 역할을 할 수 없다고 주장했지.
> • 민지: 왕건이 서경을 중요시한 것도 이것의 영향을 받은 거야.

난이도 · 변별도 분석 연습

〈자료 1〉과 〈자료 2〉를 보고 문항 1과 2의 난이도와 변별도를 해석하시오.

〈자료 1〉

1. 지도에서 행정구역 명칭이 바르게 연결된 것은?

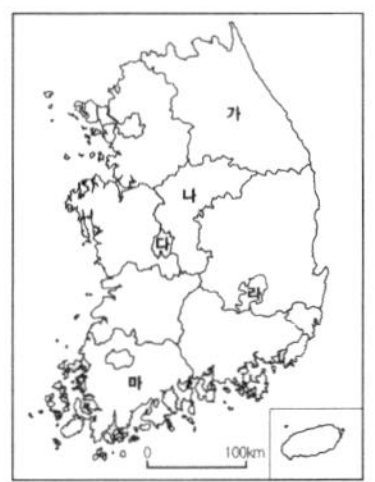

① 가 — 전라북도
② 나 — 충청북도
③ 다 — 대구광역시
④ 라 — 광주광역시
⑤ 마 — 경상남도

2. 다음 내용이 설명하는 산을 지도에서 찾으면?

- 1만 2천 봉으로 일컬어지는 수많은 봉우리들이 기암괴석을 이루고 있다.
- 독특하고 변화무쌍한 모습 때문에 계절에 따라 부르는 이름이 다르다.
- 1998년부터 남한 사람들의 관광이 가능하게 되어 그 아름다움이 더욱 알려졌다.

① ㉠ ② ㉡ ③ ㉢
④ ㉣ ⑤ ㉤

〈자료 2〉

번호	난이도	변별도	답지 반응 분포(%)						합계
			1	2	3	4	5	무응답	
1	.494	.30	52	336	87	91	113	1	680
			7.7	49.4	12.8	13.4	16.6	.1	100
2	.394	.33	124	141	98	48	268	1	680
			18.2	20.8	14.4	7.1	39.4	.1	100

해석 예시

1번 문항에 대한 정답률은 49.4%인데, 학생들의 반응을 분석해 보면 절반 가까운 학생들이 정답을 선택했으나, 나머지 절반의 학생들이 우리나라의 행정구역의 위치와 그 명칭을 정확하게 이해하지 못하고 있음을 알 수 있다. 2번의 경우 금강산의 위치를 알고 있는지를 평가하는 문항으로 금강산 관광과 관련하여 신문이나 TV 등에서 자주 다루었던 곳임에도 불구하고 정답률은 39.4%에 불과하였다.

난이도에 영향을 미친 요인을 분석하기 위하여 오답지 선택확률을 계산한 결과 1번 문항은 .127이고, 2번 문항은 .152였다. 각 오답지들이 매력적인지 아닌지를 결정하는 기준은 오답지 선택확률로 결정되는데, 각 오답지의 응답 비율이 오답지 선택확률보다 높으면 매력적인 답지, 그 미만이면 매력적이지 않은 답지로 평가한다. 오답지의 매력도를 계산한 결과, 1번 문항의 경우 오답지 ③, ④, ⑤가, 2번 문항의 경우 오답지 ①, ②가 매력적인 것으로 나타났다. 매력적 오답지가 1번 문항은 3개인데 비하여 2번 문항은 2개지만 정답률은 39.4%로 1번보다 더 낮다. 그 이유는 2번 문항의 ②번 답지, 즉 '함경북도' 가 오답으로서 매력도가 매우 컸기 때문으로 해석된다.

예시 문항의 오답지 선택확률

1번 문항의 경우	2번 문항의 경우
$P_O = \frac{1-0.494}{5-1}$ $=0.127$	$P_O = \frac{1-0.394}{5-1}$ $=0.152$

중학교 1학년 지리에서 가르쳐야 할 지식은 우리나라와 세계 여러 나라의 다양한 지리적 환경과 주민 생활의 특징을 이해하는 것이다. 그러나 1번 문항과 2번 문항의 정답률을 볼 때 우리나라의 주요 지형과 행정구역의 위치를 많은 학생들이 알지 못한다는 것을 알 수 있다. 따라서 교사는 중학교 1학년 지리수업을 본격적으로 시작하기 앞서 우리나라의 행정구역과 주요 산, 하천 등 주요 지형이 어디에 있는지를 학습하도록 지도해야 할 것이다. 그리고 세계지리학습에서도 학생들의 선지식을 확인하고 세계 대륙과 대양의 위치, 주요 국가, 도시, 산맥, 하천, 사막 등의 위치를 학습하도록 지도해야 할 것이다.

1번 문항과 2번 문항의 변별도를 분석해 보면 각각 .30, .33으로 변별력이 있는 문항이라고 할 수 있다. 앞서 언급한 바와 같이 문항변별도가 .40 이상이면 좋은 문항으로, .20 미만이면 적어도 수정 또는 제거하여야 할 문항이라고 할 수 있는데 1번과 2번 문항은 변별도가 좋은 문항은 아니지만 수정이나 제거할 문항도 아니라고 할 수 있다.

실습문제 1

이 장에서 분석한 난이도별 문항 분석결과를 보고 초등학교/중학교/고등학교 학교급별로 난이도 지수가 높은 문항과 낮은 문항의 특징을 정리하시오.

	초등학교	중학교	고등학교
난이도 지수가 높은 문항			
난이도 지수가 낮은 문항			

실습문제 2

다음은 학생 100명을 상위집단과 하위집단으로 구분한 후, [문항 1]과 [문항 2]에 대한 각 집단의 정답과 오답 빈도를 나타낸 것이다. 변별도가 큰 문항과 난이도가 높은 문항을 바르게 묶은 것은?

	[문항 1]			[문항 2]		
	정답	오답	계	정답	오답	계
상위집단	31	19	50	27	23	50
하위집단	10	40	50	11	39	50
계	41	59	100	38	62	100

	변별도 큰 문항	난이도 높은 문항
①	문항 1	문항 1
②	문항 1	문항 2
③	문항 2	문항 1
④	문항 2	문항 2

실습문제 3

다음은 고등학교 1학년 사회의 중간고사에 대한 학생 10명의 문항 응답 결과와 개인별 점수를 제시한 자료다. 물음에 답하시오.

학생 \ 문항	1번 문항	2번 문항	3번 문항	4번 문항	5번 문항	……	점수
A	○	○	○	○	○	……	92
B	○	○	×	○	○	……	88
C	○	×	×	○	×	……	80
D	○	○	○	○	×	……	80
E	○	○	×	×	×	……	72
F	×	○	○	○	×	……	68
G	○	×	○	×	×	……	60
H	○	○	×	×	○	……	56
I	○	○	×	×	×	……	48
J	○	×	×	×	×	……	28

○: 해당 문항을 맞힌 경우, ×: 해당 문항을 틀린 경우

3-1) 가장 어려운 문항과 가장 쉬운 문항의 난이도 차이는?

3-2) 1~5번 문항 중 변별도가 가장 높은 것은?

실습문제 4

다음은 3문항에 대한 4명의 피험자의 문항 반응 결과다. 1번 문항의 변별도를 구하시오.

피험자		문항 번호	
	1	2	3
A	1	1	0
B	0	1	0
C	0	0	0
D	1	1	1

실습문제 5

다음은 한 문항에 대한 학생 100명의 반응을 분석한 표다. 이 표로 알 수 있는 문항의 특성은?

집단 / 답지	상위집단	하위집단	전 체
①	3	17	20
②(정답)	35	15	50
③	7	10	17
④	5	8	13
계	50	50	100

① 난이도가 .25 이하로 어려운 문항이다.

② 문항변별도가 낮아 검토가 요청되는 문항이다.

③ 매력적인 오답이 두 개여서 오답지가 매력적이다.

④ 하위집단의 학생에게는 ③번 답지가 가장 매력적이다.

제8장

사회과 검사의 신뢰도와 타당도

1. 신뢰도와 타당도의 관계

사회과 평가를 시행할 때 검사가 원래 의도한 것을 충실하고 정확하게 측정하고 있는지를 판단하여야 한다. 즉, 사회과 평가를 실시할 때 타당도와 신뢰도는 반드시 검증되어야 할 필수 요소다. 타당도는 측정하고자 하는 것을 충실하게 측정하고 있는가의 문제이고, 신뢰도는 검사가 얼마나 오차 없이 측정하고 있는가의 문제다. 〈표 8-1〉에서 볼 수 있듯이 타당도는 원래 의도한 것을 제대로 측정하고 있는지에, 신뢰도는 측정치의 정밀성과 안정성에 초점을 두고 있다.

Krathwohl(1998: 435-436)은 신뢰도와 타당도의 관계를 과녁에 비유하여 [그림 8-1]과 같이 나타내었다. 과녁의 중심은 어떤 검사가 측정하고자 하는 내용을 나타내고 사격을 하는 것은 그것을 측정하고자 하는 시도다. 타당도는 과녁의 중심을 맞히는 것을 의미하고 신뢰도는 일정한 지점을 반복적으로 일관성 있게 맞히는 것을 의미한다.

[그림 8-1]의 I은 원래 의도한 내용도 측정하지 못하고 매번 다른 결과를 나타낸 검사로서 타당도와 신뢰도가 모두 낮은 경우이고, II는 원래 의도한 내용도 측

〈표 8-1〉 타당도와 신뢰도의 관계

구분	정의
타당도 (validity)	• 검사가 원래 의도한 것을 제대로 잘 측정하고 있는 정도(Black & Champion, 1976) • 실제(reality)에 대한 근접 정도(Johnston & Pennypacker, 1980) • 생각하고 있는 것을 측정하고 있는 정도(Kerlinger, 1964) • 점수(측정치)에서의 차이가 실제적인 차이를 반증하는 정도(Hammersley, 1987)
신뢰도 (reliability)	• 지속적으로 검사 · 측정할 수 있는 역량(Black & Champion, 1976) • 측정치의 안정성을 재현할 수 있는 정도(Lehner, 1979) • 동일한 측정결과를 얻을 수 있는 역량(Johnston & Pennypacker, 1980) • 측정도구의 정확성(accuracy)과 정밀함(precision)(Kerlinger, 1964) • 동일한 교실을 대상으로 한 두 검사의 평균 측정치의 차이가 다른 교실에서 얻은 측정치의 차이보다 적은 정도(Hammersley, 1987)

출처: 나장함, 2006, p. 269.

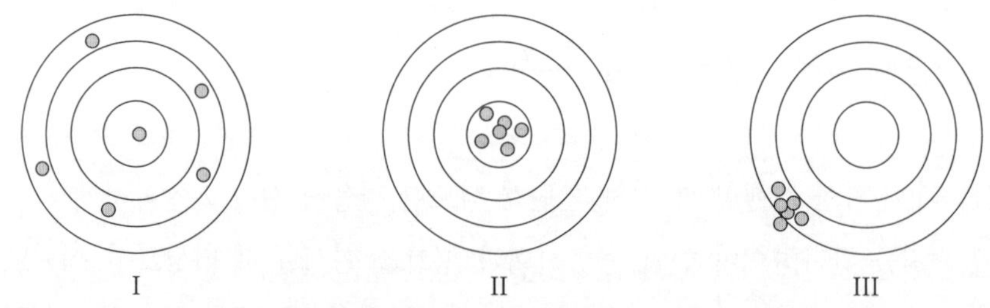

[그림 8-1] 신뢰도와 타당도의 관계

정하고 매번 일관된 결과를 보임으로써 타당도와 신뢰도가 모두 높은 경우이며, III은 의도한 내용을 측정하지 못했지만 결과가 일관되게 나온 경우로 신뢰도는 높지만 타당도는 낮다. 이 장에서는 평가도구의 질을 판단하는 기준으로 신뢰도와 타당도의 개념과 교사 수준에서 활용할 수 있는 추정방법을 소개하고자 한다.

2. 신뢰도

1) 신뢰도의 개념

신뢰도(reliability)란 평가방법이나 도구를 이용하여 수집한 검사의 점수가 얼마나 정확하고 일관성(consistency)이 있느냐의 정도, 즉 측정의 오차(measurement error)가 얼마나 적은가를 의미한다. 일반적으로 같은 대상을 두 번 측정해서 얻은 두 개의 측정치 사이에 나타난 일관성의 정도라는 뜻으로 해석하기도 한다(강승호, 김양분, 2004: 18). Cronbach(1977: 156-157)는 신뢰도의 개념을 정보이론의 신호(signal)와 잡음(noise)의 관계로 설명하고 있다. 우리가 어떤 정보를 보내려고 할 때 그 속에는 진짜 보내려는 신호가 있는 반면 잡음도 함께 전달된다. 이때 라디오의 소리를 크게 하면 듣고자 하는 음악이 크게 들리지만 동시에 잡음도 크게 들리는 것과 마찬가지로, 정보의 양이나 진폭을 크게 하면 신호가 커지지만 동시에 잡음도 커지기 마련이다. 신뢰도란 잡음을 합한 정보의 양 속에 보내고자 하는 진짜 신호가 얼마나 차지하고 있느냐의 비로 나타낼 수 있다.

어떤 측정이든 이론적으로 절대적 엄밀성이 있을 수 없다. 특히 인간의 행동 특성을 측정 대상으로 하는 경우 어느 정도의 오차가 존재할 수밖에 없지만, 이 같은 오차가 최소화되도록 해야 한다. 오차는 검사가 잘못된 결과일 수도 있고, 검사받는 개인의 기분이나 특수한 조건에 따라 점수가 변동될 수도 있으며, 검사받는 상황이 적절하지 못하거나, 채점하는 방법에 문제가 있어서 생길 수도 있다.

이러한 신뢰도는 어디까지나 정도의 문제이기 때문에 신뢰도가 높다거나 낮다고 할 수는 있지만 있다거나 없다고 할 수는 없고, 대부분의 경우 숫자(혹은 계수)로 표시된다. 일반적으로 신뢰도가 낮으면 타당도도 낮기 때문에 신뢰도가 낮을 때 타당도 높은 평가도구를 기대할 수 없다(황정규, 1984). 따라서 신뢰도는 타당도의 필요조건이자 선행조건이다. 신뢰도는 학생들의 능력을 얼마나 오차 없이 측정하느냐의 문제이기 때문에 학생들의 성취능력을 변별하여 선발하거나 배치하기 위한 평가에서는 반드시 고려해야 할 요소다.

2) 신뢰도에 영향을 미치는 요인

신뢰도에 영향을 주는 요인은 검사와 관련된 요인, 피험자와 관련된 요인, 검사 시행과 관련된 요인으로 나누어 볼 수 있다(Ebel & Frisbie, 1991: 88-93). 검사와 관련된 요인으로는 검사의 길이, 검사내용, 문항 특성, 점수 분산 등이며 문항수를 늘리고 검사의 측정영역을 세분화하면 신뢰도가 증가되는 경향이 있다(황정규, 1984; Ebel & Frisbie, 1991). 문항변별도가 증가할수록 신뢰도는 증가하는데, 안창규(1990)에 의하면 문항변별도, 문항수, 문항점수의 분산 중 문항변별도가 다른 변수보다 신뢰도에 가장 많은 영향을 미친다. 또한 점수의 분산은 문항난이도가 척도의 평균에 가까울수록 증가하기 때문에 문항난이도의 평균이 .50에 가까울수록 신뢰도가 증가한다고 밝혔다. 그 외에도 피험자와 관련된 요인으로 집단 이질성, 학생들의 검사에 대한 축적된 지혜, 학생들의 동기 등을 들 수 있고, 검사 시행과 관련된 요인으로 시간 제한, 부정행위 등을 들 수 있다.

평가도구 개발자는 평가도구의 신뢰도를 높이기 위하여 신뢰도에 영향을 주는 요인을 숙지하고 있어야 하는데, 이를 정리하면 다음과 같다.

첫째, 문항수다. 적은 수의 문항으로 측정할 때보다 많은 수의 문항으로 측정할 때 오차를 줄일 수 있다. 이때 문항은 문항 제작 절차와 제작방법에 따라 제작된 양질의 문항임을 전제한다. 그러나 〈표 8-2〉에서 볼 수 있듯이 양질의 문항수를 증가시킨다고 해서 신뢰도가 비례하여 선형적으로 증가하는 것은 아니다.

둘째, 문항의 난이도가 적절하여야 한다. 검사가 너무 어렵거나 쉬우면 피험자의 능력을 변별하는 기능을 상실하여 점수의 변산도가 축소되므로 검사의 신뢰도가 떨어진다. 특히 너무 어려울 경우 피험자는 추측에 의존하여 응답하는 경향이 많아져 무선적 오차를 발생시키므로 신뢰도가 낮아진다. 정답률이 평균 50% 정도의 문항으로 구성된 검사는 점수의 변산도가 가장 크기 때문에 검사의 신뢰도가 높다.

셋째, 문항의 변별도가 높아야 한다. 즉, 피험자 능력을 구분할 수 있는 변별력이 높은 문항으로 구성된 검사는 신뢰도가 높다.

넷째, 검사도구의 측정내용이 범위가 좁아야 한다. 만약 고등학교 사회 중 검사의 내용 범위를 '지형과 인간 생활'로 국한한다면 지리 전체의 내용으로 하는 검

〈표 8-2〉 문항수와 신뢰도의 관계

문항수	신뢰도 계수
5	.20
10	.33
20	.50
40	.67
80	.80
160	.89
320	.94
640	.97
∞	1.00

출처: Ebel & Frisbie, 1991, pp. 89-90.

사보다 신뢰도가 높다. 이는 검사내용의 범위를 좁힐수록 문항 간의 동질성이 유지되기 쉽기 때문이다.

다섯째, 검사시간이 충분하여야 한다. 이는 문항수와 관계되는 문제이기도 하다. 충분한 시간이 부여될 때 응답의 안전성을 보장받을 수 있으므로 속도검사(speed test)보다는 역량검사(power test)가 신뢰도 측면에서 바람직하다.

여섯째, 평가하는 도중에 일부 학생이 부정행위를 하면 검사점수에 오차가 개입된다. 부정행위 영향은 부정행위자의 관찰점수를 그들의 진점수 이상으로 올려주기 때문에 검사점수의 신뢰도를 떨어뜨린다.

3) 신뢰도 추정방법

신뢰도를 추정하는 대표적인 방법인 검사-재검사 신뢰도, 동형검사 신뢰도, 반분검사 신뢰도, 내적일관성 신뢰도를 살펴보고자 한다.

(1) 검사-재검사 신뢰도

재검사 신뢰도는 동일한 검사를 같은 집단에게 두 번 실시해서 그 전후의 결과에서 얻은 점수가 상관계수를 산출하는 방법이다(강승호, 김양분, 2004: 32). 전후의 점수 사이에 어느 정도의 안정성이 있느냐를 보는 관점이기 때문에 안정성 계

수(coefficient of stability)라고도 한다(Cronbach, 1970). 검사-재검사 신뢰도(test-retest reliability)를 추정하는 방법은 한 집단을 대상으로 검사를 실시하고 일정한 시간이 지난 후에 동일한 검사를 다시 실시한 후 두 검사점수 간의 상관계수를 구하는 것이다. 그림으로 나타내면 다음과 같다.

첫 번째 검사 —(일정한 시간 간격)→ 두 번째 검사(재검사)

두 검사 실시 간의 시간 간격을 어느 정도로 잡는 것이 적당한가의 문제는 검사의 목적에 따라 달라지는데 학교에서 이루어지는 경우 대체로 2주일 이상 한 달 이내가 적합하다(강승호, 김양분, 2004: 34). 검사-재검사 신뢰도 계수를 산출하는 절차는 다음과 같다.

1. 첫 번째 검사와 두 번째 검사 간의 적절한 시간 간격을 결정한다.
2. 학생들에게 첫 번째 검사를 실시한다.
3. 일정한 시간이 지난 후에 동일한 학생들에게 동일한 검사를 두 번째로 실시한다.
4. 두 검사점수 간의 Pearson 상관계수 r을 산출한다.

Pearson 상관계수 r은 SPSS프로그램을 이용하면 쉽게 산출할 수 있다. ○○대학교 부속고등학교의 이 교사는 2006년 7월 1일에 실시한 1학년 사회 기말고사 문항 중 10문항을 선정하여 6명을 대상으로 2006년 7월 26일에 재시험을 실시하였다. 점수는 맞으면 1점, 틀리면 0점으로 처리하였고, 두 검사 간의 Pearson 상관계수 r을 산출하였다. 6명의 학생이 두 번의 검사에서 얻은 점수는 〈표 8-3〉과 같다.

〈표 8-3〉 이 교사가 실시한 검사-재검사 점수

피험자	검사(X)	재검사(X')
A	10	8
B	10	10
C	7	6
D	7	7
E	9	9
F	9	7

재검사 신뢰도를 추정하기 위하여 검사와 재검사에서 얻은 점수를 가지고 〈표 8-4〉를 작성하고 Pearson 상관계수 산출공식에 따라 신뢰도 계수를 추정하였다.

〈표 8-4〉 재검사 신뢰도 추정 절차

피험자	검사(X)	재검사(X')	XX'	X^2	X'^2
A	10	8	80	100	64
B	10	10	100	100	100
C	7	6	42	49	36
D	7	7	49	49	49
E	9	9	81	81	81
F	9	7	63	81	49
Σ	52	47	415	460	379

Pearson 상관계수 r을 산출하는 일반 공식은 다음과 같다.

$$r_{xy'} = \frac{n\sum X_i X_i' - \sum X_i \sum X_i'}{\sqrt{n\sum X_i^2 - (\sum X_i)^2}\ \sqrt{n\sum X_i'^2 - (\sum X'_i)^2}}$$

위의 산출공식에 따라 이 교사는 검사-재검사 신뢰도 계수를 산출하였다.

$$r = \frac{6(415)-(52)(47)}{\sqrt{6(460) - 52^2}\ \sqrt{6(379) - 47^2}} = 0.76$$

상관계수(correlation coefficient)

상관이란 두 변수의 관계로서 한 변수가 변해감에 따라 다른 변수가 어떻게 변해 가는지를 의미한다. 그러므로 상관은 두 변수가 있어야 존재한다. 상관계수는 상관을 나타내는 지수로서 공분산(COV(X, Y))을 각각의 표준편차로 나눈 값이다. 표준편차는 한 확률 변수가 어느 정도로 퍼져 있냐는 것을 나타내는 것이고, 공분산은 두 확률 변수의 상관 정도를 나타내는데, 상관계수는 공분산의 양에 비례한다. 상관계수의 범위는 −1.0에서 1.0 사이에 존재하며 절대값이 커질수록 상관이 높다. X가 증가할 때 Y 역시 증가한다면 이 값은 양수가 되고, X가 증가할 때 Y가 감소하면 음수가 된다.

공분산은 두 확률 변수의 관계를 나타낸다. 한 변수가 변할 때 다른 변수가 변하는

양으로 두 변수가 동시에 변하는 정도를 말한다. 즉, 한 변수 X_i가 그 평균값 X로부터 얼마간 떨어진 정도와 비례하여 다른 변수 Y_i가 그 평균값 Y로부터 얼마나 떨어져 있느냐를 의미한다. 그러므로 공분산을 구하기 전에 분산을 구해야 한다. 분산은 표준편차의 제곱으로 변량이라고 하는데, 각 변수 값이 평균으로부터의 차의 제곱의 평균으로 다음 공식에 의해 계산된다.

$$S_x^2 = \frac{\sum(X_i - \bar{X})^2}{n}$$

$$S_y^2 = \frac{\sum(Y_i - \bar{Y})^2}{n}$$

공분산은 전술한 바와 같이 두 확률 변수의 관계를 나타내기 때문에 다음 공식에 의하여 계산된다.

$$S_{xy} = \frac{\sum(X_i - \bar{X})(Y_i - \bar{Y})}{n}$$

이렇게 계산된 공분산 값은 $-\infty$에서 $+\infty$에 존재한다. 상관계수는 공분산을 각각의 표준편차로 나눈 값으로 그 범위가 −1.0~1.0 사이가 되어 값의 범위를 모르는 공분산에 비하면 수학적으로 다루기 용이하다. 그리고 공분산만으로는 관계의 유사한 정도를 알기 어렵지만 상관계수는 그 정도를 나타내 준다. 상관계수를 산출하는 방법은 다음과 같다.

$$r_{xy} = \frac{S_{XY}}{S_X S_Y}$$

$$= \frac{\sum(X_i - \bar{X})(Y_i - \bar{Y})}{\sqrt{\frac{\sum(X_i - \bar{X})^2}{n}}\sqrt{\frac{\sum(Y_i - \bar{Y})^2}{n}}}$$

그 결과 검사의 재검사 신뢰도는 .76으로 비교적 높은 것으로 나타났다. 그러나 이 교사와 같이 직접 계산하는 것은 많은 문항과 학생을 대상으로 할 때는 거의 불가능하다. SPSS Windows 프로그램을 이용한다면 훨씬 쉽게 검사−재검사 신뢰도 계수를 추정할 수 있다. 프로그램 실행 절차는 다음과 같다.

1. SPSS 프로그램의 데이터 편집기에서 검사점수를 입력한다.
2. '메뉴' 에서 '분석(A)' ⇒ '상관 분석(C)' ⇒ '이변량 상관계수(B)' 를 선택한다.

3. 대화상자의 검사와 재검사 변수를 '변수(V)' 상자로 이동하고 '확인'을 누른다.

SPSS Window 프로그램을 이용하여 계산한 결과는 다음과 같이 제시된다.

〈표 8-5〉 재검사 신뢰도 추정 결과

		검사	재검사
검사	Pearson 상관계수	1	.762
	유의확률 (양쪽)		.078
	N	6	6
재검사	Pearson 상관계수	.762	1
	유의확률 (양쪽)		.078
	N	6	6

검사-재검사 신뢰도는 측정하고자 하는 특성이 시간의 경과에도 불구하고 안정성이 유지될 것으로 기대되는 평가에 적합하고, 동일한 검사를 두 번 실시하기 때문에 표집에 따른 오차가 신뢰도에 영향을 주지 않으며, 동형 검사지를 개발하는 어려움이 없고, 계산이 간편하다는 장점이 있다. 그러나 다음과 같은 문제가 있다.

첫째, 시간 간격이 너무 짧을 경우 기억효과나 연습효과가 나타나기 쉬운데, 연습효과, 기억효과가 모든 피험자에게 똑같이 영향을 미친다면 신뢰도는 허구상관이 작용해서 과대하게 높아질 가능성이 있고, 개인에 따라 달리 영향을 미친다면 그것 역시 부당한 신뢰도를 낳게 할 위험이 있다. 또 너무 길게 잡으면 측정하고자 하는 행동 특성 자체가 변화할 수 있는데 이 경우에도 신뢰도는 낮아진다.

둘째, 검사를 두 번 시행하는 데 따른 실질적인 어려움이 있다. 동일 검사를 동일 집단에게 두 번이나 실시하기 때문에 재검사에 대한 피험자의 흥미가 떨어져 첫 번째 검사점수보다 부당하게 낮아질 수 있다.

그리고 전후의 검사 실시에서의 여러 가지 조건, 예컨대 동기 상태, 수험태도, 검사 지시, 검사시간(속도검사의 경우) 등을 똑같게 통제하기 어렵다. 이에 따라 오차가 가중될 확률이 커진다. 따라서 재검사 신뢰도로 결정된 신뢰도는 진짜 신뢰도보다 과대 추정되거나 과소 추정될 가능성이 많다.

(2) 동형검사 신뢰도

동형검사 신뢰도(equivalent-form reliability)는 미리 두 개의 동형검사를 제작하고, 그것을 같은 피험자에게 실시해서 두 동형검사에서 얻은 점수 사이의 상관을 산출하는 방법이다(강승호, 김양분, 2004: 39). 동형검사는 두 개의 검사가 표면적 · 외현적인 내용이 다르지만 측정이론으로 보아 동질적이며 동일하다고 추정할 수 있는 문항으로 구성된 검사를 지칭한다. 예컨대, 문항의 난이도 및 변별도가 같거나 비슷하고, 문항내용도 유사한 것으로 구성된 검사다. 이같이 구성된 두 개의 검사를 같은 집단의 피험자에 실시해서 검사 결과 간의 상관계수를 산출하면, 그것이 곧 두 검사 모두에게 적용할 수 있는 신뢰도가 된다.

(시간 간격 없이 실시)
A형 검사 ⟶ B형 검사
또는 (일정한 시간 간격을 두고 실시)

○○대학교 부속고등학교 이 교사는 난이도와 변별도 및 측정내용을 거의 유사하게 조정한 10개의 문항으로 구성된 (가)형과 (나)형의 동형검사지를 개발한 후 6명을 대상으로 (가)형을 실시하고 난 후 곧바로 동일한 학생에게 (나)형을 실시하였다. 동형검사 결과는 〈표 8-6〉과 같다.

Pearson 상관계수 r 산출공식에 따라 동형검사 점수 간 신뢰도 계수를 추정한 결과 이 교사가 개발한 동형검사지의 신뢰도는 .875로서 매우 높았다. 그러나 검사-재검사 신뢰도와 마찬가지로 SPSS 프로그램을 이용하면 훨씬 쉽게 신뢰도 계수를 추정할 수 있다.

〈표 8-6〉 동형검사 점수

피험자	검사(X)	동형검사(X')
A	10	9
B	10	9
C	7	5
D	7	6
E	9	6
F	9	7

$$r = \frac{6(374)-(52)(42)}{\sqrt{6(460)-52^2}\sqrt{6(308)-42^2}} = 0.875$$

SPSS 프로그램 실행 절차는 다음과 같다.

1. SPSS 프로그램의 데이터 편집기에 검사점수를 입력한다.
2. '메뉴' 에서 '분석(A)' ⇒ '상관 분석(C)' ⇒ '이변량 상관계수(B)' 를 선택한다.
3. 대화상자의 동형검사(A)와 동형검사(B) 변수를 '변수(V)' 상자로 이동하고 '확인' 을 누른다.

동형검사 신뢰도는 기억효과, 연습효과를 최소한으로 감소시킨다. 그러나 일선 학교나 교사 수준에서 거의 같은 동질적인 두 개의 검사지를 개발하는 것이 매우 어렵다는 단점이 있다.

(3) 반분검사 신뢰도

동형검사 신뢰도는 두 개의 동질적 검사지를 만들기 어렵고, 재점사 신뢰도는 같은 시험을 같은 학생들에게 두 번 치르게 해야 한다는 문제가 있다. 반분검사 신뢰도는 재검사 신뢰도가 부적절할 때, 또 동형검사를 만들기가 어려울 때 쉽게 사용할 수 있는 방법이다. 반분검사 신뢰도(split-half reliability)는 동질성 계수(coefficient of homogeneity)를 보는 방법으로, 한 개의 평가도구 혹은 검사를 한 피험자집단에게 실시한 다음 두 부분의 점수로 분할하여 두 부분을 독립된 검사로 생각해서 그 사이의 상관을 계산한다(강승호, 김양분, 2004: 47).

두 부분으로 분할하는 방법은 여러 가지가 있다. 첫째, 문항을 전후로 꼭 반이 되게 나누는 방법이다. 둘째, 짝홀수 번호로 나누는 방법(odd-even method)이다. 예컨대, 문항 중 홀수 번 문항(1, 3, 5,…)을 한 부분으로, 짝수 번 문항(2, 4, 6,…)을 나머지 한 부분으로 나눈다. 셋째, 난수표(random numbers table)에 의해 두 부분으로 나누는 방법으로 문항이 어떻게 선택되어도 무방한 경우에 사용된다. 넷째, 의식적으로 문항의 난이도 및 내용에 따라 비슷한 것끼리 짝지어 반분하는 방법이다. 앞서 설명한 동형검사지를 만드는 과정과 비슷한데, 검사의 문항내용과 구성으로 보아 양분된 두 부분이 서로 비슷하고 동질적으로 되도록 해야 한다.

반분검사 신뢰도는 두 부분의 검사점수 사이의 상관이 기초가 된다. 그런데 이렇게 부분점수를 내어 상관을 계산하여 얻는 신뢰도는 검사 전체의 신뢰도가 아니라 반분된 부분검사의 신뢰도가 된다. 따라서 두 부분을 합친 전체 검사 신뢰도를 계산하기 위해 Spearman-Brown 공식을 사용해서 교정한다.

$$\rho_{XX'} = \frac{2r}{1+r}$$

Spearman−Brown 예측공식

$\rho_{XX'}$: 원래 검사문항보다 n배 증가했을 때의 신뢰도 계수
r: 원래 검사의 신뢰도 계수

4문항으로 구성된 검사를 3명에게 실시하여 얻은 응답자료로 반분검사신뢰도를 추정하는 절차는 〈표 8−7〉과 같다. 그러나 동형검사 신뢰도와 마찬가지로 SPSS 프로그램을 이용한다면 훨씬 쉽게 신뢰도 계수를 추정할 수 있는데 그 절차는 동형검사 신뢰도와 같다.

$$r_{XY} = \frac{3(5)-(3)(4)}{\sqrt{3(5)-3^2}\,\sqrt{3(6)-4^2}}$$

$$= \frac{3}{\sqrt{6}\,\sqrt{2}}$$

$$= .87$$

반분검사 신뢰도를 추정할 때 양분된 부분검사에서 계산된 상관계수를 그대로 신뢰도라 하지 않는 이유는, 위의 예에서 상관계수 .87은 실제 홀수 번호인 두 문

〈표 8−7〉 반분검사 신뢰도 추정 절차

피험자	문항				홀수 문항 X	짝수 문항 Y	XY	X^2	Y^2
	1	2	3	4					
A	1	0	0	1	1	1	1	1	1
B	1	1	1	1	2	2	4	4	4
C	0	0	0	1	0	1	0	0	1
				Σ	3	4	5	5	6

항으로 구성된 한 검사와 짝수번호인 두 문항으로 구성된 다른 검사와의 동형검사 신뢰도를 의미하는 것이지, 4문항으로 구성된 검사의 내적일관성 신뢰도가 아니기에 신뢰도가 과소 추정될 수 있기 때문이다.

반분검사의 신뢰도 계수 r=.87을 교정하기 위해 Spearman-Brown 예측공식을 이용하여 전체 검사의 신뢰도를 구하면 0.93으로 이 검사의 반분 신뢰도는 매우 높다고 해석할 수 있다.

$$\rho_{XX'} = \frac{2\times 0.87}{1+0.87} \fallingdotseq 0.93$$

(4) 내적일관성 신뢰도

내적일관성 신뢰도(internal consistency reliability)는 검사를 한 번 실시하여 양분하지 않고 문항 간의 일치 정도를 추정하여 검사의 신뢰성을 검증하는 방법으로 피험자가 검사 속에 포함된 각 문항에 반응하는 일관성, 합치성에 기초를 둔다(성태제, 2005). 즉, 반분검사 신뢰도에서 분할된 두 부분을 독립된 각각의 검사로 생각하듯이 내적일관성 신뢰도는 검사 속의 각 문항 하나하나를 모두 독립된 한 개의 검사 단위로 생각하고 그들 사이의 합치성, 동질성, 일치성을 종합하는 입장이다. 신뢰도 계수가 회귀계수에 기초를 둔 상관계수에서 출발하고 있는 반면, 내적일관성 신뢰도는 Fisher가 발전시킨 변량 분석에 기초하여 개발되었다.

대표적인 추정방법으로 KR-20, KR-21, Hoyt 신뢰도, Cronbach α를 들 수 있다. 그중에서도 Cronbach α는 틀리면 0 맞으면 1로 대답하는 양분 문항(dichotomous items)뿐만 아니라 한 개의 문항이 여러 단계의 점수로 채점되는 경우, '매우 찬성', '찬성', '중립', '반대', '매우 반대'와 같이 다양하게 반응하도록 하는 다분 문항(polytomous item)에도 사용할 수 있고 측정학적으로도 결함이 적다고 평가된다. Cronbach α계수는 한 검사 속의 문항들 사이의 신뢰도 계수는 급내 상관계수(intraclass coefficient of correlation)로 나타낼 수 있으며, 그것은 문항 간의 평균 공변량/문항 간 평균 변량의 비다(강승호, 김양분, 2004). Cronbach α를 추정하는 공식은 다음과 같다.

$$\alpha = \frac{n}{n-1}\left(1-\frac{\Sigma S_i^2}{S_x^2}\right)$$

n: 문항수
s_i^2: 문항점수 분산
s_x^2 : 총점의 분산

문항점수 분산은 피험자들이 각 문항에 응답하여 얻은 점수들의 분산이며, 총점의 분산은 피험자들이 검사에서 얻은 총점의 분산이다. 분산이란 각 개인의 점수가 평균 점수로부터 떨어진 정도를 나타내는 것으로 다음의 공식으로 계산한다.

$$S_x^2 = \frac{\Sigma(X-\overline{X})^2}{N}$$

X: 개인 점수
$\overline{X}$: 평균 점수
N: 피험자 수

대체로 Cronbach α계수 산출은 SPSS 프로그램을 이용한다. 예를 들어, 〈표 8-8〉의 10문항으로 구성된 중간고사 검사지를 가지고 10명의 피험자에게 실시한 검사의 신뢰도를 알아보자. SPSS로 Cronbach α를 추정하는 절차는 다음과 같다.

1. SPSS 프로그램의 데이터 편집기에 검사점수를 입력한다.
2. '메뉴' 에서 '분석(A)' ⇒ '척도화 분석(S)' ⇒ '신뢰도 분석(R)' 을 선택한다.
3. 대화상자의 10개의 검사점수를 '변수(V)' 상자로 이동하고 '확인' 을 누른다.

〈표 8-8〉 Cronbach α계수 산출을 위한 검사자료

학생 \ 문항	1	2	3	4	5	6	7	8	9	10	총점
A	1	1	1	1	1	1	1	1	1	1	10
B	1	0	1	1	1	0	1	1	1	1	8
C	1	1	1	1	1	0	1	1	1	1	9
D	1	0	1	0	0	0	1	1	0	1	5
E	0	0	0	0	0	0	1	0	0	1	2
F	1	1	1	1	1	1	1	1	1	0	9
G	1	0	0	0	1	1	1	0	0	1	5
H	1	0	1	1	1	1	1	0	1	0	7
I	1	1	1	1	1	1	0	0	1	1	8
J	1	0	0	0	1	0	0	0	1	0	3

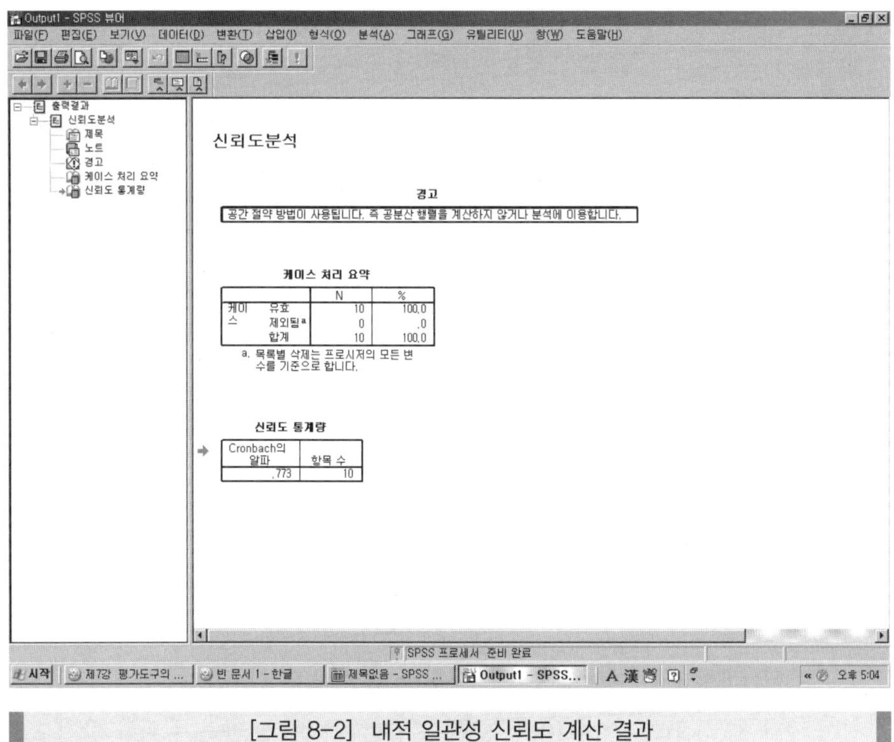

[그림 8-2] 내적 일관성 신뢰도 계산 결과

이러한 과정을 거치고 나면 [그림 8-2]와 같은 결과가 나온다. 본 검사는 .773으로 신뢰도가 비교적 높다고 할 수 있다.

4) 채점자 간 신뢰도

채점자의 신뢰도는 한 채점자가 하나의 검사결과를 반복 채점했을 때 채점결과가 어느 정도 일치하는지를 알아보는 채점자 내 신뢰도(intra-scorer reliability)와 하나의 검사결과를 두 사람 이상의 채점자가 독립적으로 채점했을 때 채점결과가 어느 정도 일치하는지를 알아보는 채점자 간 신뢰도(inter-scorer reliability)가 있다(강승호, 김양분, 2004: 73). 최근 사회과에서도 논술법, 토론법 등 수행평가가 강조되면서 채점자 간 신뢰도가 매우 중요한 문제로 인식되고 있다. 채점자 내 신뢰도와 채점자 간 신뢰도에서 만약 채점자 내 신뢰도가 없다면 채점자 개인의 채점에 대한 일관성이 없다는 것을 의미하므로 채점자 간 신뢰도는 당연히 낮아질 수밖에 없다. 따라서 채점자 내 신뢰도는 채점자 간 신뢰도를 추정하기 위한 전제조건이라고 할 수 있다.

채점자 간 신뢰도를 추정하기 위한 방법은 기본적으로 두 가지로 분류된다. 검사점수를 합격/불합격 혹은 A, B, C 등급 등으로 분류하는 경우와 검사점수를 연속 변수 혹은 양적 변수로 분류하는 경우이다. 검사점수를 합격/불합격 혹은 A, B, C 등급 등으로 분류하는 경우는 Hambleton과 Novick의 P_o계수와 Cohen의 Kappa(또는 K)계수 방법을 사용한다(강승호, 김양분, 2004: 74). P_o계수(합치도 계수)는 채점자들이 분류한 유목(A, B, C 등)들이 얼마나 일치하는지를 알아보는 방법으로 다음과 같이 구할 수 있다.

$$P_o = \sum_{k=1}^{m} P_{kk}$$

P_o: 합치도 계수
P_{kk}: 두 명의 채점자에 의해 같은 유목으로 분류된 피험자의 비율

그러나 Hambleton과 Novick의 P_o계수는 채점자 간 신뢰도를 과대 추정하는 단점이 있다. Cohen의 Kappa(또는 K)계수 방법은 이를 보완하기 위한 방법으로 채점자 간에 우연히 일치하는 확률을 제거하여 '순수 합치도 계수'라고 부른다(강승호, 김양분, 2004: 75). Kappa계수를 구하는 공식은 다음과 같다.

$$K = \frac{P_o - P_c}{1 - P_c}$$

K: 순수한 합치도 계수
P_o: 합치도 계수
P_c: 채점자 간에 우연히 일치할 확률

검사점수가 연속 변수 또는 양적 변수인 경우에는 상관계수법, 일반화 가능도 이론, 다국면 라쉬모형 등을 이용하여 채점자 간 신뢰도를 산출한다. 상관계수법은 주로 채점자가 2명일 때 유용하고 채점자가 3명 이상일 때에는 일반화 가능도 이론이나 다국면 라쉬모형을 적용하는 것이 효과적이다(남명호, 김성숙, 지은림, 2000: 199-216). 보통 중·고등학교에서는 한 학년에 2명의 교사가 사회과를 담당하기 때문에 여기서는 채점자가 2명인 경우에 사용하는 상관계수법을 소개하고자 한다. 연속 변수인 검사점수에 대하여 2명의 채점자 간 신뢰도를 계산하기 위해서는 Pearson의 상관계수 r을 구하는데 SPSS 프로그램을 이용하면 간편하게 구할

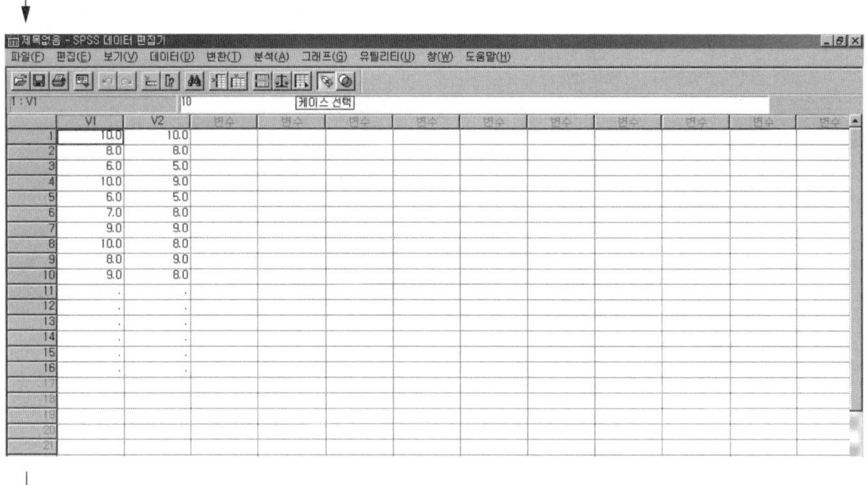

	V1	V2
1	10.0	10.0
2	8.0	8.0
3	6.0	5.0
4	10.0	9.0
5	6.0	5.0
6	7.0	8.0
7	9.0	9.0
8	10.0	8.0
9	8.0	9.0
10	9.0	8.0

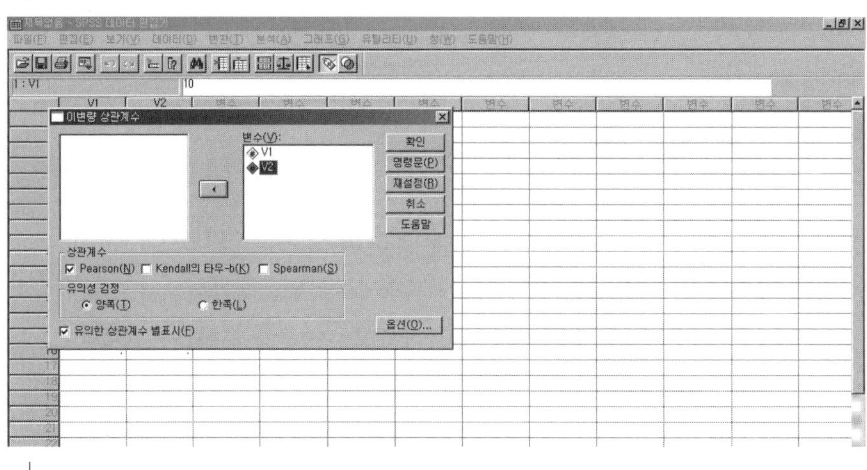

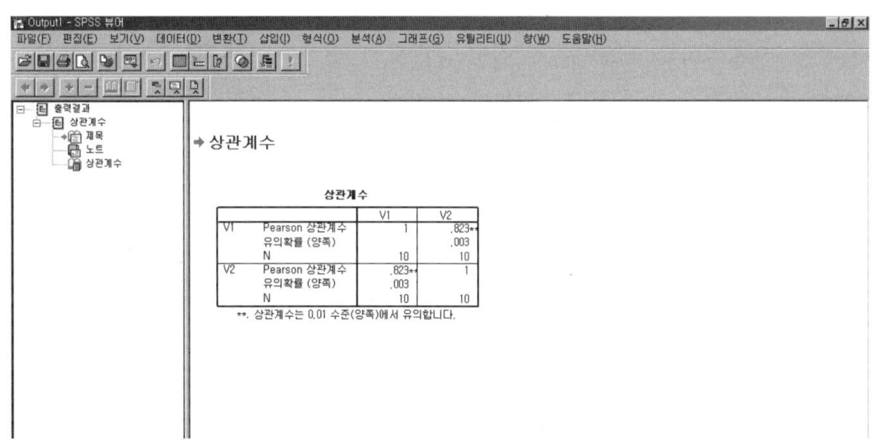

상관계수

		V1	V2
V1	Pearson 상관계수	1	.823**
	유의확률 (양쪽)		.003
	N	10	10
V2	Pearson 상관계수	.823**	1
	유의확률 (양쪽)	.003	
	N	10	10

**. 상관계수는 0.01 수준(양쪽)에서 유의합니다.

[그림 8-3] Spss 프로그램을 이용한 채점자간 신뢰도 추정절차

수 있다. 〈표 8-9〉는 고등학생 10명을 대상으로 사회 논술고사를 실시한 후 2명의 교사가 각각 독립적으로 채점한 결과다. 채점자 간 신뢰도를 Pearson의 상관계수 산출방법을 이용하여 구한 결과 .823로 매우 높게 나왔다.

〈표 8-9〉 채점자간 신뢰도 결과

학생 / 교사	1	2	3	4	5	6	7	8	9	10
A교사	10	8	6	10	6	7	9	10	8	9
B교사	10	8	5	9	5	8	9	8	9	8

3. 타당도

1) 타당도의 개념

타당도(validity)란 검사도구와 측정 목적의 부합 정도를 의미하는 것으로 특정 검사가 평가하고자 하는 구체적인 목표나 내용을 제대로 평가하느냐의 문제라고 할 수 있다. Cronbach(1971)는 타당도를 검사점수로부터 도출하는 추론이나 특별한 예측의 정확성을 검증하는 과정이라고 하였다. 즉, 타당도는 피험자집단에 사용된 측정도구나 검사로 얻은 검사결과에 대한 해석의 문제다. 그래서 타당도라는 단어 대신에 타당도에 대한 근거(related evidence of validity)라는 용어를 사용하기도 한다(성태제, 2000: 3). 이처럼 타당도는 특별한 목적이나 해석에 제한되기 때문에 이 검사는 무엇을 측정하는 데 타당하다고 표현하여야 하고, 어디까지나 정도의 문제이기 때문에 타당도가 높거나 낮다고 할 수는 있지만, 있거나 없다고 표현할 수는 없다.

2) 타당도의 종류

타당도의 종류는 매우 다양하게 제안되었다. 미국심리학회는 타당도를 내용타당도, 구인타당도, 공인타당도, 예언타당도의 4종류로 구분하였고(백순근, 2000;

〈표 8-10〉 타당도의 종류

AERA, APA, NCME(1966)	AERA, APA, NCME(1985)	AERA, APA, NCME(1999)
• 내용타당도 • 구인타당도 • 준거타당도	• 내용과 관련된 타당도의 근거 • 구인과 관련된 타당도의 근거 • 준거와 관련된 타당도	• 검사내용에 기초한 근거 • 반응과정에 기초한 근거 • 내적구조에 기초한 근거 • 다른 변수와의 관계를 고려한 근거 • 검사결과에 기초한 근거

성태제, 1999; Feldt & Qualls, 1999), AERA, APA, NCME(1966)는 예언타당도와 공인타당도를 준거타당도로 통합하여 내용타당도, 구인타당도, 준거타당도로 구분하였다. 그리고 〈표 8-10〉에서 볼 수 있듯이 AERA, APA, NCME(1985)는 타당도라는 단어 대신 타당도의 근거라는 단어를 사용하여 내용과 관련된 타당도의 근거, 구인과 관련된 타당도의 근거, 준거와 관련된 타당도로 구분하였고, 다시 1999년에는 타당도의 개념을 확대하여 검사내용에 기초한 근거, 반응과정에 기초한 근거, 내적구조에 기초한 근거, 다른 변수와의 관계를 고려한 근거, 검사결과에 기초한 근거 등 다섯 가지로 제시하였다(성태제, 2000: 4).

AERA, APA, NCME(1999)에서 분류한 다섯 가지 타당도를 간단하게 살펴보면 다음과 같다. 첫째, 검사내용에 기초한 근거는 검사내용 전문가에 의하여 검사가 측정하고자 하는 속성을 제대로 측정하는지를 주관적으로 판단하는 타당도로서 내용타당도라고 한다. 내용타당도는 교수-학습과정에서 설정하였던 교육목표의 성취 여부를 묻는 학업성취도검사의 타당도를 검증하는 데 많이 사용된다. 따라서 사회과 교육에서도 사회과 검사의 타당도로 가장 많이 활용된다.

둘째, 반응과정에 기초한 근거는 피험자의 응답에 대한 분석으로 이루어지며 반응과정에 대한 이론적이고 경험적인 분석을 통하여 검사가 측정하고자 하는 구인과 피험자의 수행 또는 반응이 얼마나 일치하는가로 타당도를 검증한다. 예를 들면, 학생들의 합리적 의사결정능력을 측정하기 위한 검사에서 일반적인 의사결정 절차를 알고 있는가보다는 주어진 문제에 대하여 학생들이 얼마나 합리적으로 의사결정하는가를 실제로 검증하는 것을 중시하는 점이다. 또한 학생들의 수행을 관찰하고 판단하는 평가자가 적절한 준거를 사용했는지, 의도된 해석에 부적절한 요인이 개입되지 않았는지 등을 확인함으로써 그 관찰과 판단이 어느 정도 적절

한지, 즉 평가자의 반응과정의 적절성을 분석하는 것도 중요하다. 반응과정에 기초한 근거는 사회과 수행평가 결과를 해석하고 판단하는 데 중요하게 고려된다.

셋째, 내적구조에 기초한 근거는 창의력이나 비판적 사고능력 등과 같은 인간의 특성을 설명하는 구인(construct)을 분석하여 조작적으로 정의한 후 그것에 근거하여 검사를 개발하고 그 검사가 구인들을 제대로 측정하였는가를 검증하는 것으로, 일반적으로 구인타당도라고 부른다.

넷째, 다른 변수에 기초한 근거는 검사점수와 외적 변수의 관계를 분석하여 검사의 타당도를 검증하는 방법으로, 외적 변수는 동일하거나 유사한 구인을 측정하는 검사점수나 수행준거 등이 된다. 예를 들어, 학생들의 비판적 사고능력을 알아보기 위한 선다형 검사의 점수와 동일한 능력을 측정하는 논술형 검사점수의 상관이 높으면 이를 통해 비판적 사고능력을 검사하는 선다형 검사의 타당도가 높다고 할 수 있다. 이때 논술형 검사는 외적 변수가 된다. 여기에는 검사점수와 미래 행동(외적 변수)의 관련성을 검증하는 예측타당도, 검사점수와 기존의 공인된 검사(외적 변수)의 관련성을 기준으로 하는 공인타당도 등이 해당된다.

다섯째, 검사결과에 기초한 근거는 실시한 평가가 무엇을 위한 평가이고 어떤 결과를 가져왔는지를 검증하는 것으로, 결과타당도라고 한다. 결과타당도는 타당도의 개념이 사회적 결과와 관련되어 있다고 주장한 Messick(1989)에 의해 제안되었다. 검사를 실시하고 난 결과에 대한 가치판단으로 검사결과와 검사 목적의 부합성, 그 결과가 사회에 미치는 영향 등과 관련된다. 검사의 결과타당도를 고려하면 제작에서 결과 활용까지 체계적으로 운영되고, 사회에 미치는 영향까지 고려하기 때문에 양질의 검사를 제작할 수 있다.

3) 타당도가 사회과 평가에 주는 함의

(1) 내용타당도를 확보하기 위한 학업성취도 평가

사회과 교사는 내용타당도가 높은 사회과 문항을 개발하기 위해서 무엇보다도 문항이 사회과 교육과정 내용과 교수-학습과정 중에 강조하여 가르친 내용을 얼마나 포함하고 있는지를 판단할 수 있어야 한다. 즉, 사회과 교사는 내용타당도가 높은 문항을 개발하기 위해서 문항내용과 교수내용의 관계를 검증해야 할 뿐 아니

라 교수-학습내용을 대표하는지도 점검해야 한다. 검사내용과 검사문항 간의 관계를 점검하는 것은 내용타당도를 확보하기 위한 기본적이고 필수적인 절차다.

특히 사회과 교육의 주요 단계에서 성취해야 할 목표를 구체화하고 그 결과를 측정하는 것에 초점을 둔 학업성취도 평가의 경우 내용타당도를 강조한다. 학업성취도 평가는 교육과정에서 규정하고 있는 교육목표와 내용에 근거하여 평가영역과 평가도구를 개발하기 때문에, 그 결과는 교육과정의 성취 정도를 알려주는 구체적인 척도로 기능한다. 학업성취도 평가에서는 내용타당도를 높이기 위하여 문항 개발에 앞서 평가영역 설정에 많은 노력을 기울인다. 일반적으로 평가영역은 내용영역과 행동영역으로 구분되는데 내용은 교육과정에 제시된 주요 주제를 중심으로, 행동영역은 Bloom의 인지적 차원을 중심으로 지식(knowing), 이해(understanding), 적용(applying)으로 분류된다(NAGB, 2002: 16). 대부분의 학교에서 문항을 개발하기 전에 작성하는 이원목표 분류표는 Bloom의 전통에 따른다.

〈표 8-11〉은 ○○대학교 부속고등학교의 이 교사가 '지형과 인간 생활' 단원의 문항 개발을 위하여 작성한 이원목표 분류표다. 그는 행동영역을 지식, 이해, 적용, 태도로 구분하였는데, Bloom의 인지적 차원인 지식, 이해, 적용을 수용하고, 정의적 차원인 태도를 추가한 것이다. 이 교사는 자신이 작성한 이원목표 분류표에 근거하여 문항을 개발하고, 개발된 문항을 검토한다.

예를 들어, 〈표 8-11〉의 이원분류표에 제시된 7번 문항은 '하천의 형태' 라는 내용영역과 '이해' 라는 행동영역에서 개발된 문항이다. 이 문항이 내용타당도를 갖추고 있는지 해석하기 위해서는 개발된 문항이 '하천의 형태에 대한 이해' 를 묻고 있는지 전문가적 안목으로 판단해야 한다. 그는 7번 문항이 자유곡류하천과 감입곡류하천이 전형적으로 나타난 두 지도를 보고 각 하천의 이름을 쓰라는 것으로 하천의 유형별 형태를 구분하는지 묻고 있기 때문에 자신이 작성한 이원목표 분류표에 제시된 내용영역과 행동영역에 적합하다고 판단하였다. 그는 이러한 절차를 거쳐 문항을 개발하고 검토함으로써 검사의 내용타당도를 확보하고자 노력하였다.

사회과에서 내용타당도에 대한 연구로서 오정준(2005)이 전문가 판단방식으로 대학수학능력시험 지리문항의 내용타당도를 분석한 후 문제점을 도출하고 시사

〈표 8-11〉 이 교사가 작성한 '지형과 인간 생활' 단원의 이원목표 분류표

문항 번호	내용영역	행동영역				난이도			배점	정답
	출제내용	지식	이해	적용	태도	어려움	보통	쉬움	(문항별)	
1	경동지형	○						○	1	①
2	고위 평탄면	○						○	2	채점기준 참조
3	해안지형의 특징		○				○		2	채점기준 참조
4	산지지형의 특징		○				○		1	⑤
5	경동지형의 이용			○			○		1	⑤
6	하천 침식작용	○						○	1	①
7	하천의 형태		○				○		1	채점기준 참조
8	하천 주변 토지 이용			○		○			3	채점기준 참조
9	감조 하천의 특징		○				○		1	②
10	하굿둑			○				○	1	③
11	우리나라 해안선의 특징		○				○		1	④
12	간석지와 사빈의 비교	○				○			1	②
13	사빈의 형성과 이용			○			○		1	③
14	범람원의 개간을 통한 지역 변화			○			○		1	④
15	간척사업을 둘러싼 찬반 논쟁				○	○			5	채점기준 참조
계	문항수(10)	2	3	4	0	1	6	3	선다형 배점	(10)점
	문항수(5)	1	3	1	1	2	2	1	서술 · 논술형 배점	(13)점
	계(15)	3	6	5	1	3	8	4	계	(23)점

7. 다음 지도를 보고 A, B와 같은 하천 유형을 각각 무엇이라 일컫는지 쓰시오.

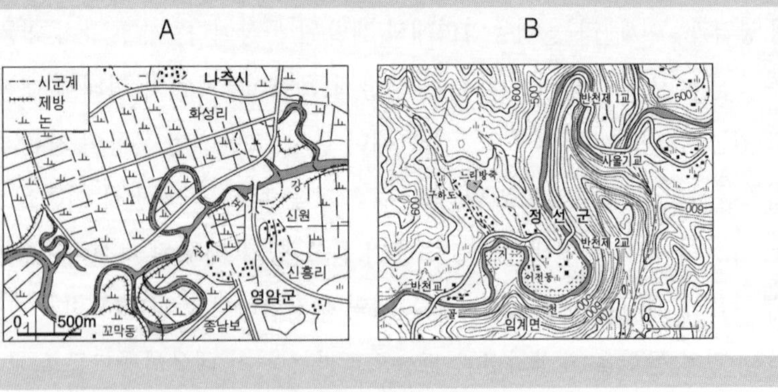

점을 제시한 사례를 들 수 있다. 그는 현재 대학수학능력시험 지리문항이 특정 단원에 편중되어 출제되고, 한국지리, 세계지리, 경제지리 과목 간 정체성을 반영하지 못한 문항이 다수 출제되며 과목 간 중복성의 문제가 있어 내용타당도가 낮다고 판단하였다. 대학수학능력시험 지리문항의 내용타당도를 높이기 위해서는 단원별로 고르게 출제하고, 과목의 정체성이 분명하게 드러나도록 출제해야 한다고 하였다. 내용타당도는 이처럼 교육내용과 평가내용 간의 정합성을 높이기 위해 반드시 고려해야 할 사항이지만, 전문가 판단에 의존해야 하기 때문에, 전문가의 판단이 일치하지 않을 경우가 많고 수치화되지 않아 타당성의 정도를 표기할 수 없다는 단점이 있다.

(2) 사회과 수행평가의 타당도 검증문제

수행평가도구는 다양한 사회과 교육목표영역을 측정할 수 있다고 알려져 있는데 그렇다면 수행평가도구가 측정하고자 하는 능력을 실제로 측정하고 있는지에 대한 타당도 검증이 필요하다. 대부분의 수행평가도구는 단일 과제로 국한되는 경우가 많아 일정 수의 측정 변인을 요구하는 구인타당도 검증방법으로 접근하기 어렵다. 그래서 수행평가는 구인타당도보다는 동일한 평가영역이나 행동 특성을 측정하는 다른 수행평가와의 관계 및 특정 행동 특성에 대한 미래 행위와의 관련 정도로 추정하는 것이 관례다(김경희, 2000). 미래 행위와의 관련 정도로 타당도를 추정했을 때 현재 과제 수행결과가 미래의 수행을 예견할 수 있다면 타당도가 높다고 할 수 있다. 예를 들어, 어떤 고등학생의 토론법 수행평가 점수가 이 학생의 미래토론능력을 예측할 수 있다면 토론법 수행평가의 예측타당도는 높은 것이다.

예측타당도처럼 어떤 준거와의 관계를 통하여 타당도를 검증하는 또 다른 방법으로 공인타당도를 고려할 수 있다. 이를 위해서는 표준화된 수행평가가 필요하고 표준화된 수행평가와 새로 제작된 수행평가의 상관 정도를 통해 타당도를 검증할 수 있다(김경희, 2000). 그러나 아직까지 우리나라 사회과에서는 공인된 수행평가를 공유하지 못하고 있기 때문에 공인타당도에 대한 연구가 활발하지 못하다. 대체로 공인타당도를 검증하는 연구들은 수행평가 점수와 선택형 검사점수의 상관 정도를 분석하는 것에 집중되었다(Baxter, Shavelson, Goldman, & Pine, 1992; Bennett, Rock, & Wang, 1991; 남명호, 1995). Bennet 등(1991)은 고등학생

을 대상으로 컴퓨터 프로그래밍에 대한 지식과 기능을 측정하는 선택형 검사점수와 수행평가 점수 간의 상관을 분석한 결과 두 검사점수들이 유사한 정보를 제공한다고 하였다. 수행평가와 선택형 검사의 상관에 대한 연구가 설득력을 갖기 위해서는 두 검사가 동일한 내용영역과 행동영역을 측정하고 있다는 것을 증명해야 한다. 그러나 이것을 객관적으로 증명하기는 어려울 뿐더러 증명되었다 할지라도 동일한 영역을 평가하다면 수행평가를 시행할 명분이 사라지고 만다.

현실적인 수준에서 수행평가의 타당성을 확보하기 위한 방안은 수행평가가 측정하고자 하는 내용과 행동을 측정하도록 수행평가 도구를 개발하고, 내용과 행동 수준을 적절하게 구분하는 채점기준을 개발하며, 채점자가 수행평가의 목적과 채점기준의 의미를 고려하여 채점하는 것이다. 수행평가는 학생들이 수행한 과정과 결과에 대한 평가자의 판단으로 점수가 부여된다. 문항에 대한 응답이 맞거나 혹은 틀린 이분법적 방식에 의해 점수화되는 선택형 평가와는 달리 수행평가는 평가자의 판단에 의해 학습자의 능력을 측정하기 때문에 전자의 점수화 방법과는 달리 채점기준의 수준, 채점자의 채점 반응 등 다양한 점수 분산원과 오차 분산원을 가진다. 따라서 수행평가의 타당성을 확보하기 위해서는 수행평가 도구가 평가영역에서 측정하고자 하는 내용을 잘 반영하고, 채점기준도 동일한 이론적 체계를 지니며, 채점자들이 채점영역별 채점기준을 일관성 있게 사용하여야 한다.

(3) 사회과 교수-학습요인 분석을 위한 타당도 검증

학생들의 사회과 학습에 영향을 미치는 요인을 분석하기 위해 수행한 타당도 연구는 대체로 구인타당도에 대한 연구다. 앞서 언급한 바와 같이 구인이란 심리적 특성이나 행동 양상을 설명하기 위한 심리적 요인을 말한다. 구인타당도는 조작적으로 정의되지 않은 인간의 심리적 특성이나 성질을 심리적 구인으로 분석하여 조작적 정의한 후 검사가 그것을 제대로 측정하였는지를 검증하는 방법이다. 예를 들어, 자기조절 학습전략을 자기 평가 · 조직화와 변형 · 목표 설정과 계획 · 정보 탐색 · 계속적인 기록과 심사 · 환경구조화 · 자기 보상과 처벌 · 시연과 기억 · 사회적 도움 · 자료 검토라는 구인으로 구성되어 있다는 선행연구에 기초하여 검사지를 개발하고 설문조사를 실시한 결과 검사도구가 이 같은 구인을 측정하고 있다고 판단되면 그 검사는 구인타당도를 지니고 있다고 할 수 있다. 만약

검사결과가 조작적으로 규정한 어떤 심리적 특성의 구인을 제대로 측정하지 못하거나 다른 구인을 측정한다면 이는 구인타당도가 결여되어 있는 것이다. 구인타당도를 추정하는 구체적인 과정은 다음과 같다.

첫째, 측정하고자 하는 심리적 특성을 구성하는 구인, 즉 요소들이 무엇인지 이론적 · 경험적 사실에 의해 밝힌다. 예를 들어, 사회과 자기조절 학습능력에 대한 구인을 밝히고자 한다면 자기조절 학습능력에 대한 조작적 정의를 내릴 필요가 있다. "자기조절 학습능력은 학습자가 자신에게 주어진 학습자료를 지각한 후에 그것을 조직하여 장기기억에 저장했다가 필요할 때 인출해 내는 인지능력과 그것을 관리하고 통제하는 메타 인지능력이다. 따라서 자기조절 학습능력에는 학습자의 계획 · 조절 · 인지의 수정과 학습 과제에 대한 노력 관리 및 통제, 학습자가 학습하고 기억하며 이해하기 위해 사용하는 인지 전략이 포함된다. 그래서 자기조절 학습능력은 암기 전략, 동화 전략, 통제 전략, 정교화 및 조직화라는 하위요소로 구성되었다고 할 수 있다"

둘째, 구인과 관련된 이론에 근거하여 구인을 측정할 수 있는 항목을 개발한다. 예를 들어, 위에서 제시한 사회과 자기조절 학습능력의 동화 전략이라는 하위요소를 측정하기 위하여 〈표 8-12〉와 같은 항목을 개발할 수 있다. 그리고 이들 항목에 대하여 '매우 그렇다' '그렇다' '보통이다' '그렇지 않다' '전혀 그렇지 않다' 라는 5점 척도로 답변할 수 있도록 구조화하여 검사지를 제작한 후 측정 대상에게 검사를 실시하여 응답자료를 얻는다.

셋째, 응답자료를 분석하여 검사가 측정하고자 하는 구인들을 제대로 측정하였는지를 밝힌 후, 심리적 특성을 구명하는 조작적 정의와 관련 없는 문항을 제거한다. 구인타당도를 검정하는 통계적 방법으로는 상관계수법, 인자 분석 등이 있다. 상관계수법은 각 구인들로부터 얻은 점수와 심리 특성을 측정하는 총점과의 상관

〈표 8-12〉 사회과 자기조절 학습능력의 동화 전략에 대한 측정 항목

나는 사회과 공부를 할 때 일상생활에서의 경험과 새로 배우는 내용을 연결시키려고 애쓴다.
나는 사회과 공부를 할 때 배우는 내용을 어떻게 실생활에서 사용할 수 있을지 생각해 본다.
나는 공부할 내용을 내가 이미 알고 있는 것과 어떻게 연결시킬지 생각해 본다.
나는 사회과 공부를 할 때 다른 과목에서 이미 배운 것과 새로 배우는 내용을 연결시키려고 애쓴다.
나는 내가 이미 알고 있는 것과 연결시킬 때 공부가 잘된다.

계수에 의하여 타당도를 검증하는 방법으로 만일 특정 구인을 나타내는 점수와 심리적인 특성과의 상관계수가 낮으면 그 구인은 심리적 특성을 설명하지 못하는 것이다. 인자 분석은 복잡하고 정의되지 않은 많은 변수들 간의 상호관계를 분석하여 상관이 높은 변수들을 요인으로 규명하고 그 요인의 의미를 부여하는 통계적 방법이다.

실습문제 1

신뢰도의 종류와 검증방법을 설명하시오.

실습문제 2

다음 자료를 보고 공인타당도를 계산하고, 그 의미를 해석하시오.

학생	교사제작 비판적 사고 검사 X	표준화 비판적 사고 검사 Y
A	2	4
B	3	6
C	4	8

실습문제 3

다음은 5명의 학생들에게 동형검사를 실시한 후, 학생들을 성적순으로 나열한 것이다. 이것을 기초로 검사의 양호도를 해석한 것으로 가장 적절한 것은?

검사 1: 김정연, 이연경, 박인수, 한영애, 소지섭
검사 2: 박인수, 한영애, 이연경, 소지섭, 김정연

① 재고자 하는 것을 타당하게 재고 있다.
② 상위학생과 하위학생을 변별하고 있다.
③ 두 검사의 측정 오차가 일관적이지 않다.
④ 두 검사의 문항 객관도가 일관적이지 않다.

실습문제 4

검사의 양호도에 대한 설명으로 적절한 것은?

① 타당도가 높으면 신뢰도도 높다.
② 내용타당도는 준거타당도의 일종이다.
③ 크론바흐계수는 공인타당도를 구하는 계수다.
④ 측정오차는 신뢰도보다 타당도를 해석하는 데 사용하는 개념이다.

실습문제 5

다음 중 신뢰도 계수와 관련된 내용으로 알맞은 것은?

① 양질의 문항 수를 증가시키면 선형적으로 증가한다.
② 역량검사 형태보다는 속도검사 형태로 실시할 때 증가한다.
③ 난이도를 낮게 조정할수록 변별력이 높아지기 때문에 증가한다.
④ 검사내용의 범위를 좁힐수록 문항 간의 동질성이 유지되어 증가한다.

제9장

점수 보고와 문항 반응 경향성 분석

1. 점수 보고

1) 원점수

원점수는 채점기준에 따라 채점한 후 각 개인이 맞힌 문항의 배점을 모두 합친 점수를 의미한다. 이를 수식으로 나타내면 다음과 같다.

$$\text{원점수} = \sum_{j=1}^{n} w_j X_j$$

j: 문항 번호
w_j: j번째 문항에 부여된 배점
X_j: j번 문항에 정답이면 1, 오답이면 0

원점수는 피험자가 검사에서 몇 점을 받았는지에 대한 정보를 제공할 뿐, 검사 문항의 난이도에 따라 변화가 심하기 때문에 다른 검사로부터 얻은 점수와 비교하거나 검사점수 자체가 무엇을 의미하는지 해석하기 어렵다. 즉, 어떤 학생의 중간고사 사회점수가 80점이고, 기말고사점수가 70점이라고 해서 이 학생의 사회

실력이 중간고사에 비하여 기말고사 때 낮아졌다고 말할 수 없다. 왜냐하면 중간고사 문항이 쉽고, 기말고사 문항이 어렵게 출제되었거나 두 검사에서 측정하고 있는 능력이 동일하지 않을 수 있기 때문이다. 원점수를 의미 있게 해석하기 위해서는 원점수를 다른 검사에서 얻은 점수와 비교 가능하도록 변환할 필요가 있다.

2) 규준점수

집단 내에서 자신의 점수가 갖는 상대적 위치를 밝히기 위해서는 규준점수를 활용한다. 이때 규준은 한 개인의 검사점수를 해석할 수 있는 잣대이며, 규준점수는 규준에 비추어 피험자의 원점수에 대한 상대서열을 나타내기 위하여 변환되는 점수다. 규준점수는 원점수를 보다 의미 있게 해석하기 위하여 어떤 기준 집단의 결과와 비교하게 되는데 이 집단을 규준집단이라고 한다. 그리고 모집단의 모든 피험자 능력이 정규분포를 이룬다는 것을 가정한다. 원점수의 규준점수로의 변환은 원점수의 불규칙성을 가능한 정상분포에 가깝게 변환된 점수 분포로 만드는 것을 의미한다(박도순 외, 2007: 202-203). 대표적인 규준점수에는 백분위수와 표준점수가 있다. 그리고 표준점수에는 Z점수와 T점수, 스테나인점수 등이 있다.

(1) 백분위수

백분위수(percentile rank)는 규준집단에서 어떤 학생의 점수보다 낮은 점수를 받은 학생이 전체 학생 중 몇 %인가를 나타내는 표시방법이다. 예를 들어, 기말고사에서 어떤 학생이 원점수 70점을 받고 백분위수가 65라면, 그 피험자가 받은 70점보다 낮은 점수를 받은 학생이 65%라는 것을 의미한다. 다시 말해서 백분위수는 점수를 크기순으로 늘어놓아서 100등분한 값으로, 이 학생의 등위는 집단의 크기를 100명으로 생각했을 때 35등에 해당한다. 백분위수를 수식으로 나타내면 다음과 같다.

$$\text{백분위수}(PR) = \frac{cf_l}{N} \times 100$$

cf_l: 전체 수험생 중 자신보다 낮은 점수를 받은 수험생의 누적빈도
N: 전체 수험생 수

전체 수험생 집단 내에서 한 학생의 상대적 위치를 나타내는 백분위수는 계산이 쉽고 그 의미가 명료하고 단순하여 이해하기 쉽다는 장점을 지닌다. 그러나 백분위수는 서열척도로서 기술통계치(평균, 표준편차)를 구할 수 없고, 수험생의 진정한 능력이나 특성을 파악하기 어렵다. 원점수의 분포 모양을 반영하지 않아서 작은 차이도 확대 해석될 수 있다는 단점도 있다(박도순 외, 2007: 204). 예를 들어, 비슷한 점수대에 많은 피험자가 몰려 있다면 백분위 간 차이가 크더라도 실제 원점수의 차이는 크지 않을 수 있고, 반대로 비슷한 점수대의 피험자의 수가 적다면 백분위 간의 차이가 작더라도 실제 원점수의 차이는 클 수 있다.

(2) 표준점수

검사로부터 얻는 각 개인의 원점수가 검사마다 측정의 단위가 다르고 검사문항의 난이도에 따라 변화가 심하여 서로 다른 검사로부터 얻는 점수 간에 동일한 의미를 부여할 수 없기 때문에 표준점수(standard score)를 사용한다. 표준점수는 정상분포곡선에서의 상대적 위치를 표시하여 통계적 조작을 가능하게 하고 의미 있는 비교가 가능하도록 변환한 점수다(박도순 외, 2007). 정상분포곡선은 좌우 대칭이면서 평균, 중앙값, 최빈값이 같은 단봉분포를 말한다. 표준점수는 등간성을 가정하는 점수 척도로 각 개인의 검사점수가 평균으로부터 떨어진 거리를 표준편차로 나눈 값이다.[1)]

① Z점수

Z점수는 개인이 얻은 원점수를 집단의 평균으로부터 떨어진 정도인 편차점수로 전환시킨 값이다. Z점수는 평균치를 절대 영점으로 하고 표준편차를 단위로 한 척도에 의한 점수로 음수와 소수점을 갖는다(박도순 외, 2007). 즉, Z점수는 어떤 값 X가 평균($\bar{X}$)으로부터 표준편차(S_x)의 몇 배가 떨어져 있는지를 나타낸다.

1) 평균은 모든 값을 더한 후 총 사례수로 나눈 값을 의미한다.

$$\bar{X} = \frac{\Sigma X}{N}$$

표준편차는 각 값이 평균으로부터 떨어진 편차들의 평균으로 분포의 흩어진 정도를 의미한다.

$$S_x = \sqrt{\frac{\Sigma(X-\bar{X})}{N}}$$

Z점수를 산출하는 수식은 다음과 같다.

$$Z = \frac{X-\bar{X}}{S_X}$$

X: 원점수
$\bar{X}$: 평균
S_x: 표준편차

Z점수는 [그림 9-1]과 같은 표준정규분포(standard normal distribution)를 가정하는데, 이는 평균이 0이고, 분산이 1인 정규분포를 의미한다. 〈표 9-1〉에 제시된 표준정규분포표를 이용하여 Z점수는 백분위수로 환산될 수 있다. 원점수가 정상분포임을 가정하면 표준점수는 대략 −3에서 +3의 범위를 갖고, 원점수가 평균보다 크면 +(양수) 부호가 붙고 평균보다 작으면 −(음수) 부호가 붙는다. 만약 400점 만점 검사에서 평균이 200점이고 표준편차가 50점일 때 동현이가 300점을 맞았다면, 동현이의 평균 점수는 정규분포에서 2표준편차 위에 있으므로 97.73퍼센타일이다. 이를 통해 동현이의 성적은 상위 2.27 퍼센타일에 해당한다고 해석할 수 있다.

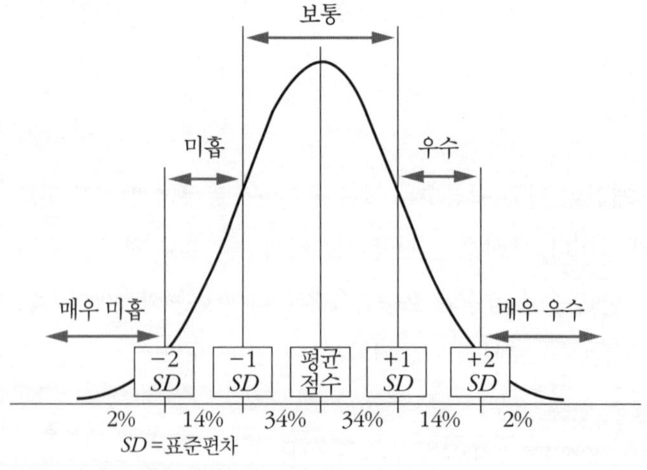

[그림 9-1] 표준정규분포

〈표 9-1〉 표준정규분포표

z	0.00	0.01	0.02	0.03	0.04	0.05	0.06	0.07	0.08	0.09
0.0	0.5000	0.5040	0.5080	0.5120	0.5159	0.5199	0.5239	0.5279	0.5319	0.5359
0.1	0.5398	0.5438	0.5478	0.5517	0.5557	0.5596	0.5636	0.5675	0.5714	0.5753
0.2	0.5793	0.5832	0.5871	0.5910	0.5948	0.5987	0.6206	0.6064	0.6103	0.6141
0.3	0.6179	0.6217	0.6255	0.6293	0.6331	0.6368	0.6406	0.6443	0.6480	0.6517
0.4	0.6554	0.6591	0.6628	0.6664	0.6700	0.6736	0.6772	0.6808	0.6844	0.6879
0.5	0.6915	0.6950	0.6985	0.7019	0.7054	0.7088	0.7123	0.7157	0.7190	0.7224
0.6	0.7257	0.7291	0.7324	0.7357	0.7389	0.7422	0.7454	0.7486	0.7517	0.7549
0.7	0.7580	0.7611	0.7642	0.7673	0.7704	0.7734	0.7764	0.7794	0.7823	0.7854
0.8	0.7881	0.7910	0.7939	0.7967	0.7995	0.8023	0.8051	0.8078	0.8106	0.8133
0.9	0.8159	0.8186	0.8212	0.8238	0.8264	0.8289	0.8315	0.8340	0.8365	0.8389
1.0	0.8413	0.8438	0.8461	0.8485	0.8508	0.8531	0.8554	0.8577	0.8599	0.8621
1.1	0.8643	0.8665	0.8686	0.8708	0.8729	0.8749	0.8770	0.8790	0.8804	0.8830
1.2	0.8849	0.8869	0.8888	0.8907	0.8925	0.8944	0.8962	0.8980	0.8997	0.9015
1.3	0.9032	0.9049	0.9066	0.9082	0.9099	0.9115	0.9131	0.9147	0.9162	0.9177
1.4	0.9192	0.9207	0.9222	0.9236	0.9251	0.9265	0.9279	0.9292	0.9306	0.9319
1.5	0.9332	0.9345	0.9357	0.9370	0.9382	0.9394	0.9406	0.9418	0.9429	0.9441
1.6	0.9452	0.9463	0.9474	0.9484	0.9495	0.9505	0.9515	0.9525	0.9535	0.9545
1.7	0.9554	0.9564	0.9573	0.9582	0.9591	0.9599	0.9608	0.9616	0.9625	0.9633
1.8	0.9641	0.9649	0.9656	0.9664	0.9671	0.9678	0.9686	0.9693	0.9699	0.9706
1.9	0.9713	0.9719	0.9726	0.9732	0.9738	0.9744	0.9750	0.9756	0.9761	0.9767
2.0	0.9773	0.9778	0.9783	0.9788	0.9793	0.9798	0.9803	0.9808	0.9812	0.9817
2.1	0.9821	0.9826	0.9830	0.9834	0.9838	0.9842	0.9846	0.9850	0.9854	0.9857
2.2	0.9861	0.9865	0.9868	0.9871	0.9874	0.9878	0.9881	0.9884	0.9887	0.9890
2.3	0.9893	0.9896	0.9898	0.9901	0.9904	0.9906	0.9909	0.9911	0.9913	0.9916
2.4	0.9918	0.9920	0.9922	0.9924	0.9927	0.9929	0.9931	0.9932	0.9934	0.9936
2.5	0.9938	0.9940	0.9941	0.9943	0.9945	0.9946	0.9948	0.9949	0.9951	0.9952
2.6	0.9953	0.9955	0.9956	0.9957	0.9959	0.9960	0.9961	0.9962	0.9963	0.9964
2.7	0.9965	0.9966	0.9967	0.9968	0.9969	0.9970	0.9971	0.9972	0.9973	0.9974
2.8	0.9974	0.9975	09976	0.9977	0.9977	0.9978	0.9979	0.9980	0.9980	0.9981
2.9	0.9981	0.9982	0.9982	0.9983	0.9984	0.9984	0.9985	0.9985	0.9986	0.9986
z	3.00	3.10	3.20	3.30	3.40	3.50	3.60	3.70	3.80	3.90
p	0.9986	0.9990	0.9993	0.9993	0.9997	0.9998	0.9998	0.9999	0.9999	1.0000

② T점수

평균 점수 미만을 받은 피험자의 Z점수는 음수가 되며 소수가 되는 경우도 많다. 음수나 소수로 표현되는 Z점수의 불편함을 해결하기 위해서 T점수를 사용한다. T점수는 평균 50점, 표준편차 10으로 하여 변환된 점수로서 현재 우리나라 대학수학능력시험에서 표준점수로 이용하고 있다. 계산방법은 다음과 같다.

$$T = 50 + 10\left[\frac{X - \bar{X}}{S_x}\right] = 50 + 10Z$$

X: 수험생의 원점수
$\bar{X}$: 전체 수험생집단의 평균
S: 표준편차

[그림 9-2]는 Z점수, T점수의 관계를 나타낸 것이다. 만약 어떤 학생의 점수가 평균보다 1표준편차 위인 점수를 얻었다면 Z점수는 1, T점수는 60점이며 백분위수는 84.13%이다.

대학수학능력시험 사회탐구영역의 선택과목별 원점수 합은 과목 간 난이도 차이와 집단 간 차이를 고려하지 않은 선택과목 점수의 합이므로 이를 표준점수로 바로 전환하는 것은 의미가 없다. 따라서 선택과목이 있는 사회탐구 영역의 원점수는 선택과목 간 난이도 차이와 응시집단 간 차이를 고려하여 조정하기 때문에 사회탐구영역의 과목별 원점수 합에 의한 순위와 표준점수 합에 의한 순위는 달라진다.

〈표 9-2〉에서 제시한 A학생과 B학생의 성적을 비교하여 보자. B학생의 경우 수학이 48점, 사회가 84점이다. 원점수로 보면 사회가 더 우수하지만 각 과목의

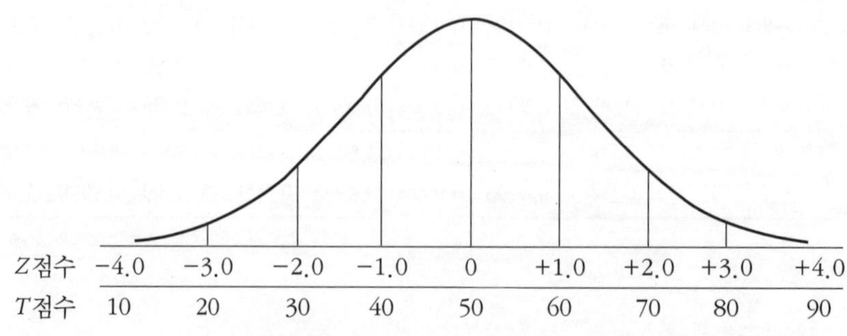

[그림 9-2] Z점수와 T점수의 관계

〈표 9-2〉 A와 B학생의 원점수와 표준점수

과목	M (평균)	SD (표준편차)	X(원점수)		x(편차치)		Z-score		T-Score	
			A	B	A	B	A	B	A	B
영어	74.2	12.5	96	84	+21.8	+9.8	+1.74	+0.78	674	578
수학	32.7	8.4	21	48	−11.7	+15.3	−1.39	+1.82	361	682
과학	45.4	8.5	42	68	−3.4	+22.6	−0.40	+2.60	460	760
사회	87.5	24.6	116	84	+28.6	−3.5	+1.12	−0.14	612	486
체육	69.6	6.2	85	72	+15.4	+2.4	+2.48	+0.40	748	540
총합			360	356			+3.55	+5.46	2,855	3,046
평균			72	71			+0.71	+1.09	571	609

평균이 주어지면 해석이 달라진다. 수학의 평균이 32.7점이고 사회의 평균이 87.5점이기 때문에 사회보다 수학을 더 잘했다고 할 수 있다. 또한 A, B 두 학생의 전 과목의 총점은 A가 B보다 높다(A=360 > B=356). 그러나 평균과 표준편차가 주어지면 해석이 달라진다. *Z*점수의 합을 구해 보면 A가 +3.55, B가 +5.46, *T*점수의 합도 A가 2,855, B가 3,046으로 *Z*점수나 *T*점수에 의한 비교에서는 B가 A보다 더 우수하다. 원점수나 평균보다는 *Z*점수나 *T*점수에 의한 비교가 더 정확하다.

③ 스테나인(stanine)−9등급제 표시

스테나인은 Standard nines를 합해서 만든 용어로서 원점수 분포를 평균 5, 표준편차 2인 점수분포로 표준화한 9개 범주를 가진 점수를 의미한다(Hopkins, Stanley, & Hopkins, 1990). *Z*점수와 *T*점수가 한 지점에 대한 정보를 알려 주는 것과는 달리 스테나인 점수는 일정한 구간을 하나의 동질구간으로 정하는 것이 특징이다. 최고의 스테나인 점수는 9이며 최하점은 1, 그리고 중간 부분에는 5가 매겨진다. 각 스테나인은 폭의 크기가 1/2 표준편차로 되어 있기 때문에 각 스테나인에 속하는 전체 사례수의 비율(%)은 [그림 9−3]과 같다. 9단계 스테나인을 수우미양가와 같은 5단계 평정체제로 변환하기 위한 기준은 〈표 9−3〉에서 볼 수 있듯이 학자마다 다르다.

스테나인	1	2	3	4	5	6	7	8	9
비율(%)	4	7	12	17	20	17	12	7	4
누가비율(%)	4	11	23	40	60	77	89	96	100

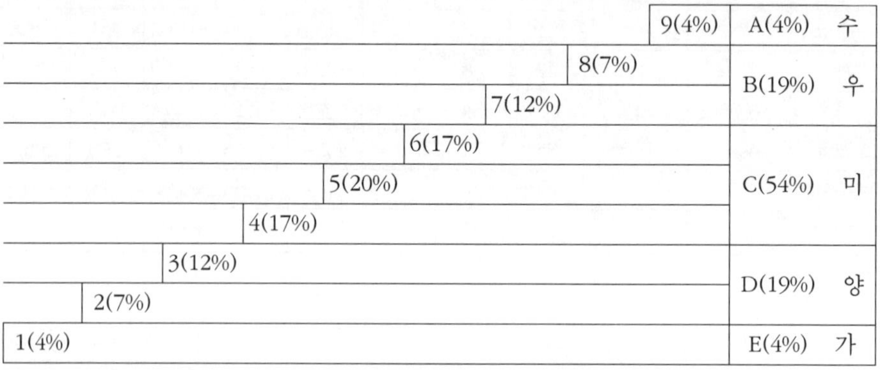

스테나인	5단계 평정
9(4%)	A(4%) 수
8(7%), 7(12%)	B(19%) 우
6(17%), 5(20%), 4(17%)	C(54%) 미
3(12%), 2(7%)	D(19%) 양
1(4%)	E(4%) 가

[그림 9-3] 스테나인 범주별 비율과 Durost에 의한 5단계 평정체제로의 변환 사례

〈표 9-3〉 5단계 평정등급 분할기준

학자	A(수)	B(우)	C(미)	D(양)	F(가)
Brooks (1915)	5	20	50	20	5
Cattell (1905)	10	20	40	20	10
Dearborn (1910)	2	23	50	23	2
Durost (1959)	4	19	54	19	4
Ruch (1929)	6	22	44	22	6
Ruediger (1914)	4	24	44	24	4
Smith (1911)	10	15	50	15	10
Wood (1960)	9	26	30	26	9

3) 준거점수

(1) 준거점수의 의미

규준점수는 피험자가 받은 점수의 상대적 위치를 알려 주지만 피험자가 무엇을 할 수 있고 무엇을 할 수 없으며, 학습목표를 성취했는지 혹은 실패했는지, 성취했다면 어느 정도 성취했는지 등에 대한 정보를 알려주지 않는다. 그러나 준거점수는 피험자들이 교육과정에 제시된 성취기준에 얼마나 도달하였는지에 대한 정

보를 제공할 수 있는 점수로서, 준거참조평가에서 교육적 가치판단의 기준을 개인의 상대적 서열이 아니라 정해진 준거에 기초하여 보고하고 해석하는 점수체계이다(박도순 외, 2007: 210). 준거(criterion, cut-off, standard)에 대한 정의는 매우 다양한데 일반적으로 피험자가 어떤 일을 수행할 수 있다고 일반인이 확신하는 지식과 기술 수준을 의미한다(AERA, APA, & NCME, 1985).

(2) 준거 설정방법

준거 설정은 가르치는 교사나 교과전문가의 판단에 의하여 설정하는 것이 바람직하다(박도순 외, 2007). 사회과 교사는 평가를 실시한 후 교육목표에 도달한 정도에 따라 학생들의 성취 정도를 우수 · 보통 · 기초학력으로 구분할 수 있어야 한다. 일반적으로 90점 이상일 경우 '수' 라고 하는데, 검사지의 난이도에 따라 90점의 의미가 달라지기 때문에 교사는 우수학력 · 보통학력 · 기초학력의 세 가지 성취 수준에 대한 도달 여부를 구분하기 위해서 각 수준을 분할하는 점수, 즉 각 수준에 도달하기 위해 필요한 최소한의 기준선 역할을 하는 분할점수를 산출할 필요가 있다. 여기서 분할 점수(cut score)란 성패나 당락을 구분하는 점수다(AERA, APA, & NCME, 1999).

준거점수는 가르치고자 하는 교수목표와 학생들의 성취결과 간의 합치성 정도를 측정하는 데 초점을 둔다. 그래서 Glaser(1963)는 목표에의 도달 정도를 측정하기 위한 평가에서는 상대적 규준에 의한 정보보다 검사내용에 주안점을 두어야 한다고 하였다. 검사내용에 근거하여 준거를 설정하면 피험자집단의 특성에 영향을 받지 않는 장점이 있다.

검사도구 내용 분석평가에 의하여 준거를 설정하는 대표적인 방법은 Angoff 방법, Jaeger 방법, Ebel 방법을 들 수 있다. 여기서는 우리나라 학업성취도 평가

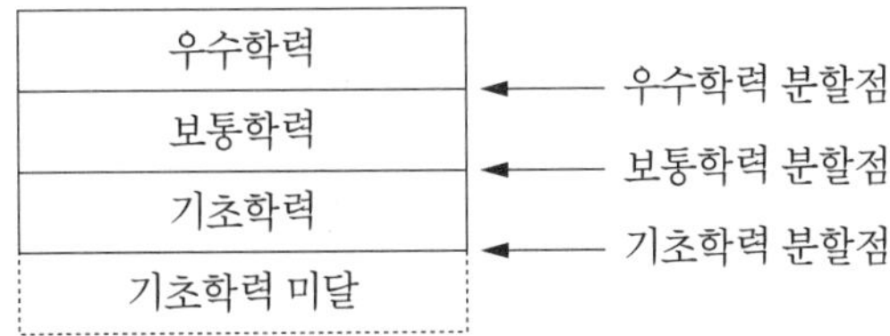

[그림 9-4] 성취 수준 단계 구분

와 미국의 ETS 평가에서 분할점수를 산출하는 데 사용되는 Angoff 방법을 소개하고자 한다.

Angoff 방법은 교과전문가인 교사집단이 문항을 분석한 후 최소능력 보유 피험자들로 구성된 가상집단에서 어느 정도 정답을 맞힐 수 있는가를 판정한 다음, 각 문항의 답을 맞힐 피험자 비율의 합을 분할점수로 설정하는 방법이다. Angoff 방법에 따른 구체적인 분할 점수 산출 절차를 소개하면 다음과 같다.

첫째, (예비)사회과 교사를 4명씩 몇 개의 소집단으로 편성한다.

둘째, 분할점수 산출에 참여한 (예비)사회과 교사들은 분석 대상 학년의 사회과목에서 우수, 보통, 기초 등 세 가지 성취 수준별로 최소능력(minimal competency)을 개념화하고 숙지한다.

셋째, (예비)사회과 교사는 검사문항과 정답을 검토한 후, 각 문항에 대하여 성취 수준별로 학생들이 정답을 맞힐 확률을 판단한다(Angoff, 1971). 이때 주의할 점은 우수학력에 해당하는 학생들이 각각의 문항을 맞힐 확률을 모두 판정한 후, 그 결과를 보지 않고 보통학력에 해당하는 학생들이 각 문항을 맞힐 확률을 판정한다. 그리고 기초학력에 해당하는 학생들이 각 문항을 맞힐 확률도 우수학력과 보통학력에 대한 자신의 판정결과를 보지 않고 판정한다. 각 문항을 맞힐 확률은 0, 5, 10, ⋯, 50, ⋯, 90, 95, 100% 등과 같이 5% 단위로 하는 것이 정답률에 대한 효율적인 계산과 판단을 돕는다.

$$P_i = \frac{\text{문항을 맞힐 수 있는 피험자 수}}{\text{최소능력 피험자 수(100명)}} \times 100$$

넷째, (예비)사회과 교사들이 모든 문항에 대하여 우수학력, 보통학력, 기초학력에 해당하는 학생이 맞힐 확률을 판정하면, 문항별로 전체 교사들이 산출한 정답 확률의 평균값을 산출한다. 그런 다음 각 문항에 대한 정답 확률의 평균값에 해당 문항의 배점을 곱한다. 그리고 모든 문항을 동일한 방식으로 계산한 후 이를 모두 합하면 성취 수준을 분할하는 점수가 산출된다.

다섯째, 1차 판정한 문항의 기대 정답률을 검토한 후 (예비)사회과 교사들은 소집단의 중앙값과 자신의 값을 비교하여 20% 이상의 정답률 차이를 보이는 문항과 자신의 소집단과 전체 집단의 중앙값을 비교하여 20% 이상의 정답률 차이를

보이는 문항을 골라 소집단별로 해당 문항 특성에 대하여 논의한다. 이러한 과정을 통하여 (예비)사회과 교사들은 정답률의 편차가 큰 문항에 대한 이견을 줄여 나간다. 이때 논의는 동일한 기대 정답률을 산출하기 위한 것이 아니라 해당 문항의 난이도에 대한 개념적인 합의를 위한 것이다.

여섯째, (예비)사회과 교사들은 문항 검토 후, 2차 분할점수 산출을 위해 소집단별로 각 문항에 대한 기대 정답률을 성취 수준에 따라 또다시 판정한다. 그 후 소집단별 기대 정답률의 중앙값, 전체의 기대정답률의 중앙값을 산출하여 소집단과 전체 집단에서 수준별로 분할점수를 재산출하고 또다시 점수 차이가 많이 나는 문항에 대하여 논의한다.

일곱째, (예비)사회과 교사들에게 학생들의 실제 정답률과 문항 반응 분포자료를 제공한다. 문항에 대한 경험적인 자료와 2차 분할점수 산출 시에 정답률 편차가 컸던 문항에 대해 각자의 의견(조정된 의견이 될 수 있음)을 제시하고 다른 (예비)교사의 의견을 들으면서 서로 합의하는 과정을 가진다. 이때 실제 정답률과 문항 반응 분포표는 (예비)교사들이 정답률 판단을 수정할 수 있는 실증적인 자료의 역할을 한다.

여덟째, 3차 분할점수 산출을 위해 각 문항에 대한 기대 정답률을 판정하고, 이를 토대로 각 성취 수준별로 분할점수를 산출한다. (예비)사회과 교사들 간의 문항에 대한 이견이 많은 때에는 위의 문항 판정의 과정을 반복하고, (예비)교사 간의 합의 정도가 만족스러우면 문항 판정과 분할점수 산출과정을 종료하여 최종적으로 성취 수준을 분할하는 점수를 산출한다.

서술형 문항의 경우는 3개의 성취 수준 각각에서 최소능력 피험자가 문항의 점수를 받을 확률을 판정한다. 예를 들어, 3점 만점의 서술형 문항의 경우 학생들이 3, 2, 1, 0점의 점수를 받을 수 있다면, 우수학력에서 최소능력자 100명 중에서 3, 2, 1점 각각을 받을 확률을 판정한다. 즉, 최소능력자 100명 중 3점을 받을 피험자 수, 2점을 받을 피험자 수, 1점을 받을 피험자 수를 각각 판정한다. 따라서 수행형 문항은 해당 문항의 난이도에 따라 0점을 받는 피험자가 생기면 확률의 총합이 100 미만이 될 수 있다.

4) 척도점수

준거지향 평가방식에 근거하여 학생들의 성취 수준을 파악하고 그 변화 추이를 분석 · 보고하려면 학생들의 성취도에 대한 원점수체제는 문항반응이론에 따른 점수체제로 변환되어야 한다. 원점수체제에서 발생되는 문제 중의 하나는 학생들의 검사점수가 문항의 난이도에 따라 변한다는 것이다. 각 학년급별로 다른 검사문항으로 시행하고, 동일 학년에서도 매년 다른 검사문항으로 시행해야 하는 평가체제에서는 학생들의 성취도를 연차 비교한다든지, 학년별로 학생들의 성취도를 비교하는 것은 불가능하다. 또한 준거지향 평가방식에 의해 평가결과를 보고할 경우 매년 수준 설정결과가 달라지고 설정된 수준의 의미도 달라질 수 있기 때문에 검사점수나 성취 수준뿐 아니라 수준의 변화를 해석하는 데에도 문제가 발생할 수 있다. 원점수체제가 가지고 있는 이러한 문제를 극복하고 일관성 있는 점수체제 내에서 학업성취도의 변화 추이를 파악하기 위해서는 문항반응이론에 근거한 새로운 점수체제의 도입이 불가피하다.

다른 검사의 점수들을 하나의 점수체제에서 비교할 수 있게 하는 과정을 척도화(scaling) 과정이라고 한다. 문항반응이론에 의해 점수 척도를 개발한다는 것은 검사이론모형에 의한 점수체제를 사용한다는 의미다. 원점수에 근거한 점수체제에서는 학생의 능력이 각 검사에서 맞은 문항의 수를 합하여 받은 점수로 추정된다. 반면 문항반응이론에 근거한 점수체제는 문항반응모형에 따라 문항의 난이도나 변별도를 고려하여 동일한 개수의 문항을 맞혔다고 해도 어려운 문항을 맞힌 학생이 쉬운 문항을 맞힌 학생보다 높은 점수를 받는다. 원점수체제에서는 문항의 난이도와 변별도를 고려하지 않고, 맞힌 문항의 개수만으로 학생의 능력을 추정하지만, 문항반응이론에 의한 점수체제는 문항의 난이도와 변별도를 고려한 점수를 사용함으로써 타당한 점수를 산출할 수 있다. 문항반응이론에 의한 점수는 어려운 문항을 맞히면 높은 점수를, 쉬운 문항을 맞히면 낮은 점수를 받게 됨으로써 원점수체제의 불합리성을 해결할 수 있다.

문항반응이론의 또 다른 장점은 문항모수와 능력모수의 불변성 개념이다. 제7장에서 언급하였듯이 문항모수의 불변성은 문항의 난이도와 변별도가 피험자집단의 특성에 따라 변화하지 않는다는 것을 의미하며, 능력모수 불변성은 검사에 따

라 학생들의 점수가 변화하는 것이 아니라 학생 자신의 고유한 능력을 산출한다는 것이다. 문항모수 불변성과 능력모수의 불변성은 검사 점수를 계속 비교하여 사용할 수 있는 점수체제의 전제가 된다.

미국 NAEP에서는 원점수체제에서 학생들의 검사점수가 문항의 난이도에 따라 변한다는 문제점을 극복하고 일관성 있는 점수체제 내에서 평가결과의 변화 추이를 파악할 수 있도록 점수를 척도화(scaling)하였다. 500점 척도점수체제에서 1994년과 2001년 평균 척도점수를 비교해 보면 [그림 9-5]에서 볼 수 있듯이, 4학년은 1994년 206 · 2001년 209, 8학년은 1994년 260 · 2001년 262로 4학년과 8학년 모두 2001년의 평균 점수가 1994년보다 높았다. 12학년의 경우 1994년과 2001년 모두 285로 평균 점수의 차이가 나타나지 않았다.

성적 분포의 90%에 해당되는 학생과 10%에 해당되는 학생의 척도점수 차이는 〈표 9-4〉에서 볼 수 있듯이 1994년에 비하여 2001년이 모든 학년급에서 그 차이가 줄어들었고, 평균 척도점수에서 상위에 속하는 학생과 하위에 속하는 학생 간의 편차도 학년이 올라갈수록 줄어들었다.

이처럼 척도점수(scale scores)를 사용하면 척도의 일관성을 유지할 수 있다. 매년 검사문항과 검사를 치른 피험자집단의 특성에 따라 검사점수가 변화하지 않는

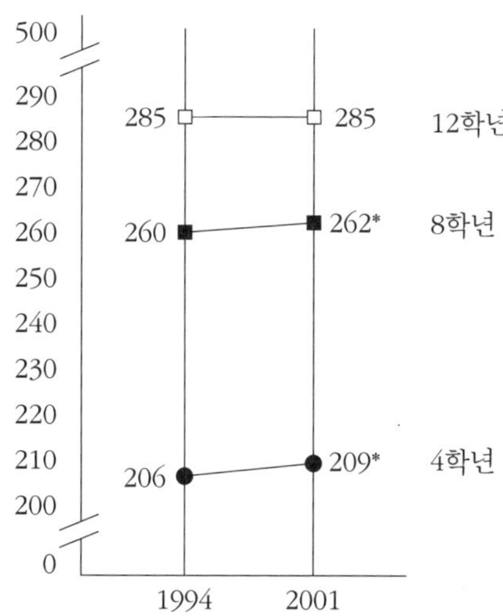

[그림 9-5] 학년별 평균 척도점수

출처: NCES, 2005.

〈표 9-4〉 성적 분포의 90%와 10%에 해당하는 학생의 평균 척도점수 차이

학년	평가시기	90%에 해당하는 학생	10%에 해당하는 학생	90%와 10%에 해당하는 학생 점수 차이
4학년	2001	254.2(0.9)	158.5(1.7)	95.8(1.9)
	1994	257.4(2.0)	145.6(1.9)	111.8(2.7)
8학년	2001	302.5(1.2)	217.3(1.0)	85.3(1.6)
	1994	302.5(1.9)	212.6(1.3)	89.8(2.2)
12학년	2001	318.9(1.0)	246.5(1.7)	72.3(2.0)
	1994	320.9(1.0)	244.0(0.9)	77.0(1.3)

( ): 표준오차.
출처: NCES, 2005.

척도의 일관성을 지닌 검사체제로의 전환은 그만큼의 당위성을 갖는다. 검사점수 체제가 일관성이 있어야 검사가 제공하는 정보를 제대로 활용할 수 있으며, 계속적으로 사용할 수 있다.

2. 문항 반응 경향성 분석

1) 성취 수준별 대표문항 선정방법

Angoff 방법에 의해 분할점수를 산출한 후에는 각 성취 수준에 속하는 학생들이 무엇을 알고 무엇을 할 수 있는지를 기술하여 학생들에게 각 수준을 해석할 수 있는 자료를 제공해야 한다. 성취 수준별로 대표문항으로 선정된 문항의 성취기준은 해당 수준의 학생들이 알고 있는 지식이나 할 수 있는 기능을 제시하기 때문에 이를 이용하여 각 성취 수준을 해석할 수 있다.

미국 NAEP와 우리나라 학업성취도 평가에서는 성취 수준을 해석하기 위하여 수준별로 대표하는 문항을 연계하는 방법(item mapping method)을 사용하여 대표문항의 특성을 분석한다. 대표문항은 성취 수준별로 각 문항에 대한 학생들의 숙달 수준을 넘는 문항을 의미한다. Huynh(1994)은 문항 유형에 따른 대표문항의 선정 비율을 달리하는 것을 제안하였다. 그는 NAEP 문항 정보를 조사한 후

Bock 이론(1972)에 따라 정답 반응에 의해 제공된 문항정보를 [P(q)I(q)]로, 오답 반응에 의해 제공된 정보를 [(1−P(q)I(q)]로 구분하였다. Huynh에 의하면 정답 반응에 의해 제공된 문항정보는 정답 확률이 수행형 문항의 경우 0.65일 때 최대화되고, 선다형의 경우 0.74에서 최대화된다.

따라서 Huynh 숙달 수준에 따라 선택형의 경우 문항 정답률이 74% 이상인 문항들을 해당 수준의 대표문항, 수행평가 문항의 경우 문항의 만점 비율이 65% 이상인 문항들을 해당 수준의 대표문항으로 간주한다. 그리고 각 수준별 대표문항들의 특성을 너무 구체적이지 않게 기술하여 해당 수준에서 학생들이 무엇을 알고 할 수 있는지를 보고한다.

2) 성취 수준별 대표문항 분석 사례: 미국 NAEP 지리 성취도 결과를 중심으로

(1) 준거 설정

NAEP 지리평가에서 학교급별 성취 수준은 기초(basic) · 숙달(proficient) · 수월(advanced)로 구분된다. 기초 수준은 4 · 8 · 12학년에서 성취하기를 기대하는 지식과 사고기능을 '부분적' 으로 성취한 수준이고, 숙달 수준은 능력 있는 학생과 시민에게 요구되는 지리를 '충분히' 학습한 수준이며, 수월 수준은 다른 선진국의 최고 수준 학생들과 동등하게 지리 쟁점에 대하여 비판적으로 사고하고 문제를 해결하기 위하여 지식과 기능을 종합적으로 활용할 수 있는 수준이다(NCES, 2002: 9). 그러나 '부분적으로 성취한다' 와 '충분히 성취한다' 등의 진술만으로는 학생들이 무엇을 알고 무엇을 모르는지에 대해서 정확하게 판단하기 어렵다. 피험자가 어떤 영역을 얼마만큼 알고 있는지에 대한 정보를 제공하기 위해서는 분할점수를 산출하고 각 수준에 해당하는 학생들의 능력을 구체적으로 기술할 필요가 있다.

NAEP는 분할점수의 산출준거를 설정하기 위하여 위에서 설명한 Angoff(1971) 방법을 활용하였다. NAEP에서는 Angoff 방법에 따라 각 수준별 최소능력자의 정답 확률을 예상하는 방식으로 3개의 분할점수를 설정하였다. NAEP의 분할점수는 0점에서 500점 만점의 척도점수체제에서 설정되었는데 이러한 점수체제에

〈표 9-5〉 성취 수준의 분할점

	4학년	8학년	12학년
기초(basic)	187	242	270
숙달(proficient)	240	282	305
수월(advanced)	276	315	339

출처: NCES, 2002.

서 NAEP가 산출한 학교급별 분할점수는 〈표 9-5〉와 같다(NCES, 2002: 10-12). 각 분할점수는 해당 수준의 최소능력(minimal competency)에 해당된다.

〈표 9-5〉에 제시된 분할점수를 기준으로 산출한 성취 수준의 비율을 살펴보면 〈표 9-6〉과 같다. 1994년과 2001년 학생들의 성취 수준은 4 · 8학년의 기초 미달 수준과 4 · 12학년의 기초학력 수준을 제외하고는 의미 있는 차이를 보이지 않았다. 4학년 학생의 2001년 성취 수준은 1994년에 비하여 기초 이상의 비율이 증가하였으나, 숙달 이상은 21%로 1994년과 유의한 차이를 나타내지 않았다. 8학년도 4학년과 마찬가지로 1994년에 비하여 2001년의 기초 이상의 비율이 증가하였고, 숙달 이상의 비율은 30%에 달하였다. 그러나 숙달 이상은 1994년과 유의한 차이를 보이지 않았다. 12학년의 경우 2001년 기초 이상과 숙달 이상의 성취 비율은 1994년과 유의한 차이가 없었고, 12학년 학생의 25%가 숙달 수준 이상에 해당하였다.

〈표 9-6〉 성취 수준 비율: 1994년과 2001년

(단위: %)

학년	시기	기초 미달 (below basic)	기초 (basic)	숙달 (proficient)	수월 (advanced)	기초 이상 (at or above basic)	숙달 이상 (at or above proficient)
4학년	1994	30(1.1)	48(1.0)	19(1.1)	3(0.4)	70(1.1)	22(1.2)
	2001	26(1.2)*	53(1.4)*	19(1.1)	2(0.3)	74(1.2)*	21(1.0)
8학년	1994	29(1.0)	43(1.1)	24(0.9)	4(0.4)	71(1.0)	28(1.0)
	2001	26(0.9)*	44(0.9)	26(1.1)	4(0.6)	74(0.9)*	30(1.2)
12학년	1994	30(0.9)	43(1.0)	25(1.0)	2(0.5)	70(0.9)	27(1.2)
	2001	29(0.9)	47(0.9)*	23(1.0)	1(0.3)	71(0.9)	25(1.1)

출처: NCES, 2005.
괄호 안의 수치는 추정된 비율의 표준 오차.
*는 1994년과 유의한 수준에서 차이를 나타낸 것을 의미함.

(2) 대표문항특성에 따른 성취 수준 해석

① 4학년 성취 수준

먼저 기초 수준에 해당되는 학생은 대체로 지도에서 특정 지리 사상의 위치를 확인하고, 두 지역을 특정 기준으로 대비시킬 수 있는 수준이다. 그리고 숙달 수

성취 수준	척도	점수	대표문항
	500		
	⋮		
	320	320	*대도시로 개발될 수 있는 곳을 결정하기 위하여 자원도를 해석한다.*
	310		
	300		
	290	295	특정 사상에 대한 글에 기초하여 지도를 그린다.
수월(Advanced)	280	288	*스위스에 위치한 산맥을 확인한다.*
276		276	연중 작물 재배가 가능한 주를 알기 위하여 다양한 지도를 이용한다.
	270	271	*자원을 둘러싼 갈등이 야기될 수 있는 지역을 아는 데 지도를 이용한다.*
	260	269	두 국가의 농경 상태를 비교하기 위하여 여러 지도를 이용한다.
		259	*운송도에 주어진 정보를 해석한다.*
		255	운송체계도에서 특정 경로를 발견하고 그린다.
	250	251	*인구도를 보고 대도시를 확인한다.*
		249	*지형도를 보고 특정 지역의 높낮이를 안다.*
숙달(Proficient)		244	*세계에서 가장 큰 대양을 확인한다.*
240	240	242	*관개에 대한 주제도를 해석한다.*
	230	230	세 가지 지도에 기초하여 두 국가의 기후와 토지 이용을 비교한다.
		225	정치 지도에서 국경선을 확인한다.
	220	221	*북미 지도에서 미시시피강 위치를 확인한다.*
		218	지형도에서 특정 사상의 위치를 찾는다.
		218	철강산업 입지 특성을 설명하기 위하여 자원도를 이용한다.
	210	216	*사진에서 사막을 확인하고 곡물 재배를 위한 관개의 필요성을 인식한다.*
		207	*정치 지도에서 수도를 확인한다.*
	200	202	대도시와 소도시 활동을 구분한다.
기초(Basic)		195	*사진에 나타난 기후 특징을 인식한다.*
187	190	192	미국 지도에서 자신이 사는 주의 위치를 확인한다.
		187	*두 국가 간 교역품을 확인하기 위해 지도를 이용한다.*
	180	182	지도에서 특정 토지형태를 확인한다.
	170	175	*사진에 나타난 토지 이용 유형을 인식한다.*
	160	161	*단순한 인구 도형도를 읽는다.*
	⋮		
	0		

[그림 9-6] 4학년 성취 수준별 대표문항

※ 이탤릭체는 4지 선다형 문항, 정자체는 구조화된 수행형 문항.

출처: NCES, 2005.

준의 학생은 다양한 지도를 읽어 정보를 해석하고, 한 가지 기준으로 두 지역을 비교하는 수준이며, 수월 수준의 학생은 다양한 지도에서 정보를 찾고 적용함으로써 단순한 문제를 해결하거나 특정 사상에 대한 기술을 바탕으로 지도를 그리고, 기후와 농업 간의 관계 등을 직접적인 인과관계로 파악할 수 있는 수준이다.

② 8학년 성취 수준

기초 수준에 해당되는 학생은 대체로 두 가지 변인으로 지역을 설명하고, 특정 인문지리 현상을 자연환경과 관련하여 단선적으로 이해하며, 지도 등을 이용하여 인과관계적 추론능력을 요구하는 지리 질문에 대하여 대답할 수 있는 수준이다. 숙달 수준에 해당되는 학생은 지리 현상에 대해 다양한 관점을 비교하고, 하나의 지리 현상이 다른 현상에 어떻게 영향을 미치는지를 설명하며, 특정 현상에 대한 두 가지 원인을 들 수 있다. 그리고 수월 수준에 해당하는 학생들은 자료로부터 얻은 정보를 종합하여 지역을 유형화하고, 특정 지역이 정치적 · 경제적 상호작용에 미친 영향을 분석하며, 두 가지 이상의 원인으로 한 가지 지리 현상을 설명할 수 있는 수준이다.

③ 12학년 성취 수준

기초 수준에 해당되는 학생은 특정 지역의 지리 현상을 다양한 변인을 고려하여 설명하고, 다양한 지도에서 수집한 자료를 가지고 지리 문제를 해결할 수 있는 수준이다. 숙달 수준에 해당되는 학생들은 시간의 흐름에 따른 지역의 변화를 설명하고, 인구 · 기후 · 문화 등에 관한 다양한 지식을 활용하여 특정 지역의 지역성을 전반적으로 기술하며, 연속적인 인과관계를 설명하는 수준이다. 수월 수준에 있는 학생은 다양한 지식을 활용하여 특정 장소에 대하여 전반적으로 기술하며, 한 가지 현상을 두 가지 이상의 원인으로 설명하고 그것이 어떻게 또 다른 현상의 원인이 되는지를 설명하는 수준이다. 그리고 세계의 주요 자연적 · 문화적 속성을 이해한 후 특정 변인의 지역 차이를 종합적으로 설명할 수 있다. 〈표 9-7〉은 대표문항 분석을 기초로 미국 학생들의 성취 수준을 정리한 것이다.

	500		
	⋮		
	350	359	인구 피라미드에 나타난 차이점을 기술하고 설명한다.
	340	348	*표준시간대 지도를 이용한다.*
수월(Advanced)	330	338	국가 간 석유무역을 설명하는 데 지도를 이용한다.
315	320	328	적도지역에서 숲 벌채율이 높은 이유를 두 가지 제시한다.
		319	*캐나다지역의 토지 이용을 설명하기 위하여 다양한 지도를 이용한다.*
		316	*침식을 유발하는 자연적 힘을 인식한다.*
	310	314	지도를 이용하여 미국에서 인구 중심지의 이동을 설명한다.
		309	*OPEC의 목적을 확인한다.*
		306	토지 소유에 대한 다양한 관점을 이해하고 비교한다.
		303	*대도시로 발전할 것 같은 위치를 찾기 위하여 자원도를 해석한다.*
	300	301	지도를 이용하여 초승달지역에서 고대 문명이 발달한 이유를 두 가지 제시한다.
		297	세계지도를 이용하여 도시화에 대한 정보를 찾는다.
숙달(Proficient)		295	*페루의 엘리뇨가 경제에 미친 영향을 확인한다.*
282	290	291	*정치 지도에서 수도를 알기 위하여 interior의 개념을 응용한다.*
		288	*자원을 둘러싼 갈등이 야기될 수 있는 지역을 아는 데 지도를 이용한다.*
		285	*국가들이 국제기구에 참여하는 이유를 인식한다.*
	280	283	*아프리카 도시 위치를 아는 데 정치 지도와 토지 이용도를 이용한다.*
		278	*강수량과 작물 재배시기를 나타낸 지도를 이용하여 주를 비교한다.*
		271	적도지역에서 숲 벌채율이 높은 이유를 한 가지 제시한다.
	270	270	*인구 피라미드 읽는 방법을 이해한다.*
		267	지도를 이용하여 초승달지역에서 고대 문명이 발달한 이유를 한 가지 제시한다.
	260	262	*지도에서 단층선을 인식한다.*
		257	운송도에서 두 지점 간의 직선 경로를 결정한다.
기초(Basic)		256	*반도로서의 플로리다를 확인한다.*
242	250	250	*북미 지도에서 슈페리어호 위치를 안다.*
	240	240	*지도에서 지진 진원지와 근접한 도시를 확인한다.*
	230		
	220	227	*미국의 주요 무역상대국을 확인하기 위하여 지도를 이용한다.*
	210	217	철강산업의 입지를 알기 위하여 자원도를 이용한다.
	200	207	자신이 살고 있는 주의 위치를 안다.
	⋮		
	0		

[그림 9-7] 8학년 성취 수준별 대표문항

※ 이탤릭체는 4지 선다형 문항, 정자체는 구조화된 수행형 문항.

출처: NCES, 2005.

성취 수준	척도	문항 점수	대표문항
	500		
	⋮		
	370	377	몽고의 경제 발달을 설명하는 데 자료와 지도를 이용한다.
	350	350	석유의 국제무역에 대한 이유를 설명한다.
수월(Advanced)	340	347	인구 피라미드를 이용하여 국가 간 차이점을 설명한다.
339		345	토지 이용의 지역적 편차를 설명하기 위하여 세계지도를 이용한다.
		337	지도를 이용하여 미국에서 인구 중심지의 이동을 설명한다.
		333	중동전쟁이 경제에 미친 영향을 설명하는 데 지도를 이용한다.
	330	331	대부분의 호주인이 거주하는 지역을 기술하기 위하여 다양한 지도를 이용한다.
		325	적도의 높은 산림 벌채율에 대하여 설명한다.
	320	321	유럽의 두 국가 간 도시화를 비교하기 위하여 지도와 차트를 이용한다.
		319	표준시간대 지도를 이용한다.
		318	인도의 보편 종교를 확인한다.
		314	국제 교역도에 나타난 교역품으로서 석유를 확인한다.
숙달(Proficient)	310	311	적도지대 국가의 위치를 찾는 데 지도를 이용한다.
305		305	일본 목재 생산원을 확인하기 위하여 지도와 차트를 이용한다.
		301	OPEC의 목적을 확인한다.
	300	300	초승달지역이 왜 문명의 발생지가 되었는지를 설명한다.
		299	미국에서 가장 높은 인구 밀도를 가진 지역을 결정하는 데 다양한 지도를 이용한다.
	290	295	언어의 지리적 분포를 설명하는 데 지도를 이용한다.
		287	페루의 엘리뇨가 경제에 미친 영향을 확인한다.
		284	한 지역의 특성을 정의한다.
		282	자연재해지역을 지도에 표시하고 그들이 미친 영향을 설명한다.
	280	280	환경 위험을 평가하는 데 지도와 자료를 이용한다.
		276	도시의 site를 설명한다.
기초(Basic)		272	흐름도 읽는 방법을 인식한다.
270	270	271	인구 피라미드를 읽는다.
	260	267	기술된 글에 기초하여 부분적으로 정확한 지도를 그린다.
		258	등고선에서 평평한 곳을 확인한다.
	250	253	지진 강도를 측정하기 위한 리터 단위를 인식한다.
	240	242	지진 피해가 발생할 지역의 위치를 지도를 이용하여 찾는다.
	⋮		
	0		

[그림 9-8] 12학년 성취 수준별 대표문항

※ 이탤릭체는 4지 선다형 문항, 정자체는 구조화된 수행형 문항.

출처: NCES, 2005.

〈표 9-7〉 대표문항의 특성 분석에 기초한 성취 수준 기술

	4학년	8학년	12학년
기초 (basic)	– 지도에서 특정 지리 사상의 위치를 확인할 수 있다. – 두 지역을 특정 변인을 기준으로 대비할 수 있다.	– 두 가지 변인으로 지역을 설명할 수 있다. – 특정 인문지리 현상을 자연환경과 관련하여 단선적으로 설명할 수 있다. – 지도 등을 이용하여 인과관계적 추론 능력을 요구하는 지리 질문에 대하여 대답할 수 있다.	– 특정 지역의 지리 현상을 다양한 변인을 고려하여 종합적으로 설명할 수 있다. – 다양한 지도에서 수집한 자료를 가지고 지리 문제를 해결할 수 있다. – 한 가지 지리 현상이 다른 것에 영향을 어떻게 미치고, 그 후 그와 같은 현상이 또 다른 것에 어떻게 영향을 미치는지를 설명할 수 있다.
숙달 (proficient)	– 다양한 지도를 읽어 정보를 해석할 수 있다. – 한 가지 기준으로 두 지역을 비교할 수 있다.	– 지리 현상에 대해 다양한 관점을 비교할 수 있다. – 하나의 지리 현상이 다른 지리 현상에 어떻게 영향을 미치는지를 설명할 수 있다. – 두 가지 원인으로 특정 현상에 대하여 설명할 수 있다.	– 시간의 흐름에 따른 지역의 변화를 설명할 수 있다. – 인구 · 기후 · 문화 등에 관한 다양한 지식을 활용하여 특정 지역에 대하여 전반적으로 기술할 수 있다.
수월 (advanced)	– 다양한 지도에서 정보를 찾고 적용함으로써 단순한 문제를 해결할 수 있다. – 특정 사상에 대한 기술을 바탕으로 지도를 그릴 수 있다. – 기후와 농업 간의 관계 등을 직접적인 인과관계로 파악할 수 있다.	– 자료로부터 얻은 정보를 종합하여 지역을 유형화할 수 있다. – 특정 지역이 정치적 · 경제적 상호작용에 미친 영향을 분석할 수 있다. – 두 가지 이상의 원인으로 지리 현상을 설명할 수 있다.	– 다양한 지식을 활용하여 특정 장소에 대하여 전반적으로 기술할 수 있다. – 두 가지 이상의 원인이 서로 결합하여 한 가지 현상을 설명하고 그것이 어떻게 또 다른 현상의 원인이 되는지를 설명할 수 있다. – 세계의 주요 자연적 · 문화적 속성을 이해한 후 특정 변인의 지역 차이를 종합적으로 설명할 수 있다.

실습문제 1

다음은 문항과 각 문항에 대한 성취 수준별 문항반응표다. 물음에 답하시오.

1. 다음 그래프는 상품의 가격이 결정되는 과정을 보여 주고 있다. 이에 대한 설명으로 옳지 않은 것은?

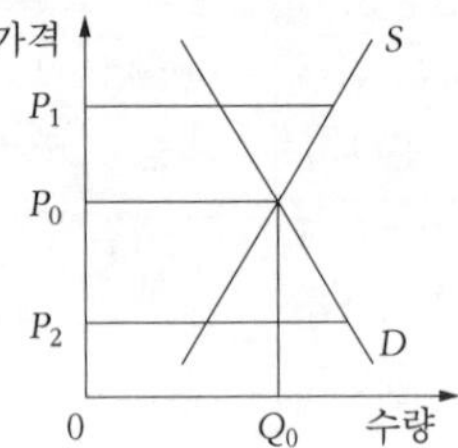

① P_0에서의 거래량은 Q_0이다.
② P_1에서는 초과 수요가 발생해 가격이 하락한다.
③ P_0에서 수요량과 공급량이 일치하여 균형을 이룬다.
④ P_2에서는 공급량보다 수요량이 많아 가격이 상승한다.
⑤ 수요자와 공급자 사이의 경쟁에 의해 가격이 결정된다.

2. 다음 글에 제시된 민족 문화의 바람직한 발전 원칙을 올바르게 인식하고 있는 사람은?

> 세계적인 문화 개방의 추세에서 우리가 잊지 말아야 할 원칙은 이 시대의 진정한 세계화가 전 세계적인 문화적 획일화가 아니라, 문화적 다원주의라는 점이다. 즉, 이는 세계적인(global) 장에서 지역적(local)인 특수성이 공존하는 가운데 서로의 삶의 질을 향상시키는 데 기여하는 '세계적 지역화(glocalization)'를 의미한다.

① 원빈: 우리나라에도 뛰어난 전통 음악이 있으니 외국 유명 가수의 공연은 필요 없어.
② 혜교: 요즘처럼 바쁜 세상에 시간이 오래 걸리는 우리 음식 문화는 적절하지 않아.
③ 지원: 우리 대중음악의 경쟁력을 높이려면 모든 가수들이 영어로 공연할 수 있어야 해.
④ 병헌: 합리적인 소비자라면 한국 영화보다 할리우드의 블록버스터 영화를 선택하는 것이 당연한 거야.
⑤ 유리: 공연 '난타'가 사물놀이를 바탕으로 하여 록과 재즈를 접목하지 않았다면 크게 주목받지는 못했을 거야.

3. 다음 그림을 근거로 예상할 수 있는 사회 문제는?

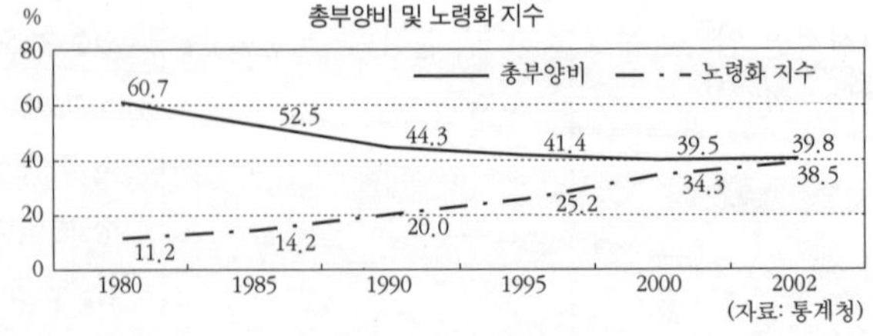

※ 총부양비 = (14세 이하 인구 + 65세 이상 인구) / (15세 이상 ~ 64세 미만 인구) ×100

※ 노령화 지수 = (65세 이상 인구) / (14세 이하 인구) ×100

① 노동력 과잉
② 노인 부양비 증가
③ 노인 사망률 급증
④ 출생 성비의 불균형
⑤ 유소년 부양비 증가

성취 수준별 문항반응

문항	우수학력	보통학력	기초학력	전체
	정답률	정답률	정답률	정답률
1	75.0	50.1	29.5	40.2
2	93.0	78.1	56.1	64.4
3	99.1	96.0	74.8	79.8

1-1) 우수학력, 보통학력, 기초학력의 성취 수준을 해석하는 방법을 기술하시오.

1-2) 1-2)에서 제시한 방법에 따라 성취 수준별 성취 내용을 해석하시오.

성취 수준	성취내용
우수학력	
보통학력	
기초학력	

실습문제 2

〈자료 1〉 중학교 3학년 사회 검사문항, 〈자료 2〉 답지반응 분포표를 참고하여 보고, 우수/보통/기초학력의 성취 수준 분할점수를 산출하시오. 그리고 〈자료 3〉 성취 수준별 정답률을 보고, 대표문항 특성 분석에 기초하여 성취 수준을 기술하시오.

〈자료 1: 중학교 3학년 사회 검사문항〉

1. 다음은 중부지방의 동서 단면도다. 이러한 지형적 특색이 주민 생활에 미친 영향으로 알맞은 것을 〈보기〉에서 고르면?

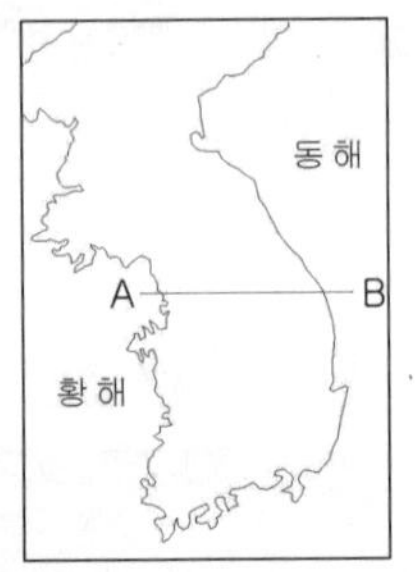

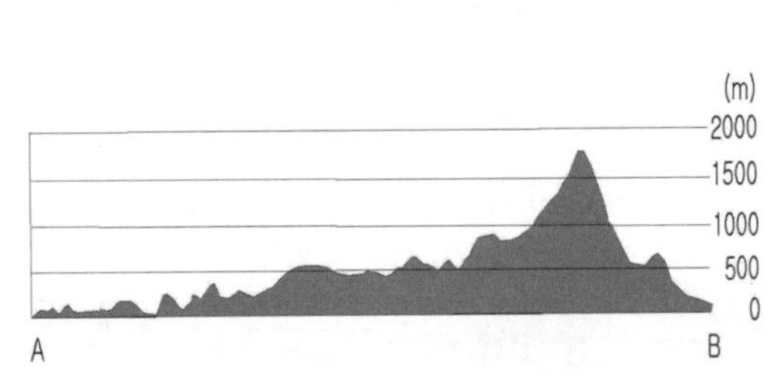

보기

ㄱ. 동해는 한류와 난류가 만나 황해보다 어족이 풍부하다.
ㄴ. 경사도의 차이를 이용한 유역변경식 발전이 가능하다.
ㄷ. 겨울철 시베리아로부터 북서 계절풍이 강하게 불어온다.
ㄹ. 영서지방에서는 높새 바람으로 농작물의 가뭄 피해를 입기도 한다.

① ㄱ, ㄴ ② ㄱ, ㄷ ③ ㄱ, ㄹ ④ ㄴ, ㄹ ⑤ ㄷ, ㄹ

2. 다음은 제주도의 여러 축제를 나열한 것이다. 이와 같은 축제에 이용된 소재로 볼 수 <u>없는</u> 것은?

성산일출제, 한라산 눈꽃축제, 탐라국 입춘굿놀이, 제주 유채꽃잔치, 제주 국제마라톤대회, 용연야범 풍류재현축제, 제주 레저 · 스포츠대축제, 서귀포 칠십리 국제바다축제, 한라문화제, 제주 억새꽃축제, 제주 감귤축제

① 특이한 식생 ② 다양한 지형 ③ 독특한 전통 문화
④ 레저, 스포츠 활동 ⑤ 대규모 놀이공원

3. 다음 내용이 설명하는 산을 지도에서 찾으면?

- 1만 2천 봉으로 일컬어지는 수많은 봉우리들이 기암괴석을 이루고 있다.
- 독특하고 변화무쌍한 모습 때문에 계절에 따라 부르는 이름이 다르다.
- 1998년부터 남한 사람들의 관광이 가능하게 되어 그 아름다움이 더욱 알려졌다.

① ㉠ ② ㉡ ③ ㉢ ④ ㉣ ⑤ ㉤

4. 지도의 빗금 친 A와 B 국가는 서로 떨어져 있지만 문화적으로 공통성이 나타난다. 그 이유로 바른 것은?

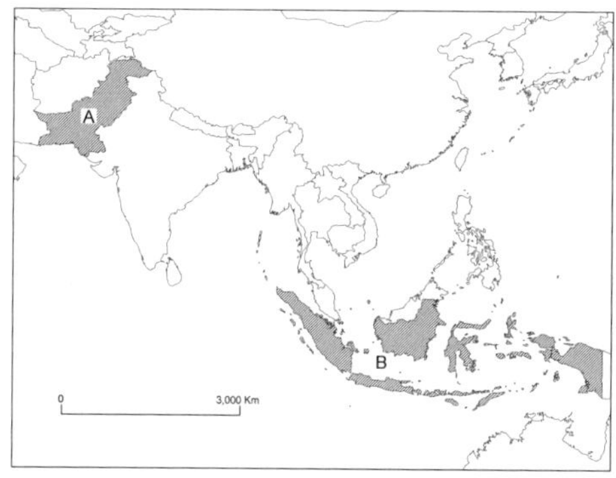

① 지형과 기후 환경이 유사하다.
② 화교들이 경제력을 장악하고 있다.
③ 주민이 같은 민족으로 구성되어 있다.
④ 두 국가 모두 프랑스의 식민 통치를 받았다.
⑤ 두 국가의 주민 대다수가 믿는 종교가 같다.

5. 〈보기〉는 지도의 ■ 지역에서 주로 행해지는 농업활동이다. 이와 관계 깊은 이 지역의 기후 특징은?

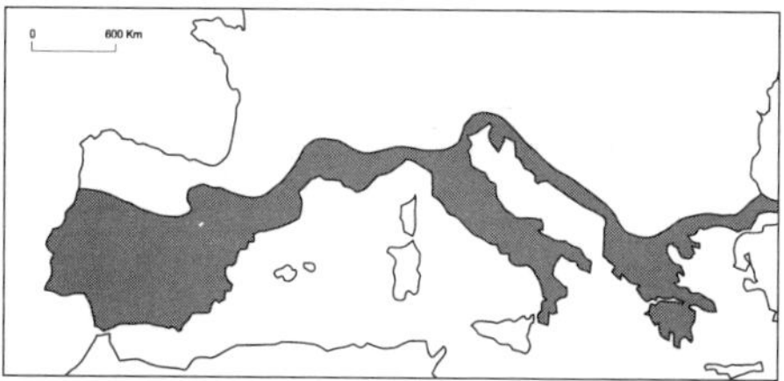

보기

- 수목 농업 발달
- 올리브, 포도, 오렌지 등의 과수 생산량이 많음

① 여름철에 기온이 높고 비가 적게 내린다.
② 일년 내내 기온이 높고 비가 적게 내린다.
③ 겨울철에 매우 춥고 눈이 거의 내리지 않는다.
④ 일년 내내 기후가 온화하고 비가 자주 내린다.
⑤ 여름과 겨울의 기온 차가 크고 연중 강수량이 많다.

6. 다음 글은 라틴아메리카의 역사에 대한 설명이다. 밑줄 친 ㉠~㉤과 관련된 설명으로 옳지 않은 것은?

> 이 지역은 15세기 말부터 유럽 세력이 진출하여 ㉠ 언어와 ㉡ 종교를 전파하고, ㉢ 원주민 문명을 파괴하였다. 또 ㉣ 대규모 농원을 조성하고 노동력을 보충하기 위해 ㉤ 아프리카에서 흑인들을 강제로 이주시켰다.

① ㉠ – 대부분 에스파냐어를 사용한다.
② ㉡ – 신교를 믿는 사람들이 많다.
③ ㉢ – 안데스 산지에서는 잉카 문명의 유적을 볼 수 있다.
④ ㉣ – 커피, 사탕수수 등의 플랜테이션이 활발하다.
⑤ ㉤ – 백인 및 원주민과의 혼혈로 주민구성이 다양해졌다.

7. 다음은 어느 지역의 변화를 나타낸 지도다. 이와 관련하여 발생하게 된 변화로 볼 수 있는 것은?

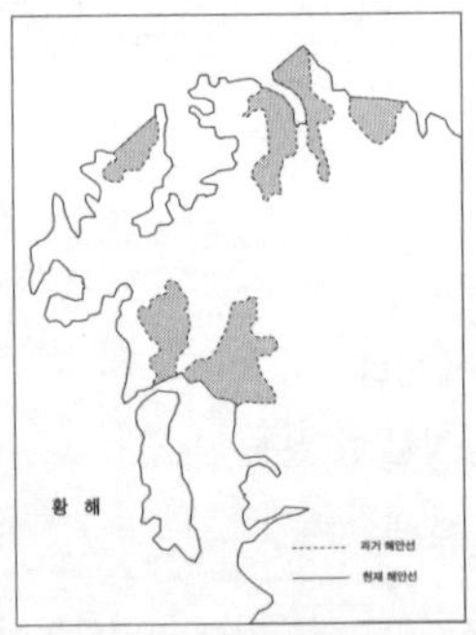

① 염해가 늘어났다.
② 갯벌이 감소했다.
③ 염전이 증가했다.
④ 어획량이 증가했다.
⑤ 농경지가 줄어들었다.

8. 다음과 같은 지역 갈등의 공통적인 원인은?

> • 이스라엘과 팔레스타인 분쟁
> • 인도와 파키스탄 갈등

① 종교의 차이
② 정치 이념의 대립
③ 강대국의 식민지 정책
④ 석유를 둘러싼 이권 다툼
⑤ 인접 국가의 오염 물질 배출

9. 철우네 모둠에서는 동부아시아에서 공통적으로 볼 수 있는 역사와 지리 관련 사진 자료를 수집하기로 하였다. 다음 중 자료를 잘못 가져온 학생은?

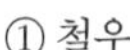

① 철우 

② 한솔 

③ 현경 

④ 혜선 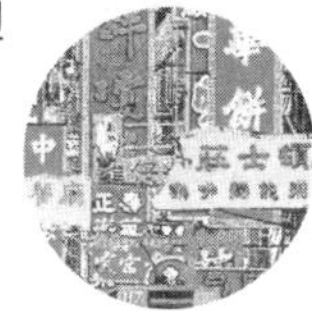

⑤ 윤택 

10. 다음 설명에 해당하는 국가를 지도에서 찾으면?

- 이 나라는 사우디아라비아의 북쪽, 터키의 남동쪽에 있다.
- 남동쪽으로 페르시아 만과 연결되어 있으며, 세계적인 산유국이다.
- 티그리스, 유프라테스 강이 흐르며 고대 메소포타미아 문명이 일어난 곳이다.

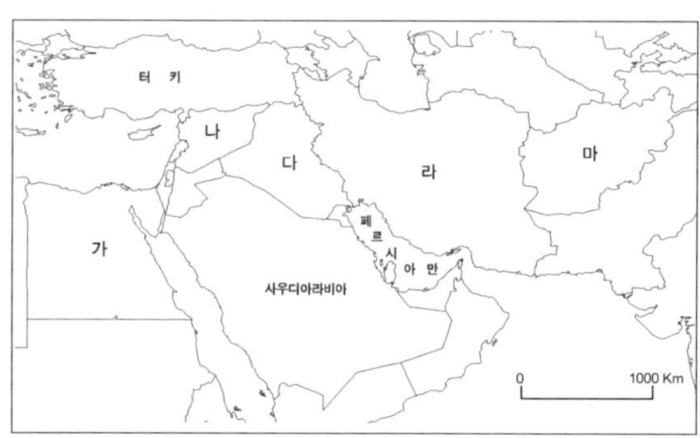

①가 ②나 ③다 ④라 ⑤마

〈자료 2: 문항별 답지 반응분포〉

문항 번호	난이도 (%)	변별도	답지반응 분포												정답
			1		2		3		4		5		무응답		
1	35.7	0.38	836	15.0	932	16.7	1,227	22.0	1,996	35.7	589	10.5	7	0.1	④
2	74.7	0.40	425	7.6	393	7.0	295	5.3	298	5.3	4,174	74.7	2	0.0	⑤
3	39.4	0.33	1,015	18.2	1,162	20.8	805	14.4	398	7.1	2,203	39.4	4	0.1	⑤
4	34.1	0.22	779	13.9	227	4.1	453	8.1	2,218	39.7	1,907	34.1	3	0.1	⑤
5	16.4	0.03	919	16.4	1,342	24.0	170	3.0	2,660	47.6	494	8.8	2	0.0	①
6	30.2	0.24	822	14.7	1,690	30.2	908	16.3	450	8.1	1,711	30.6	6	0.1	②
7	65.1	0.36	330	5.9	3,639	65.1	518	9.3	450	8.1	648	11.6	2	0.0	②
8	80.4	0.44	4,493	80.4	351	6.3	262	4.7	403	7.2	73	1.3	5	0.1	①
9	53.1	0.36	728	13.0	328	5.9	250	4.5	1,309	23.4	2,967	53.1	5	0.1	⑤
10	63.5	0.45	270	4.8	629	11.3	3,549	63.5	966	17.3	170	3.0	3	0.1	③

〈자료 3: 성취 수준별 정답률〉

문항	우수학력		보통학력		기초학력		기초 미달		전체	
	빈도	정답률	빈도	정답률	빈도	정답률	빈도	정답률	빈도	정답률
1	474	71.9	1,079	39.3	380	20.4	63	19.7	1,996	35.7
2	632	95.9	2,275	82.8	1,165	62.6	102	31.9	4,174	74.7
3	458	69.5	1,184	43.1	504	27.1	57	17.8	2,203	39.4
4	363	55.1	968	35.2	516	27.7	60	18.8	1,907	34.1
5	138	20.9	399	14.5	331	17.8	51	15.9	919	16.4
6	336	51.0	895	32.6	403	21.7	56	17.5	1,690	30.2
7	579	87.9	2,000	72.8	959	51.6	101	31.6	3,639	65.1
8	633	96.1	2,501	91.0	1,251	67.3	108	33.8	4,493	80.4
9	544	82.5	1,613	58.7	737	39.6	73	22.8	2,967	53.1
10	606	92.0	2,008	73.1	861	46.3	74	23.1	3,549	63.5

실습문제 3

어떤 학급에서 학생들의 시험점수가 평균 70점이고 표준편차 10점인 정상분포를 나타낼 때, 다음 중 성적이 가장 높은 점수는?

① 원점수 50　　② Z점수 1

③ T점수 50　　④ 백분위 50

실습문제 4

다음은 동하의 사회시험 결과표의 일부이다. 검사 결과에 대한 해석으로 적절하지 않은 것은?

하위영역	원점수	표준점수(T 점수)	백분위(percentile)
지식의 이해	64	54	60
문제해결 및 의사결정능력	84	68	91
의사소통 및 참여능력	91	62	80
가치 · 태도	64	48	45

① 동하는 모든 영역에서 평균 점수보다 높은 점수를 획득하였다.
② 동하는 문제해결 및 의사결정 능력을 요구하는 영역에서 높은 적성을 보인다.
③ 전체 집단의 40% 정도가 지식의 이해 영역에서 동하보다 높은 점수를 받았다.
④ 지식의 이해와 가치 · 태도의 원 점수는 동일하지만 상대적인 위치는 서로 다르다.

실습문제 5

다음 자료 가운데 (가)는 어느 학급의 중간고사와 기말고사의 사회 시험결과에 대한 기술통계표이고 (나)는 표준정규분포표의 일부다. 주몽의 중간고사 점수는 80점, 기말고사 점수는 70점이라고 할 때, 다음 중 바른 것은?

(가) 사회 시험

시험	평균	표준편차
중간고사	65	15
기말고사	50	10

(나) 표준정규분포표의 일부

z	−3.0	−2.0	−1.0	0	1.0	2.0	3.0
P	.0013	.0228	.1587	.5000	.8413	.9772	.9987

① 중간고사에 비해 기말고사에서 학생들의 개인차가 컸다.
② 주몽은 기말고사에 비해 상대적으로 중간고사에서 더 잘했다.
③ 기말고사 시험에서 상위 1%내의 학생들은 90점 이상을 받았다.
④ 중간고사 시험에서 전체집단의 15%가 주몽보다 높은 점수를 받았다.

제4부

사회과 평가의 주요 주제

제10장

사회과 학업성취도 평가

1. 사회과 학업성취도 평가 개관

1) 사회과 학업성취도 평가 목적

교육과정은 일련의 의도된 학습결과로서 교수과정을 규정한다(Johnson, 1981: 73). 그러나 계획된 목표와 학습된 결과가 반드시 일치하는 것은 아니다. 따라서 교육과정에서 제시한 목표와 내용이 실제 학교에서 어떻게 실행되고 있는지, 학습된 결과가 무엇인지를 점검하는 것은 교육과정의 개발 못지않게 중요하다. 기본적으로 교육과정 평가란 교육목표가 교수-학습과정을 통하여 어느 정도 성취되고 있는지를 체계적으로 확인하는 일이다(Tyler, 1981: 28). 즉, 교육과정 평가는 근본적으로 교육과정을 개선하기 위한 정보와 해당 교육과정의 효과성을 판단하는 데 필요한 정보를 체계적으로 수집하는 것이다. 여기서 체계적으로 확인한다는 말은 적절한 평가 설계와 절차에 의해 신뢰할 수 있고 타당한 측정방법을 활용하여 필요한 정보를 얻어내고, 교육과정의 결과와 과정 속에서 일어나는 제반 사건들의 가치를 판단하여 개선하는 것을 의미한다(박도순, 홍후조, 2003: 504).

교육과정 계획의 절차와 구성, 전개된 교육과정의 타당성에 대한 궁극적인 평가는 학생들이 실제 무엇을 얼마나 학습하였는지를 측정해 냄으로써 가능하다. 즉, 구체적이고 세분화된 교육목표에 비추어 학생의 성취를 평가함으로써 교육과정 계획과 운영의 효과성을 보다 명확하게 평가할 수 있다. 학업성취도 평가는 교육과정에서 규정하고 있는 교육목표에 대한 학생들의 학업성취 정도를 진단하여 교육과정의 개선을 위한 구체적인 자료를 산출하기 위한 목적을 가지고 있다. 따라서 학업성취도 평가는 교육과정에 따라 평가영역을 설정하고 교육과정 내용에 근거하여 성취기준을 개발하여 그것의 달성 정도를 측정하도록 평가도구를 개발하기 때문에 결과는 교육과정에 제시된 목표와 내용의 성취 정도를 알려주는 구체적 바로미터가 된다.

한국교육과정평가원은 교육과정을 평가하는 차원에서 초·중·고등학생들의 학업성취도와 관련된 기초 자료를 산출하고, 성취도와 관련된 각종 배경변인에 대한 정보를 체계적으로 제공하기 위하여 초등학교 6학년, 중학교 3학년, 고등학교 1학년 학생을 대상으로 매년 사회과 학업성취도 평가를 실시하고 있다. 박은아와 김민정(2007)은 사회과 학업성취도 평가 목적을 다음과 같이 제시하였다.

첫째, 초·중·고등학교 학생의 사회과 학업성취도를 체계적이고 과학적으로 진단하여 학업성취도의 변화 추이를 파악한다.

둘째, 사회과 학업성취도 평가결과를 통해 사회과 교육과정에 규정된 교육목표에 비추어 학생들이 어느 정도 목표에 도달하였는지 파악함으로써, 사회과 교육과정의 문제점과 정착 정도를 파악하고 교육과정 개선에 기초가 되는 참고자료를 제공한다.

셋째, 사회과 검사문항 분석, 학업성취도와 배경변인과의 관련성 분석을 통해 교수-학습방법 개선 및 장학정책 수립을 위한 기초 자료를 산출한다.

넷째, 참신하고 타당한 사회과 평가도구를 개발하여 공개함으로써, 학교 현장의 평가방법을 개선하는 데 기여한다.

우리나라 학업성취도 평가는 [그림 10-1]에서 볼 수 있듯이 교육목표를 검토하여 성취기준으로 구체화하고 그에 따라 평가문항을 개발·검토한 후 예비검사를 실시하여 평가문항을 수정한 다음 본검사를 실시하는 절차로 이루어진다.

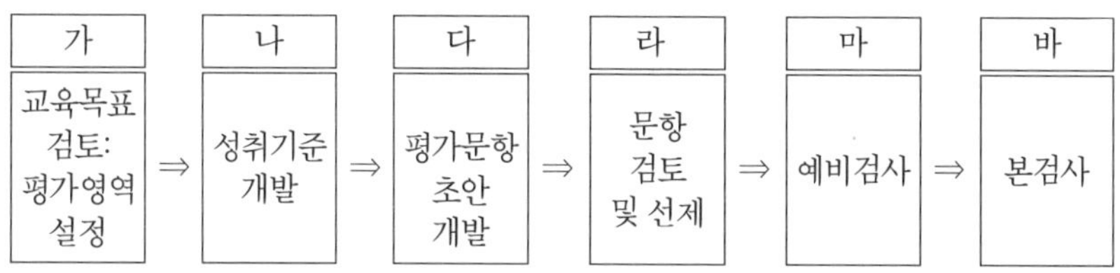

[그림 10-1] 학업성취도 시행 절차

2) 사회과 학업성취도 평가틀

기본적으로 사회과 학업성취도 평가는 학생들의 사회과 교육에 대한 성취 수준에 대한 정보를 제공함으로써 사회과 교육과정과 교수-학습활동이 적절한지를 평가하고, 사회과 교육의 질 관리 차원의 기초 자료를 산출하는 것을 목적으로 한다. 따라서 사회과 학업성취도 평가를 위해서 가장 먼저 해야 될 일은 학생들이 사회과 교육목표를 어느 정도 성취하였는지에 대한 정보를 최대한 정확하게 제공할 수 있도록 구조화된 평가틀을 마련하는 것이다.

(1) 평가영역

사회과 학업성취도 평가영역은 사회과 교육목표로부터 추출된다. 사회과는 공간, 시간, 사회 인식능력을 함양시키고 다양한 사회 현상을 이해시키기 위해 지리, 역사 및 제 사회과학의 개념 및 원리를 이해 및 탐구하는 데 필요한 능력, 이것을 문제해결에 활용하는 능력, 그리고 이를 사회적 행동으로 연결하여 실천할 수 있는 능력을 기르는 데 초점을 둔다. 그래서 사회과 학업성취도 평가에서는 지리, 역사, 일반사회를 내용영역으로, 지식 · 이해, 문제해결, 의사소통 및 참여를 행동영역으로 설정한다. 가치 · 태도영역에 대해서는 성취기준을 개발하지만 지

〈표 10-1〉 사회과 학업성취도 평가영역

	지식 · 이해	문제해결	의사소통
지리(인간과 공간)			
역사(인간과 시간)			
일반사회(인간과 사회)			

출처: 박은아, 김민정, 2009, p. 23.

필고사형태의 성취도 평가문항을 개발하는 어려움으로 인하여 2005년부터 문항개발이 이루어지지 않고 있다.

(2) 성취기준

사회과 학업성취도 평가문항 개발을 위하여 각 학교급별로 설정된 사회과 교육목표와 내용을 최소 어느 수준까지 학습하고자 하는지를 명확히 하기 위하여 평가영역별로 성취기준을 개발한다. 지식 · 이해영역은 지리, 역사, 일반사회의 내용영역별로 개발되고, 문제해결영역과 의사소통영역 및 가치 · 태도영역은 통합적으로 개발된다.

〈표 10-2〉 중학교 사회과 성취기준 예시

평가 영역		성취기준
지식 · 이해	지리	1. 지역사회의 자연환경 및 인문환경의 특성을 이해하고, 지역주민이 이러한 환경과 어떻게 조화를 이루며 살아왔는지 이해한다.
		2. 우리나라의 정치, 경제, 문화, 교통의 중심지가 되어 온 중부지방의 특성을 자연환경과 주민 생활을 중심으로 이해한다.
		3. 남부지방의 자연환경과 주민 생활을 이해하고, 지리적 조건에 따른 산업 발달의 차이와 지역성을 파악한다.
		4. 북부지방의 자연환경 및 인문환경의 특색을 파악하고, 분단 이후 나타난 주민 생활 및 지역성의 변화를 이해한다.
		5. 아시아 및 아프리카 여러 지역의 특성과 국가 간의 상호관계를 파악하고, 문화가 다양한 이 지역의 주민 생활 모습을 이해한다.
		6. 유럽 여러 지역의 자연환경과 인문환경의 특성을 파악하고, 지역 내의 상호협력관계를 이해한다.
		7. 아메리카 및 오세아니아 지역의 자연환경과 인문환경의 특성을 파악하고, 지리적인 현상이 역사적 사실과 깊은 관련이 있음을 인식한다.
		8. 산업 · 자원 · 지역 개발에 따른 지역별 주민 생활의 변화를 이해하고, 이러한 현상이 환경에 끼친 영향을 인식한다.
		9. 인구 성장과 도시화 현상을 파악하고, 이로 인하여 발생하는 문제를 인식한다.
		10. 지구촌 여러 지역에서 발생하고 있는 갈등 및 분쟁의 원인과 그 해결책을 지적한다.
	역사	11. 세계 여러 문명의 형성과정과 특징을 이해한다.
		12. 세계 각 문화권의 발달과정을 정치 · 경제 · 사회제도를 중심으로 이해한다.
		13. 동서문화교류의 내용과 교류 형태를 안다.
		14. 서유럽, 동아시아, 서아시아, 인도 각 지역의 근대화 과정을 이해한다.

	역사	15. 현대 세계를 이해하는 데 중요한 사건들을 알고, 그 사건들을 중심으로 현대 세계의 특징과 문제들을 이해한다.
		16. 선사시대에서 초기 국가에 이르기까지 국가의 형성과정을 이해한다.
		17. 우리 역사의 변화를 경제적인 면에서 이해한다.
		18. 우리 역사의 변화를 정치적인 면에서 이해한다.
		19. 임진왜란 이후 조선의 정치, 경제, 사회적 변화를 이해한다.
		20. 19세기 이후의 조선의 근대화의 추진과 근대 민족국가 성립과정을 이해한다.
	일반 사회	21. 지역사회의 주요 기관의 종류와 기능을 이해하고, 각 기관과 주민생활과의 관계를 인식한다.
		22. 현대사회가 추구하는 시민사회의 이상을 말할 수 있다.
		23. 민주 시민의 역할을 참여 차원에서 설명할 수 있다.
		24. 사회화의 맥락 속에서 청소년기의 특징을 설명할 수 있다.
		25. 지위, 역할, 사회조직, 관료제 등의 개념을 설명할 수 있다.
		26. 사회 변화 특성에 따라 다양한 법이 적용됨을 이해한다.
		27. 민주정치의 기본 제도와 기능을 설명할 수 있다.
		28. 경제체제의 특징을 알고 개인이 차지할 수 있는 경제적 지위와 역할을 설명할 수 있다.
		29. 시장경제의 원리와 특성을 알고 시장가격의 결정원리를 설명할 수 있다.
		30. 현대사회의 변동 특성을 파악하고 우리나라의 사회 변동추세를 이해한다.
문제해결		31. 지역조사에 필요한 기능을 습득하고, 지역조사방법을 활용하여 지역사회의 특징을 찾아낼 수 있다.
		32. 일상생활에서 경험할 수 있는 인구·환경·도시문제에 대해 조사하고, 그 원인과 해결책을 제시한다.
		33. 세계 각 지역의 기후, 종교, 민족, 산업에 관한 자료를 수집·정리하여 그 지역의 지역성을 파악한다.
		34. 연표, 역사 지도 등 다양한 역사자료들을 활용하여 역사를 이해한다.
		35. 역사상 중요한 사건이 일어나게 된 배경과 원인 및 결과를 관련자료에 대한 분석과 해석을 통해 설명할 수 있다.
		36. 자료를 통해서 우리나라에서 일어난 역사적 사건과 외국에서 일어난 사건들의 성격을 상호 비교한다.
		37. 역사적 사건을 이해하기 위하여 관련된 인물의 당시 상황에 대한 이해, 동기, 의도 등을 추론한다.
		38. 법적인 갈등 사례에 대하여 합리적인 해결방안을 찾을 수 있다.
		39. 우리나라 민주정치 발전과정에서 나타난 특징과 문제점을 파악할 수 있다.
		40. 경제문제에 대한 이해와 분석을 바탕으로 합리적인 선택을 할 수 있다.
의사소통 및 참여		41. 세계의 대륙, 주요 국가, 도시, 강, 산맥, 사막 등의 위치를 지도에 나타낸다.
		42. 지역차가 분명하게 드러나는 우리나라와 세계 여러 지역의 생활 모습을 그림이나 글로 표현한다.
		43. 우리나라와 세계 여러 지역에 대한 지리 지식을 바탕으로 가상 기행문을 작성한다.

의사소통 및 참여	44. TV, 라디오의 역사 드라마나 역사 다큐멘터리, 역사 소설 등을 보고 역사 해석의 문제에 대해 자신의 의견을 개진한다.
	45. 역사 속에 나오는 사회적, 정치적 참여의 예를 제시하고, 역사적으로 존재했던 참여방법들의 특징에 대해 설명한다.
	46. 역사 속에 나오는 사회적 의사소통방법들의 특징에 대해 설명한다.
	47. 역사적 사건을 현재적 관점에서 재구성하여 친구들에게 설명한다.
	48. 시민 참여가 민주정치과정에 미치는 영향에 대해서 논의할 수 있다.
	49. 가계와 기업의 경제활동에 대한 자료를 설명한다.
	50. 사회문제에 대한 자료를 활용하여 대안을 제시한다.
가치태도	51. 지역사회에 나타나는 여러 현상에 대한 탐구를 바탕으로 지역사회의 발전에 능동적으로 참여하는 태도를 기른다.
	52. 문화권과 생활권을 형성하는 요소를 추출하고, 동시에 발생하고 있는 세계화와 지역화 과정에 합리적으로 대처하려는 태도를 기른다.
	53. 우리 민족의 전통 문화와 전통적 가치에 대하여 합리적으로 이해하고 다른 나라와의 비교를 통하여 판단한다.
	54. 공동체의 안정과 질서를 유지하기 위해 준법을 생활화하는 태도를 가진다.
	55. 민주주의 이념에 근거하여 불합리한 제도를 개선하려는 자세를 가진다.

(3) 검사지

한국교육과정평가원에서는 1998년에 성취도 평가를 위한 계획을 수립할 때, 평가도구의 질을 제고하기 위한 방편의 하나로서 1년 동안의 준비기간(예비검사 포함)을 거쳐 2년마다 성취도 평가를 실시하기로 하였다. 2년 동안 예비 평가도구 개발, 예비검사 시행, 예비검사 결과를 반영한 최종 본검사 평가도구 개발 및 시행 · 결과 분석이라는 단계를 거치도록 한 것이다. 그러나 2001년부터 교육인적자원부와 시 · 도 교육청의 요구에 따라 학업성취도 평가는 1년 주기로 시행되고 있다. 평가도구는 검사지와 배경변인 조사를 위한 설문지로 구성된다.

① 문항검사지

사회과 학업성취도 검사지는 5지 선다형 문항(70%)과 수행형 문항(30%)으로 구성된다. 수행형 문항은 선다형 문항으로 평가하지 못한 사회과 교육의 목표 정도를 측정하기 위하여 서술형 문항과 지도 그리기 등 간단한 지필형 수행평가 도구를 중심으로 개발된다. 문항 개발 절차는 다음과 같다.

문항 초안 개발: 학업성취도 평가연구팀은 각 성취기준의 특성을 고려하여 문항 유

형을 결정하고 문항 개발지침을 작성한 후 출제위원을 대상으로 연수를 실시한다. 2003년도의 경우 사회과 학업성취도 출제위원은 학교급당 12~15명의 교사로 구성되었다. 중등의 경우 지리 · 역사 · 일반사회 전공교사가 학교급별로 4~5명이 되도록 하였다. 출제위원은 각자가 맡은 성취기준과 평가기준을 검토하고 문항 개발지침을 참고하여 문항출제계획표를 작성한 후 평가문항의 초안을 개발한다.

문항 검토: 개발된 평가문항의 초안은 학교급별로 10~12명의 사회과 교육 전공교수와 교사로 이루어진 검토위원에 의해 서면 검토된다. 그 다음 학업성취도 평가연구팀과 출제위원 · 검토위원이 함께 협의하여 문항을 검토하고 수정 방향을 제시한다. 검토는 주로 문항과 성취기준과의 부합성 · 오답 여부 · 평가기준 상/중/하와 난이도의 관계 · 문항 질문의 명료성 · 매력적인 답지구성 · 이용된 자료의 적절성 등을 기준으로 한다. 1차 검토결과를 반영하여 출제위원은 자신이 출제한 문항을 수정한다. 1차 문항 검토위원 중 1/2과 학교급별로 새롭게 위촉된 6명의 검토위원은 1차 수정된 문항을 재검토한다. 2차 검토결과를 출제위원에게 알리고 문항을 수정하도록 한다.

문항 선제: 2차 수정문항을 가지고 출제위원과 학업성취도 평가연구팀은 예비검사용 문항을 최종 선제한다. 최종 선제에서는 1차 검토 때 지적된 사항이 잘 반영되었는지 살펴보고, 수정된 문항을 1차 검토 때 사용된 기준에 따라 다시 검토하여 수정 · 보완한다.

예비검사: 2003년도 교육성취도의 경우 예비검사가 7월 중에 이루어졌는데, 예비검사 결과는 검토과정에서 미처 발견하지 못한 문항의 오류를 발견 · 수정하고, 문항의 신뢰도와 타당도 수치를 산출하여 문항의 양호도를 측정하며 학생들의 반응에 비추어 평가기준 상/중/하와 난이도를 조정하는 데 활용된다.

본검사 문항 확정: 사회과 예비검사 결과 양호도가 떨어지는 문항을 제외한 후, 여러 차례의 검토협의회를 거친 다음 본검사 문항을 최종 수정 · 확정한다.

문항이 갖추어야 할 기본 전제는 평가문항이 측정 목적에 맞게 제작되어야 한다는 것이다. 문항이 측정하려는 내용(교육목표)을 충실히 측정하고자 사회과 학업성취도 평가에서는 교육목표를 세분화하여 그것을 측정할 수 있도록 문항을 개

발한다. 즉, 학업성취도는 평가문항의 내용 타당도를 높이기 위해서 성취기준에 맞추어 문항을 개발하고 검토 과정에서도 문항이 처음에 의도했던 교육목표에 비추어 적절한지를 끊임없이 고려한다. 그리고 문항의 신뢰도를 확보하기 위하여 예비검사를 실시한 후 피험자가 각 문항에 반응하는 일관성, 합치성 정도를 통하여 문항의 내적 신뢰도 계수를 산출하고 그 과정에서 신뢰도를 낮추는 문항은 수정되거나 제거된다.

② 설문지

학교교육의 결과인 학업성취도에 영향을 미치는 변인이 무엇인지 탐색하는 것은 중요한 일이다. 그 결과가 교육과정을 개선하고 교육정책을 추진하는 데 의미 있는 자료로 활용될 수 있기 때문이다. 이러한 목적에 의해 학업성취도 평가연구에서는 배경변인 설문지를 개발한다. 설문문항은 선행연구 분석과 몇 차례의 전문가 협의회를 통해 선정된 후 예비검사, 결과 분석, 문항 수정, 본 설문문항 확정 등의 단계를 거쳐 개발된다. 설문지는 학생용, 교사용, 학교장용으로 구분된다. 학생 설문지에는 학생의 성, 사회적 배경, 학교 포부 수준, 학생들의 방과후 활동 등과 같은 학생 변인, 자기조절학습 척도 등과 같은 일반적인 학습태도, 사회과 학습태도 등 학습방법 및 태도변인, 학교의 가치와 교사의 학생에 대한 지원 등과 같은 학교생활변인 등으로 구성된다.

학생 배경변인: 학생 배경변인에 대한 설문지는 초등학교 · 중학교 · 고등학교별로 구분하여 개발된다. 사회과 학생설문지는 크게 〈표 10-3〉과 같이 개인 및 가정사항, 방과후 활동, 학습방법 및 태도, 학교생활 등 4개 영역으로 구분된다. 학습방법 및 태도는 자기조절 학습척도를 중심으로 측정된다.

자기조절학습 척도는 인지적 차원, 동기적 차원, 행동적 차원으로 설명되는데 사회과 학업성취도 평가를 위한 설문지는 평가문항으로 측정하기 어려운 두 가지의 차원, 즉 동기적 차원과 행동적인 차원을 측정하는 총 15개 문항으로 구성된다. 동기적 차원에서는 '학업적 자기효능감' 을 측정하는 문항을 포함하고, 행동적 차원에서는 '행동 통제' 를 측정하는 문항을 포함한다.

학교 배경변인: 학교 배경 변인에 대한 설문지는 학교의 특성 · 학교 분위기 · 교원

〈표 10-3〉 학생 배경변인 설문문항

영역	문항내용
Ⅰ. 개인 및 가정 사항	1. 학생의 성별 2. 부모님의 최종 학력 3. 부모님의 직업 4. 도서 보유 정도(교육자본) 5. 부모가 중요하게 인지하는 학생 활동 6. 학생이 중요하게 인지하는 학생 활동 7. 부모님과 함께하는 활동 8. 학생의 희망 교육 수준
Ⅱ. 방과후 활동	1. 학교공부 외 과외 활동과 시간 2. 숙제할 때 도움을 주는 사람
Ⅲ. 학습방법 및 태도	1. 자기조절학습 척도 1-1. 학업적 자기효능감 척도 1-2. 행동 통제척도
Ⅳ. 학교 생활	1. 학교생활 적응척도 1-1. 교사관계 적응척도 1-2. 친구관계 적응척도 1-3. 학교규칙 적응척도

〈표 10-4〉 학교 배경변인 설문문항

영역	문항내용
Ⅰ. 학교 특성	1. 학교의 위치 2. 설립 유형 3. 목적 유형 4. 성별 유형 5. 선발 유형 6. 학교 규모 및 특성
Ⅱ. 학교 분위기	1. 학교 학생의 문제 행동의 심각성 2. 학교 학생의 장애 정도
Ⅲ. 교원의 특성	1. 학교 교사의 특징 2. 교사 연수 실태

의 특성 등 3개의 영역으로 구성된다. 〈표 10-4〉는 학교 배경변인에 대한 영역과 문항내용이다.

(4) 채점

① 자료 입력

성취도 자료는 OMR 응답자료 형태로 수집되기 때문에 컴퓨터가 OMR 응답자료를 읽어내는 데 장애가 될 만한 문제점이 있다면 입력 전에 수정된다. 따라서 OMR 답안지상의 오기나 훼손 등을 검토하여 이를 수정하거나 재이기 등의 방법으로 컴퓨터가 OMR 답안지를 읽어내는 데 문제가 없도록 준비하고 OMR 훼손 상태가 심각한 응답자료는 제외시킨다. 또한 응답자료의 신뢰성 확보 차원에서 수행평가 전체 문항에 대해 전혀 응답을 하지 않은 학생들의 응답자료는 분석 대상에서 제외한다. 설문지의 경우 학생, 교사, 학교 배경변인 설문조사에서 수집된 자료들이 분석 대상으로 충실한지 검토한 후 컴퓨터에 입력한다. 허위반응이 의심되는 자료이거나 50% 이상 무응답한 자료는 분석 대상에서 제외한다.

② 수행평가 문항 채점

수행평가 문항은 표집학교에서 시행하지 않고 한국교육과정평가원 주관 하에 채점위원회를 구성하여 중앙 채점을 시행한다. 중앙 채점에 참여한 채점자들은 문항 출제진, 해당 분야의 전문적인 지식과 교육 경험을 갖춘 초 · 중 · 고등학교 교사와 대학원생으로서 2003년 사회과 학업성취도 평가의 경우 각 학교급별로 10여 명씩 참여하여 초등학교 수행평가 답안지 7,800매를, 중학교 6,200매를, 고등학교 5,600매를 4일 동안 채점하였다. 본격적인 채점을 실시하기 전에 정확하고 객관적인 채점이 되도록 채점자 오리엔테이션을 실시한다. 오리엔테이션은 수행평가 문항의 내용과 채점기준의 정확한 이해, 응답표본을 통한 채점 연습 등으로 이루어진다.

채점 연습과정은 다음과 같다. 첫째, 수행평가 문항을 전반적으로 이해한다. 둘째, 채점기준과 채점과정에 대해 충분히 이해한다. 셋째, 표본 답안을 이용한 채점 연습을 통해 채점기준을 충분히 숙지한다. 모든 채점자는 동일 학생 답안을 채점한 뒤 점수를 비교하여 문제점을 논의하고 채점기준을 보완한다. 넷째, 채점자 간 채점 결과가 충분히 일치할 때까지 채점 연습을 반복하며, 채점에 일관성이 확보되면 채점 연습을 종료하고 본채점을 시작한다. 하나의 답안지를 두 명이 채점하고 두 명의 점수 차가 큰 경우 다시 논의 후 재채점하는 방식으로 이루어진다.

채점이 완료된 후 2~4명의 검토위원을 위촉하여 채점의 오류 등을 검토하고 수정한다.

3) 평가결과 분석 항목과 방법

(1) 성취 수준 판정 및 해석

학업성취도 평가연구에서 성취 수준은 제9장에서 언급한 Angoff 방법에 따라 우수, 보통, 기초학력으로 구분된다. 2003년의 경우 성취 수준 판정에 참여한 전문가는 학교급별로 12명이다. 각 성취 수준에 속하는 학생들이 무엇을 알고 무엇을 할 수 있는지를 기술하고 학생, 교사, 학교, 교육관계자들에게 각 수준을 해석할 수 있는 자료를 제공한다. 성취 수준 해석을 위해 각 수준과 수준을 대표하는 문항을 연계하는 방법(item mapping method)을 사용한다. 수준별 대표문항으로 선정된 문항특성은 해당 수준의 학생들이 알고 있는 지식이나 할 수 있는 기능을 해석할 수 있도록 한다.

2003년 초등학교 6학년, 중학교 3학년, 고등학교 1학년 사회과 수준별 분할점수는 70점 만점의 원점수체제에서 설정되었다. 그리고 원점수체제에서 설정된 분할점수는 척도점수체제에서의 분할점수로 선형 변환시켰다. 예를 들어, 원점수와 척도점수체제에서의 중학교 3학년 사회과 성취 수준 분할점수는 〈표 10-5〉와 같다. 사회의 우수학력 분할점수는 원점수 70점 만점인 체제에서 57점, 평균 260점, 표준편차 8.5점인 척도점수에서는 271점이고, 보통학력의 분할점수는 원점수체제에서 34점, 척도점수에서 258점이며, 기초학력의 분할점수는 원점수체제에

〈표 10-5〉 중3 사회과 척도점수에서의 성취 수준 분할점수의 연계

	원점수		척도점수	
	분할점수	비율(%)	분할점수	비율(%)
우수학력	57	11.8	271	11.8
보통학력	34	49.2	258	49.2
기초학력	15	33.3	247	33.3
기초학력 미달		5.7		5.7

* 중 3 사회 원점수 만점은 70점임.

서 15점, 척도점수에서 247점이다. 원점수의 분할점수를 척도점수로 변환했을 때도 성취 수준별 학생 비율은 동일하다.

(2) 기초 통계 분석

① 척도점수(scale scores)

학업성취도 평가에서 목적한 바와 같이 교육과정에 근거하여 학생들의 성취 수준을 파악하고 그 변화 추이를 분석 · 보고하기 위하여 학생의 성취도에 대한 원점수는 척도점수로 변환된다. 왜냐하면 원점수는 문항의 난이도에 따라 변화하기 때문이다.

② 차이 검증

성별 평균 차이는 *t* 검증을 활용한다. 지역 간 평균 차이 검증은 일원분산분석(*F* 검증) 방법을 활용하여 그들 집단 간의 차이가 있는지를 통계적으로 해석한다.

③ 평가영역별 문항의 평균 정답률과 상자도표

평가영역별로 포함된 문항수가 적어서 2003년부터 새롭게 도입한 점수체제에서는 평가영역별로 점수를 산출하지 않는다. 따라서 평가영역별로 학생들의 성취 정도를 파악하기 위한 보조수단으로 ① 영역별 평균 정답률과 ② 영역별 문항들에 대한 학생의 상대적 수행을 제시하는 정답률 편차 상자도표를 산출한다.

상자도표(boxplot)는 분포의 대칭성, 분포의 양꼬리 부분의 집중도, 대부분의 관측값들과 동떨어진 값을 갖는 관측인 이상점들의 유무 등을 탐색할 때 많이 사

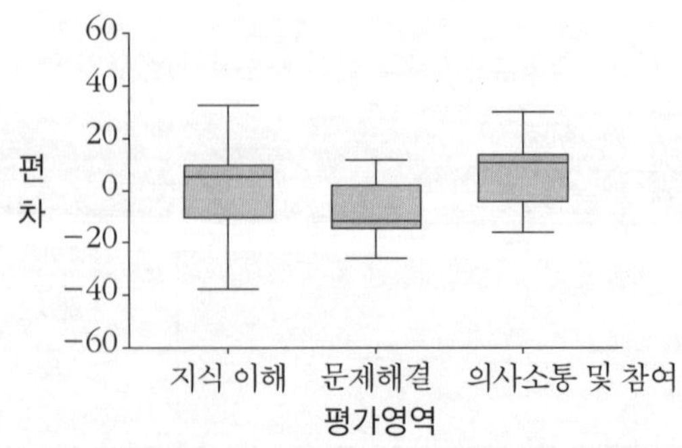

[그림 10-2] 사회과 상자도표 예시

용하는 것으로서, 중앙값(median)을 기점으로 아래 사분위값(low quartile, Q_1), 위 사분위값(upper quartile, Q_3)을 이용하여 상자를 그리고 최대값과 최소값을 상자와 실선으로 연결한 도표다.

상자도표를 이용한 문항들의 상대적 수행에 대한 해석은 다음과 같다. 상자도표에서 3개의 상자는 사회과의 평가영역을 의미한다. 모든 문항의 정답률 편차의 평균 0을 기점으로 각 영역별 문항의 정답률 편차를 상자로 그린 것이 상자도표가 된다. 따라서 상자가 위아래로 큰 것은 해당 영역 문항들의 정답률 편차가 큰 것이며 상자 내의 중앙값(상자 내의 가로선에 해당하는 Y축의 편차값)으로 평가영역별 수행 정도를 비교한다.

(3) 문항 분석

① 문항 특성 분석

문항 특성을 분석하기 위하여 고전검사이론에 의한 문항난이도, 변별도를 추정한다. 문항의 난이도는 선택형의 경우 정답률로, 수행평가의 경우 수행평가 각 문항의 만점에 대한 문항점수 비율의 평균으로 산출한다. 문항변별도는 선택형 문항점수와 선택형 문항 총점 간의 상관계수로 산출한다. 수행평가 변별도는 수행평가 문항점수와 수행평가 문항 총점 간의 상관계수로 산출한다.

② 성취 수준별 대표문항 분석

성취 수준 해석을 위해 각각의 수준과 수준을 대표하는 문항을 연계하는 방법(item mapping method)을 사용한다. 사회과 학업성취도에서는 숙달 수준에 추측도를 고려하여 선다형의 경우에는 문항의 정답률이 74% 이상인 문항들을, 수행평가의 경우는 문항의 만점 비율이 65% 이상인 문항들을 해당 수준의 대표문항으로 선정한다.

③ 성취 수준별 문항응답 경향성 비교 분석

성취 수준별 피험자들의 응답 경향성을 비교하기 위하여 답지 반응 분포를 산출한다. 선다형은 5개의 답지들에 대한 피험자의 반응빈도와 백분율을, 수행평가는 각 문항의 채점 범주에 대한 피험자의 반응빈도와 백분율을 산출한다. 그리고 성취 수준별 응답 경향성을 분석하기 위하여 문항반응이론에 따른 문항 특성 곡선의 개념을 활용한다.[1] 문항 특성 곡선은 능력 수준에 따라 문항의 답을 맞힐 피험자의 정답 비율, 즉 관찰된 정답 비율의 점들을 대표하는 곡선이다. 사회과 학업성취도에서는 이 개념을 활용하여 학생집단을 네 수준으로 나누고 연속하는 수준 간의 정답률 차이가 35% 이상인 문항을 중심으로 성취 수준별 학업성취도의 차이를 비교한다.

(4) 배경변인 분석방법

학업성취도와 관련된 학생 · 교사 · 학교 · 지역 등의 특성을 분석하고 학업성취도에 영향을 주는 관련 변인을 탐색하기 위해 배경변인과 학업성취도의 관계에 대한 분석을 실시한다. 설문 분석은 학생 · 교사 · 학교설문에서 다룬 배경변인들에 대한 빈도 분석과 주요 배경변인들과 학업성취도와의 관계에 초점을 맞추어 분석한다. 설문지의 응답경향 등을 분석하기 위한 빈도 분석 외에 배경변인에 대한 분석은 다음과 같이 이루어진다.

첫째, 학교의 위치 · 학교 규모 · 설립 유형 · 목적 유형 · 선발 유형 등의 학교변인에 의해 성취도 혹은 성취 수준 간의 차이가 있는지를 분산 분석이나 χ^2검정을 통해 분석한다.

둘째, 학생의 성, 사회적 배경, 학교 포부 수준, 학생들의 방과후 활동 등과 같이 학생 배경변인에 따라 성취도에 차이가 존재하는지를 분산 분석이나 χ^2검정을 통해 분석한다. 또한, 일반적인 학습태도와 성취도 간의 관계를 분석하기 위해 상관계수를 산출한다.

셋째, 자기조절학습 척도, 교과별 학습태도 관련 문항에 대하여 요인구조를 찾기 위해 요인 분석(factor analysis)을 실시한다.

4) 평가결과 보고양식

학교급별로 성취 수준을 설정하고 그에 따른 대표문항을 추출하여 각 수준에서

1) 문항 특성 곡선은 피험자의 능력과 문항의 답을 맞힐 확률을 나타낸다. 일반적으로 S자 형태의 곡선을 그리며, X축은 피험자의 능력을 나타내고 Y축은 피험자의 능력에 따라 문항의 답을 맞힐 확률을 나타낸다.

2003년 국가 수준 학업성취도 평가 학력 수준 해석

2003년 10월 22~23일에 시행된 국가 수준 교육성취도 평가에서는 중학교 3학년을 대상으로 사회의 학력 수준을 알아보았습니다. 학생들의 학력 수준은 우수, 보통, 기초, 기초 미달의 네 가지 수준으로 분석하였습니다. 다음의 학력 수준에 대한 진술은 각 학력 수준의 도달자들이 갖출 것으로 기대되는 대표적인 특성입니다. 각 학력 수준의 특성은 하위 학력 수준의 특성을 포함하고 있으며, 해당 학력 수준에 도달한 학생들 중에는 진술된 특성 이상의 능력을 가질 수도 있습니다. ( ) 안의 점수는 각 학력 수준에 도달하기 위한 최소 점수입니다.

교과	학력 수준 (70점 만점)	학력 수준의 특성
사회	우수학력 (57.0점 이상)	• 우리나라와 세계 각 지역의 위치와 특성을 자연 및 인문적 측면에서 체계적으로 설명하고, 이러한 특성이 주민 생활에 미친 영향을 사례를 들어 구체적으로 설명할 수 있으며, 도시화 과정 등을 체계적으로 이해하고 있다. • 세계 여러 문명의 특징을 정치, 경제, 사회, 종교 등 다양한 측면에서 이해하고, 세계 각 문화권의 서로 다른 발달과정을 이해하며, 세계 동서 문화 교류의 경로, 내용, 형태 등을 구체적으로 알고 있다. 그리고 각 지역의 근대화 과정에서 일어난 여러 사건을 종합적으로 이해하고 비교할 수 있으며, 우리나라 각 시대의 정치, 경제 제도의 변화를 이해하고 있다. • 정치, 경제, 사회, 문화, 법과 관련된 기본 개념을 정확하게 이해하고 여러 경제체제, 정치체제의 특징을 비교할 수 있다. • 제시된 자료를 통해서만이 아니라 자신이 알고 있는 지식과 개념을 활용하여 여러 자료를 분석 · 해석할 수 있다.
	보통학력 (34.0점 이상)	• 우리나라 각 지방의 자연환경 이용 모습, 주요 생산 활동, 생활 모습 등을 설명할 수 있고, 세계 여러 문명의 형성과정과 특징, 민주정치의 기본 제도와 기능, 민주 시민의 역할, 시장경제의 특성 등을 이해하고 있다. • 글자료, 지도, 그래프, 연표, 역사 지도 중 두 가지 이상의 자료를 관련시켜 분석 · 해석할 수 있다.
	기초학력 (15점 이상)	• 각 지역의 특징, 각 시대의 특징, 우리 사회의 정치적 · 경제적 특징을 일상생활에서 경험할 수 있는 수준에서 개략적으로 이해하고 있다. • 제시된 자료의 의미를 파악할 수 있다.
	기초학력 미달 (15점 미만)	• 각 지역의 특징, 각 시대의 특징, 우리 사회의 정치적 · 경제적 특징을 개략적으로나마 이해하도록 하고 제시된 자료의 의미를 파악하려는 노력이 필요하다.

[그림 10-3] 2003년 중학교 사회과 학업성취도 평가 학력 수준 해석표

학생들이 알아야 할 것과 할 수 있는 것을 [그림 10-3]과 같은 방식으로 기술한다. 분할점수는 70.0점 만점으로 환산하여 계산한다.

2. 사회과 학업성취도 평가결과 자료를 활용한 연구 사례

본 절에서는 중학교 3학년 학생을 대상으로 실시한 2003년 학업성취도 평가자료를 활용하여 성취 수준별 학습자의 개념구조 발달의 차이를 밝힌 연구의 일부를 간단하게 소개함으로써 학업성취도 평가결과의 활용 사례를 제시하고자 한다.

1) 발달에 대한 해석의 준거

개념구조의 발달은 기존의 개념구조가 완전히 새로운 개념구조로 대체되는 것을 의미하는 혁명적 과정으로 보는 경우와 지식 습득을 누적적이고 점진적인 과정으로 보는 경우로 구분된다. 혁명적 과정으로서의 개념 변화에서 '대치'는 단순한 수정이나 보완이 아닌 옛 개념구조와 새로운 개념구조가 서로 양립될 수 없는 관계로 본다(Posner et al, 1982: 213).

Carey(1985)는 개념구조 발달을 지식의 강한 재구성과 약한 재구성으로 구분하여 설명하였는데, 약한 재구성은 개념 자체는 변화하지 않으면서 개념들 간의 관계만이 변화한다고 보았다. 개념들 간의 관계가 변화하면 새로운 개념이나 개념체계(schemata)의 형성을 촉진하고 새로운 문제를 해결할 수 있게 해 준다고 하였다. 그리고 강한 재구성은 지식체계의 핵심에 있는 개별 개념 자체가 변화한 것으로 기존의 개념과 호환 가능하지 않다고 하였다. Carey는 약한 재구성을 진정한 개념의 발달로 보지 않았지만, 다른 학자들은 개념의 의미가 다른 개념과의 관계에서 결정되기 때문에 개념구조의 변화로 간주하였다.

Vosniadou(1994)에 따르면 개념 발달은 풍부함(enrichment)과 수정(revision)을 통하여 일어난다. 풍부함은 기존의 개념구조에 새로운 정보가 더해지면서 구조가 변화하는 방식으로 발달하는 것으로서, 달에 대한 일반적 개념 상태에서 '달에 분화구가 있다'는 설명과 그림, 또는 관찰을 통해 달에 대한 개념이 풍부하게

된 경우를 예로 들었다. 수정은 전제조건 · 믿음 · 정신적 모델 자체의 변화뿐만 아니라 이론들 간의 구조 변화를 통해 일어난다.

지금까지 논의를 정리하면, 개념구조가 발달한다는 것은 그것을 혁명적 과정으로 보면 개념내용과 개념구조 자체의 변화를 뜻하고, 점진적 과정으로 보면 개념들 간의 관계의 변화, 개념구조의 수정과 풍부함 등으로 해석될 수 있다. 따라서 개념 발달을 혁명적 관점으로 접근할 때는 학생 개인이나 집단을 대상으로 개념 변화가 일어나기 이전과 이후를 비교할 필요가 있고, 개념 발달을 점진적인 관점으로 접근할 때는 개념 변화의 이전과 이후를 비교하기보다는 개념이 실제로 변화하는 세부과정과 내용에 관심을 둔다는 것을 의미한다.

이 절에서는 우리나라 중학생의 사회과 학업 성취 수준별 문항 반응 특성을 통한 개념구조의 발달 수준을 분석하는 데 그 목적이 있기 때문에 점진적 관점에 초점을 맞춘다. 이것은 특정 아동이나 집단에게 학습 처치를 하고 난 후 개념 변화 이전과 이후를 비교하는 방식에 따라 규명되는 혁명적 과정으로서의 '발달' 을 해석하기보다는 개념구조의 차이에 대한 내용과 과정에 초점을 맞추는 점진적 과정으로서의 발달을 해석하는 것이 적합하다는 의미다.

점진적 과정으로서 '발달' 에서는 내용 자체가 새로운 다른 내용으로 대체되거나 수정되는 것을 제외하기 때문에 '발달' 을 관찰할 수 있는 요소가 무엇인지에 대한 논의가 분명해져야 한다. Niaz(1995)는 점진적 개념구조에서 의미하는 발달을 발견적 기능과 설명력이 증가하는 것으로 해석하였다. Tytler(1998)는 발달을 개념과 특정 현상을 연결시키는 경험적 연관성이나 사례의 풍부성으로 설명하면서 그러한 과정에서 아동의 개념은 새로운 상황에 일반화된 개념 범위를 확장시키는 방식으로 발달한다고 하였다. diSessa(1993)도 초기 개념구조는 일관된 형태의 체계성을 가지고 있기보다는 다양한 지식요소의 현상론적 초안(p-prism; phenomenological primitives)으로 구성되어 있고 점차 세련되고 정교해진다고 하였다. 또한 Caravita와 Hallden(1994)은 개념구조의 발달에서 개념체계의 조직화(organization), 세련화(refinement), 그리고 상황 간의 분화(differentiation)가 관찰될 수 있는 주요 요소라고 하였다. 이상의 논의를 정리해 보면 점진적 과정으로서 발달의 주요 관찰요소는 개념과 현상의 관계, 개념구조의 추상성, 개념구조의 체계성과 정합성으로 범주화할 수 있다.

(1) 개념과 현상의 관계

개념과 현상과의 관계는 사회적 현상을 기술하는 수준으로, 위에서 언급한 바와 같이 Tytler(1998)는 점진적 과정으로서 개념구조 발달을 개념과 특정 현상을 연결시키는 경험과 사례의 풍부성으로 설명하였고, Carey(1985) 역시 개념구조의 발달에서 개념이 설명하고 있는 현상 범위의 변화와 개념이 설명하고 있는 설명력의 변화를 강조하였다. 즉, 개념의 이해는 개념 자체나 개념 간 관계에 대한 이해로 한정되는 것이 아니라 개념과 현상에 대한 이해도 포함된다는 것이다. 특히 어린 학생들의 개념구조의 변화는 구체적인 특정 현상과의 관련성 속에서 상호 의존적으로 발달한다. Caravita(2001: 423)는 학생의 개념은 설명이론이라기보다는 현상에 대한 직관적 해석이므로 직관적으로 추측된 관계나 패턴으로 보아야 한다고 하였다. 즉, 개념 변화는 특정 현상과의 관련성 속에서 상호 의존적으로 일어난다는 것이다.

이것은 개념을 일반화된 추상적인 수준에서 정의하는가? 혹은 제한적인 상황과의 관련성 속에서 정의하는가와 관련된다. 예를 들어, "도시 간 상호작용은 거리에 반비례하고 인구 규모에 비례한다."는 중력모형은 일반화된 추상적 수준에서의 개념이라면 "서울과 대전 간 고속버스 운행간격이 서울과 공주 간 운행간격보다 짧다."는 것은 제한적이고 상황적인 수준에서의 도시 간 상호작용과 인구 규모의 관계에 대한 개념이라고 볼 수 있다. 이때 개념과 현상과의 관계에서 개념적 이해란 후자의 경우에 해당한다.

개념을 개념과 연결된 상황이나 현상과의 관계 속에서 보아야 한다는 입장은 diSessa(1993) 연구에서도 볼 수 있다. 개념과 현상과의 관계를 강조하는 이유는 학생의 개념구조는 초기에 직접적인 경험을 통하여 형성되고, 이때 형성된 수준이 매우 모호하고 이론적인 구조를 갖추고 있지 못하며, 특정 경험과 현상 그리고 특정 상황 속에서 그 개념의 의미가 주어지는 경우가 많기 때문이다(diSessa, 1993: 120). 이러한 관점에 의하면 현상과 개념 간의 관계 개념구조의 발달은 특정한 현상이나 상황으로부터 다양한 현상이나 상황으로 확장되어 가면서 그에 따라 서로 다른 개념으로 분화되거나 여러 상황이나 현상들의 공통된 속성에서 개념들이 서로 융합되는 것과 같이 점진적이고 연속적인 과정으로 볼 수 있을 것이다. Vygotsky(1986)는 개념구조가 '지각적인 인상에 기초한 구조화되지 않은 예시적

개념' 으로부터 '전반적인 유사성과 차이성에 기초한 현상 간의 구체적 연결구조' 로 발달하고, 현상의 유사성에 기초한 구체적 연결구조에서 '추상적이고 논리적인 사고에 기초한 정합적 구조' 로 발달한다고 하였다.

Davies(2002: 190-192)는 현상과 개념 간의 '관계' 에 초점을 맞추어 개념구조의 발달과정을 4수준으로 제안하였고, Davies, Durbin, Clarke와 Dale(2004: 22-23)은 이것에 일반적 진술과 예시를 추가하였다. 정리하면 다음과 같다. 첫째, 각각의 현상을 별개의 분리된 실체로서 기술하고, 현상 간 관계에 대해서는 극단적인 속성을 기준으로 대비하는 수준이다. 둘째, 특정 현상을 다른 현상과의 차이점을 중심으로 기술하는 수준으로 그들 간의 관계가 불연속적이고 분산적으로 나타나는 수준이다. 셋째, A도시의 인구 규모는 B도시 인구 규모보다 크다는 것과 같이 주어진 상황 범위 내에서 특정 현상과 다른 현상을 비교하는 데 개념을 이용하는 수준이다. 넷째, 인구와 토지면적과 같은 두 가지 개념이 결합된 인구 밀도와 같은 개념을 이용하여 세계 여러 지역의 인구 밀도를 수치화하는 등 두 가지 이상의 개념이 결합된 추상적 개념을 이용하여 현상의 차이 정도를 다양한 수준으로 구분하는 것이다.

(2) 추상성

개념구조의 발달에서 '어떻게' 에 대한 논의는 개념내용이나 구조의 추상성이 어떻게 변화하였는가에 대한 논의도 포함된다. Carey(1985)는 개념들 간의 관계와 구조 변화에는 추상성의 변화가 따른다고 보았다. 개념구조의 변화과정이 '구체적인 것에서 추상적인 것으로' 발달(피아제의 구체적 조작에서 형식적 조작으로의 인지 발달 관점도 이에 포함)해 나간다는 것은 일반적인 관점이다.

신피아제 학파는 '복잡성(complexity)' 과 '개념의 내용 특성' 을 추상성 수준의 평가준거로 제시하였다. 복잡성은 단계가 높아질수록 동시에 다룰 수 있는 개념의 수가 증가하는 것을 의미한다(Case, 1978; Fischer, 1980). 개념의 내용 특성은 '힘' 과 같이 일상 경험과 직접 관련이 되는 개념은 학생들이 경험을 통해 쉽게 획득할 수 있는 반면, '권력' 과 같은 개념은 경험을 통해 쉽게 획득할 수 없고 비유나 추론과정 등을 통해서 획득할 수 있는 개념으로 분류하듯이 개념 자체가 갖고 있는 내적 특징을 의미한다. Caravita와 Hallden(1994)은 지식이 구조화될 때 나

타나는 한 가지 특성이 탈상황화라고 하였다.

한편, 개념구조가 발달할수록 추상화된다는 일반적 관점과 달리 개념구조가 오히려 추상적인 것에서 구체적인 것으로 발달한다고 제안한 연구자들도 있다(Simon & Keil, 1995: 133-134). 그들에 의하면 개념의 변화는 구체적인 수준의 개념에서 추상적인 개념으로 일어나기보다는 먼저 추상적인 개념구조가 만들어지고 세분화(differentiation), 풍부화(enrichment)되는 과정을 통해 구체화된다고 하였다. 즉, 한두 번의 사례만으로 추상적 개념을 형성하고 그 개념은 이후에 많은 사례를 통하여 점차 구체화될 수도 있고, 한 영역에서 형성된 추상적 수준의 개념을 이용하여 새로운 영역에 대한 추상적 개념을 형성할 수도 있다. 예를 들어, 이미 알고 있는 '확산(diffusion)' 이라는 개념은 그와 관련된 구체적 사례와 관련 현상을 통하여 '전염적 확산(contagious diffusion)' 과 '계층적 확산(hierarchical diffusion)' 으로 세분화될 수 있다.

(3) 체계성과 정합성

개념 발달 요소에 대한 논의에서 개념구조가 추상적으로 발달하는가, 혹은 구체성을 갖는 방향으로 발달하는가에 대한 논의뿐만 아니라 정합적인 구조를 갖는 방향으로 변화하는가도 중요하게 다루어진다. 일반적으로 개념구조의 발달은 비정합적 상태에서 정합성을 갖추는 상태로 변화하는 과정이라고 한다.

정합성은 논리적 구조를 갖춘 체계라고 할 수 있는데, diSessa와 Sherin(1998)은 정합하지 않은 구조에서 정합한 구조로 발달하는 기제에 대하여 통합체(coordination class)라는 개념을 사용하여 설명하고 있다. 이는 개념에 대한 내용뿐만 아니라 개념을 형성하는 과정까지 함께 통합시킨 것이다. 통합체는 '인과적 연결망(causal net)' 과 '정보추출전략(readout strategy)' 으로 구성되어 있다.

Davies, Durbin, Clark과 Dale(2004: 24)은 '인과적 연결망' 의 수준을 4단계로 제시하였다. 첫 번째 단계는 "강의 다리가 건설되면서 취락이 형성되었다." "이곳은 적도와 가깝기 때문에 연중 고온다습한 기후를 나타낸다." "이 해변은 해양리조트로부터 배출되는 쓰레기 때문에 오염되었다." 등 특정 현상을 다른 현상과의 직접적인 인과관계 수준에서 이해한다. 두 번째 단계는 "강의 다리 건설로 인하여 취락이 형성되었고, 교역을 위주로 하는 산업이 발달하였다." 와 같이 특정

현상이 '어떻게' 다른 현상의 원인이 되는지, 혹은 특정 현상이 다른 것의 원인이 되고, 또 다른 것의 원인이 되는 과정을 설명하는 수준에서 이해한다. 세 번째 단계는 "리조트를 방문하는 관광객 수의 증가는 쓰레기양을 증가시켰고, 증가된 쓰레기들은 처리 비용이 적게 든다는 이유로 바다로 방출되었다."와 같이 특정 현상이 다른 것의 원인이 되고 그로 인하여 나타난 현상을 또 다른 것의 원인이 되는 수준에서 이해한다. 네 번째 단계는 "지구의 적도면은 태양의 직사광선이 집중하고, 지구의 공전궤도가 23° 27′이 기울어져 있기 때문에 상승기류가 생기고, 적도 무풍대 혹은 적도 저기압을 형성한다. 이 때문에 적도지역은 고온다습한 열대우림기후를 나타낸다."와 같이 두 가지 이상의 원인이 특정 현상에 작용하고 그것이 또 다른 현상에 영향을 미치는 수준으로 이해한다.

정보추출전략이란 정보를 얻는 방법을 의미하는데, 주어진 내용이 어떤 범주에 들어갈지를 결정하는 전략, 다양한 상황과 풍부한 정보 중에서 믿을 만하고 결정적인 것을 선택할 수 있는 전략 등을 말한다. Davies(2002: 192)는 정보추출전략의 수준을 개념 이해에서 사용하는 근거의 다양성에 초점을 맞추어 설명하였다. 즉, 어떤 사람은 경제 발달의 수준과 교통 통신수단 발달 간의 관계를 설명하는데 한 가지 근거를 사용할 수 있지만, 또 다른 사람은 다양한 대안적 근거까지도 활용할 수 있다는 것이다.

2) 사회과 성취 수준별 대표문항

2003년 사회과 학업성취도 평가는 2003년 10월 22일 전국 중학교 172개교의 5,587명(전국의 중학교 학생수의 1%에 해당)을 대상으로 중학교 1학년에서 3학년까지의 사회과 내용을 범위로 하여 선다형 42문항, 수행형 8문항의 검사지로 60분간 시행되었다.

2003년 학업성취도 평가에서는 각 수준과 수준을 대표하는 문항을 연계하는 방법을 이용하여 성취 수준을 해석하였다. 대표문항은 Huynh의 숙달 수준에 대한 추측도를 수용하여 선다형의 경우에는 정답률 74% 이상, 수행형의 경우에는 문항의 만점 비율 65% 이상인 문항을 성취수준별 대표 문항으로 선정하였다. 2003년 중학교 사회과 학업성취도 선다형 42문항 중에서 우수학력집단의 대표문

〈표 10-6〉 성취 수준별 대표문항수[2)]

	우수학력		보통학력		기초학력	
	문항수	문항 번호	문항수	문항 번호	문항수	문항 번호
선택형	34문항	1번, 8번, 10번, 11번, 12번, 13번, 14번, 16번, 17번, 21번, 22번, 23번, 25번, 26번, 30번, 32번, 34번, 36번, 37번, 38번, 40번, 42번	12문항	3번, 9번, 15번, 20번, 27번, 28번, 31번, 33번, 35번, 41번	2문항	19번, 29번
수행형	7문항	8번	6문항	1번, 2번, 3번, 4번, 6번, 7번	0문항	
계	41문항		18문항		2문항	

* 우수학력의 대표문항은 보통학력과 기초학력의 대표문항을 포함하고, 보통학력의 대표문항은 기초학력의 대표문항을 포함한다.

항은 34문항, 보통학력집단은 12문항, 기초학력집단은 2문항, 기초학력 미달집단은 한 문항도 없었다. 수행형은 총 8문항 중 우수학력집단 7문항, 보통학력집단 6문항이었고, 기초학력집단과 기초학력 미달집단은 한 문항도 없었다.

3) 분석 결과

(1) 개념과 현상의 관계

기초학력집단의 숙달 수준을 나타내는 대표문항인 【선택형 19번】과 【선택형 29번】은 투표에 의해 선출되는 사람을 묻거나 환경문제와 그에 대한 대책 등 일상생활에서 쉽게 접하는 단순한 사실을 알고 있는지 평가하는 문항으로, 기초학력집단에 해당하는 학생들은 일상생활에서의 경험을 통해 알게 된 사실이나 현상을 이해하고 있는 수준이라고 할 수 있다. 이렇게 일상생활의 경험으로부터 형성된 지식을 선개념(preconception)이라고 하는데, 선개념은 조각난 현상이나 사실

2) 문항은 박선미 외(2004). 『2003 국가 수준 학업성취도 평가연구-사회』, 한국교육과정평가원 보고서, pp. 220-229 참조.

〈표 10-7〉 '개념과 현상의 관계'에 대한 성취 수준별 수준기술 및 대표문항 예시

성취 수준	수준기술	대표문항 예시
기초 학력	• 사실이나 현상을 독립된 실체로서 이해할 수 있다.	19. 다음 설명에 해당되는 사람은? • 주민들의 투표에 의해 선출된다. • 지역 주민들의 의사가 반영된 정책을 집행한다. ① 장관 ② 은행장 ③ 시장 ④ 우체국장 ⑤ 경찰서장
보통 학력	• 각 현상의 속성을 대비하거나 그 차이를 이해할 수 있다.	【수행형 7】 다음은 필리핀 세부섬의 역사박물관 광장에 나란히 서 있는 비석의 내용이다. 두 비석에서 마젤란은 각각 어떻게 평가되고 있는지 쓰시오. (2점) (가) 미국이 건립한 기념비 (나) 필리핀이 건립한 기념비
	• 여러 현상의 공통된 속성에 해당하는 개념을 찾을 수 있다.	【수행형 3】 다음의 두 가지 측면을 동시에 갖는 현대사회의 변동 특성을 한 단어로 쓰시오. (2점) 〈긍정적 측면〉 • 통신기기의 발달로 언제 어디서나 편리하게 의사소통을 할 수 있게 되었다. • 인터넷을 이용하여 집에서 세계의 도서관이나 박물관을 방문할 수 있게 되었다. 〈부정적 측면〉 • 인터넷 사이트에 가입할 때 밝힌 정보 때문에 사생활이 침해를 받는다. • 정체 불명의 스팸 메일이 날아오거나 상업성 광고 전화가 자주 걸려온다.
우수 학력	• 다양하고 복잡한 현상을 기준에 따라 정리한 후 개념과 연결시킬 수 있다.	25. 다음 사례와 관련한 설명으로 옳은 것은? • 가뭄과 홍수 피해를 막기 위해 정부는 A시에 댐을 건설하기로 결정하였다. 그러자 A시 주민들은 생계를 위협받는다는 이유로 크게 반발하였다. 또한 여러 환경 단체도 생태계 파괴를 이유로 반대하였다. • 정부는 B시에 월드컵 경기장을 짓기로 하였다. B시 주민들은 크게 환영했지만, 그동안 월드컵 경기장을 유치하기 위해 노력했던 다른 지역 주민들은 반대하였다. 그러자 B시 주민들은 월드컵 경기장을 예정대로 지어 달라며 서명운동을 벌였다. • 이에 따라 A시의 댐 건설과 B시의 경기장 건설이 늦어지고 있다. ① 환경단체의 주장은 지역 이기주의에 바탕을 두고 있다. ② 지역 여론은 정부의 정책 결정과정에 영향을 줄 수 있다. ③ A시 주민들이 댐 건설을 반대하는 이유는 국가의 이익을 위해서다. ④ B시 주민들의 주장방식은 다른 지역 주민들에 비해 비민주적이다. ⑤ 정부의 정책을 추진하는 과정에서 지역 간의 갈등이 점점 줄어들고 있다.

우수 학력	• 다양한 사실이나 현상의 공통점을 자신의 인지구조 내에 존재하는 개념을 이용하여 설명할 수 있다.	13. 다음은 여러 나라의 근대화 운동을 나열한 것이다. 다음에 제시된 근대화 운동들이 공통적으로 추진했던 개혁내용은? • 중국의 변법자강운동 • 일본의 메이지 유신 • 오스만제국의 탄지마트 ① 여성의 지위 향상 ② 보통선거의 실시 ③ 외국세력의 배척 ④ 의회제도의 도입 ⑤ 신앙의 자유 인정

수준의 지식을 의미하는 것으로써 다른 개념과의 연계가 없거나 매우 약한 상태다. 피험자의 33.3%가 기초학력 수준에 해당한다는 것을 고려할 때 우리나라 중학생은 경험을 통한 선개념을 형성한 상태이고, 기초학력 미달에 해당하는 5.7%는 선개념조차 성취하지 못한 것으로 해석할 수 있다. 정리하면 기초학력학생은 직접적인 경험을 통하여 획득된 사실 수준의 지식을 습득하였지만 그 지식이 개념과 연결되지 못하며, 특정 경험 · 현상과 상황 속에서 그 의미를 이해하는 수준이다.

보통학력집단의 숙달 수준을 나타낸 【수행형 7번】은 필리핀 세부섬의 역사박물관 광장에 나란히 서 있는 미국이 건립한 기념비와 필리핀이 건립한 기념비를 보고 두 비석에서 마젤란이 각각 어떻게 평가되고 있는지를 기술하는 문항이다. 이를 통해 보통학력 학생은 두 가지 현상의 속성을 대비의 관점에서 이해하는 수준이라고 추론할 수 있다.

한편, 【수행형 3번】은 정보화의 긍정적 측면과 부정적 측면에 관련된 현상을 제시하고 이러한 현상과 관련된 현대사회의 변동 특성을 기술하는 문항이고, 【선택형 33번】은 조선 후기에 정약용이 쓴 「애절양」과 「다산시선」에 공통으로 나타난 백성의 생활상의 어려움을 의미하는 개념을 찾는 문항이며, 【선택형 35번】은 쓰레기 소각을 둘러싼 정부와 지역 주민의 대립, 과학관을 유치하기 위한 지방자치단체들 간 경쟁, 댐건설을 놓고 정부와 환경단체 간 대립 등을 보고 이런 현상들을 공통적으로 설명할 수 있는 개념을 찾는 문항이다. 이들 문항을 통하여 볼 때, 보통학력에 해당하는 학생들은 각 현상의 속성을 대비하거나 그 차이를 이해하고, 여러 현상의 공통된 속성과 해당하는 개념을 대응시킬 수 있는 수준이라고 할 수 있다.

우수학력집단의 숙달 수준을 나타낸【선택형 1번】은 〈보기 I〉에 주민 편의시설이 갖추어지지 않은 경기도 ○○지역, 평균 해발고도가 700m 내외여서 여름철에도 날씨가 서늘한 강원도 △△지역, 전국에서 땅값이 가장 비싼 서울 중구 □□지역을 제시하고, 각 지역의 속성을 〈보기 II〉에서 고르는 문제다.【선택형 25번】은 A시에 댐을, B시에 월드컵 경기장을 건설하기로 한 정부와 A시의 댐건설에 반대하는 주민과 환경단체, 월드컵 경기장 건설에 찬성하는 B시의 주민과 반대하는 다른 지역 주민들의 입장에 대한 글자료를 제시하고 각 단체가 그렇게 주장하는 이유와 그에 따른 결과를 답지로 제시한 후 옳은 것을 고르는 문제다. 이들 문항은 현상을 복잡하게 구조화시킨 후 특정 현상과 개념을 연결시킬 수 있는지를 평가하는 문항으로, 이를 통하여 우수학력 학생들은 다양하고 복잡한 현상의 차이를 기준을 가지고 정리하여 개념과 연결시킬 수 있다고 해석할 수 있다.

또한【선택형 11번】은 세계 문화권이 구분된 지도를 보고 각 문화권에 대한 설명으로 바른 것을 고르는 문항이고,【선택형 13번】은 중국의 변법자강운동, 일본의 메이지 유신, 오스만제국의 탄지마트를 제시하고 이들 근대화 운동이 공통적으로 추진했던 개혁내용을 묻는 문항이며,【선택형 32번】은 강화도 조약, 난징 조약을 제시하고 두 조약의 공통된 성격으로 적절하지 않은 것을 묻는 문항이다. 그리고【수행형 8번】은 외환위기 때 금모으기 운동과 유사한 형태로 1907년에 시작되어 전국적으로 확산된 경제적 자립운동이 무엇인지를 묻는 문항이다. 이들 문항은 다양한 사실이나 현상의 공통점을 제시된 답지에서 찾도록 되어 있지 않고 자신의 인지구조 내에 존재하는 개념과 연결시키도록 구조화되어 있다. 따라서 우수학력에 해당하는 학생들은 다양한 현상을 자신의 인지구조 내에 정착해 있는 개념을 이용하여 설명하는 수준이라고 할 수 있다.

(2) 추상성

기초학력 학생들의 숙달 수준을 나타낸【선택형 19번】은 개념과 현상의 관계를 살펴볼 때도 예시한 문항으로, 기초학력 학생은 "주민들의 투표에 의해 선출되고, 지역 주민의 의사가 반영된 정책을 집행하는 사람을 시장이라고 한다."와 같이 일상생활과 관련된 구체적인 사실 수준의 개념을 습득한 상태다.

보통학력 학생들의 숙달 수준을 나타낸【수행형 1번】은 1950년에서 2000년까지 도시인구 비율을 나타낸 그래프를 보고 우리나라에서 1960년대에서 1980년대까지 나타난 대표적인 인구 이동 현상을 무엇이라고 하는지 그 개념을 쓰는 문제이고, 【수행형 2번】은 붕당의 폐단에 대해 서술한 『영조실록』을 제시하고 이 글에서 지적하고 있는 정치적 폐단을 없애기 위해 영 · 정조가 실시한 정책이 무엇인지를 쓰는 문항이다. 그리고 【수행형 3번】은 통신기기의 발달로 편리하게 의사소통할 수 있지만 사생활이 침해받을 수도 있는 속성을 가진 현대사회의 변동 특성으로서 정보화의 개념을 묻는 문항이다. 【수행형 4번】은 혁명 전 프랑스의 신분제도, 1789년 국민의회 결성, 1789년 국민의회에서의 인간과 시민의 권리선언 승인 등과 같은 사실을 통해 혁명 이후 프랑스 사회에서 나타난 가장 두드러진 변화를 신분제의 변화 방향과 관련지어 간단히 쓰는 문항으로 이들 문항에서 요구하는 개념은 경험뿐만 아니라 학습을 통하여 획득될 수도 있는 것이다. 그러나 그 수준은 탈상황화된 것도, 다양한 상황을 동시에 설명할 수 있는 수준도 아니다. 【선택형 3번】은 제주도의 여러 축제를 나열하고 이들 축제에 사용된 소재로 볼 수 없는 것을 고르는 문항으로, 보통학력 학생은 유채꽃과 억새꽃, 감귤, 탐라국 입춘굿놀이, 용연야범 풍류 등 1차적 현상을 '식생' 이나 '전통 문화' 라는 개념으로 범주화할 수 있다.

우수학력 학생들의 숙달 수준을 나타낸 【선택형 23번】은 관료제에 대한 속성과 거리가 먼 것을 고르는 문항이며, 【선택형 26번】은 시장경제체제와 계획경제체제에 대한 설명으로 옳은 것을 묻는 문항이다. '관료제' , '시장경제와 계획경제' 와 같은 개념은 경험을 통하여 쉽게 획득될 수 있는 성격이 아니고 탈상황화되어 있다. 그리고 【선택형 14번】은 아시아 · 아프리카 29개국의 반둥회의, 반식민주의 · 중립주의 · 상호 연대원칙, 비동맹 중립의 공동 노선 추구라는 하위 개념을 통합할 수 있는 상위 개념으로서 '제3세계' 라는 개념을 도출할 수 있는지를 평가하는 문항이고, 【선택형 21번】은 선거를 통한 정치적 의사 표현, 희망사항을 정부에 청원, 시민단체 가입, 이익단체 가입과 같은 행위라는 하위 개념을 통합하는 '민의가 반영된 민주정치' 의 상위 개념을 도출할 수 있는지를 측정하는 문항이며, 【선택형 22번】은 선생님께 예의바르게 인사한 행동, 학교에 지각하지 않으려고 서두른 행동, 다섯 살이 되자 젓가락질하는 법을 배운 행동을 설명할 수 있는 상위 개념으로서 '사회화' 개념을 묻는 문항이다. 【선택형 34번】은 신라시대의

〈표 10-8〉 '추상성'에 대한 성취 수준별 수준기술 및 대표문항 예시

성취 수준	수준기술	대표문항 예시
기초 학력	• 일상생활과 관련된 구체적인 사실 수준의 개념을 이해할 수 있다.	19. 다음 설명에 해당되는 사람은? • 주민들의 투표에 의해 선출된다. • 지역 주민들의 의사가 반영된 정책을 집행한다. ① 장관 ② 은행장 ③ 시장 ④ 우체국장 ⑤ 경찰서장
보통 학력	• 상황맥락적 수준에서 경험뿐만 아니라 학습을 통하여 획득될 수 있는 개념을 이해할 수 있다.	【수행형 1】 다음은 우리나라의 도시인구 비율의 변화를 나타낸 것이다. 이를 보고 (가) 시기에 나타난 대표적인 인구 이동 현상을 쓰시오. (2점) (%) 90 80 70 60 50 40 30 20 10 0 1950 '55 '60 '65 '70 '75 '80 '85 '90 '95 2000(년) (가) (한국 도시 연감)
	• 1차적 현상을 범주화하여 개념으로 추상화할 수 있다.	3. 다음은 제주도의 여러 축제를 나열한 것이다. 이와 같은 축제에 이용된 소재로 볼 수 없는 것은? 성산일출제, 한라산 눈꽃축제, 탐라국 입춘굿놀이, 제주 유채꽃잔치, 제주 국제마라톤대회, 용연야범 풍류재현축제, 제주 레저·스포츠대축제, 서귀포 칠십리 국제 바다축제, 한라문화제, 제주 억새꽃축제, 제주 감귤 축제 ① 특이한 식생 ② 다양한 지형 ③ 독특한 전통 문화 ④ 레저, 스포츠 활동 ⑤ 대규모 놀이공원
우수 학력	• 경험을 통하여 쉽게 획득되기 어려운 탈상황화된 추상적 개념을 이해할 수 있다.	26. 시장경제체제와 계획경제체제에 대한 설명으로 옳은 것은? ① 시장경제체제를 사회주의 경제 체제라고도 부른다. ② 계획경제체제에서는 생산 수단을 주로 개인이나 기업이 소유한다. ③ 시장경제체제에서는 정부의 계획과 명령에 의해 가격이 결정된다. ④ 계획경제체제는 경쟁을 통해 효율성이 증가한다는 장점을 가지고 있다. ⑤ 시장경제체제는 약자에 대한 복지정책을 강화해야 하는 과제를 안고 있다.
	• 서로 다른 두 차원의 개념구조의 결합에 따라 더 높은 차원의 추상적 개념을 도출할 수 있다.	14. 한솔이는 '현대사'를 공부하면서 다음과 같은 내용들을 배웠다. 한솔이가 공부한 학습주제로 가장 적합한 것은? • 아시아, 아프리카 29개국의 반둥회의 개최 • 반식민주의, 중립주의, 상호 연대원칙 • 비동맹중립의 공동 노선 추구 ① 제3세계의 대두 ② 냉전체제의 붕괴 ③ 전체주의의 출현 ④ 경제 대공황의 발생 ⑤ 국제 연합의 창설

우수 학력	• 추상적인 개념이 세분화되어 구체화된 개념을 이해할 수 있다.	17. 다음의 내용은 고려 지배층의 변천과정을 나타낸 것이다. 각 세력에 대하여 바르게 설명하고 있는 사람은? 지방 호족 → 문벌 귀족 → 무신 → 권문세족 → 신진사대부 ① 동환: 지방호족 세력은 친원적 경향이 강한 보수적 세력가였어. ② 경진: 문벌귀족 세력 집권기에는 신분해방운동이 활발하게 전개되었어. ③ 상원: 묘청의 서경천도운동으로 무신정권이 붕괴되었어. ④ 지윤: 권문세족은 공민왕의 개혁 정치를 적극 지지하였어. ⑤ 효빈: 신진사대부는 성리학적 교양을 갖추고 과거를 통해 정계에 진출했어.

향 · 소 · 부곡, 히틀러의 뉘른베르크 법, 일제의 경찰범 처벌규칙 등을 통해 실질적 법치주의가 실현되기 위해 가장 중요한 조건으로 '자유와 권리' 라는 상위 개념을 도출할 수 있는지를 평가하는 문항이고, 【선택형 42번】도 다양한 문제 상황을 두고 '사회 통합과 조화' 라는 상위 개념을 도출할 수 있는지를 묻는 문항이다. 이들 문항의 공통된 속성을 통해 볼 때 우수학력 학생들은 서로 다른 두 차원의 개념구조의 결합에 따라 더 높은 차원의 추상적 개념을 도출할 수 있는 것으로 해석할 수 있다.

한편, 【선택형 17번】은 고려 지배층의 변천과정을 나타낸 그림을 제시하고 지방호족, 문벌귀족, 무신, 권문세족, 신진사대부의 속성을 구분지어 이해하고 있는지를 평가하는 문항으로서 지배층이라는 추상적 개념이 지방호족, 문벌귀족, 무신 등과 같은 개념으로 세분화된 경우다. 이상의 사례를 통하여 알 수 있는 것은 대체로 학력이 높아질수록 상황이나 현상에 따라 서로 다른 개념으로 분화되거나 겉보기에 다른 상황이나 현상들 속에서 개념이 공통된 속성으로 서로 융합되는 것과 같이 추상화되는 것이 동시에 일어난다고 할 수 있다. 즉, 학력 수준에 따라 개념구조가 추상성을 향하여 선형적으로 변화하기보다는 구체성으로의 변화와 추상성으로의 변화가 동시적 · 순환적으로 일어난다고 할 수 있다.

(3) 체계성과 정합성

정합성은 개념에 대한 내용뿐만 아니라 개념을 형성하는 과정까지 함께 통합시킨 의미로서 제2장에서 언급한 바와 같이 '인과적 연결망' 과 '정보추출전략' 으로 구성된다. 여기서는 인과적 연결망과 정보추출전략을 동시에 고려하여 성취

수준별 체계성 · 정합성의 수준을 분석하고자 한다.

기초학력의 대표문항인 【선택형 29번】은 환경문제와 그 원인이 잘못 연결된 것을 고르는 문제로 답지가 지나친 농약 사용-자연퇴비 사용, 음식물 쓰레기 배출-음식물 남기지 않기 등으로 구성되어 있다. 이 문항의 특성으로 볼 때 기초학력에 해당하는 학생들은 어떤 현상이 특정 현상에 직접적으로 영향을 미치는 1차적 인과관계를 이해하고, 관계를 이해하는 근거는 단순한 경험으로부터 추출된다.

보통학력의 대표문항인 【선택형 15번】은 청동기 시대의 유물인 돌칼들을 제시하고 청동기 시대에 그와 같은 도구가 사용된 이유를 묻는 문항으로 그 인과구조는 청동기인은 농사를 지었고, 농사를 짓는 데 돌칼이 필요했을 것이며, 그에 따라 청동기 시대에는 생산 활동에서 농업이 차지하는 비중이 커졌음을 추론하는 등 특정 현상이 어떻게 다른 것의 원인이 되었는지를 설명하는 수준이다. 그리고 【수행형 6번】은 메콩강 하류 지점이 표시된 지도와 지붕 경사가 가파르고 창문이 넓은, 그리고 땅위에 기둥을 세우고 지은 가옥의 사진을 제시한 뒤 그 지역의 기온과 강수 특징을 간단하게 쓰는 문제다. 메콩강 하류가 북위 약 12° 정도의 위치이고, 창문이 넓고 땅위로부터 떨어져 세워 지열을 막았다는 것은 날씨가 덥다는 것을 추론할 수 있고, 지붕의 경사가 가파르다는 것은 비가 많이 내린다는 것을 알 수 있다. 이것도 특정 현상이 다른 것에 어떻게 영향을 미쳤는지를 설명하는 수준이다.

이때 판단의 근거는 경험이라기보다는 학습을 통한 한두 가지 정보에 근거한다. 학습을 통한 정보라는 것은 주로 지도, 수요-공급곡선이나 인구피라미드 등과 같은 그림자료, 표자료 등을 해석하는 능력이다. 그리고 정보가 두 가지 이상일 경우 정보들은 판단을 강화하는 수준의 유사성을 보이거나 일관성을 지니는 것들로 구성된다. 이상에서 볼 때, 보통학력 학생들은 '제시된' 자료로부터 정보를 추출하여 현상과 현상 간의 구체적인 인과적 연결구조를 이해하는 수준이라고 추론할 수 있다.

우수학력의 대표문항인 【선택형 10번】은 나일강의 범람과 농사짓는 시기를 그림으로 나타내고 이러한 환경이 이집트 문명에 끼친 영향으로 볼 수 없는 것을 고르는 문항이고, 【선택형 16번】은 공양왕 3년에 이성계 일파에 의해 시행된 제도의 영향을 묻는 문항이다. 이들 문항은 어떤 현상이 다른 것의 원인이 되고, 그로

〈표 10-9〉 '체계성 · 정합성'에 대한 성취 수준별 수준기술 및 대표문항 예시

성취 수준	수준기술	대표문항 예시
기초 학력	• 단순한 경험에 근거하여 A가 B에 직접적으로 영향을 미치는 1차적 인과관계를 이해할 수 있다.	29. 다음 중 환경문제의 원인과 그 대책이 잘못 연결된 것은? ① 상품의 과대 포장 – 일회용품 사용하기 ② 지나친 비료, 농약 사용 – 자연퇴비 이용하기 ③ 건물 내부의 지나친 냉난방 – 실내외 온도차 줄이기 ④ 음식물 쓰레기 배출 – 식단 개선, 음식물 남기지 않기 ⑤ 자동차 배기가스 배출 – 가까운 거리는 걷기, 대중교통 이용하기
보통 학력	• '제시된' 자료로부터 정보를 추출하여 현상과 현상 간의 인과적 연결구조를 구체적으로 이해할 수 있다.	15. 다음은 청동기 시대의 유적지에서 대량으로 출토된 유물들이다. 청동기 시대에 이와 같은 도구가 많이 사용된 이유로 가장 적절한 것은? ① 예술 활동이 활발하였다. ② 정복전쟁이 활발하게 전개되었다. ③ 족장이 제사장의 역할을 함께 하였다. ④ 강력한 힘을 가진 지배자가 출현하였다. ⑤ 생산 활동에서 농업이 차지하는 비중이 커졌다.
우수 학력	• 자신의 사전 개념 구조와 새로운 정보를 통합하여 현상이나 개념의 논리적 인과관계를 추론할 수 있다.	10. 다음은 나일강의 범람과 농사짓는 시기를 그림으로 나타낸 것이다. 이러한 환경이 이집트 문명에 끼친 영향으로 볼 수 없는 것은? ① 문화 발달이 늦어 문자를 사용하지 못하였다. ② 나일강의 범람 및 씨뿌리는 시기를 알기 위해 태양력을 만들었다. ③ 수로를 파고 농경지를 정리하는 과정에서 강력한 통치자가 등장하였다. ④ 물이 빠진 후 농토 정비를 위해 측량술 등 실용적 기술이 발달하였다. ⑤ 나일강의 정기적인 범람으로 비옥한 농토가 형성되어 농경 문화가 발달하였다.

인하여 생긴 현상이 또 다른 것의 원인이 되는 인과관계의 구조를 갖는다.

정보추출전략 측면에서 볼 때, 우수학력 학생들은 특정 개념에 대한 적절한 정보를 추출하는 방법을 알고, 제시된 정보뿐만 아니라 기존의 정보를 새롭게 추출된 정보와 능동적으로 통합시킬 수 있는 수준이다. 【선택형 12번】은 지도에 제시된 지역이 어디인지 알고 그 지역이 동서 문화 교류에 이바지한 내용을 묻는 것이고, 【선택형 37번】은 초롱이가 여름방학 동안 여행한 지역을 지도로 제시하고 각 지역에 대한 기행문에서 나타낸 내용이 바른 것을 고르는 문항으로 지도상에 제시된 정보와 해당 지역에 대한 자신의 사전 지식을 연결시키는 문항이다. 【선택형 30번】은 동부아시아지역을 조사할 때 필요한 정보가 무엇인지를 묻는 문항으로

주어진 자료로부터 정보를 찾는 것이 아니라 적절한 정보가 무엇인지를 판단하도록 하는 문항이다.

이상에서 볼 때, 우수학력집단은 이미 체계적인 개념구조를 지니고 있고, 새로운 정보를 추출할 수 있는 방법을 알고 있으며, 자신의 사전 개념구조와 새로운 정보를 통합하여 현상이나 개념의 논리적 인과관계를 추론할 수 있다. 즉, 학력수준이 높아질수록 다양한 정보추출전략을 사용하여 여러 상황과 정보를 통합할 수 있고, 그에 따라 인과적 연결망은 현상론적 초안에서 설명적 정합성이 증가하는 인과적 관련성을 갖는 구조로 변화된다.

지금까지 분석결과를 간단하게 요약하면 다음과 같다.

'기초학력집단' 은 일상생활에서 형성된 개념은 경험을 통하여 습득된 파편화된 사실이나 현상 수준으로 그들 간 관계가 거의 없거나 약한 상태이고, '보통학력집단' 은 일상적이고 구체적인 현상이나 사실과 관련된 개념을 알고, 제시된 자료로부터 정보를 추출하여 유사성이나 차이성의 관점에서 분류하며, 제시된 자료를 기초로 현상과 현상 간의 인과적 연결구조를 구체적으로 이해할 수 있다. '우수학력집단' 은 추상적이고 논리적인 수준의 개념을 알고, 사전 지식과 논리적 사고에 기초하여 다양한 사실이나 현상 혹은 개념을 분류하며, 주어진 자료뿐만 아니라 다양한 지식을 종합적으로 이용하여 인과관계를 체계적으로 추론하거나 상위 개념을 추론할 수 있다. 우리나라 중학교 3학년 학생의 학업성취 수준별 개념구조 발달의 차이는 Vygotsky(1986)가 제안한 개념구조 발달의 3단계와 유사하다. 기초학력집단은 대부분 지각적인 인상에 기초한 예시적 개념들의 구조화되지 않은 덩어리 상태의 개념을 지니고, 보통학력집단은 사물들 간에 존재하는 연결에 의해 구조를 이루지만 논리적인 구조라기보다는 전반적인 유사성에 기초한 구체적인 연결이며, 우수학력집단은 추상적이고 논리적인 사고에 기초하여 정합적인 개념구조를 지닌다.

제11장

사회과 교육과정 평가[1)]

1. 교육과정 평가의 의미와 방법

1) 교육과정 평가의 의미

교육과정 개정 방향은 합리적이고 체계적인 교육과정 평가결과를 토대로 설정되어야 한다. 해방 이후 우리나라 교육과정은 여덟 차례에 걸쳐 개정되어 왔지만 대부분 교육과정에 대한 평가결과에 근거하여 개정되지 못하였다. 수차례에 걸친 교육과정 개정에도 불구하고 학교교육이 크게 변화되지 않은 것은 교육과정에 대한 평가가 체계적으로 이루어진 적이 없기 때문이라고 해석할 수도 있다(권영민, 2004: 20).

교육과정 평가는 역사적 · 시대적 흐름에 따라 개념이 변용되어 왔으며 '교육과정'과 '평가'의 개념을 규정하는 방식에 따라 교육과정 평가의 의미가 달라져 왔다. 교육과정 평가는 교육 활동과 관련된 다양한 평가행위와 상호 밀접하게 관

1) 이 장은 2008년에 개정된 교육과정이 아직 학교 수준에서 실행되지 않기 때문에 제7차 사회과 교육과정을 중심으로 평가하고자 한다.

련된다(박일수, 권낙원, 2008: 229). 교육과정 평가라는 개념은 1940년대에 Tyler에 의해 제안되었다. 그에 따르면 교육과정 평가란 교육목표가 교수-학습과정을 통하여 어느 정도 성취되고 있는지를 체계적으로 확인하는 일이다.

교육과정 평가 개념은 Scriven(1974)에 의하여 현대적 의미로 체계화되었는데, 그는 Tyler와는 달리 교육 프로그램을 평가의 주요 대상으로 삼았다. 이것은 방법이 주도하는 평가(method-driven evaluation)를 지양하고 논리가 주도하는 평가(theory-driven evaluation)를 추구한다는 의미다. 논리 주도의 교육과정 평가는 교육과정의 목표와 그러한 목표 설정에 영향을 미친 다양한 인과관계를 바탕으로 분석하고 그 안에 존재하는 패턴을 확인함으로써 교육과정 설계 활동 자체를 합리화할 수 있는 동시에 그 타당성을 제고시킨다(Weiss, 1998; 배호순, 2003).

Posner(1992)는 교육평가와 교육과정 평가의 개념을 비교하였는데, 교육평가는 학습자와 교육과정에 대한 의사결정과정에 관한 자료를 수집하는 데 주된 목적을 두며 학습을 바탕으로 한 평가가 중심이 되고 수집된 자료는 진단, 수업에의 피드백, 배치, 진급, 자격 인정, 선발 등에 관한 의사결정을 위해서 유용하게 활용된다. 한편 교육과정 평가는 교육과정 내용체계에 관한 가치판단, 교육적 경험의 가치판단, 교육 활동의 효과 및 성과 등에 관한 형성적 · 총괄적 접근에 중점을 두는 개념으로 이해된다. 즉, 교육과정 평가는 교육과정에 대한 가치판단을 하는 의사결정행위로서 교육과정이 진행되는 각 단계, 즉 교육과정의 설계, 실행, 성과 단계에서 교육과정과 관련된 의사결정을 하기 위하여 자료를 수집하고 이들에 대하여 가치판단을 하는 행위라고 결론지을 수 있다(박일수, 권낙원, 2008: 230).

2) 교육과정 평가의 일반적 절차

교육과정 평가를 인과론적 연결고리라는 개념에 기초하여 접근할 경우 교육과정이 어떤 맥락에서 어떻게 개발되었는가, 실제로 어떻게 작동되고 있으며 의도하는 목표가 제대로 달성되고 있는가 등을 파악하는 일 자체가 교육과정 평가의 주요 내용이 된다(배호순, 2003: 3). 교육과정 평가의 절차는 대체로 Scriven(1980, 1992)의 제안에 따른다. Scriven은 준거 설정하기 → 기준 구성하기 → 수행 측정한 후 기준과 비교하기 → 자료를 종합하여 가치판단하기의 절차에 따라 교육과

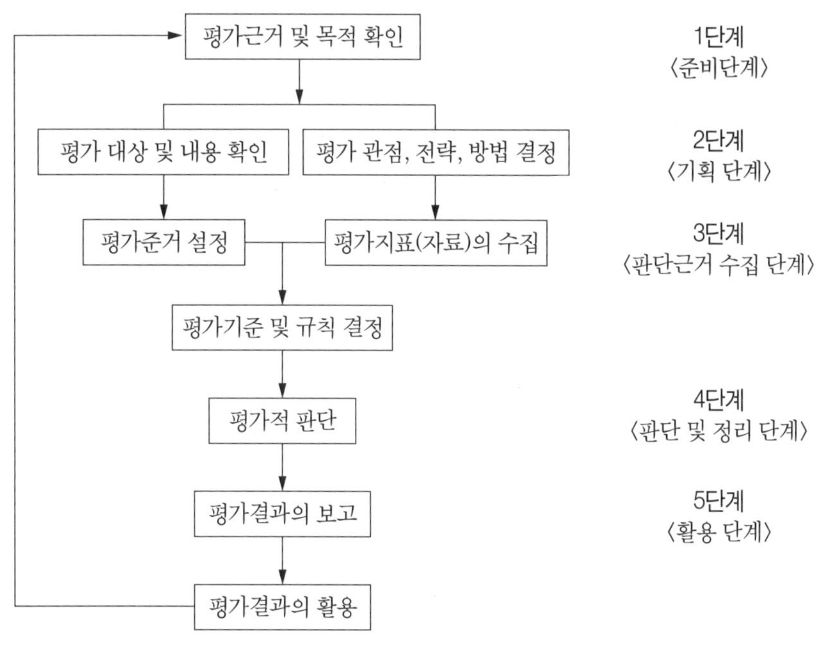

[그림 11-1] 교육과정평가의 일반적 절차 모형

출처: 배호순, 2001, p. 80.

정 평가가 이루어져야 한다고 하였고 이를 평가의 일반 논리라고 칭하였다.

배호순(2001)은 일반적 평가 활동의 전개 절차를 [그림 11-1]과 같이 구체화하였다. 먼저 평가근거 및 목적을 설정하고 그에 따라 평가 대상 및 내용을 확인한후 평가 관점, 전략, 방법을 결정한다. 그리고 평가준거를 설정하고, 평가자료를 수집하는 데 준거를 설정하는 일은 Scriven의 일반 논리에서 말하는 '평가준거 설정하기' 와 동일한 개념이다. 마지막으로 수집된 자료를 평가할 수 있는 평가기준과 규칙을 결정하여 판단 · 보고하고 평가결과를 교육적 의사결정 자료로 활용한다.

3) 교육과정 평가 대상과 준거

(1) 교육과정 평가 대상

교육과정 평가의 대상에는 교육과정의 목표와 내용이 타당하게 개발되었는지와 교육목표를 얼마나 성취했는지를 포함한다. 전자를 내적 타당성 검증이라고 하고 후자를 외적 타당성 검증이라고 하는데 내적 타당성은 교육과정의 개발 절

차, 교육과정의 목표와 내용, 교육과정 운영 측면을 중심으로, 외적 타당성은 학습자의 성취 정도를 중심으로 평가한다(박도순, 홍후조, 2003: 514-516).[2)]

교육과정 개발과정은 목적 설정에서 평가까지의 직선적 과정이라기보다는 목적 설정 · 내용 선정 · 내용 조직 및 평가에 관한 수많은 의사결정이 이루어지는 역동적 · 상황적 · 순환적 과정이라고 할 수 있다(Walker, 1971: 52). 합리적 의사결정은 충분한 숙의의 과정을 거쳐야만 하고, 이러한 이유에서 교육과정 개발에서 숙의의 중요성이 강조된다(Schwab, 1978; Walker, 1971). 그래서 교육과정 개발이 설계 중심의 교육과정 개발 관점으로 이루어진 것인지, 숙의 중심의 교육과정 개발 관점으로 이루어진 것인지는 교육과정 평가의 주요 관점이 된다.

교육과정 평가방법은 대체로 전문가의 판단에 따라 이루어지는데 사회과 교육의 경우 사회과 교육을 전공한 전문가가 학습자와 시대 상황 및 학문의 변화에 비추어 현재 교육과정 개발과정 · 목표와 교육내용의 정합성 · 교육과정 운영의 효과성을 판단한다.

(2) 교육과정 평가 준거

평가 대상을 결정한 후 평가준거를 설정할 필요가 있다. 교육과정이 어떤 목표를 어떻게 개발하고 그 목표를 성취하도록 어떻게 구조화되어 있는가를 확인하는 내적 타당성 검증을 중심으로 하는 교육과정 평가는 현재 실행되고 있는 교육과정의 체제, 목적과 내용의 합목적성 등에 기초하여 이루어져야 하고, 해당 교육과정의 효과성을 판단하는 데 필요한 정보를 체계적으로 수집하여 교육과정의 결과와 과정 속에서 일어나는 제반 사건들의 가치를 판단하는 단계가 포함되어야 한다.

Rogers(2000)는 교육프로그램의 평가모형을 제시하였는데, 그에 따르면 교육과정 평가는 교육프로그램 활동, 의도한 성과, 프로그램 활동이 유도한 성과를 유발하는 메커니즘, 그리고 그 메커니즘이 작동하는 맥락으로 구성된다는 것이다. 이때 프로그램 활동은 교육과정 개발 활동을, 의도한 성과는 교육목표를, 프로그램 활동이 의도한 성과를 유발하는 기제는 교육과정에 내재하는 작동 논리를, 그

2) 외적 타당성은 제10장 사회과 학업성취도 평가에서 다루었기 때문에 이 장에서는 내적 타당성 평가를 중심으로 논의를 전개하고자 한다.

리고 메커니즘이 작동하는 맥락은 교육과정 운영 환경을 의미한다. 그러므로 교육과정 평가를 위한 첫 번째 준거는 교육과정 개발에 대한 정당성의 근거를 파악하는 것이고, 두 번째는 교육목표의 타당성과 그것을 성취하기 위한 내용 구성의 정합성을 분석하는 일이며, 마지막으로는 교육과정이 학교에서 운영되는 기제를 파악하는 것이다. 즉, 교육과정 평가의 준거는 교육과정의 개발과정, 교육과정에 명시된 목표의 타당성과 내용 간의 정합성, 교육과정 운영과 전개과정으로 구분할 수 있다.

① 교육과정의 개발 체제와 절차

교육과정 평가의 첫 번째 준거인 개발체제와 절차는 교육과정에 대한 명분과 정당성의 근거를 파악하는 단계로서 교육과정 관련자의 요구와 주장을 수렴하는 방법과 절차 및 교육과정 개정방식 등을 중심으로 검증된다.

② 교육목표와 내용의 정합성

두 번째 준거인 명시된 교육목표와 내용에 대한 평가는 교육목표와 내용의 정합성 · 내용 조직의 체계성을 평가하는 일이다. Rossi와 Freeman, Lipsey(1999)에 의하면 교육과정 구성과 작동에서 실제로 구현되는 잠재적 논리를 규명하고 명료화하기 위해서는 교육목표 · 교육내용 · 활동 등 구성요소 간의 연결 논리를 설명할 필요가 있다고 하였다. 이를 위하여 '목표가 분명하게 정의되고 실천 가능한가?', '교육과정의 내용과 활동이 교육목표와 정합성을 가지고 충분히 규정되었는가?', '그들을 조직하고 계열화하는 논리가 명료한가?', '교육과정에 할당된 자원이나 구성요소 및 활동들이 적합한가?' 등의 질문을 제기하고 그에 대한 답변을 요구함으로써 명시된 목표와 내용을 평가할 수 있다.

③ 교육과정 운영과 전개과정

세 번째 준거인 교육과정의 운영기제의 평가는 교육과정이 실제로 어떤 맥락에서 어떻게 작동되고 있으며, 의도한 목표가 제대로 달성되고 있는지 파악하는 행위이다. 교육과정의 운영과 전개과정을 평가하는 데 어디에 초점을 두고 평가할 것인가에 대하여 Owen과 Rogers(1999)는 교육과정 투입 상황 · 교육과정의 설계 · 교육과정의 실시과정 · 교육과정의 산출결과 등으로 구분하여 파악해야 한다

고 하였다. 실제로 교육과정 운영이나 전개과정은 학교 수준에서 교육과정이 적절하게 실행되고 있는지, 실행을 위한 실질적 지원이 이루어지고 있는지, 운영이 잘되는 부분은 무엇이고, 제대로 되고 있지 않다면 무엇이, 왜 그러한지를 중심으로 평가된다. 이러한 내용을 평가하기 위하여 지역교육청과 학교 수준의 교육과정 운영 문서를 검토하고 초 · 중등학교 교사를 대상으로 교과 교육과정 운영과 관련한 교육과정 문서 구성체제 · 내용 제시방법 · 내용의 적정성 및 난이도 · 평가방법과 문제점 등을 분석하며, 운영 절차와 학교 교육과정 편성 절차와 방법 등과 관련된 항목 등을 조사한다. 그리고 사례 연구를 통하여 실제 운영되고 있는 실태를 파악하기도 한다.

그러나 학교 교육과정은 다른 프로그램과는 달리 그 목표와 실천방법 및 내용이 복잡하고 작동과정이 매우 역동적이어서 운영과 전개과정에 대한 평가가 용이하지 않다. 또한 교육 효과가 즉각적으로 발현되지 않고 장기적으로 나타나기 때문에 그 효과를 가시적으로 측정하기 어렵다는 한계도 있다. 그리고 학교 교육과정의 운영과 관련된 변인들의 복합적이고 역동적인 관계를 개념화하고 측정하는 문제에 대해서 아직까지 뚜렷한 해결방안을 가지지 못한 상태다.

2. 제7차 사회과 교육과정 평가

1) 사회과 교육과정의 개발체제와 절차

제7차 사회과 교육과정 개발체제와 절차에 대한 연구는 많지 않은 편이다. 제7차 사회과 교육과정의 개발체제와 절차의 정당성에 대한 연구는 교육과정이 개발된 직후 개발과정의 의사결정 절차와 개발체제의 문제점을 지적한 연구(류재명, 서태열, 1997), 그에 대한 반론(노희방, 1997) 및 교육과정 개발과정의 폐쇄성을 정리한 연구(남상준, 1999, 2002), 제7차 사회과 교육과정 개발의 참여 구조 · 제기된 쟁점과 문제 및 해결방법 · 개발과정의 문화적 특성 등을 질적으로 탐구한 연구(이혁규, 2001), 교육과정과 교과서 개발에 내재된 정치학을 분석한 저서(조영달 편, 2001), 교사의 실제적 지식 수준과 유리된 교육과정 개발의 문제점을 지적한 연구

(김왕근, 2003) 등이 대표적이다. 이 절에서는 이들 연구결과를 토대로 제7차 사회과 교육과정 개발체제와 절차적 특징을 살펴보고자 한다.

(1) 설계중심의 개발

제7차 사회과 교육과정은 '숙의' 보다는 '설계' 중심의 교육과정 개발체제에 따라 개발되었다. 교육과정에서 이루어지는 의사결정은 다른 의사결정 상황과 구분되는 고유한 특성을 지니고 있다. 예를 들어, '학생들이 무엇을 학습해야 하는가?', '바람직한 학습프로그램에 대한 결정은 어떻게 이루어지고 실행되어야 하는가?' 등 불확실하면서도 실제적인 문제를 다룬다는 점인데, 이는 교육과정의 문제가 불확실함에도 불구하고 그 결정이 유보될 수 없는 실천적 맥락과 관련되어 있다는 것을 의미한다(Reid, 1979; 이혁규, 2001: 25에서 재인용). '불확실한' 은 '절차적' 인 것에 대합되는 것으로, Schwab이나 Reid 등 교육과정 숙의론자들은 이러한 피할 수 없는 의사결정문제를 바람직한 방향으로 이끌 수 있는 대안으로 '숙의' 의 방법을 제안하였다.

제7차 사회과 교육과정 개발과정에 대한 연구를 살펴보면 제7차 사회과 교육과정의 개정을 요구하였던 교육개혁위원회가 개정의 주된 특징과 편제표의 기본 골격을 정해 준 상태에서 교육과정 시안 개발진은 전문가로서 충분한 숙의과정을 거쳐 합리적 의사결정을 하기보다는 주어진 정책을 절차적 모형에 따라 설계하는 데 많은 시간을 할애하였다. 제7차 사회과 교육과정 개발진은 통합이냐 분과냐, 학년별 내용 조직방안 등 주요한 의사결정 쟁점들에 대하여 개발진 간 신념이나 가치의 차이를 숙의를 통하여 극복하지 않고 몇 차례의 형식적인 협의회를 거친 후 일방적인 외부의 지시에 따라 결정하였다.

(2) '위로부터의' 과잉 통제된 개발

제7차 사회과 교육과정은 중앙집권적 모형에 따른 과잉 통제된 교육과정 개발체제에서 개발되었다. 우리나라의 경우 교육부가 개정 여부의 결정 · 개정 주체 선정 및 개발기간 · 예산 등 개정 계획 및 심의 등을 결정한다. 제7차 교육과정은 인적 요인 · 재정적 요인 · 시간적 요인이 통제된 상태에서 수행되었고(김재춘, 2002: 81), '위로부터의' 교육과정 개발체제에서 개발진은 자율성을 제한받았다.

류재명, 서태열(1997: 4)은 "연구개발자의 아이디어는 거의 무시되고, 외부의 몇몇 영향력 있는 사람의 압력에 따라 아무런 정당한 절차 없이 수차례 변경되어…… 교육부 편수관의 적절한 절차도 없이 이를 마음대로 변경함에 따라…… 자율성도 없는 연구진을 구성하여…… 구색을 맞추어…… 정부 정책의 정당성만을 확보하려는 것에 지나지 않는다."고 토로하였다. 또한 중학교의 경우 학년별로 한 영역을 배치한다는 공청회 안이 그 후 각 학년별로 2개 영역을 배치하면서 한 영역에서 다음 영역으로 넘어갈 때 교량 역할을 하는 통합 단원을 두는 안으로 조정되었는데 조정과정에서 교육부의 직접적인 개입이 더욱 강화되었다(이혁규, 2001: 272).

교육부의 개입이 가능한 구조적 요인으로는 다양한 의견을 모아 어떤 결정을 내릴 때 교육부의 자의적인 판단에 위임되어 있다는 점이다. 교육과정의 개발 절차의 형식적인 측면을 보면 수많은 단계에서 여론을 수렴하여 반영하도록 되어 있지만 다양한 여론이 수렴되어 하나의 의견으로 집약되는 과정은 매우 미약하고 결국 최종 결정은 교육부의 판단에 따르고 있다. 즉, 다양한 의견 수렴의 과정이 교육과정 최종 산출물에 대한 정당성을 부여하기 위한 형식적 절차에 불과하다는 것이다.

예를 들면, 제7차 사회과 교육과정의 개정을 위한 연구결과, 제6차 통합 방식에 대한 반대가 88.0%였음에도 불구하고 공청회 이후 교육부에서 조정한 안은 제6차 교육과정의 내용을 바탕으로 부분적으로 수정한 수준이었다. 그리고 수준별 교육과정을 사회과에 도입하는 것에 대한 찬반 설문조사를 실시하기 이전에 벌써 총론 단계에서 제7차 교육과정의 개정 방향으로 결정되어 있었고 수준별 교육과정 도입에 대한 나름대로의 합리화와 정당화 작업을 마쳐놓은 상태였다(남상준, 2002: 4-5)는 사실은 위로부터의 교육과정 개정의 한 단면을 보여 주는 사례라고 할 수 있다.

(3) 제한된 참여구조

제7차 사회과 교육과정의 연구·개발진의 수는 매우 적고, 교육과정 개발과정에 교사의 참여는 배제되었다. 정책 결정의 민주성과 관련하여 Sarason(1991)은 특정 정책결정의 결과로 영향을 받게 되는 사람들의 의견을 최대한 많이 반영하

는 정책일수록 민주적이라고 하였다. 즉, 민주적인 정책결정은 정책결정의 결과 일차적으로 그 정책의 영향을 받는 사람들의 목소리를 반영해야 하며, 이를 위해서는 정책결정의 영향에 놓인 다양한 사람들을 정책결정과정에 참여시켜야 한다. 교육과정은 의사결정, 즉 정책결정의 산물이기 때문에 위의 논리가 동일하게 적용되어야 하고, 누가 참여하는가는 매우 중요하다. 이혁규(2001)의 연구에 따르면 제7차 사회과 교육과정 시안 개발에서 중등의 경우 교육부 편수관 1인과 지리영역 3인 · 역사영역 2인 · 일반사회영역 3인이 연구 · 개발진으로 참여하였다. 이들 소속을 살펴보면 교육부 편수관 1인 · 교육과정 연구기관에 소속된 1인 · 대학교수 7인으로 교사는 단 한 명도 연구진으로 참여하지 못하였다.

국가 수준의 교육과정에 대한 의사결정과정에 참여할 수 있는 사람의 수는 숙의를 통한 의사결정구조 속에서 매우 제한적일 수밖에 없다. 그러나 사회과 교육과정을 개정하는 이유와 방향 및 범위와 수준 등을 결정하는 것은 사회과 교육과정 연구와 실행 경험에 기초해서 이루어져야 한다. Connelly와 Elbaz(1980)는 교육과정 실행에 작동하는 내적 요인을 찾기 위하여 교사의 업무를 연구하였는데, 그들은 교육과정의 이론이 교육과정의 전체적인 구조를 제공할 수 있는 역할을 한다고 할지라도 실행의 경험이야말로 교육과정을 개선하는 데 풍부한 정보와 자료를 제공한다고 하였다. 그들은 교사의 업무가 이론을 적용하는 단순한 실행가가 아님을 주장하였다. 교사는 특수한 수업 상황에서 그들 행위를 이끌어 줄 수 있는 그리고 어떤 상황이 달라졌을 때 무슨 일이 일어날지에 대하여 예측할 수 있는 그들만의 지식 실체를 개발하여 왔다고 하였다. 이론의 깊이와 복잡성을 월요일 아침 수업에서 무엇을 해야 하는지와 연결시키는 것은 중요하고, 그러한 연결은 교사들에 의해 개발된 지식의 실체를 알지 못한다면 거의 불가능하다. 따라서 교사의 실제적 지식에 근거하여 교육과정이 개정되어야 하고 교육과정의 최종 실행자이자 동시에 의사결정자로서 교사상을 전제하여 많은 교사가 참여한 가운데 개발되어야 한다.

(4) 폐쇄적 의사소통 구조

남상준(2002)의 연구에서는 초등과 중등 간의 의사소통구조의 부재에 대하여 상세하게 서술하고 있다.

> 제7차 사회과 교육과정 시안 연구 개발은 초등위원회와 중등위원회로 나뉘어져 연구진이 조직 · 운영되었다. 물론 초등위원회와 중등위원회 사이의 괴리를 극복하기 위하여 초등 연구진의 대부분과 중등 연구진의 대부분이 참석한 전체 회의가 열렸지만 초등위원회와 중등위원회 간의 협의라기보다는 각각의 연구 중간 결과를 보고하는 데 그치고, 대부분의 시간은 중등영역 간 이견과 갈등이 노출되고 이를 중심으로 토의하는 데 보냈으며, 교육부 담당자의 입장 표명과 연구위원회 위원장의 조정 노력에도 불구하고 처음부터 이들 문제는 회의에서 조정되거나 교육부 담당자의 입장이나 위원장의 부탁 때문에 완화되거나 해결될 성질의 것이 아니었다. ……이후 초등위원회 간사와 중등위원회 간사를 중심으로 한 초등과 중등 교육과정 간의 연계성 확보를 위한 노력이 계속되었지만 초등은 초등대로 6학년까지 우리가 가르칠 수 있는 것이 결정되고 나면 그것을 출발점으로 삼아 7학년부터의 중등학교 교육과정을 결정하는 것이 당연하다는 입장이었고, 중등은 중등 사회과 교육과정은 중등이 알아서 개발하는 것이지, 초등의 연구결과를 존중할 필요가 있겠느냐는 식이었다(남상준, 2002: 5).

초등과 중등의 의사소통 부재는 사회과에 대한 인식의 차이가 큰 요인으로 작용한 결과였다. 초등 교육과정 연구자들은 전통적인 삼분법을 탈피하여 통합적인 교육과정을 만드는 것이 바람직한 지향점이라고 생각한 반면 중등 교육과정 연구자들은 각 영역의 독립성을 유지하려는 경향이 강해서(이혁규, 2001: 264) 초등과 중등 연구 · 개발진 간의 의사소통이 거의 이루어지지 않았다. 따라서 1학년에서 10학년까지 교육의 연계성을 보장하기 위한 '국민공통기본교육과정'의 도입취지에도 불구하고 사회과 교육과정 연구진은 사회과를 보는 관점이 다른 초등연구진과 중등 연구진 간의 의견 차이를 숙의를 통하여 극복하기보다는 서로 다른 논의 구조를 만들어 스스로 의사소통구조를 차단시켰다.

이러한 의사소통의 단절 구조는 중등 사회과 교육과정 개발과정에서 더욱 적나라하게 드러났다. 중등의 경우 영역별 책임자를 중심으로 독자적으로 활동함으로써 중등 사회과 교육의 공통 목표에 대한 논의와 내용의 범위 및 계열에 대한 합의 기회를 거의 갖지 못하였다. 영역별 연구자가 함께 모여 논의한 내용은 주로 '통합이냐 분과냐', '3영역 간에 학년을 어떻게 배분할 것인가'를 중심으로 진행되었다. 학년 간 · 학년 내 사회과 교육내용의 비연계성은 그러한 논의의 결과라고

할 수 있다.

제7차 사회과 교육과정 개발과정에서 의사소통의 문제는 기록이 거의 남아 있지 않다는 점에서 더욱 심각하다. 이혁규(2001)는 교육과정 개발과정에서 실제 진행과정을 분석하기 위하여 자료를 수집하려고 하였으나 회의에서 무슨 이야기가 오갔으며 어떤 대립이 있었는지를 알려 주는 1차적 회의자료를 구하기 어려워 그 진행과정을 당시 교육과정 개발에 참여한 연구 · 개발진과의 면담을 바탕으로 재구성해야만 했다고 토로하였다. 기록이 없다는 것은 교육과정의 의사결정구조를 정확하게 파악하기 어렵게 할 뿐만 아니라 책임감 없이 발언하도록 한다는 점에서 매우 위험한 일이다.

2) 사회과 교육목표와 내용

(1) 목표와 내용의 정합성

교육목표는 객관적이고 보편적으로 적용되는 절대적 가치를 지닌 것이라기보다는 특정 시대와 사회에서 교육을 주관하는 집단의 가치관에 의해 결정된다. 즉, 특정한 시대적 · 사회적 이념이 교육방향을 제시하고 교육목적을 안내하며 교육과정에 포함될 교육목표와 내용을 통제한다. 사회 · 개인 · 교육 간의 관계는 그 사회의 교육을 주관하는 집단이 무엇을 중시하느냐에 따라 달라진다.

제7차 사회과 교육과정에서는 사회과 교육을 "사회 현상을 올바르게 인식하고, 사회 지식 습득과 사회생활에 필요한 기능을 익히며, 민주사회 구성원에게 요청되는 가치와 태도를 지님으로써 민주 시민으로서의 자질을 육성하는 교과"로 규정하였다. 2000년에 수행한 '사회과 목표 및 내용체계 연구(II)'에서 전문가집단을 대상으로 실시한 설문조사 결과에서도 '사회과를 어떤 교과라고 생각하는가'에 대한 질문에 전체 조사 대상자 77명 중 61.3%에 해당하는 46명이 '민주 시민의 자질을 함양하는 데 중점을 두는 교과'라고 답하였다.

그러나 민주 시민 자질 육성이라는 목표는 읽고 셈하고 쓰는 것처럼 쉽게 성취 가능한 목표가 아니라 매우 복잡하고 추상적이어서 도달하기가 불가능해 보인다. 영국의 교육철학자 Peters(1975)는 너무 추상적이어서 교육내용과 활동을 안내하지 못하는 목적은 필요하지 않고, 분명한 절차를 요구하는 교육목표(objectives)가

필요하다고 주장하였다.

교육은 명백한 목표를 가진 활동이고 교육목표는 학교교육의 전체 과정에 참여함으로써 얻을 수 있는 변화된 생각과 행동을 표현한 진술문이다. 교육활동의 적절한 범위는 교육과정에 의해 한정된다. 대부분의 교육과정은 각 학교에 분명하고 명료한 목표를 제공하고, 학생과 학부모에게 배워야 할 지식과 이해 및 기능의 목표 수준과 실제 성취 수준에 대한 정확한 정보를 제시하며, 또한 교사에게는 자신이 가르치는 학생들로부터 최선의 학습결과를 도출하기 위한 지침으로 작용한다. 따라서 교육목표는 교과내용과 경험영역에서 학생들이 무엇을 느끼고 행동하고 생각해야 하는지를 명확히 알 수 있게 진술되어야 한다.

보통 민주 시민은 민주주의적인 이념과 원리를 신봉하고 그에 따라서 행동하는 사람이라고 정의된다. 민주 시민의 자질은 사회과 교육에서 길러야 할 목표라기보다는 모든 교육의 목표라고 할 수 있다. 따라서 "민주 시민의 자질을 함양한다."라는 목표는 사회과 교육의 목표라기보다는 교육 프로그램의 전반적 목표라고 할 수 있고(김호권, 1998: 50), 민주 시민 자질 함양이라는 사회과 교육목표의 모호함은 다의적인 해석이 가능하기 때문에 공허한 구호에 불과할 수 있다.

사회과 교육과정의 교육목표는 사회과의 정체성이 분명하게 나타나고, 사회과 교육을 받은 후 학생들의 생각과 행동의 변화 방향이 명백하게 드러날 수 있도록 진술되어야 한다. 물론 사회과의 일반목표는 수업목표와는 달리 포괄성을 지녀야 하지만, 이러한 포괄성은 명확하게 제한하기 어려울 정도로 수많은 목표의식을 어떤 통일된 개념으로 압축하여 함축하고 있으면서도 세세하고 구체적인 교육목표를 조직하고 조정하는 조직의 핵으로서 역할할 수 있는 수준의 포괄성이다. 즉, 일반 교육목표의 포괄성은 구체적인 교육경험 속에 스며들지 못하는 슬로건이나 어떤 의의를 담는 구호 수준이 아니라 상세하고도 구체적인 교수목표를 도출할 수 있는 수준이어야 한다.

제7차 사회과 교육과정은 일반목표에 이어 지식, 기능, 가치 · 태도영역의 세부목표를 진술하고 있다. 지식의 경우 통합 사회과 · 지리 · 역사 · 일반사회의 목표로 구분되어 진술되었고, 기능목표로서 사회과에서 길러야 할 탐구와 의사결정 및 참여기능이 제시되었으며, 가치 · 태도목표로서 사회문제에 적극적으로 관심을 갖고 민주국가의 발전에 적극적으로 이바지하려는 태도가 제시되었다. 그러나

지식목표의 경우 사회과 일반 목표인 민주 시민 자질 함양과 어떠한 관계가 있는지 그 관련성을 추론하기가 어렵다.

또한 교육 활동이 학년별로 이루어지고 있음에도 불구하고 제7차 사회과 교육과정의 목표 진술체제가 사회과 일반 목표-세부 목표-대단원별 목표로 조직되고 학년별 교육목표가 없어서, 목표 진술이 한편으로는 너무 추상적이고 다른 한편으로는 너무 구체적이며 한 학년 동안 이루어지는 실제 교육활동의 방향을 제시하지 못한다는 문제가 있다.

(2) 내용 조직의 체계성

제7차 사회과 교육과정은 형식적으로는 통합 사회과를 표방하면서 실제 내용은 지리 · 역사 · 일반사회 세 영역을 '인간과 공간' · '인간과 시간' · '인간과 사회' 라는 범주로 나누어 고르게 배분하였다. 제7차 중학교 사회과는 1학년에 지리와 역사, 2학년에 역사와 일반사회, 3학년에 일반사회와 지리가 병렬적으로 제시되고, 학년별로 하나의 영역 통합 단원을 두는 방식으로 조직되었다. 고등학교 1학년의 경우도 지리와 일반사회가 병렬적으로 제시되고, 지리와 일반사회 영역에서 각각의 역사 통합 단원을 두는 방식으로 조직되었다.

제7차 사회과 교육과정의 내용 조직은 지리 · 역사 · 일반사회영역의 병렬적 통합 개념이 사회과 교육내용 조직의 전체적 체계성보다 상위 개념으로 작동함으로써 학년 간 · 단원 간 조직의 상호 연계성이 약화되었다. 예를 들면, 중학교의 경우 '왜 지역학습을 1학년에서, 세계사를 2학년에서, 정치 · 경제의 기본 개념을 3학년에서 배워야 하는지' 혹은 '왜 1학년 때 우리나라와 세계에 대한 지역학습과 고대 문명의 형성을 함께 배워야 하는지' 에 대한 논리가 부족하다. 이러한 내용체계는 사회과 통합 모형에 대한 의사결정과정에서 세 영역이 이루어낸 최소한의 합의결과라고 설명할 수밖에 없다. 제7차 사회과 교육과정의 내용 조직 논리인 병렬적 통합에 대한 전문가 의견 조사결과는 '매우 찬성한다' 1.4%, '찬성한다' 25.8%, '반대한다' 51.5%, '매우 반대한다' 21.2%로 반대하는 쪽의 의견이 높게 나타났다(박선미, 2004: 276).

통합이 불가피한 우리나라 현실에서 학문의 체계를 고려한 통합 사회과 내용 구성에 대한 논의는 통합의 수준에 대한 합의로부터 출발해야 할 것이다. 김재복

(1983)에 의하면 통합은 관련 교과들을 융합하여 하나의 일반적인 교과로 묶는 일 또는 통합된 코스를 의미한다. 그러나 지식의 구조가 다른 학문들을 융합시킨다는 것은 매우 성취하기 힘든 목표이며, 사실상 불가능한 일일 수도 있다.

통합에 대한 당위성을 주장하고 있는 사람들은 통합이 제대로 이루어지지 않은 원인을 각 학문영역의 이기주의 · 교육과정 편재 · 교사 양성제도 · 입시제도 등 외부에서 찾아 이를 개선하려고 한다. 그러나 과연 통합 교육과정 운영의 어려움이 제도의 개선 등으로 해결될 수 있는 문제일까? 완전 융합형 통합이라는 밑그림 아래서 통합 사회과 교육의 내용을 설계한다면 아마도 통합 사회과 교육의 내용 구성에 대한 안내나 해답은 찾기 어려울 것이다. 우리는 통합 사회과 내용 구성을 논의하기 이전에 "학문을 완전히 융합하는 것을 통합으로 보느냐?", "다른 사회적 현상을 바라보는 학문적 관점을 비교하거나 대조하는 것을 통합이라고 볼 수 있느냐?" 혹은 "학문 분야의 각 지식을 피상적으로 접목시키는 것을 통합으로 간주할 것이냐?"를 선택해야 한다.

통합을 수준에 따라 연속체의 개념으로 보는 방식 중 가장 친숙한 것이 다학문적 통합, 간학문적 통합, 초학문적 통합으로 구분한 Drake(1991, 1998)의 방식이다. 그러나 연속체로 통합을 구분하는 것은 통합의 복잡성을 설명하지 못한다. 차경수(1998)는 학문적 정체성이 유지되는 방향에서 사회과 통합이 이루어지는 것이 현실적이라고 하였다. 그에 따르면 사회과 통합은 시민 교육적 성격으로 보아 바람직하지만 현행의 통합처럼 일반사회 · 역사 · 지리의 단원이 하나의 교과서에 혼합되어 있는 것은 학문체계와 효과적인 교수에서 심각한 문제가 발생하기 때문에, 일반사회 · 역사 · 지리의 뼈대를 살리면서 지리중심의 통합과정 · 역사중심의 통합과정 · 일반사회중심의 통합과정 등으로 구성해야 한다고 하였다.

이러한 맥락에서 우리나라 사회과 통합의 논의도 "통합이 많이 이루어질수록 좋다."라는 신념을 포기하고 학문적 정체성을 확보하는 방향으로 나간다면 현재보다는 발전적이고 현실적인 통합 모형 개발과 운영이 가능할 것으로 보인다. 즉, 통합 사회과 교육의 구조는 지리 · 역사 · 일반사회영역의 학문적 정체성을 존중하되 사회과 교육의 목적이라는 큰 우산 아래 공동의 학년별 스쿼프와 시퀀스를 설정한 후 그 안에서 해당 분야의 전문가들이 각 학문영역의 내용을 교육적으로 재해석하는 식으로 조직되어야 한다. 이 관점은 학문영역의 고유성을 인정하지만

그러한 학문적 지식을 교육이라는 프리즘을 통하여 종합적이고 유기적으로 해석할 필요가 있다는 것이다. 이러한 접근은 제7차 사회과 교육과정의 학문적 체계에 따른 병렬적 내용 구성과 다르다.

(3) 내용 분량과 수준의 적절성

① 초등학교

강대현 등이 2004년에 수행한 '사회과 교육내용 적정성 분석 및 평가 연구' 결과 학생들은 대체로 학습량이 적당하고 응답했으며(66%), 교사들은 학습량이 많다고 응답했다(68.5%). 사회 수업시간의 학습량에 대한 초등학교 학생들의 반응은 학년별로 차이가 두드러지지 않지만, 4학년과 6학년은 학습량이 많다고 하였다. 4학년의 경우 지역사회 단원에서 제시된 활동이 많고, 6학년 1학기에 우리나라 역사에 대하여 통사적으로 접근하여 내용이 많아졌기 때문이었다. 박선미 외(2002)의 연구에서도 교사를 대상으로 단원별 학습 분량에 대하여 설문조사와 면담을 실시하였는데, 그 결과 강대현 외(2004)의 연구와 유사하게 3 · 4학년의 경우 교육과정의 내용이 지나치게 활동중심으로 구성되고, 6학년 1학기의 경우 전체적으로 사실과 지식중심의 학습내용이 집중적으로 배치되어 주어진 시수에 감당하기 힘들다는 의견이 많았다.

초등학교 내용 수준에 대한 강대현 외(2004)의 설문조사 결과 학생들은 사회가 쉽다는 응답이 17.3%, 적당하다는 응답이 57.9%로 나타났고, 교사들은 가르치기 어렵다는 응답이 52.0%, 보통이라는 응답이 43.3%로 나타났다. 학습량과 마찬가지로 학생들은 사회 내용 수준을 적당하다고 인식하는 반면, 교사들은 어렵다고 인식하고 있었다. 어렵다고 응답한 이유를 조사한 결과 학생들은 '암기할 내용이 많고' (36.8), '어려운 용어(24.1%)가 많아서' 라는 응답이 많았고, 교사들은 '지나치게 많은 내용' 과 '까다로운 탐구 활동' 때문이라고 응답하였다.

박선미 외(2002) 연구에서는 각 학년별로 학생 수준에 비추어 어려운 단원과 그 이유를 수업 관찰과 교사 면담을 통하여 조사하였는데 그 결과는 다음과 같다. 3학년의 고장학습에서 학교 주변의 그림지도 그리기 활동은 학생 수준을 고려할 때 매우 어렵고, 4학년 2학기의 문화재 단원은 그 역사적 배경 등에 관한 학습을 필

요로 하는데 4학년 학생들은 본격적인 역사학습을 받은 경험이 없어 어려움을 느낀다. 그리고 5학년의 국토학습과 관련된 부분은 주제가 뚜렷하게 드러나지 않아 학생들에게 탐구 활동을 하도록 하는데 어렵고, 6학년의 역사적 내용 중 근대 이후에는 세계의 역사와 관련시켜 이해하도록 하는 것이 필요한데 세계의 역사에 대한 부분이 미약하여 어렵다.

② 중등학교

사회과 교육내용 적정성을 분석한 강대현 외(2004) 연구에 의하면 중·고등학생들은 대체로 사회과 학습량이 적당하다는 응답이 가장 많았으나 많거나 매우 많다고 응답한 학생도 상당수 있었다(중학생: 30.1%, 고등학생: 25.1%). 반면에 교사와 교수들은 한결같이 학생들에 비해 사회 수업시간의 학습량이 많은 편이라고 응답하였다. 중학생의 경우 수업시간의 학습량에 대한 학년별 차이는 전체 반응 또는 다른 학년과 크게 다르지 않았다. 고등학생의 경우에도 희망 진로별 차이는 전체 반응 또는 다른 희망 진로와 크게 다르지 않았으나, 예체능계 대학이나 취업을 원하는 학생들은 인문계나 이공계 대학으로 진학을 원하는 학생들보다 상대적으로 학습량이 많다고 느꼈다. 결론적으로 교사와 교수들은 중등학교 사회과의 교수-학습 분량이 전반적으로 많다고 하였고, 학생들은 적당하다는 답변이 전반적으로 우세하였다.

강대현 외(2004) 연구에 의하면 사회 내용의 수준에 대해서 중학생은 어렵다는 응답이 35.5%, 적당하다는 응답이 48.7%, 쉽다는 응답이 25.8%였다. 어려운 이유로는 '암기할 내용이 너무 많아서' 라고 응답한 비율이 58.7%로 가장 많았고, '어려운 용어' 때문이라는 응답은 18.5%로 나타났다. 고등학생의 경우 사회 내용 수준에 대하여 쉽다는 응답이 16%, 적당하다는 응답이 52.5%, 어렵다는 응답이 31.5%였다. 어려운 이유에 대해서는 중학생과 유사하게 '암기할 내용이 많아서' 가 39.5%, '어려운 용어가 많아서' 가 26.8%였다.

교사를 대상으로 한 설문조사 결과는 중학교 교사의 경우, 사회 내용의 수준에 대해서는 보통이라는 응답이 52.6%, 어렵다는 응답이 45.8%였고, 쉽다는 응답은 1.6%로 거의 없었다. 제6차 교육과정에 비하여 제7차 교육과정의 수준이 거의 비슷하다고 응답한 교사는 63.9%로, 제6차와 제7차의 내용 수준 차이가 크지 않다

고 인식하고 있음을 확인할 수 있었다.

3) 사회과 교육과정 운영과 전개과정

제7차 사회과 교육과정 운영과 전개과정에 대한 연구는 크게 국가 교육과정이 학교 수준의 교육과정으로 실행되는 과정과 단위 학교나 교사 수준에서 운영되고 있는 현상에 대한 연구로 이원화될 수 있다.

(1) 교육과정 실행의 의사결정구조

제7차 교육과정은 단위 학교에게 교육과정 운영에 관한 의사결정의 자율성을 폭넓게 인정하고 있다. 이를 확인하기 위하여 박윤경 외(2000)는 서울에 위치한 한 중학교를 대상으로 제7차 사회과 교육과정의 운영과정을 학교 내부 행위자 간의 의사결정 맥락에 주목하여 연구하였고, 한국교육과정평가원은 2004년에 중등학교 사회과를 중심으로 제7차 교육과정의 현장 운영 실태의 내용으로 시 · 도교육청-지역교육청-학교 단위의 교육과정 편성 · 운영과정을 조사하였다. 여기서는 이 두 연구에 기초하여 제7차 사회과 교육과정이 운영되는 과정을 분석하여 그들 간의 의사결정구조를 파악함으로써 차기 교육과정에서 국가 수준의 교육과정 편성 · 운영지침의 방향을 제시하고자 한다.

2004년에 시행된 한국교육과정평가원의 제7차 교육과정의 현장 운영 실태 연구에 따르면 대부분의 시 · 도교육청은 교과전문성을 고려하여 사회과 교육과정 운영위원회를 구성한 후 2개월 정도에 걸쳐 지침을 개발하고 2~3회 수정하였다. 지역교육청 수준에서는 시 · 도교육청과 마찬가지로 사회과 교육과정 위원회를 구성하여 상위 기관에서 제시한 자료와 일관성을 유지하는 차원에서 실천 중심 장학자료를 개발하였다. 학교 단위에서는 교무부장 · 사회과 교사 · 연구부장의 협의과정을 거쳐 사회과 교육과정 혹은 학교교육계획서를 주로 1~2개월에 걸쳐 준비하는데 시 · 도교육청 교육과정 편성 · 운영지침 및 해설서와 전년도 학교 교육과정을 참고하여 개발하는 것으로 나타났다.

이러한 국가-시 · 도교육청-지역교육청-학교 수준의 교육과정 연구 · 개발 체제는 지나치게 세분화된 위계와 기능의 중복 때문에 비효율적이라는 평가를 받

고 있다. 실제로 국가 수준의 교육과정, 시 · 도교육청의 교육과정 관련 지침, 지역교육청의 장학지침 등을 각각 분석해 보면 대동소이함을 알 수 있다(김재춘 외, 2001). 각 수준별로 별다른 차이나 특징을 지니지 않는 교육과정 지침을 국가-시 · 도교육청-지역교육청이라는 세 수준에서 3중으로 제시함으로써 학교는 '옥상옥옥상옥'의 구조에서 교육과정 편성과 운영에 대한 자율성을 거의 지니지 못하게 되었다.

학교 수준의 의사결정 절차를 보다 구체적으로 살펴보면 학교는 반드시 학교교육과정위원회를 조직하고 교육과정 운영상의 주요 의사결정이 이 위원회의 심의를 거쳐야 한다는 절차적 요구 때문에 학교교육과정운영위원회를 형식적인 수준에서 조직한다. 그러나 실질적으로는 연구부장 · 교무부장 · 교장 · 교감이 중심이 되어 교육과정에 대한 전체적인 틀을 결정한다. 박윤경 외(2000: 120-122)를 보면 학교 수준의 교육과정을 결정하기 전에 교사 · 학생 · 학부모를 대상으로 설문조사를 실시하지만 결과를 분석하지 않고 그 결과와 무관하게 교육과정을 편성 · 운영한다. 왜냐하면 의사결정과정에서는 의견 수렴의 과정이 요구되지만 민주적인 의사결정과정에 따라 제시된 제안들이 현실적으로 수용될 수 없는 현실이기 때문이다. 의견 제시의 기회를 제공하였다가 그 의견을 수용할 수 없을 때 생길 수 있는 문제를 사전에 차단하기 위해서 의견 수렴을 형식적으로 거치지만 실제로 분석하지는 않는다. 일반 교사들도 제7차 교육과정의 편성 업무를 일차적으로 교무부장이나 연구부장의 업무이지 자신들의 것이 아니라고 인식하고 있었고 관심도 없는 태도를 보였다.

교육과정 관련 업무를 부담으로 여기고 개정된 교육과정에 대한 이해도 부족한 이유를 박윤경 외(2000)는 교육과정이 단위 학교나 교사에게 있어서는 외적 강요에 불과한 문화 때문이라고 진단하였다. 정책적 필요와 요구 때문에 이루어진 수차례의 교육과정 개정과정에는 학교의 문화를 이해하고 학교 현장의 목소리를 반영하려는 노력이 없었으며, 단지 학교를 개조시켜야 하는 대상으로 여겼기 때문에 교사는 기본적으로 교육과정을 불신한다. 교육과정은 이론을 정립하기 위한 것이라기보다는 실행을 위한 것이다(Tyler, 1981: 18). 그것은 교육적인 것을 성취하기 위하여 시스템을 디자인하는 것이지, 존재론적 현상을 설명하기 위한 것은 아니다. 시스템은 다양한 목적과 선호를 가진 인간에 의해 수많은 한계를 지닌 사

회적 조건 속에서 효과적으로 작동될 수 있도록 설계되어야 한다. 그래서 교육과정을 이론화(theorizing)하려는 학자와 실행하는 교사들 간에 이분법적 역할 구분은 다른 어떤 분야에서보다 위험하다.

(2) 사회과 교육과정 운영 실태

① 목표와 내용 재구성

제7차 사회과 교육과정은 구성주의 인식론을 기초로 개발되었다. 제6차 교육과정에서는 객관주의 인식론에 기초하였는데 객관주의적 관점에서 볼 때 학교에서 가르쳐야 할 교육내용은 엄정한 이성과 감각 경험 등에 의해 획득된 진리로서의 지식이 되고 학교교육의 목적은 그러한 지식이 의미가 변형되지 않게 전달해주는 데 있다. 그러나 그러한 종류의 교육은 학문적 범주 내에 갇혀 있기 쉽고, 학생의 실제 삶과 유리되기 쉬우며 학생의 학습 동기와 필요성을 유발시키기 어렵기 때문에 생장력이 약하다고 할 수 있다.

사회과 교육내용은 학생들이 생활하는 삶의 공간에서 일어나는 문제다. 교육내용은 지식체계가 아닌 현실 공간으로부터 선정되어야 하고, 그럴 때 비로소 학생들은 학습에 몰두할 수 있을 것이다. 이때 각 영역의 지식은 학생들의 삶과 밀접하게 연계되고 고등사고를 할 수 있도록 교육적 맥락에서 재구성되어야 한다. 교육내용은 모든 학생들이 배운다는 의미를 고려하여 현실과 밀접하게 관련되고 학생들의 호기심과 인지적 갈등을 일으킬 수 있도록 재구성되어야 한다. 이러한 맥락에서 제7차 사회과 교육과정은 교육목표와 내용의 재구성을 강조한다.

2004년에 한국교육과정평가원에서 수행한 제7차 사회과 교육과정의 현장 운영 실태 자료를 보면 사회과 수업을 하면서 목표를 재구성하여 운영하고 있다는 응답은 53.1%이고, 내용을 재구성하여 운영하고 있다는 응답은 70.6%로 상당히 많았다. 목표를 재구성하는 이유로는 단원내용의 특성 반영 · 학생의 흥미와 관심 고려 등을 제시하였고, 내용 재구성 이유로는 학생들의 관심과 흥미 · 단원내용의 특성 · 실생활과의 관련성 등을 고려하였기 때문이라는 응답이 많았다. 그러나 재구성할 때의 어려움으로 기준이 명확하지 않고, 재구성과 관련된 전문성이 부족하다는 응답이 많은 것으로 보아 사회과 교사들은 목표와 내용 재구성에 상당한 부담감을 느끼는 것으로 나타났다. 하지만 그들은 교육목표와 내용을 재구성하는 과정에서 주어진 교육과정을 수동적으로 전달하는 행위자가 아니라 자신의 실제적 지식에 의존하여 가르칠 것을 판단하고 선택하는 교육과정 설계자의 역할을 수행하였다.

② 수준별 교수-학습

학습자는 자신의 경험과 인지구조 내에서 주제나 과제를 해석하고 그것을 학습할 때, 학습에 진정으로 몰두할 수 있다. 다양한 경험에 따라 이해의 정도가 다르다는 점을 인정할 때, 학습 상황에서 학습내용과 학습방법은 개인적인 수준에서 고려되어야 한다. 그러나 현실적으로 학습자의 개인적 수준을 고려한 교수-학습 과정이 이루어지는 것은 상당히 어려운 일이다. 이 대안으로 제안된 것이 제7차 사회과 교육과정에서의 수준별 학습이다. 사회과 수준별 교육과정은 내용요소 간 위계가 분명하지 않아 학생의 능력 또는 흥미에 따라 학습의 깊이와 폭을 달리하고 기본 내용 · 심화 내용으로 구분하여 편성되었다.

2004년에 한국교육과정평가에서 수행한 제7차 사회과 교육과정의 현장 운영 실태 자료를 보면 수준별 수업을 운영하고 있다는 응답은 17.8%로 매우 낮았다. 사회과 수준별 교육과정 운영과 관련된 연구는 상당히 많은 편인데, 초기에는 수준별 교육과정을 소개하는 연구(최홍규, 1998)나 수준별 교육과정을 적용한 수업 사례 소개(남호엽, 1998; 송호열, 2001) 등이 주류를 이루었다. 이후 점차 사회과 수준별 교육과정의 운영 실태와 문제점 등을 분석한 연구가 이루어지기 시작하였다. 사회과 수준별 교육과정이 중학교 사회과 교실에서 어떻게 구현되고 있는지를 질적으로 기술한 박윤경(2003)의 연구, 한국과 미국의 학교교육에서 시도되고 있는 교육과정 차별화의 모습을 살펴보면서 우리나라 중등학교 수준별 교육과정 실행에 대한 함의를 제공한 조대훈(2002)의 연구, 2003~2004년에 한국교육과정평가원에서 수행한 제7차 사회과 교육과정의 현장 운영 실태 연구 등이 대표적이다. 이들 연구에 기초하여 사회과 수준별 교육과정의 수업 운영상의 문제점을 정리하면 다음과 같다.

첫째, 사회과 교육과정 및 교과서의 내용이 과다하여 학생들의 연간 수업계획이나 학생들의 수준을 충분히 반영하고 있지 못하며 교사가 적극적으로 학생들의

흥미와 적성을 고려하여 수업을 구성하지 못한다. 2003년에 초등학교를 대상으로 조사한 제7차 교육과정의 현장 운영 실태 분석결과, 사회과 수준별 수업을 어렵게 하는 요인으로 '교과내용 과다' 때문이라는 응답이 41.9%였고, 2004년에 중·고등학교 학생들을 대상으로 조사한 제7차 사회과 교육과정 현장 운영 실태 분석결과, 수준별 수업을 실시하지 않는 이유로 '기본과정을 마치기에도 시간이 모자라서' 라는 응답이 31.0%로 가장 많았다.

둘째, 수준별 수업에 적합한 학습방법과 자료가 부족하다는 점이다. 초등학교를 대상으로 조사한 제7차 교육과정의 현장 운영 실태의 분석결과, 사회과 수준별 수업을 어렵게 하는 요인으로 시설 및 자료 부족 때문이라는 응답이 13.4%였고, 중등학교의 경우도 사정은 비슷하였다. 이화진 외(2001) 연구에서 중학교 1학년을 대상으로 실시한 설문조사 결과, 수준별 교육의 애로사항 중 '수준별 교수-학습방법 구안 및 자료 개발의 어려움' 항목에 가장 많이 응답하여(35.1%) 수준별 수업에 적합한 보조학습자료의 개발 및 보급이 부족함을 확인할 수 있었다. 또한 수준별 자료를 개발하기 위한 전제로서 수준을 구분해야 하는데 그 기준이 모호하다는 것도 수준별 교육과정 운영상의 문제점으로 지적되었다.

셋째, 수준별로 차별화된 과제를 부여하되 평가는 객관성을 유지하면서 공평하게 해야 한다는 논리가 교사에게 압력으로 작용하는 현실에서 수준별 수업을 할 경우 평가의 객관성과 공정성이 문제가 된다는 점이다. 특히 중등학교 현장에서는 내신성적과 관련하여 동일한 주제와 내용을 가르치고 동일한 대상의 학생에게 동일한 평가도구를 적용해야 '공정' 하다는 논리가 강하게 작용한다(우종완, 2002). 중·고등학교 학생들을 대상으로 조사한 제7차 사회과 교육과정 현장 운영 실태 분석결과, 수준별 수업 실시 여부에 대한 응답결과로 중학교(20.2%)나 실업계 고등학교(15.8%)에 비해 일반계 고등학교(6.5%)에서의 수준별 수업 비율이 매우 낮게 나타나는 것도 평가의 공정성과 관계가 깊다는 것을 알려주는 지표이다.

넷째, 학교 현장에서는 여전히 학급당 학생수가 과다하여 학생의 수준을 적합하게 판별하여 차별화된 수업을 진행하는 데 어려움이 따른다(우종완, 2002). 중학교 1학년을 대상으로 조사한 수준별 교육과정 운영 실태 분석결과(이화진 외, 2001), 사회과 수준별 교육 실행 시 애로사항에 대한 질문에 대해 '과다한 학급 학

생수로 인한 수업 진행의 어려움' 이 34.6%에 달하여 학급당 학생수 과다문제로 인해 수업 진행에 실제로 큰 어려움을 겪고 있다는 사실을 확인할 수 있었다. 또한 중 · 고등학교 학생들을 대상으로 조사한 제7차 사회과 교육과정 현장 운영 실태의 분석결과를 보더라도, 25명 이하의 학급에서 수준별 수업이 비교적 많이 실시되었고, 가장 많은 비중을 차지하는 30명 이상 40명 이하의 학급에서는 상대적으로 적게 실시되었다.

수준별 교육과정에 대한 개념의 모호성과 교수-학습자료의 부족, 평가의 공정성에 대한 논란 등으로 수준별 교수-학습은 사회과 수업에 안착하지 못한 상태이다. 이는 학교 현장에 대한 이해가 부족한 상황에서 개발된 교육과정 정책은 외적 강요에 불과하고 내적인 문화로 전환되기 어렵다는 것을 보여 준다.

③ 수행평가

사회과 수행평가와 관련된 연구는 수행평가 방안 연구(백순근 외, 1999; 박선미, 1999)와 수행평가의 적절성 연구(마경묵, 2002 등)에 집중되어 있고, 사회과에서의 운영 실태를 양적으로 분석한 연구는 수행평가 실태를 조사한 허경철 외(1999) 연구와 2004년에 한국교육과정평가원에서 수행한 제7차 교육과정 현장 운영 실태 분석연구 정도다. 이상의 연구결과를 기초로 수행평가 운영 실태를 정리하면 다음과 같다.

허경철 외(1999) 연구에 의하면 중등학교 사회과에서 수행평가는 학기당 1~2회 실시한다는 응답이 43.54%로 가장 많았고, 거의 실시하지 않는다는 응답도 33.48%로 나타났다. 수행평가 결과를 성적 산출에 실제 반영하는 비율이 30~50% 정도라는 응답이 42%였고, 그 이하라는 응답도 31%로 많은 편이었다. 수행평가에 필요한 채점기준과 모범 답안을 모두 사전에 준비해 놓고, 채점기준은 채점하는 과정에서 학생의 답안을 보면서 보완한다는 응답은 54%에 이르렀다. 채점할 때, 사회과 교사들이 교차 채점을 거의 하지 않거나(38%) 전혀 하지 않는(23%) 경우가 많았다. 수행평가 문항 개발은 주로 같은 학교 교사들이 공동으로 개발하거나(42%) 개별적으로 개발(38%)하고 있었다. 기존 문항을 그대로 쓴다는 응답은 많지 않았다. 그리고 사회과 교사들은 수행평가 결과를 대체로 성적에 반영하고 있으며(78%), 그 외에 학습 동기 강화나 교수-학습방법 개선에도 부분적으로 활

용하고 있었다. 수행평가의 기여도를 조사한 결과 수행평가가 교육방법에 도움이 된다는 의견(36%)과 보통이라는 의견(33%)이 많았다. 수행평가를 실시한 이후, 학생들의 수업태도가 분명히 개선되고 있다는 응답(26%)이 나빠졌다는 응답(4%)보다 많았다. 수행평가를 시행하는 데 사회과 교사가 겪는 어려움은 주로 '담당 학생수의 과중(61%)' 과 '행정 처리에 따른 시간 부족', '실시방법을 잘 모르겠다' 는 순으로 나타났다. 수행평가를 정착시키기 위해서는 교사가 가르쳐야 할 학생수를 줄이고 교사의 자율성을 강화시켜야 한다는 의견이 많았다.

2004년에 수행된 한국교육과정평가원의 중등학교 제7차 교육과정의 현장 운영 실태 분석연구를 보면 사회과에서 주로 활용하는 평가방법이 선택형과 단답형이라는 응답이 83.5%로 압도적이었다. 그리고 포트폴리오를 포함한 과제수행(5.8%), 보고서 평가(5.2%), 서술형과 논술형 평가(3.9%) 순으로 나타났다. 학생들을 대상으로 수행평가 방식에 대해 자유 응답한 결과를 보면, 공책 검사 · 과제 · 논술 · 준비물 · 프린트물 확인 등을 구체적인 평가 사례로 제시하여 수행평가가 지적영역을 평가하기보다는 성실성과 태도를 평가하는 도구로 많이 활용됨을 알 수 있었다. 사회과 평가결과는 주로 내신성적의 산출 · 학생의 학습에 대한 피드백 제공 · 학생의 성취 동기 부여 등을 목적으로 활용되었다. 수행평가 활동을 계획하고 실행하는 과정에서의 어려움으로는 여전히 학생수 과다 · 평가에 과다한 시간 소요 · 평가의 객관성 및 평가도구 개발의 어려움을 꼽았다.

4) 사회과 교육과정 평가의 시사점

지금까지 제7차 사회과 교육과정의 내적 타당성을 교육과정의 개발체제와 절차 · 교육과정의 목표와 내용 · 교육과정 운영 측면에서 선행 연구 분석을 토대로 평가하였다. 그 결과에 기초한 새로운 교육과정 연구 · 개발의 시사점은 다음과 같다.

첫째, 교육과정의 개발체제와 절차 측면에서 사회과 교육과정을 개정하는 이유와 방향 및 범위와 수준은 교사의 실제적 지식에 근거하여 결정되어야 하고 그런 맥락에서 차기 사회과 교육과정 개발체제는 최종 실행자이자 동시에 의사결정자로서의 교사가 많이 참여할 수 있도록 구조화되어야 한다. 그리고 교육과정은 여

러 안 중 특정 대안을 선택하는 과정으로 다양한 장단점과 채택 시 나타날 효과와 문제점에 대한 분석을 토대로 한 교육적인 숙의를 거쳐 의사결정이 이루어져야 한다.

이를 위해서 한편으로는 의사결정을 효과적으로 수행할 수 있는 사람들이 연구·개발과정에 참여할 수 있어야 하고, 다른 한편으로는 의사결정과정을 체계적으로 뒷받침할 만한 시스템을 갖추어야 한다. 이는 의사결정과정에서 이해관계가 첨예하게 얽힌 쟁점이 무엇인지 파악하고 각 쟁점에 대한 연구결과와 실증적 자료를 체계적으로 확보해야 한다는 것을 의미한다. 또한 위로부터 통제가 심할 경우 연구진의 자율성은 상대적으로 약화되고 그러한 상황에서는 숙의를 충분히 수행하는 것 자체가 불가능하기 때문에 개발과정에서 위로부터의 인적·재정적·시간적 통제가 완화되어야 한다. 사회과를 보는 관점이 다른 초등 연구진과 중등 연구진 간의 의견 차이는 숙의를 통하여 극복하기 위해서 초등·중등 간, 중등 내 영역 간의 폐쇄적 의사소통 구조를 개방적 구조로 전환시켜 원활하게 의사소통이 이루어지도록 해야 한다.

둘째, 사회과 교육목표와 내용 측면에서 '민주 시민 양성'이라는 추상적이고 거대한 사회과 교육목표는 사회과 교육내용을 이끌기 어렵기 때문에 차기 사회과 교육목표는 사회과 교육에서 추구해야 하고, 추구할 수 있는 것에 국한시켜 사회과의 정체성과 학생들의 생각과 행동의 변화 방향이 명백하게 나타나도록 진술되어야 한다. 또한 학년별 교육목표를 전체 사회과 교육목표와 관련지어 진술하여 한 학년 동안의 교육활동 방향을 제시해 주어야 한다. 또한 내용 조직의 연계성과 체계성을 확보하기 위해서 사회과 통합은 지리·역사·일반사회영역의 학문적 정체성을 존중하되 사회과 교육의 목적이라는 큰 우산 아래 공동의 학년별 범위와 계열을 설정한 후 그 안에서 해당 분야의 전문가들이 각 학문영역의 내용을 교육적으로 재해석하고, 다른 영역의 지식과 경험이 해당 영역 학습에 유용할 경우 도입하는 수준에서 이루어져야 할 것이다.

셋째, 국가-시·도교육청-지역교육청-학교 수준의 위계적 교육과정 운영체제는 교사가 교실에서 가르치는 일만을 그들의 업무로 간주하고 교실 밖에서 수행하는 교육과정의 구성이나 설계를 그들의 업무로 간주하지 않도록 하는 문화를 만들어왔다. 비효율적이고 교사를 소외시키는 위계적 교육과정 체제의 문제점을

극복하기 위해서는 국가 수준에서 교육과정 목표와 내용에 대한 최소한의 기준을 제시하고 학교 수준에서 실행될 교육과정을 구체화할 것을 검토해야 한다. 그리고 사회과 교육과정 운영 실태에 대한 분석결과 제7차 교육과정에서 강조한 목표와 내용 재구성에 대하여 과반수 이상의 교사들이 사회과 수업을 하면서 목표와 내용을 재구성하여 운영하고 있다고 응답하였다. 아직까지 내용 재구성 기준이 명확하지 않고, 재구성과 관련된 전문성이 부족하다는 등의 문제가 있지만 제7차 교육과정 운영에서 강조했던 다른 항목보다 빠르게 교사 문화로 확산된 것으로 평가된다. 그러나 제7차 사회과 교육과정에서 제안된 수준별 수업을 운영하고 있다는 응답은 매우 낮았고, 수행평가도 학교의 반발이 많았으며 적용 비율도 높지 않은 것으로 나타났다. 이들은 교수-학습내용과 학급당 학생수 과다, 평가에 어려움 등 학교 문화를 충분히 고려하지 않은 이상적 정책으로, 아무리 좋은 정책이라고 할지라도 기존의 학교 환경과 문화에서 받아들이기 힘든 구조라면 정착되기 어렵다는 것을 보여 주는 사례다.

교육과정은 학교교육을 위한 것이고 학교교육의 주체는 교사와 학습자다. 학습자가 실제로 경험하는 교육은 교사의 실제적 지식이고 이런 실제적 지식이야말로 교육과정을 개선하는 데 풍부한 정보와 자료를 제공한다. 그래서 교육과정이 교사의 실제적 지식을 떠난다면 그 교육과정은 더 이상 생장력을 갖기 어렵다. 교사 수준에서 실행되는 사회과 교육과정의 실체를 관찰하고 평가하며, 교사들의 요구와 목소리를 담아낼 수 있는 참여구조에서 교육과정이 개발된다면, 의도된 교육과정에서 실행된 교육과정으로의 변환이 훨씬 매끄럽게 이루어질 것이고 그들 간 합치성도 높아질 것이다.

제12장

사회과 교사평가

1. 우리나라의 교사평가제도

1) 교사평가의 목적

우리나라 교사평가는 1964년 교육공무원승진규정(대통령령 제1963호, 1964. 7. 8)의 제정으로 시작되어 현재까지도 교육공무원승진규정의 틀에서 교원근무성적평정이라는 용어로 제한적으로 사용되고 있다. 교육공무원승진규정은 제정된 이후 수차례 부분 개정과 1997년의 전문 개정, 2002년의 개정 등 총 19차례가 개정되었다(강인수, 2003). 교육공무원승진규정(2002. 6. 25 대통령령 제17635호)은 5장 48조 및 별지서식으로 구성되어 있다. 제1장 총칙, 제2장 경력평정, 제3장 근무성적평정, 제4장 연수성적의 평정, 제5장 승진후보자명부로 되어 있고, 별지서식 3호에 교감근무성적평정표와 평정사항이, 별지서식 4호에 교사근무성적평정표와 평정사항이 규정되어 있다. 교육공무원승진규정의 교원근무성적평정제도의 변화내용을 정리하면 〈표 12-1〉과 같다.

〈표 12-1〉에서 볼 수 있듯이 우리나라 교사평가는 교원의 승진, 전보, 포상

〈표 12-1〉 우리나라 교원근무성적평가규정의 변화내용

<table>
<tr><th>개정연도
기준</th><th>1964년</th><th>1972년</th><th>1986년</th><th>1990년</th><th>2002년</th></tr>
<tr><td>평가 목적</td><td colspan="5">승진 임용에 있어서 인사행정의 공정을 기함</td></tr>
<tr><td rowspan="3">평가내용</td><td>근무실적(30점)
• 학급운영(8점)
• 학습지도(8점)
• 생활지도(8점)
• 교육연구(6점)</td><td>40점</td><td rowspan="3">평가요소별 배점을 일률적으로 8점으로 함</td><td rowspan="3">자질 및 태도(24점)
• 교육자로서의 품성(12점)
• 사명의식(12점)
근무실적(56점)
• 학습지도(24점)
• 생활지도(16점)
• 학급경영(16점)</td><td rowspan="3">자질 및 태도(24점)
• 교육자로서의 품성(12점)
• 공직자로서의 자세(12점)
근무실적 및 근무수행능력(56점)
• 학습지도(24점)
• 생활지도(16점)
• 교육연구 및 업무담당(16점)</td></tr>
<tr><td>직무수행(15점)
• 기본실력(5점)
• 지도력(5점)
• 창의력(5점)</td><td>20점</td></tr>
<tr><td>직무수행태도(15점)
• 책임감(5점)
• 협조성(5점)
• 준법성(5점)</td><td>20점</td></tr>
<tr><td>평가방법</td><td>우: 20%
양: 70%
가: 10%</td><td>수: 10%
(74점 이상)
우: 30%(58~73)
양: 50%(32~57)
가: 10%
(31점 이하)</td><td>수: 10%
(74점 이상)
우: 30%(58~73)
양: 50%(32~57)
가: 10%
(31점 이하)</td><td>수: 20%
우: 40%
미: 30%
양: 10%</td><td>수: 20%
우: 40%
미: 30%
양: 10%</td></tr>
<tr><td>평가결과</td><td colspan="2">1년 단위
비공개 원칙</td><td>3년 단위
비공개 원칙</td><td colspan="2">2년(1994년부터) 단위
비공개 원칙</td></tr>
</table>

자료: 전제상, 2000; 강인수, 2003; 김희규, 2005.

등 인사 결정을 위한 근거자료 제공과 교사들의 근무수행을 감독하고 통제하기 위한 목적을 지닌다. 교육공무원승진규정 제1장 제1조에서는 "……교육공무원법 제13조 제14조의 규정에 의하여 교육공무원의 경력, 근무성적 및 연수성적의 평정과 승진후보자명부에 관한 사항을 규정함으로써 승진 임용에 있어서 인사행정의 공정을 기함을 목적으로 한다."고 규정하고 있으며, 제27조의 근무성적 평정 결과의 활용에서 규정한 "근무성적평가의 결과는 전보 · 포상 등 인사관리에 반

영하여야 한다."고 제시되어 있다. 이러한 규정을 통하여 현재 우리나라 교원근무성적평정의 목적은 교사 승진 · 임용에 있어서 인사행정의 공정성을 기한다는 것과 전보 · 포상 등 인사관리에 초점을 맞추고 있을 뿐 교사의 전문성 개발에는 관심을 두지 않고 있다.

2) 교사평가의 내용과 방법

교육공무원승진규정 제16조 제1항에 근무성적의 평정을 위하여 교육공무원의 근무실적, 근무수행능력 및 근무수행태도를 평가한다고 규정하고 있고, 제17조 별지 제4호인 교사근무성적평정표에는 교사를 평가하기 위한 요소와 기준이 규정되어 있다. 별지 제4호에 제시된 교사근무성적평정의 기준을 살펴보면 〈표 12-2〉에서 볼 수 있듯이 총점은 80점이고 이 중에서 자질 및 태도는 24점, 근무실적 및 근무수행능력은 56점으로 구성된다. 근무평정의 평가요소별 배점 중 실질적인 수업 관련 요소인 학습지도는 전체 80점 가운데 24점으로 30%에 불과하다. 그리고 교사의 지도능력 및 전문성을 평가하는 구체적인 평가지표가 구체화되지 못했다(김희규, 2005).

근무성적평정방법은 평가요소별로 평정점수를 매기는 숫자평정척도법과 일정한 평정분포비율에 맞추어 평가하는 강제할당법을 혼용하고 있다. 평가요소별 평정점수는 12점, 16점, 24점으로 평가요소의 중요도에 비추어 자동적으로 매겨진다. 평정점수의 분포비율은 수(72점 이상) 20%, 우(64점 이상 72점 미만) 40%, 미(56점 이상 64점 미만) 30%, 양(56점 미만) 10%로 할당되며, 특히 평정결과가 56점 미만인 양에 해당되는 경우가 없을 경우에는 미에 가산할 수 있다. 아울러 근무성적의 평정점수는 80점 만점으로 하되, 평정자의 평정점수와 확인자의 평정점수를 각각 50%로 환산한 후 그 환산된 점수를 합산하여 산출한다. 교육공무원 자기실적평가보고서를 바탕으로 학교에서는 교감이 평정자가 되고 교장이 확인자가 되어 교사평가를 실시한다. 근무성적평정은 매년 12월 31일을 기준으로 정기적으로 실시한다.

이와 같은 숫자평정척도법과 일정한 평정분포비율에 맞춘 강제할당법과 같은 일률적 평가로는 개인의 능력을 질적으로 평가하기 어렵고, 같은 학교 동료교사

〈표 12-2〉 교육공무원승진규정에 제시된 교사의 근무성적평정요소와 내용

평정사항	평정요소	평정내용
자질 및 태도	교육자로서의 품성 (12점)	• 교사의 사명과 직무에 관한 책임과 긍지를 지니고 있는가? • 교사로서의 청렴한 생활태도와 예의를 갖추었는가? • 학생에 대한 이해와 사랑을 바탕으로 교육에 헌신하는가? • 학부모 · 학생으로부터 신뢰와 존경을 받고 있는가?
	공직자로서의 자세 (12점)	• 교육에 대한 올바른 신념을 가지고 있는가? • 근면하고 직무에 충실하며 솔선수범하는가? • 교직원 간에 협조적이며 학생에 대해 포용력이 있는가? • 자발적 · 적극적으로 직무를 수행하는가?
근무실적 및 근무수행 능력	학습지도 (24점)	• 수업연구 및 준비에 최선을 다하는가? • 수업방법의 개선 노력과 학습지도에 열의가 있는가? • 교육과정을 창의적으로 구성하며 교재를 효율적으로 활용하는가? • 평가계획이 적절하고 평가의 결과를 효율적으로 활용하는가?
	생활지도 (16점)	• 학생의 인성교육 및 진로지도에 열의가 있는가? • 학교 행사 및 교내외 생활지도에 최선을 다하는가? • 학생의 심리 · 고민 등을 이해하기 위하여 노력하고 적절히 지도하는가? • 교육 활동에 있어 학생 개개인의 건강 · 안전지도 등에 충분한 배려를 하는가?
	교과연구 및 담당업무 (16점)	• 전문성 신장을 위한 연구 · 연수 활동에 적극적인가? • 담당업무를 정확하고 합리적으로 처리하는가? • 학교 교육목표의 달성을 위한 임무수행에 적극적인가? • 담당업무를 창의적으로 개선하고 조정하는가?

들과의 상대적 비교를 통하여 평가하기 때문에 평가결과를 신뢰하기 어려우며, 학교 규모에 따라 평가결과가 달라질 수 있다는 문제가 있다. 또한 평정자와 확인자 등 평가자의 전문성이 부족할 수 있고, 주관이 개입할 여지가 많으며 인상의 오류를 범하기 쉽다는 문제도 있다.

3) 교사평가의 결과 활용

근무성적평정결과는 근무성적평정표에 기록하여 평정 후 10일 이내에 평정대상자의 임용권자에게 보고하여야 한다. 교육장의 관할하에 있는 학교의 교감과

교사의 근무성적평정표는 해당 지역의 교육장에게 보고된다. 평정결과는 앞서 언급한 바와 같이 승진 · 전보 · 포상 등 인사관리에 반영하도록 규정되어 있다.

그러나 근무성적평정결과는 우리나라 교육공무원승진규정 제26조 "근무성적평정의 결과를 공개하지 아니한다."는 규정에 의하여 비공개되고 있다. 승진규정에서 경력평정과 연수성적평정은 본인이 요구하면 알려주도록 규정하고 있는데 근무성적평정결과에 대해서만 공개하지 않는 이유는 평가기준이 명확하지 않고 평가자의 주관에 의한 평가가 이루어질 가능성이 높으며, 강제적 배분방식에 의한 상대평가 결과에 따른 불만을 제어할 방법이 없기 때문이다. 평가결과를 공개하지 않기 때문에 피평가자는 평가결과를 피드백하여 자기반성이나 전문성 개발 자료로 활용할 수 없고 지속적인 자기 평가를 위한 포트폴리오로 사용할 수도 없다.

2. 외국의 교사평가제도

외국의 교사평가제도에 대해서는 우리나라와 비슷한 단선형 학제의 국가들인 미국, 호주와 뉴질랜드를 대상으로 분석한다. 미국의 경우 주별로 차이가 있지만 교사교육 관련 전문기관에서 전문적 자격기준을 개발하고 교사자격기준을 부여하며 교사 재교육을 담당하는 등 교사교육 및 교사평가에 대하여 체계적으로 접근하고자 노력하고 있다. 호주는 교원의 경력 발달 단계별 교사전문성 기준을 개발하여 적용한다. 뉴질랜드는 교원등록제를 통하여 교원의 질 관리를 추구한다.

1) 미국의 교사평가제도

미국의 교사평가에 대한 논의는 1970년대 교육의 책무성의 일환으로 교사의 교수 활동과 수업의 질 관리에 대한 대중적 요구로 시작되었다. 1980년대에는 'A Nation at Risk'의 보고서를 통해 교사의 수업에 대한 책무성이 더욱 강조되었고, 교사평가에 대한 이론과 실제에 대한 논의가 활발하게 이루어졌다.

미국은 주별로 교사자격기준규정을 개발하여 운영한다. 각 주의 교원자격기준은 학교급에 따라 달라지지만 대체로 초임교사에게 요구되는 기준은 학과목 이

수, 기본적인 능력을 보여 주는 시험, 교양교육 이수, 교육실습 전 현장경험 조건, 교육실습 조건, 학습자의 평가와 추천권자에 대한 사항 등을 포함한다. 주 수준의 교사교육과 관련된 업무는 각 주나 지역교육청 책임이지만 교사교육표준인정위원회 NCATE(National Council for Accreditation of Teacher Education), 신임교사 평가 및 지원협의체 INTASC(Interstate New Teacher Assessment and Support Consortium), 교사전문성성취기준위원회 NBPTS(National Board for Professional Teaching Standards) 등의 기관으로부터 지원받는다.

1990년대에는 ETS(Educational Testing Center)의 Praxis Series, NBPTS (National Board for Professional Teaching Standards) 등 다양한 교사평가모형과 기준이 개발되었다. 특히 이 시기부터 유능한 교사를 기르기 위한 교육과정에도 이러한 기준을 적용하여 엄격하게 학사관리를 통하여 교사자격증을 부여해 왔다. 그리고 입학기준의 강화, 교사교육 프로그램의 개발 등 예비교사교육의 질 관리뿐만 아니라 현직교사의 재교육 차원에서 다양한 평가시스템을 통하여 교사전문성을 확보하기 위하여 노력하고 있다.

ETS는 초임교사를 평가하기 위한 평가기준을 주 수준의 기준과 학교 수준에서의 기준을 별도로 개발하여 제공함으로써 교사평가의 실행을 실질적으로 돕고 있다. 평가기준은 다양한 교수 환경에서 주어진 교수영역을 효과적으로 지도하는 데 필요한 지식과 기능을 중심으로 세분되었다. NBPTS는 엄격한 기준의 평가를 통해 자발적으로 평가에 참여한 교사들에게 전문성 신장의 기회를 제공하며 교사들이 NBPTS에서 개발한 평가기준을 준거로 자신의 지식과 기능을 점검해 보도록 한다. 평가기준은 교과내용과 효과적인 수업방법에 초점을 두고 있으며, 평가방법은 면담, 포트폴리오, 컴퓨터 및 비디오 모의실험 등을 통해 이루어진다(Ornstein & Levine, 2000).

미국에서의 교사평가는 주나 학교 수준에서 이루어지고 자기 평가를 강조하는데, 그 목적은 교사전문성 향상에 있다. 궁극적으로 교사평가의 목적은 수업 개선을 위한 피드백자료 제공이다(김희규, 2005: 149). 따라서 성공적인 교사평가가 이루어지기 위해서는 학교의 교육 목적과 철학을 명료화한 후 이를 달성하기 위해 교사에게 기대되는 직무 수준과 평가기준을 명시하고 그것을 기준으로 평가한다. 평가기준 개발에서 가장 중요하게 간주되는 것은 수업 개선이다.

(1) ETS의 Praxis

미국의 ETS(Educational Testing Service)는 교사 임용 및 평가 프로그램인 Praxis 시리즈를 운영하고 있다. Praxis 시리즈는 기존의 국가교사시험(NTE)이 복잡한 교수 지식을 제대로 평가하지 못하며, 예언타당도가 낮다는 문제점에 대한 개선안으로 교사의 전문성을 평가하는 시험의 일종이다. Praxis Ⅲ단계는 Praxis Ⅰ, Ⅱ단계를 통해 교직을 시작한 시보교사가 교직 1년 동안 연마한 교수기술을 평가하고 이후 자격증을 수여하기 위한 것이다. 특히 Praxis Ⅲ에서는 초임교사들의 수업 수행능력을 평가하기 위한 도구로서 주요 교수기술에 대한 평가틀을 활용한 평가를 실시한다. Praxis Ⅲ의 평가준거로는 교과 지식의 조직, 학습

〈표 12-3〉 ETS의 교사평가영역 및 요소

평가영역	평가요소
교과 지식의 조직	• 학습자의 이해 • 학습자 수준에서의 학습목표의 세분화 • 학습내용의 시간적 연계성의 이해 • 학습목표 달성을 위한 적절한 교수방법, 학습활동, 교수자료 및 자원의 선택과 구성 • 평가전략의 선택과 구성
학습 환경의 조성	• 수업분위기 조성 • 학생과의 라포 형성 • 학습 동기 유발 • 교실에서의 학생행동에 대한 일관성 유지 • 학습 증진을 위한 물리적 환경 구성
교수 실행	• 학습목표 및 수업 절차의 명시 • 수업 전달 및 의사소통능력 • 학생의 사고력 증진 • 학생의 진보 상황 점검 및 피드백 제공 • 상황에 적합한 학습활동 유도 • 수업시간의 효율적 활용
교사전문성	• 학습목표 달성도에 대한 반성적 활동 • 교사효능감 • 교직에 대한 지식 • 교사 조직에서의 활동성 • 교사 간 협동체제 구축 및 교수활동 연구

환경의 조성, 교수 실행, 교사전문성 등 4개의 영역에 걸쳐 21개의 기준이 제시되고 있다. Praxis III의 준거 자체가 교과별로 있는 것도 아니고, 사회과 수업을 평가하는 구체적인 기준이 될 수도 없지만, 사회과 수업평가기준에 포함되어야 할 요소에 대한 유용한 정보를 제시하고 있어 참고할 만하다.

(2) NBPTS

NBPTS(National Board for Professional Teaching Standards)는 ETS의 Praxis III와 비교해 볼 때, 경력교사들의 전문성 향상을 위한 평가에 초점을 두고 있다. NBPTS는 '전문성 있는 교사가 알아야만 하고 할 수 있는 것' 에 대한 기준을 제시하고, 이러한 수준에 맞추고자 하는 교사에 대해 국가 수준의 인증을 부여한다. NBPTS는 수업의 전문성을 높이고, 수업 전문성의 복합적 요인과 다양한 요구들에 대해 교육하고, 교직을 전문적이고 갖춘 매력 있는 직업으로 만들고자 노력하고 있다. NBPTS는 학생들의 발달 수준과 교과에 따라 30여 개의 자격 분야를 제시하여 인증체제를 부여한다. 평가기준의 개발과정에서는 각 분야의 대표적인 전문가로서 교사, 교수, 아동 발달 전문가, 교사 교육자, 관련 학문 전문가 등이 참여하고 있다. 평가는 일정 기간의 교육활동 포트폴리오(비디오테이프, 학생 학습 결과물, 기타 고안물, 이에 대한 상세한 분석)와 평가센터에서의 수업시연과 질의응답에 기초하여 이루어진다. 일정 정도 자격을 갖춘 교사는 국가인증(National Board Certification)에 지원해서 자격을 부여받을 수 있다. NBPTS에서 개발한 사회-역사 수업평가기준은 〈표 12-4〉와 같다. 사회-역사 수업의 평가영역은 학습준비, 학습전개, 학습지원으로 구성되었고, 각 평가 영역별로 평가기준을 개발하였으며, 평가기준별 세부 항목을 제시하였다.

(3) INTASC

미국 INTASC(Interstate New Teacher Assessment and Support Consortium)은 주정부들이 교사 양성과 전문성 개발을 위해 공동 노력하는 과정에서 조직되었다. INTASC은 신임교사에게 요구되는 기준 개발에 중점을 두고 있는 조직으로서, 1992년에 NBPTS에서 작성한 신임교사 자격증 취득을 위한 기준에 기초하여 수행(실행) 기준을 설정하였다. 수행 기준은 교사교육, 프로그램 승인, 자격증, 전

〈표 12-4〉 NBPTS의 사회-역사 수업평가기준

평가 영역	평가 기준	세부 항목
학습 준비	학생에 대한 지식	• 학생들의 인지적 · 사회적 · 신체적 발달 이해, 학생들과 구성적 관계 형성, 학생들에 대한 통찰력 있는 관찰
	다양성의 가치화	• 모든 학생들의 발달 지원, 평등하게, 가르치고 실천하는 환경 창조
	교과에 관한 지식	• 교과내용 이해, 교육과정 통합, 중요하고 도전적인 목표 설정
학습 전개	학문적 지식과 이해의 발달	• 학생들이 원리와 교과를 이해하도록 도움, 학습을 위해 가치가 있는 주제를 선택하고 학생들이 탐구할 가치가 있는 주제를 결정할 수 있는 기회 제공, 학제적인(학문 통합적) 교수
	사회적 이해 촉진	• 사회가 기능하는 원리를 이해, 문화의 다양성을 이해하고 학습에 통합하여 적용
	시민적 유능성 개발	• 시민적 지식을 개발, 시민적 덕목의 개발과 시민적 참여
학습 지원	교수 자원	• 다양한 자원들의 기반 개발, 현명하게 교육적인 자료 선정, 동료와 공동체를 중요한 자원으로 인식
	학습 환경	• 질서 있고 개방적이고 민주적인 학습 환경 제공, 수업 활동에 모든 학생들 참여, 사회적 발전을 촉진하고 다른 견해를 이해하도록 촉진, 학습에 대한 호기심과 지속성 격려
	평가	• 다양한 평가방법의 활용, 다양한 목적을 위한 평가, 학생들이 자기 평가에 익숙하도록 지원, 각각의 학생에게 실제적인 피드백 제공
	반성	• 결과를 평가하고 다양한 원천으로부터 체계적 투입 추구, 자신의 견해에 대한 반성, 지속적인 연구와 자기 검토를 통한 실천의 혁신
	가족과 협력관계	• 능동적인 가족의 참여로 지원 확보, 학부모와 보호자의 통찰 확보, 모든 가족들의 접근 촉진, 학생 교육에 대한 지원 관련 가족의 흥미 개발
	전문적 공헌	• 직업의 발전에 공헌, 교육과정 결정에 참여, 동료와 협력

문성 개발 등에서 실제 수행 활동에 기초하여 자격증을 부여할 때 활용할 의도로 만들었다. 여러 주정부에서 INTASC의 핵심적 기준들을 채용하였고, NCATE에서도 교사교육기관을 승인하는 절차 속에서 이 기준들을 도입하였다. INTASC은 여러 교과의 공통기준과 교과별 기준을 만들고 있는데 공통된 기준은 10가지로 구성된다.

① 교사는 그가 가르칠 교과의 구조, 중심개념, 탐구도구를 이해하고, 학생들이

이러한 요소를 의미 있게 학습할 수 있도록 학습경험을 제공한다.

② 교사는 학생이 어떻게 학습하고 발달하는가를 이해하고, 그들의 지적 · 사회적 · 개인적 발달을 지원할 학습기회를 제공한다.

③ 교사는 학습자의 학습방법의 다양성을 이해하고, 학습자가 다양한 방식으로 학습할 수 있는 기회를 제공한다.

④ 교사는 학생들의 비판적 사고, 문제해결, 수행기술의 발달을 격려할 수 있는 다양한 수업전략을 이해하고 사용한다.

⑤ 교사는 개인과 집단의 동기 유발 및 행동에 대한 이해를 이용하여 긍정적인 사회적 상호작용 · 학습에서의 적극적 참여 · 자아 동기 유발을 격려하는 학습 환경을 조성한다.

⑥ 교사는 교실에서의 적극적 탐구 · 협력 · 지원적 상호작용을 활성화하기 위한 언어적 · 비언어적 · 매체적 커뮤니케이션 기술을 효과적으로 사용한다.

⑦ 교사는 교과, 학생, 지역사회, 교육과정의 목적에 기초하여 수업을 설계한다.

⑧ 교사는 학습자의 지적 · 사회적 · 신체적 발달과정을 지속적으로 평가하기 위하여 형식적 · 비형식적 평가전략을 이해하고 활용한다.

⑨ 교사는 자기 자신의 선택과 타인에 대한 행동의 효과를 지속적으로 평가하고 전문성을 신장시킬 기회를 추구하는 반성적 실천가다.

⑩ 교사는 학생의 학습과 복지를 지원하기 위하여 학교의 동료, 부모, 더 큰 지역사회의 기관들과 연계한다.

INTASC은 공통 혹은 일반기준(Core Standards), 외국어교육기준, 수학기준, 과학기준, 특수교육기준의 개발을 완료하였고, 사회과 기준의 경우 2008년 현재 '역사와 사회기준' 을 개발 중이다. INTASC 기준에 바탕을 둔 포트폴리오 평가는 지원자들에게 자격증 부여를 결정하는 데 활용된다. 포트폴리오에는 교수의 맥락, 수업계획서, 수업 녹화 테이프, 평가지, 학생 과제물 등이 포함된다.

(4) CREATE

미국의 CREATE(Center for Research on Educational Accountability and Teacher Evaluation)은 1990년 연방교육부의 지원을 받아서 교사평가 측정기준을

〈표 12-5〉 CREATE의 교사평가영역 및 요소

평가영역	평가요소
교과지식	• 특정 교과 분야의 지식 • 교육과정 전반에 관한 지식
수업 실행	• 의사소통 기술 • 운영기술(수업의 과정, 진전, 돌발적 사태의 운영) • 수업 코스의 구성과 개선기술(계획, 자료 선택, 가용자원의 이용, 평가)
학생평가	• 학생평가에 관한 지식 • 검사의 구성/시행기술 • 등급/서열/채점 실제에 관한 기술(과정과 결과 중시) • 학생 성취의 기록과 보고
교사전문성	• 윤리의식 • 태도 • 자기개발 의지 • 봉사의식
기타	• 학교와 지역사회에 대한 기타 의무

설정하고, 평가도구를 개발하여 교직원 및 교육프로그램 평가의 개선을 주된 목적으로 운영하고 있다. CREATE의 교수 수행능력 개선을 위한 평가프로젝트는 Scriven(1988)이 제시한 직무중심 교사평가(duty-based teacher evaluation) 모형의 평가영역 및 요소를 근거로 구성하였다. 교사의 직무 분석을 토대로 한 CREATE의 교사평가영역은 〈표 12-5〉에서 볼 수 있듯이 교과지식, 수업실행, 학생평가, 교사전문성, 기타 등 5가지로 구성되었고, 각 평가 영역별로 평가요소가 제시되었다.

2) 호주와 뉴질랜드의 교사자격기준

(1) 호주의 사례

호주는 교사교육, 교사자격 및 선발, 교육과정에 대한 교육정책이 주별로 다르기 때문에 교사의 전문성 개발과 질 관리를 위한 포괄적 관리 시스템을 국가적 차원에서 구축하고 있지 않다. 그래서 이 절에서는 호주의 6개 주 중의 하나인 New South Wales 주(이하 NSW)의 교사자격기준인 전문적 교수기준(Professional

Teaching Standards)을 중심으로 살펴보고자 한다. NSW의 교사자격기준을 살펴보는 것은 이 기준안이 교사전문성에 대한 최근의 연구결과를 충실하게 반영하고 있을 뿐만 아니라 철저한 여론 수렴과정을 거쳐 교사자격기준의 외적 타당성을 확보하고 있기 때문이다. 기준안은 16번의 지역별 공청회, 이해집단과의 99번의 협의회, 4만 개의 협의회 자료 배포, 7,000여 명의 교사와 학부모로부터 의견 청취 후 120개의 수정사항 도출 및 환류과정 등을 거쳐 개발되었다.

NSW의 교사자격기준과 전문성 개발의 특징은 생애 경력 차원에서 신임교사, 전문적 능력교사, 전문적 성과를 보이는 우수교사, 전문적 지도성을 갖춘 최우수 교사로 구분하여 단계별로 제시하고 있다. 전문적 교수기준은 교사가 갖추어야 할 태도, 기능, 지식에 초점을 두고 위의 네 가지 전문성 발달 단계를 중심으로 다음과 같이 일곱 가지 요인으로 구분하여 제시하고 있다(강대구, 박선형, 2005).

① 교사는 교과내용과 학생에게 내용을 어떻게 가르칠 것인가를 알아야 한다.
② 교사는 학생을, 또한 학생이 어떻게 학습하는지를 알아야 한다.
③ 교사는 효과적인 학습을 위하여 보고 · 평가 · 계획하여야 한다.
④ 교사는 학생과 효과적으로 의사소통하여야 한다.
⑤ 교사는 학급관리기능의 활용을 통하여 안전하고 도전적인 학습 환경을 창조 · 유지하여야 한다.
⑥ 교사는 전문적 지식과 실제를 지속적으로 향상하여야 한다.
⑦ 교사는 보다 넓은 공동체와 전문직 구성원으로서 활발하게 활동하여야 한다.

NSW의 전문적 교수기준은 교사자격 인증과정에 대한 기초적 토대를 제공하면서 교사의 질을 강화하고 교사의 임용, 승진, 보수 등에 있어 효과적인 판단기준을 제공하는 데 활용되고 있다.

(2) 뉴질랜드의 사례

뉴질랜드는 교사자격증 발급과 갱신, 교사 등록 및 취소, 교원양성기관의 교육과정 인가, 무자격 교사에 대한 기소 등을 전담하는 단체인 뉴질랜드교사위원회를 설립하여 교사의 전문적 자질과 교육의 질을 제고하고자 노력하고 있다. 뉴질랜드

교사위원회는 중앙정부에 속해 있는 단체가 아니고 교사전문단체로서 총 11명의 위원으로 구성되어 운영된다. 뉴질랜드교사위원회는 학교에서 교사로서 가르치기 위하여 반드시 획득해야 하는 실무자격증 발급과 교사 등록기준뿐만 아니라 30개 교육기관에서 제공하는 교사교육 프로그램의 질적 수준을 심사하여 매 5년마다 양성기관을 인가하는 관리적 기능을 수행하고 있다.

뉴질랜드교사위원회의 교사양성 프로그램에 대한 관리는 예비교사로서 갖추어

〈표 12-6〉 뉴질랜드 교사 자격기준 내용

구 분	자격기준
전문적 지식	• 현재의 학습이론, 가르칠 과목 및 현재의 교육과정에 대한 지식 증명 • 학생의 진도와 특성에 대한 지식 증명 • 적절한 교수목표에 대한 지식 증명 • 적절한 기술과 자원에 대한 증명 • 적절한 학습행위, 프로그램과 평가에 대한 지식 증명
전문적 실제	• 존중과 이해의 환경 창출 • 학습을 촉진하고 가치를 부여하는 높은 기대 구축 • 학생 학습과정 관리 • 학생행동을 긍정적으로 관리 • 물리적 · 환경적 환경 관리 • 교수법 활용 • 학생을 학습에 관여시킴 • 학생에게 환류 제공 및 학습평가 • 유연성과 대응성 증명
전문적 관계	• 향상에 대한 관점을 가지고 교수행위에 대하여 반성적 고찰 • 정확한 기록 유지 • 가족, 보호자와의 의사소통 • 학습센터의 생활에 기여 • 전문성 개발 • 대외비밀, 신용, 존경 유지
전문적 지도성	• 유연성과 적응성 증명 • 교수학습 초점 • 동료 교원의 지원 · 인도 • 윤리적 행동과 책임감 표현 • 집단과 개인 간에 다양성을 지원하고 인정 • 전문적 능력 개발에 참여하고 타인을 격려 • 자원을 효과적이고 안정적으로 관리

자료: 강대구, 박선형, 2005.

야 할 교사자격기준의 최소 의무단계라 할 수 있는 교사적성의 적합성과 만족스러운 자질을 갖춘 교사라는 두 가지 기준에 집중된다. 만족스러운 자질을 갖춘 교사의 자격기준은 뉴질랜드의 모든 교사가 준수해야 할 평가적 준거로서 교직의 전문적 지위 제고, 교사의 전문성 개발, 교원 등록을 위한 기초적 토대를 제공한다.

뉴질랜드의 교사자격기준은 교사의 정식등록증과 밀접하게 관련된다. 교사자격증을 획득하기 위해서는 교사로서 좋은 성격과 품성뿐만 아니라 교직에 필요한 적성을 갖추어야 한다. 뉴질랜드의 교사자격기준을 구체적으로 살펴보면 신용, 정직, 신뢰성, 감수성과 동정, 타인 존중, 상상 · 열정 · 헌신, 의사소통, 물리적 · 정신적 건강과 같은 교직적성내용을 갖추도록 요구하고 있으며, 교사자격기준은 전문적 지식(professional knowledge), 전문적 실제(professional practice), 전문적 관계(professional relationship), 전문적 지도성(professional leadership)의 네 가지 기준을 제시하고 각 기준별 하위영역을 제시하고 있다.

3. 사회과 교사전문성에 대한 관점

최근 우리 사회는 가르칠 것에 대한 다양한 논쟁과 불확실성에 처해 있는 현실에서 시장 원리에 따른 교육의 전문성과 효율성을 요구한다. 교사평가는 교사의 전문성과 효율성에 대한 사회적 요구로 제기된 대표적 문제다. 학교교육의 목적은 사회적 변화와 같은 맥락에서 변화해 왔다. 학교에 대한 사회적 요구의 성격에 따라 교사의 업무와 능력은 끊임없이 재정의되었는데, 우리 시대가 요구하는 교사의 전문성은 전통과 연속이라는 측면보다는 과거와 결별의 측면이 강하다(Calgren, 1999: 48). 이 절에서는 교사평가에 대한 논의 중 가장 핵심인 교사의 전문적 지식이 무엇인지에 대하여 다루고자 한다.

1) 기술적 합리성에 기초한 사회과 교사전문성

기술적 합리성은 전문성에 대한 지배적인 패러다임으로 전문직의 형성과 발전에 많은 영향을 미쳤다. 기술적 합리성은 과학적 이론과 기술을 적용한 도구적 문

제해결을 강조한다(Schön, 1983). 전문가는 과학적 이론과 기술을 실제 문제에 적용하는 사람이다. 이때 이론은 연구를 통해서 개발되고 실제는 이론을 응용한다. 이런 관점에서 볼 때 교사의 전문성은 이론을 적용하는 데 있다. 교수 목적과 내용은 교육과정 책자, 교과서, 교사용 지도서 등에 제시되어 있고, 교사는 주어진 교육과정을 대학에서 배운 교수법 등을 활용하여 시행하는 실행가다.

Schein(1973; 서경혜, 2005 재인용)은 전문지식을 기초학문 · 응용학문 · 기술(skills)로 위계화하였다. 기초학문은 위계의 최상층에 위치하고, 이의 적용은 응용학문을 낳는다. 응용학문의 적용을 통해 기술이 발전하는데, 이는 위계의 최하위에 위치한다. 일반적 지식의 적용은 구체적 지식을 낳고, 구체적 지식은 일반적 지식에 종속된다. 기술적 합리성의 패러다임에 기초한 교사의 전문성 함양방법은 사범대학의 교육과정에 많은 영향을 미쳤다. 사범대학의 교육과정은 교양, 교직, 전공이라는 3원체제로 운영된다. 이 중에서 전공과목은 교과내용 과목과 교과교육학 과목으로 구성된다. 사범대학의 전공 교육과정의 구성은 내용과목이 기초학문에, 교과교육과목이 응용학문에, 실습과목이 이론적 지식을 통해 실제 교육현장에 적용하는 기술에 해당된다.

1960년대부터 1970년대까지 기술적 합리성의 관점에 따라 자질에 기초한 교사교육이 강조되었다. 교사자질에 대한 연구는 1960년대 초부터 CBTE(Competency Based Teacher Education) 연구에 의해 주도되었다. 항목별로 측정 가능한 수준으로 기술한 자질 연구를 총칭하여 CBTE(혹은 PBTE)라고 하는데, 이는 실행가로서 교과전문가가 갖추어야 할 자질(혹은 능력)을 추출하고, 그 능력을 갖도록 예비교사 양성과정이나 교사 재교육과정에서 교사교육 프로그램으로 운영하는 것이다. 1973년 뉴욕 주에서 마련한 '사회과 교사자질(Social Studies Teacher Competencies)'이 사회과의 대표적인 CBTE 연구라고 할 수 있다.

2) 교과 지식에 기초한 사회과 교사전문성

Shulman은 CBTE가 제기한 교사자질 항목을 어떻게 하면 교육현장에 나타나게 할 수 있을 것인가에 대한 실천적 관심으로부터 출발하여 교사자질과 이를 기르기 위한 단계를 제안하였다. Shulman(1986)에 의하면 교과 지식은 교과내용지

식(subject matter content)과 교수내용지식(pedagogical content knowledge), 교육과정지식(curricular knowledge)으로 구성된다.

첫째, 교과내용지식은 Schwab(1978)의 교과구조와 거의 유사한 의미로 내용적 구조와 구문론적 구조로 구분된다(소경희, 2003). 내용적 구조는 가르칠 각각의 내용이 전체 학문적 지식의 구조 중 어느 부분에 해당하는지를 아는 것이고, 구문론적 구조는 그것이 왜 중요한지를 아는 것이다. 교사의 전문성은 먼저 전체 학문의 체계에서 현재 다루고 있는 내용이 어떤 위치에 있고 어떤 의미를 지니는지, 즉 내용적 구조에 대한 이해와 학생들이 그것을 배울 가치가 어디에 있는지에 대한 이해로부터 출발한다. Shulman은 교과내용지식에 대한 설명지식을 충분히 지닌 교사일수록 학습자의 학습에 대한 어려움을 잘 인식할 뿐만 아니라 그들의 교수내용지식을 효과적으로 전개할 수 있다고 하면서 교과내용지식을 교수내용지식의 기반이라고 하였다.

Gudmundsdottir와 Shulman(1987)은 사회과 경력교사와 초임교사의 교수내용지식의 차이를 분석하고, 그 차이가 교과내용지식과 교수법 자체보다는 이들 간의 결합능력의 차이에 기인한다고 하였다. 경력교사와 신임교사는 사회과의 아이디어와 개념을 학습에 유용하게 세분화 · 체계화하는 방식, 사회과의 주요 지식을 개인 수준의 지식으로 변환시키는 지식, 이들 지식을 교실 실행으로 효과적으로 재현할 수 있는 기회제공능력 등에서 차이를 보인다고 하였다. Gudmundsdottir (1991)에 의하면 교과내용지식이 풍부한 교사는 교과내용을 상황과 맥락에 따라 변환시키는 능력과 학생과의 상호작용적 지식을 빠르게 축적하는 반면, 교과내용지식이 부족한 교사는 교직 경력이 많아져도 교과내용 정보를 축적하는 수준에 머무른다.

둘째, 교수내용지식(pedagogical content knowledge: PCK)은 '가르치기 위한' 지식이라고 할 수 있다. 교수내용지식에 대한 초기 연구는 주로 정의와 범주화에 집중되었다. Shulman(1986, 1987)은 교수내용지식을 '가르치기 위한' 지식, 즉 학생들의 학습을 도와주기 위하여 교사가 교과지식을 해석하고 변환한 지식이라고 정의하고, 교과내용을 학생들이 이해할 수 있도록 설명하기 위한 지식 및 학생들의 선개념과 학습의 어려움에 대한 지식으로 구성된다고 하였다. 그에 따르면 이해, 추론, 변환과 반성을 강조하는 새로운 교수전략이나 설명방식을 선택하는

기준은 대학에서의 경험, 학습자 반응에 대한 예상과 신념에 기초한다.

교수내용지식의 개념은 Shulman 이후 세련되고 확장되었다. Grossman(1990)은 Shulman이 주장하였던 바와 같이 특정 주제를 가르치기 위한 전략과 설명지식, 특정 주제에 대한 학생의 선개념에 대한 이해뿐만 아니라 부가적으로 특정 주제를 가르치는 목적에 대한 교사의 지식과 신념, 가르치는 데 활용되는 교육과정 자료에 대한 이해로 구성된다고 하였다. Grossman 모형에 의하면 교수내용지식은 교과내용지식, 일반교육학 지식과 상황맥락적 지식의 교집합이고, 수업 관찰, 학문적 지식에 대한 교육, 교육기간 동안 받은 교육과정, 수업 실행의 경험에 따라 달라진다.

Cochran과 DeRuiter, King(1993)은 구성주의 관점에서 교수내용지식을 PCKg(pedagogical content knowing)으로 재명명하고 지식 개발의 역동적 성격을 강조하였다. PCKg는 교육학, 교과내용, 학습자의 특성, 학습 환경적 맥락이라는 4요소가 동시에 발달하는 과정의 종합이다. 논의를 종합하면 이들 모두 Shulman이 제시한 교수내용의 두 가지 요소(교과설명지식, 학습자의 선개념과 학습의 어려움에 대한 이해)로 구성된다는 것에 모두 동의하고, 그 밖에도 일반적인 교육학, 교육 목적, 학습자 특성에 대한 것과 관련되기보다는 특정한 교과 주제에 대해 언급한 것이며, 교과지식 그 자체와도 다르고 교실 실행에 뿌리를 두고 통합적인 과정을 통하여 개발된다고 하였다.

Shulman(1986)은 교수내용지식을 습득하기 위해서는 다음과 같은 단계를 거쳐야 한다고 하였다. 우선, 준비(preparation)단계로서 교과내용을 비판적으로 이해해야 한다. 그리고 재현(representation)단계로서 자신이 알고 있는 교과의 내용을 재현할 여러 방법을 궁리하는 단계이고 세 번째로 선택(selection) 단계로서 자신이 가르치는 목적에 비추어서 무슨 내용을 어떻게 가르칠 것인가, 단순화시키거나 배제해야 할 부분이 무엇인지를 선택하는 단계다. 마지막 적용(adaption)단계로서 선택된 교수 내용을 학생들의 특성에 맞게 조정하는 것을 의미한다.

무엇보다도 학생 반응에 민감하게 반응하는 것은 교사의 교수내용지식을 개발하는 데 매우 중요하다. 학생 반응은 미래 실행을 위한 수업 설계나 교사의 신념을 수정하거나 정교화하는 과정에서 매우 유용한 정보로 작동하고, 이러한 정보의 누적은 분명히 교사전문성 개발의 필수 조건이다. Van Driel, De Jong과

Verloop(2002)는 교실 수업에서 이루어진 교수 경험이 가장 중요한 공헌을 한다고 하면서, 교수 경험을 통하여 예비교사가 학생의 선개념과 학습의 어려움을 이해할 수 있도록 예비교사 양성교육프로그램에서 학교 현장에 기반한 활동을 충분히 할 수 있도록 지원해야 한다고 주장하였다. 그리고 Osborne(1998)은 Van Driel 등과 마찬가지로 교수 경험이 교수내용지식의 개발에 가장 중요한 공헌을 한다고 말하면서 수업 경험이 교사의 역량을 고양시키는 효과를 지니기 위해서는 그들 스스로 교수과정을 반성할 수 있는 기회를 제공해야 한다고 하였다. Bryan과 Abell(1999)도 반성과 결합된 교수 경험이야말로 특정 주제에 대한 새로운 시각을 길러주고, 교사 실행을 재구조화하도록 하는 데 기여한다고 하였다.

셋째, 교육과정지식은 동일 학년에서 가르치는 다른 교과내용에 대한 수평적 이해와 동일 교과내용에 대한 수직적 이해를 포함한다. 교사가 수업을 설계할 때 고려하는 요인은 다층적이다. 대부분의 수업 설계는 교사의 교수내용지식(PCK) · 신념 · 수업 실행 경험을 고려하고, 학생들의 반응 등을 예측하여 기본 도안을 구성한다. 그러나 교과내용지식과 교수내용지식 못지않게 교육과정지식은 수업을 설계 · 실행하는 데 중요하다. 다음에 제시된 김 교사와 정 교사처럼 대부분의 사회과 교사들은 교수 설계와 행위과정에서 기본적으로 교육과정이 아니라 교과서에 나타난 공적 교수기준을 지향한다. 이는 사회과 교사 전문성의 핵심으로서 정체성을 사회과 교과서에 제시된 내용을 잘 알고 전달하는 것에서 찾기 때문이다.

> 김 교사: 수업을 계획하고 지도안을 짤 때 교육과정을 그다지 참고하진 않아요. 주로 수업을 계획하는 데 교과서와 지도서에 의존하지요. 교과서는 교육과정을 반영하고 있다고 생각하기 때문에 교과서 내용 순서대로 수업의 흐름을 잡았어요.
>
> 정 교사: 사실 현재 다루고 있는 내용을 그전에 배웠는지, 어느 수준에서 배웠는지, 앞으로 배울 것인지 등을 고려할 만한 여유가 없어요. 그건 교과서 집필자들이 이미 파악하고 교과서를 개발하였다고 생각합니다. 수업 준비를 하는 것은 교과서를 다시 읽어 보는 것이지요. 그 이유는 내가 설명할 내용을 다시 확인하고 혹시 빠진 내용이 있는지 확인하기 위해서지요.

교과서를 강조하다 보면 교과서로부터 자유롭기 어렵고, 탐구 · 반성 · 토의는 무의미해지기 쉽다. 사회과 수업을 설계하고 실행하는 과정에서 교사들은 사회과 전체 교육과정에서 현재 다루고 있는 단원이 차지하는 의미와 그 단원 중에서 이번 차시의 수업이 차지하는 위치를 고려해야 한다. Ben-Peretz(1989; 모경환, 박영석, 2004 재인용)는 교사의 역할을 교과서 내용의 전달자로 국한하지 않고, 교육과정의 능동적 실행가, 교육과정 사용-개발자 등으로 나누어 교사가 단순히 교육과정 목표에 비추어 교수-학습방법을 선택하는 것 이상의 역할을 하고 있다고 보았다. Thornton(1991)은 교사의 조정적 역할(gate-keeper)에 주목하였다. 모든 교사는 교육과정의 최종 운영자로서 수업을 설계하고 조정하며 실행하는 사람이다. 가르칠 때 교과서의 진도를 나간다고 생각하는 교사와 가르치는 동안에 학생들이 무엇을 배우기를 원하는지, 자신이 가르치는 한 차시 한 차시 수업이 그 목표와 어떻게 관련되는지를 고민하는 교사의 수업은 차이가 나게 마련이다. 이 차이는 학생들이 수업에 열중하도록 만들기도 하고 마음을 떠나게 할 수도 있다. 교사에게 요구되는 능력 중 지식의 양은 교사가 갖추어야 할 능력의 필요조건이지 충분조건은 아니다. 교사에게 요구되는 것은 어떤 내용을 어떻게 조직하여 가르칠 것인가를 연구하려는 노력과 의식이다. 바로 이러한 부분에서 교사의 전문성이 요구된다.

3) 개인 수준의 반성에 기초한 교사전문성

Schön은 교사들 스스로 지식의 실체를 개발하여 온 방법을 반성(reflection)의 개념으로 설명하였다. 기존의 기술적 합리성에 기반한 교사전문성 함양이 교사가 갖추어야 할 구체적 자질을 외적으로 규정하고 교사에게 강요되는 모습이라면 반성은 내적 자기성찰에 초점을 맞춘다. 반성은 현재 북미와 유럽에서 교사전문성 개발에 있어 핵심 개념으로 관심을 받고 있으며 교사의 반성과 반성중심의 교사교육에 대한 연구가 활발하게 진행되고 있다(Fendler, 2003). 이종일(2003)은 우리나라 사회과 교육에 Schön의 반성적 실행에 따른 교사 자질 개선방법 등을 소개한 바 있다.

반성은 교육현장을 보는 관점의 변화에 따른 것이다. Schön의 반성 중에서 특

히 행위 중 반성에 주목한다. 이것은 행위가 진행되는 상황에서 행위 기저의 앎을 표면화하고 비판하고 재구성한 후 재구성한 앎을 후속행위에 구현하여 검증하는 것이다(서경혜, 2005). 행위 중 반성은 놀람으로부터 시작한다. 수업 준비를 아무리 철저히 해도 수업 장면에서 예측할 수 없는 부분이 발생하기 때문에 교사는 재즈 연주자가 상대 연주자의 리듬과 멜로디에 맞추어서 즉흥적으로 연주하듯이 학생의 이해 수준이나 주어진 여건 속에서 적합한 소재와 방법을 동원하여 수업을 진행한다. 교사는 수업을 함으로써 비로소 학생의 수준이나 어려움을 알게 되고, 그 상황에서 순간적으로 해결책을 모색해야 한다. 잠정적 앎을 즉석에서 실천에 옮겨 그 결과가 좋으면 새로운 실천적 지식이 형성되는 것이고 예상하지 못한 결과가 나오면 행위 중 반성의 초기 단계로 돌아간다. 새롭게 형성된 실천적 지식은 실천가의 행위 속에 녹아 행위 중 앎으로 표출된다. 이러한 실천을 수반한 반성의 개념은 교사의 전문성 개발을 위한 핵심 개념으로 평가되고 있다.

4) 협력적 설계에 기초한 교사전문성

개인적 반성만을 가지고는 실행 지식을 획득하는 것은 한계가 있다. 개별적 반성을 통해 획득된 암묵적 지식은 암묵적 현명함뿐만 아니라 암묵적 우둔함까지 포함한다. 물론 교사라는 직업은 암묵적 지식이 반드시 필요한 직업이지만 그것만으로는 충분하지 않다. 암묵적 지식으로 잘 조직된 것같이 보이는 '교수 요령(pedagogical tact)' 도 사실은 명료하고 정형화된 방식으로 검증된 것은 아니다. 암묵적 지식으로서 교사의 전문적 지식의 개발과 축적은 최근 우리 사회가 요구하는 전문성에 있어서 장애로 인식된다. 오랫동안 교직에 대한 이미지는 다른 집단과는 달리 정체되고 변화하기를 거부하는 보수적인 것이다. 그와 같은 이미지는 교직과 교사의 전문성 개발에 부정적 역할을 한다. 국가에서 수행한 학교 개혁에 대한 연구결과들이나 정부 및 언론은 교사가 새로운 지식과 정책을 수용하기를 거부하는 것으로, 그리고 교사의 지식과 기능에 결함이 있는 것으로 보고한다. 따라서 학교와 교수행위에 대한 논의는 '되어야 할' 어떤 것에 대한 틀을 가지고 현재 그들이 가지고 있는 것을 수정하는 방향에서 이루어진다. 그 결과 교사의 지식은 항상 시대에 뒤떨어진 것이 된다.

Huberman(1999)은 경력교사가 그들의 일상화된 교수행위를 개선하고자 훈련 과정에 참여했을 때 그들이 하는 행위를 고장 난 기계를 땜질하는 것으로 비유하였다. Hargreaves(1999: 131)는 그와 같은 땜질이라는 행위가 체계적이고 협력적으로 이루어진다면 교사 개인이 가지고 있는 좋은 아이디어로서 암묵적 지식을 신뢰성 있는 체계에서 검증 · 수정할 수 있다고 하였다. 모든 교육과정의 변화는 실험적이다. 국가 수준의 교육과정은 교사와 교실을 고정 변수로 간주하지만 교실에서의 교육과정은 수많은 시행착오로부터 의식적으로 정보를 취하여 다음 수업 설계에 반영하고자 하는 교사집단의 협력적 체계에 의해 진정으로 변화될 수 있다. 교육과정의 실행은 교사가 행하지만 교육과정의 설계는 교사의 협력적 노력이 가능하고, 이러한 노력은 개인 수준에서 수업 실행의 전문성을 제고시킨다. 교사의 개별적 지식은 수업 실행과정을 논의하는 과정에서 교사 자신 혹은 타인에 의해서 정당화된다(Olson, 1995). 전문성은 공적인 영역에서 이루어지는 과학적 검증의 과정을 요구한다. 폐쇄구조에 갇힌 개인 수준에서의 교사의 실천적 지식은 전문적 지식으로 인정받기 어렵다. 수업을 계획하거나 실행하는 과정에서 협력구조는 사적 지식을 공적 영역으로 초대하는 기제로 작용한다. 전체 체계로서 개인의 실행이 성공적으로 작동하고 그의 실행이 협력적 지식공동체로 형성되기 위해서는 무엇보다도 책임감이 강하고 자율적이며 적극적인 참여자를 필요로 한다(Huizen, Oers, & Wubbels, 2005: 271).

교사전문성은 교사업무의 '질'을 포섭하는 개념이다. 그러나 교사의 업무는 복잡하고 다층적이기 때문에 어떤 한 가지로 환원되기 어렵다. 사회과 전문가로서 교사의 역할은 교실 안에서뿐만 아니라 수업계획이나 평가결과 분석과 같이 교실 밖에서도 이루어진다. 현실적 여건을 고려할 때 교사전문성 개발을 위한 협력적 구조는 교실 안이 아니라 교실 밖에 초점이 맞추어진다. 최근 교사전문성으로 새롭게 강조하는 것은 교육과정 계획 · 수업 설계나 평가결과 분석과 같은 교실 밖에서 이루어지는 업무다(Carlgren, 1999: 49). 지금까지도 교사는 교육과정을 설계하고 평가결과를 분석하여 왔다. 그러나 이것은 외부 전문가에 의해 교육과정의 형식과 내용이 이미 결정된 상태에서 자신의 학생에 맞게, 자신이 소화할 수 있는 내용으로 재구성하고, 학생의 성취도를 측정하여 서열을 정해 주는 수준이었다. 그러나 사회가 요구하는 교사의 전문성은 그 이상이다.

Calgren(1999)에 의하면 설계자로서 교사의 이미지는 건축가와 유사한 것으로 건축가는 설계하는 사람으로 스케칭하는 것이 그의 주된 업무이고 이 과정에서 창의성이 요구된다. 설계과정에서는 잘못된 것을 수정할 가능성이 있으며 이론이 행위 이면에서 작동하는 것이 아니라 행위과정 중에 발현되고 새롭게 구성된다. 교사들의 실천적 지식은 행위 중 반성에서만 형성되는 것이 아니라 교실 밖에서 이루어지는 행위 전 과정에서도 이루어진다. 즉, 교사는 교실 안에서 획득한 암묵적 지식을 협력적 논의구조를 가진 설계영역으로 끌어내어 새로운 지식을 창출할 수 있다. 따라서 새로운 지식은 시간이 흐름으로써 자연스럽게 체득되는 것이 아니라, 개인 수준의 수업 실행과 공적 영역에서의 협력을 통하여 공론화되고 전문적 지식으로서의 지위를 인정받을 수 있다.

4. 한국의 사회과 교사자격기준

우리나라도 교사전문성에 기초하여 교사자격기준을 개발하려는 노력이 이루어지고 있다. 대표적으로 한국교육과정평가원은 사회과 교사의 수업평가기준(안)을 〈표 12-7〉과 같이 개발하였다. 개발된 사회과 수업평가기준은 교사전문성 개발 패러다임에서 살펴본 사회과 교사의 반성능력과 협력적 설계능력을 강조하고 있다. 그리고 한국교육과정평가원에서는 사회과 교사가 갖추어야 할 평가전문성의 내용과 기준에 대하여 〈표 12-8〉과 같이 제시하였다.

이상의 연구결과를 종합하여 2008년 한국교육과정평가원에서는 사회과 교육 관련 학회와 공동으로 지리, 역사, 일반사회, 공통사회 교사자격기준을 개발하였다. 본 절에서는 공통사회를 중심으로 사회과 교사자격기준을 살펴보도록 한다. 공통사회 교사자격기준의 평가영역은 크게 교과지식, 학습자 및 학습 환경, 교수계획 및 실행, 교사전문성 영역으로 구분되었다. 평가영역별로 교사자격기준을 2~3가지씩 개발하여 총 10개의 자격기준을 다음과 같이 제시하였다.

〈표 12-7〉 사회과 수업평가기준(안)

수업평가영역	수업평가요소	수업평가기준
영역 I: 기본 지식과 능력	사회과 목표에 대한 관점	기준 1: 사회과 교사는 사회과 목표에 대한 충분한 이해를 토대로 비판적이면서도 균형감 있는 교과관을 지니고 있다.
	사회과 내용에 대한 이해	기준 2: 사회과 교사는 사회과 내용을 구성하고 있는 지리, 역사, 일반 사회의 내용에 대한 지식을 지니고 있다.
		기준 3: 사회과 교사는 사회과 내용을 구성하고 있는 지리, 역사, 일반 사회의 내용을 학생들이 접하는 일상과 맞물려서 가르치는 데 필요한 지식과 교수능력을 지니고 있다.
	사회과 교수학습방법 및 평가에 대한 이해	기준 4: 사회과 교사는 사회과와 관련된 다양한 교수-학습방법에 대한 지식과 이를 활용할 줄 아는 기본 능력을 지니고 있다.
		기준 5: 사회과 교사는 사회과와 관련된 다양한 평가방법에 대한 지식과 이를 활용할 줄 아는 기본 능력을 지니고 있다.
	학습자의 발달과 흥미에 대한 이해	기준 6: 사회과 교사는 사회과 수업에 앞서 자신이 가르치는 해당 학생들의 인지적 · 정서적 발달 정도를 충분히 이해하고, 학생들과 상호 작용할 수 있을 정도의 유대관계를 형성할 수 있다.
		기준 7: 사회과 교사는 사회과 내용과 관련해서 학생들의 선지식이나 오개념을 파악하고 이에 대처할 수 있는 능력을 지니고 있다.
영역 II: 수업 기획 능력	사회과 수업 계획과 준비	기준 8: 사회과 교사는 사회과 수업을 계획하고 준비하는 데 있어 전문가로서의 수업 기획능력을 지니고 있다.
		기준 9: 사회과 교사는 사회과 수업을 계획하고 준비하는 데 있어 관련 자료를 수집하여 의미와 흥미를 갖춘 수업자료로 재구성할 수 있다.
영역 III: 수업 실행 능력	사회과 교수학습방법의 활용	기준 10: 사회과 교사는 사회과 수업을 실행함에 있어 수업내용에 따라 학생들의 흥미를 유도할 수 있는 다양한 수업방법을 활용할 수 있다.
	적절한 학습 목표, 집단 조직 및 학습 분위기 조성	기준 11: 사회과 교사는 사회과 수업을 실행함에 있어 수업목표를 적절하게 제시하고 이에 따라 학습집단을 조직하고 학습 분위기를 조성할 수 있다.
	사회과 평가의 활용	기준 12: 사회과 교사는 사회과 수업을 실행과정에서 진단, 형성, 총괄평가를 잘 활용하여 학생들의 학습 정도를 정확하게 파악하고 그 결과를 수업에 반영할 수 있다.
영역 IV: 전문성 제고	사회과 수업에 대한 자기반성	기준 13: 사회과 교사는 전문직에 종사하는 자로서 자신의 전문성의 요체라고 할 수 있는 수업에 대해서 지속적인 자기반성을 통하여 사회과 교사로서의 전문적인 지식과 능력 및 소양을 지니고 있다.
	사회과 수업에 대한 동료 장학	기준 14: 사회과 교사는 전문직에 종사하는 자로서 동료 교사들과의 협력을 통하여 사회과 교사로서의 전문적인 지식과 능력 및 소양을 지니고 있다.

〈표 12-8〉 사회과 학생평가 전문성 기준(안)

평가 영역	평가 요소	평가 기준
영역 I: 평가방법의 선정	사회과 교육목표와 평가의 목적을 확인하고 명료화해야 한다.	• 학생이 달성해야 할 사회과 교육목표를 이해하고 확인할 수 있다. • 평가의 목적을 분명히 하고 구체화할 수 있다.
	사회과 교육목표 및 평가의 목적에 적합한 평가방법을 선정해야 한다.	• 다양한 평가방법의 특징과 장단점을 이해할 수 있다. • 사회과 교육목표에 적합한 평가방법을 선택할 수 있다. • 학생의 특성과 수준에 적합한 평가방법을 선택할 수 있다. • 학생의 학습 활동 및 결과를 다양한 방법으로 평가할 수 있다. • 학생의 선행학습 수준 및 기초능력을 진단하고 특별한 지도가 필요한 학생을 변별하기 위한 평가방법을 선택할 수 있다. • 학생의 학습상의 문제점을 파악하여 피드백을 주고 교수-학습과정을 개선하기 위한 평가방법을 선택할 수 있다. • 학생의 성취 정도를 파악하기 위한 평가방법을 선택할 수 있다. • 학생의 성장과 변화를 확인하기 위한 평가방법을 선택할 수 있다. • 학생의 자기 평가와 학생 상호 간의 평가방법을 교수-학습과정에 적절하게 사용할 수 있다. • 평가방법이 교수-학습활동에 미치는 영향을 이해할 수 있다.
영역 II: 평가도구의 개발	사회과 교육목표와 내용에 적합한 평가도구를 개발하거나 선택하여 사용해야 한다.	• 평가도구의 교육적 가치를 이해하고 평가 목적에 적합한 도구를 개발하거나 선택하여 사용할 수 있다. • 평가도구 제작 계획을 수립하고 계획의 타당성을 검토할 수 있다. • 선택형과 서답형 평가도구의 개발에 필요한 기본 원리와 절차를 이해하고 적용할 수 있다. • 수행평가 과제와 채점기준의 개발에 필요한 기본 원리와 절차를 이해하고 적용할 수 있다. • 다양한 평가도구의 특징과 장단점을 이해하고 평가도구의 목적과 용도에 적합하게 제작할 수 있다. • 표준화 검사의 성격을 이해하고 다양한 유형의 표준화 검사를 평가의 목적에 적절하게 선택하고 활용할 수 있다.
	평가도구의 질을 스스로 점검하고 개선해야 한다.	• 평가도구의 타당도 및 신뢰도의 개념을 이해하고 평가도구의 질을 점검 및 개선할 수 있다. • 평가문항의 양호도 개념을 이해하고 문항의 질을 점검 및 개선할 수 있다.
영역 III: 평가실시, 채점, 성적 부여	평가 계획에 부합하도록 평가를 실시해야 한다.	• 평가방법 및 도구에 대한 정확한 이해를 바탕으로 평가를 실시할 수 있다. • 학생에게 평가도구의 특성 및 응답방법과 채점기준을 정확하게 안내할 수 있다. • 평가를 위한 물리적 환경과 심리적 환경을 적절하게 조성할 수 있다. • 공정한 평가가 실시될 수 있도록 평가 시행과정을 관리할 수 있다.
	정확하게 채점하고 평가의 목적에 부합하도록 성적을 부여해야 한다.	• 학생의 반응을 참조하여 채점기준을 수정 · 보완할 수 있다. • 채점기준과 채점방법을 정확하게 이해하고 채점할 수 있다. • 채점과정의 정확성을 점검할 수 있다. • 여러 가지 평가결과를 수합하고 각각의 비중을 고려하여 총합점수로 산출할 수 있다. • 규준참조평가와 준거참조평가의 성적 부여방법을 이해하고 적용할 수 있다.

영역 IV: 평가결과의 분석 · 해석 · 활용 · 의사소통	평가결과를 정확하고 타당하게 분석 및 해석해야 한다.	• 기초적인 통계 개념 및 문항 분석방법을 이해할 수 있다. • 양적 평가결과에 대한 각종 기초 통계자료를 산출하고 그 의미를 해석할 수 있다. • 질적 평가결과를 이해하고 해석할 수 있다. • 평가방법에 따라 동일한 학생에 대해 서로 다른 평가결과가 제공될 때 그 원인을 파악할 수 있다. • 평가의 내용과 측정 오차를 고려하여 평가결과를 해석할 수 있다. • 표준화 검사의 여러 가지 점수를 정확하고 타당하게 해석할 수 있다. • 평가결과를 분석하여 학생의 강 · 약점을 파악하고 성취 정도를 판단할 수 있다.
	평가결과를 수업 및 학생에 대한 교육적 의사 결정에 활용해야 한다.	• 양적 평가결과와 질적 평가결과를 종합하여 학생을 총체적으로 이해하고 교육적 의사결정에 활용할 수 있다. • 진단평가 결과를 활용하여 학생의 수준을 파악하고 수업계획을 수립할 수 있다. • 형성평가 결과를 활용하여 학생의 발달과 성장을 돕고 수업활동을 개선할 수 있다. • 총합평가 결과를 활용하여 학업 성취 정도를 파악하고 학생의 학습 계획 및 진로 결정에 도움을 줄 수 있다. • 학습 동기의 촉진 및 학습기회 제공과 학습 환경 개선을 위해 평가결과를 활용할 수 있다. • 대규모 학업성취도 평가와 같은 표준화 검사의 결과를 활용하여 수업내용과 수준을 점검할 수 있다.
	학생, 학부모, 교육 관련자와 평가결과에 대해 정확하게 의사소통해야 한다.	• 점수에 포함되어 있는 측정의 오차를 고려하여 점수를 해석하고 설명할 수 있다. • 규준(norm)이나 준거(criteria)에 근거하여 평가결과를 적절하게 해석하고 설명할 수 있다. • 학생 개개인의 배경을 고려하여 평가결과를 해석하고 설명할 수 있다. • 평가결과를 학생 개인 수준에서는 물론 집단 수준(학급, 학교, 교육청, 국가 등)에서도 해석하고 설명할 수 있다. • 평가결과를 토대로 학생의 강 · 약점을 설명하고 학습의 개선 방향을 제시해 줄 수 있다. • 학생, 학부모, 교육 관련자가 이해할 수 있도록 평가 목적, 평가결과 및 그 해석방법을 설명할 수 있다.
영역 V: 평가의 윤리성	교사는 학생의 인격을 존중하며 모든 평가 활동 시 윤리적 · 법적 책임을 준수해야 한다.	• 평가 활동 시 학생의 인격과 권리를 최대한 존중하고 보호해야 한다. • 학생의 성적에 부당한 영향을 주지 않도록 평가도구의 관리에 철저를 기해야 한다. • 채점 및 성적 부여 절차가 합리적이고 공정해야 한다. • 학생의 권리를 보호하기 위해 평가결과의 보안을 유지해야 한다. • 학급 · 학교 · 교육청 · 국가 수준의 평가 관련 지침 및 규정과 법적 책임을 알고 있어야 한다.
	교사는 학생의 특성 및 배경을 고려하여 공정하게 평가를 실시하고, 평가의 적절성을 판단해야 한다.	• 학생의 성 · 지역 · 사회문화적 배경 · 장애 정도 등을 고려하여 공정한 평가가 되도록 평가방법을 선정하고 평가도구를 개발해야 한다. • 평가 계획에서부터 도구 개발 · 시행 · 해석 · 활용 · 의사소통에 이르는 평가 활동의 전 과정을 반성적으로 고찰하여 적절성을 판단할 수 있어야 한다.

1) 교과지식 영역

> **1. 사회과 교사는 지리학, 역사학, 제반 사회과학에 대한 전문적인 지식을 갖는다.**
> 1.1 사회과 교사는 지리학, 역사학, 제반 사회과학의 핵심 지식, 탐구방법, 현실의 적용 사례에 대하여 이해한다.
> 1.2 사회과 교사는 지리학, 역사학, 제반 사회과학의 최신 지식을 지속적으로 탐구한다.

학생들은 학문적 내용에 대한 지식이 풍부한 교사로부터 많은 것을 배운다. Mulholland와 Wallace(2005)는 예비교사에서 경력교사가 되기까지 특정 학생의 변화과정을 10년 동안 관찰한 결과 학문적 내용지식이 교수내용지식의 개발에 가장 중요하게 공헌한 반면, 일반적 교수법이나 상호작용 지식은 거의 영향을 미치지 못한다고 하였다. 따라서 사회과 교사는 사회과의 기반이 되는 지리학, 역사학, 제반 사회과학의 지식구조와 핵심적이고 기본적인 사실, 모델, 법칙, 이론 등을 이해해야 한다. 탐구방법과 관련하여서도 사회과 교사는 지리학, 역사학, 제반 사회과학의 탐구방법을 익혀 사회 현상과 문제를 파악하는 데 필요한 지식과 정보를 획득, 분석, 조직, 활용할 수 있어야 한다.

> **2. 사회과 교사는 사회과 교육과정을 이해하고 재구성한다.**
> 2.1 사회과 교사는 국가 수준의 사회과 교육과정에서 제시된 공통사회 교육목표와 내용, 교수-학습 및 평가 방향을 이해한다.
> 2.2 사회과 교사는 교육과정 목표, 교육내용, 학습자, 공동체에 대한 지식을 바탕으로 교사 수준의 교육과정을 재구성한다.

교사가 수업을 설계할 때 고려하는 요인은 다층적이다. 대부분의 수업 설계는 교사의 교과내용지식 · 신념 · 수업 실행 경험을 고려하고, 학생들의 반응 등을 예측하여 기본 도안을 구성한다. 이때 교과내용지식과 교수전략 못지않게 교육과정 지식은 수업을 설계 · 실행하는 데 중요하다. 국가에서 제시하는 교육과정기준은 연극에서 대본의 플롯(plot)과 같다. 국가 수준의 사회과 교육과정은 국가 교육정

책의 경계를 설정하고 교육의 방향을 명확하게 제시하는 기초로 기능한다. 사회과 교사는 국가 수준의 사회과 교육과정의 목표와 내용을 이해하고 자신이 가르치는 학습자의 수준과 경험 및 학교 상황과 맥락을 반영하여 교육과정을 재구성할 수 있어야 한다.

3. 사회과 교사는 교수내용지식을 이해한다.

3.1 사회과 교사는 학습자의 비판적 사고능력, 문제해결능력, 의사결정능력 등 고등 사고능력을 가르치기 위한 다양한 교수전략을 이해한다.

3.2 사회과 교사는 지리학, 역사학, 일반사회영역에서 사용되고 있는 교수-학습방법 및 설명전략을 이해한다.

3.3 사회과 교사는 교수내용지식을 개발하기 위하여 탐구한다.

사회과 교사는 지리학, 역사학, 제반 사회과학의 특성, 학습자의 경험과 능력의 다양성에 따른 사회과 학습과정에 대한 이해를 바탕으로 사회 수업에서 요구되는 교수내용지식을 이해하고 개발해야 한다. 그리고 사회과 교사는 각 영역의 내용특성과 사회과 교육의 다양한 교육목표 영역에 적합한 교수-학습방법이나 설명전략 등에 대한 이해를 기초로 학생들과 상호작용해야 한다. 그들은 영역별로 설명방식을 다르게 하여 관련 내용을 효율적으로 가르칠 필요가 있다. 예를 들어, 지리영역을 가르칠 경우 설명과정에서 각 지역의 위치를 나타낼 지도를 칠판에 그리거나 학습자로 하여금 사회과부도에서 찾아보도록 하는 등 지도를 많이 활용하여 설명하고, 일반사회영역을 설명할 때는 사회과학 개념이나 지식을 사회 현상과 관련지어 설명하며, 역사 전공 교사는 스토리텔링이나 역사적 인과관계에 초점을 두고 설명한다. 또한 사회과에서 지향하는 고등 사고능력을 가르치는 데 가장 유용한 교수-학습전략이나 모형 등을 적절히 사용할 수 있어야 한다.

2) 학습자 및 학습환경 영역

4. 사회과 교사는 학습자의 학습과 발달 특성 및 다양성에 대하여 이해한다.

4.1 사회과 교사는 수업을 계획하기 전에 공통사회 교과에서 다루고 있는 내용에 대하여 학습자의 선개념과 경험 및 학습의 어려움을 파악한다.

> 4.2 사회과 교사는 다양한 경험에 따라 이해의 정도가 다르다는 점을 인정하고 개인적 수준에서 학습내용과 방법을 고려한다.

사회과 교사가 잘 가르치기 위해서는 학습자가 알고 이해하고 있는 것을 토대로 수업을 계획해야 한다. 그들은 수업을 계획하기 전에 사회과에서 다루고 있는 내용에 대하여 학습자의 선개념과 경험 및 학습의 어려움을 파악하고 있어야 하고, 학습자의 사회과 학습과 관련된 선경험, 관심, 요구 및 성향 등이 다양하다는 것을 인식해야 한다. 그래서 사회과 교사는 가르치고자 하는 주요 내용이 학습자에게 유의미하게 학습될 수 있도록 교수 활동을 적절하게 설계할 수 있어야 한다. 특히 사회과는 학습자의 문화적, 사회 · 경제적 배경, 지적 발달 등에서의 다양성뿐만 아니라 지리, 역사, 경제, 정치 등 여러 학문의 통합적 성격을 지니고 있기 때문에 다른 과목보다 더욱 학습자의 흥미와 경험 등을 중시하여 설계될 필요가 있다.

> **5. 사회과 교사는 학습자의 학습 동기와 행위에 대한 이해를 바탕으로 학습 환경을 조성한다.**
>
> 5.1 사회과 교사는 개인 수준 또는 집단 수준의 동기와 행위에 대한 이해를 바탕으로 긍정적인 사회적 상호작용과 학습과정에의 활발한 참여, 자기 동기화를 북돋아 줄 수 있는 학습 환경을 창출한다.
>
> 5.2 사회과 교사는 상호 존중과 이해를 바탕으로 민주적인 교수-학습 환경을 조성하여 사회과 학습에 긍정적인 태도를 갖도록 하고 학습을 촉진한다.

사회과 교사는 다양한 학습자로 이루어진 학습공동체를 구성하고 학습자 각자의 역할과 책임감을 부여할 필요가 있다. 특히 지리 · 역사 · 사회 현상에 대한 탐구가 협력적으로 이루어져야 하기 때문에 그들은 학습자 개개인의 다양한 능력과 관심을 고려하여 협력적 학습공동체를 조직해야 한다. 사회과 수업에서 협력을 장려하는 것은 학습자의 전문성과 다양성을 인정하고 존중하기 위한 전략이다.

학습공동체에서 학습자는 다른 학습자와 함께 과제를 수행하면서 서로 격려하고 돕기도 하고, 서로의 인지적 갈등을 도출하기도 한다. 학습공동체에서 필요한 구성요소는 개인 · 집단 · 과제와 그들 간의 상호작용이다. 개인은 개인적으로 축적된 지식 및 개인의 교수-학습 능력을, 집단은 집단 구성원들 간에 역동적으로

공감영역을 구축해 가는 지식과 상호작용하고 협력하는 능력을, 과제는 학습과 학습과정에 필요한 지식을 기초로 하여 의사결정을 하거나 문제해결을 하도록 하는 학습의 소재를 일컫는다.

3) 교수계획 및 실행 영역

6. 사회과 교사는 교과지식과 학습자 지식에 기초하여 수업을 설계한다.

6.1 사회과 교사는 사회과 학습목표를 달성하고자 교과지식과 학습자 지식에 기초하여 적절한 교수방법, 학습 활동, 교수자료 및 자원을 선택하여 수업을 조직한다.

6.2 사회과 교사는 학습내용에 적합하고 학생들의 홍미를 유도할 수 있는 교수-학습과제와 관련자료를 개발한다.

사회과 교사는 사회과 교육목표를 성취하도록 수업을 설계해야 한다. 사회과 교사는 사회과 내용지식과 탐구능력이 상호 의존적이라는 것을 인식하고, 또한 사회과의 내용지식과 탐구능력이 사회 현상이나 쟁점을 이해하는 데 적용된다는 점을 인식한 후 사회과 수업에서 풍부한 지식과 사고기능 및 의사소통능력을 기를 수 있도록 수업을 설계해야 한다.

최근 사회과 교육에서는 교수전략으로 학습자가 주요 지식에 대한 이해를 구성하는 데 적극적으로 참여하는 것을 강조하고 있다. 사회과 교사는 교수전략을 설계하고 실행할 때 학습자가 주요 지식을 추론하고 반성할 기회를 제공해 주어야 한다.

그리고 사회과 교사는 사회에서 일어나는 여러 사건과 현상에 대한 학습자의 호기심을 불러일으킬 필요가 있다. 그들은 사회 현상에 대한 학습자의 호기심을 자극하고 학습자가 관련 사건이나 현상에 대한 자료를 수집 · 조직하고, 일반화를 도출하거나, 새로운 정보를 기존의 사회 현상에 적용하는 일련의 과정을 수행하도록 교수전략을 수립해야 한다. 그런데 지리 · 역사 · 사회 현상에 대한 탐구는 체계적이고 논리적 설명과 예측이 수반되어야 하기 때문에 현상에 대한 학습자의 탐구결과를 관련 학문적 용어와 개념을 활용하여 설명하고, 원리, 이론, 모형과 연결시키도록 하거나 학습자 나름대로 원리 · 모형 등을 추론하도록 지도해야 한다.

또한 사회과 교사는 학습자가 학습결과를 논리적이고 정확하게 말하기, 글쓰기, 상징 · 모형화 · 지도 · 다이어그램 등으로 적절하게 표현하기를 통하여 타인과 공유하도록 해야 한다. 이를 위하여 학습자가 지리, 역사, 문화, 사회과학 관련 글과 지도, 연표 등을 읽고, 다양한 인문 · 사회적 주제와 관련된 글을 쓰고, 역사적 · 사회적 쟁점에 대하여 토론하고, 지도나 그림을 그리거나 다이어그램이나 모식도 등을 제작할 수 있도록 학습 기회를 제공해야 한다. 학습자가 컴퓨터 등을 활용하여 정보를 수집하고 처리하여 다른 사람과 의사소통할 수 있는 능력도 길러 주어야 한다.

교수-학습과제에 대한 고려는 중요하다. 학습과제의 내용은 실제성과 의미를 지녀야 함은 물론이고, 현실적인 자료를 통하여 추론이 가능해야 한다. 학습과제의 내용은 사회의 다양한 관심사를 대상으로 한다. 그러한 관심사의 예를 들면, 국지적 · 국가적 그리고 세계적 사건이 가지고 있는 공간적 · 시간적 · 사회적 의미, 지표상의 패턴 및 다양성을 만들어 내는 역동적인 사회과정, 그리고 주요 환경 · 사회 · 경제 · 정치적 제안과 개발의 영향, 학생 자신과 인간집단의 이에 대한 태도 등이다. 학습과제의 활동은 상술한 내용을 학습하기 위한 활동을 제시한 것으로서 내용과 불가분의 관계를 맺고 있다. 사회과 교사는 특히 시간적 · 공간적 · 사회적 현상의 인지 및 비교능력, 정보의 획득 · 조직 · 분석 · 해석과정을 통한 탐구능력, 의사결정 및 문제해결능력과 인간-사회-환경과의 관계에 대한 인식을 고양시키는 활동을 조직할 수 있어야 한다. 또한 사회과 교사는 학습자료를 수집 · 분류하고 학습자의 경험과 흥미를 고려하여 수업의 전개과정에 맞게 재구성한 후 적절히 제시할 필요가 있다. 학습자료는 학생들의 학습을 돕거나 자극할 수 있도록 조직되어야 한다.

7. 사회과 교사는 사회 수업을 효과적으로 운영한다.

7.1 사회과 교사는 사회 수업에서 활발한 상호작용이 이루어질 수 있도록 언어적, 비언어적 의사소통기술 및 미디어를 활용하여 의사소통해야 한다.

7.2 사회과 교사는 학습 상황에 적합한 학습 활동을 유도하고, 수업과정에서 일어나는 돌발적 상황에 적절하게 대처한다.

교사가 수업시간에 학습자와 상호작용하는 대표적인 방법은 특정 주제 혹은 개념을 가르치기 위해 유용한 형식이나 비유 · 예시 · 설명 등, 달리 말하면 사회과 내용을 학습자가 이해할 수 있도록 제시하는 것이다. 사회과 교사는 학습자와 언어적 의사소통을 할 때 교과내용을 학습자의 경험과 지적 수준에 맞게 조직하고 적절한 사례와 풍부한 비유를 들어 설명하며 정확한 용어와 개념을 사용하여 전달할 필요가 있다. 이때 제시하는 사례는 역사적 사실이나 구체적인 사회 현상, 특정 지역문제 등 구체적이고 사실적인 것으로 학습을 자극하고 촉진시킬 수 있어야 한다.

질문은 교사와 학습자 간의 의사소통을 위한 주요 수단인데, 사회과 교사는 교육내용과 적절하게 관련되고 학습자의 지적 수준, 경험 및 관심 등에 부합한 질문을 사용하여 교육 효과와 학습자의 반응을 극대화해야 한다. 교사는 교육내용과 관련된 다양한 수준의 질문을 준비하고 학습자가 질문의 의미를 이해할 수 있도록 구체적이고 명료하게 제시해야 하며 질문한 후에는 학습자가 응답하는 데 필요한 적절한 시간과 단서를 제공해 주어야 한다.

사례 제시와 비유 등을 활용한 언어적 설명만으로 교과내용을 가르치기 어려울 경우에는 사회과 교사는 학습자의 이해를 돕기 위하여 다양한 상황에 적용할 수 있는 비언어적 의사소통기술이나 미디어를 활용할 수 있어야 한다. 특히 언어적 · 추상적 개념이나 사실을 지도, 역사드라마, 시사뉴스 등 구체적인 시각자료로 변환하여 학습자에게 제시할 수 있어야 한다. 또한 그들은 학습자가 사회 수업에 참여하고 교과내용을 이해하는 데 도움을 주거나 방해를 하는 비언어적 단서에 대해서도 이해하고 있어야 한다. 그들은 얼굴 표정, 제스처, 포즈, 교실에서의 움직임, 자신의 목소리 톤 등을 학습자의 반응과 관련지어 스스로 모니터링할 필요가 있다.

교수행위를 학습한다는 것은 놀라는 경우나 새로운 상황에 도전하는 기회를 감소시켜 일상화한다는 것을 의미한다. 교사는 예측하거나 통제하는 능력을 포기함으로써 교실 상황의 위험을 수용한다. 기본적으로 인간은 자신만의 이론과 일치하거나 공고화하는 방향에서 상대방의 반응에 피드백하는 경향이 있다. 그러나 학습자 반응에 민감하게 반응하는 것은 교사의 의사소통기술을 개발하는 데 매우 중요하다. 학습자 반응은 미래의 실행을 위한 설계나 교사의 신념을 수정하거나 정교화하는 데 매우 유용한 정보이고, 이러한 정보의 누적은 분명히 교사와 학습자 간의 의사소통을 위한 길을 열어 줄 것이다.

8. 사회과 교사는 학생의 학습과정을 점검하고 평가한다.

8.1 사회과 교사는 사회과 교육목표와 내용에 적합한 평가계획을 수립한다.

8.2 사회과 교사는 학습자의 지속적인 지적 · 사회적 발달을 평가하기 위한 다양한 평가전략을 이해하고 활용한다.

8.3 사회과 교사는 평가결과를 타당하고 정확하게 분석하고 교육적 의사결정에 활용한다.

사회과 교사는 사회과 교육과정에 제시된 목표와 내용에 적절한 평가방법을 활용하여 학습자의 학습결과를 타당하고 신뢰할 수 있게 평가해야 한다. 그들은 사회과에서 학습자가 성취해야 할 내용과 수준을 분명하게 제시하고, 실제로 학습자가 성취한 수준을 확인할 수 있는 평가도구를 개발하며, 평가결과를 교육과정 및 교수-학습과정에 피드백해야 한다.

사회과 교사는 체계적인 평가를 실시하기 위하여 연간 수업 및 평가 계획을 수립하여야 하는데 이때 중요한 것은 교육과정을 근거로 성취기준을 분명히 하는 것이다. 사회과 교사는 성취기준을 개발하고 그것을 성취하기 위한 수업을 실행한 후에 성취 정도를 측정하기 위한 적절한 평가도구를 개발해야 한다. 평가도구는 그것이 측정하고자 하는 내용과 얼마나 일치하는지, 단순 기억보다는 고등 능력을 측정할 수 있는지, 불필요하게 복잡한 구조를 지니지는 않았는지, 체계성을 갖추었는지, 난이도는 적절한지 등을 고려하여 개발해야 한다.

그리고 평가방법 및 도구에 대한 정확한 이해를 바탕으로 평가계획에 부합하도록 평가를 시행한다. 이때 학생에게 평가도구 및 채점기준과 평가 실시방법을 정확하게 안내한다. 대체로 중간고사나 기말고사와 같은 정기고사 때에는 선택형 평가도구를 활용하여 학생들의 학습결과를 총괄평가한다. 그리고 학습과제의 특성이나 평가도구의 특성(워크시트법, 토론법, 실습법 등)에 따라 특별히 평가 실시기간을 별도로 두지 않고 수업이 진행되는 가운데 평가를 실시하기도 한다.

평가를 실시한 후에는 채점기준과 채점방법을 정교하게 개발하여 채점하고 평가의 목적에 부합하도록 성적을 부여한다. 선다형 평가는 학생들에게 정답을 해설

하여 주고, 수행평가는 채점기준을 제시해 주어야 한다. 채점기준은 문항에서 평가하고자 하는 목표를 기준으로 설정된다. 학생들의 학습과정과 결과를 채점할 경우에는, 필히 사전에 작성한 채점기준에 따라 채점하고 그 결과를 보고해야 한다.

사회과 교사는 평가결과를 정확하고 타당하게 분석 및 해석할 수 있어야 한다. 이를 위하여 기초적인 통계 개념 및 문항 분석방법을 이해하고, 양적 평가결과에 대한 각종 기초 통계자료를 산출할 수 있으며, 그 결과를 이해하고 해석할 수 있어야 한다. 그리고 평가방법에 따라 동일한 학생에 대해 서로 다른 평가결과가 나타날 때 그 원인을 파악할 수 있어야 하고, 평가의 내용과 측정 오차를 고려하여 평가결과를 해석하며, 표준화 검사의 여러 가지 점수를 정확하고 타당하게 해석할 수 있어야 한다. 이러한 과정을 통하여 학생의 강·약점을 파악하고 성취 정도를 판단할 수 있어야 한다.

또한 사회과 교사는 양적 평가결과와 질적 평가결과를 종합하여 학생을 총체적으로 이해하고 교육적 의사결정에 활용할 수 있어야 한다. 학생들이 무엇인가를 학습했다고 말할 때, 그들의 설명은 대체로 학습한 결과와 과정을 포함시킨다. 학습의 결과는 다음 학습을 위한 출발점이 되고, 과정에 대한 반성은 그들이 수행해온 절차를 보다 더 잘 인식하도록 한다. 여기서 말하는 절차는 광범위한 영역을 말하는데, 예를 들면 문제해결의 규칙으로부터 집단에서 개인이 어떤 공헌을 하고 그 사람이 어떤 가치를 가지고 있는지 등 개인의 역할에 관한 것이 포함된다.

마지막으로 평가결과에 대하여 학생, 학부모, 교육 관련자가 이해할 수 있도록 평가 목적, 평가결과, 해석방법 및 점수를 해석, 설명하고 평가결과를 토대로 학생의 강·약점을 설명하여 학습의 개선 방향을 제시해 줄 수 있어야 한다.

4) 교사전문성 영역

9. 사회과 교사는 반성적 실행가로서 소양을 갖춘다.

9.1 사회과 교사는 향상에 대한 관점을 가지고 자신의 교수행위에 대하여 반성적으로 고찰한다.

9.2 사회과 교사는 교사전문성을 향상시키기 위한 기회를 활발하게 모색하고 그와 같은 프로그램에 적극적으로 참여한다.

사회과 교사는 그들의 실행과 그 실행에 대한 원리 등을 모니터링하고 평가함으로써 자신의 교수과정과 그것이 학습자의 학습에 미친 효과에 대하여 반성해야 한다. 많은 학자들은 교사들 스스로 지식의 실체를 개발하여 온 방법을 반성의 개념으로 설명하였다. 교사가 전문적 경험을 획득하는 과정은 복잡하고 진화적인 과정이다. 개인적 수준에서는 주제의 성격과 그것에 대한 교사의 인식, 그리고 교수 실행으로부터 배우는 반성적 능력에 의해 결정되는 특수 상황적 과정으로 해석된다.

반성의 개념은 교사의 전문성 개발을 위한 핵심이다. 따라서 사회과 교사는 자신의 선택과 실행의 효과를 끊임없이 평가하고 반성하는 과정에서 스스로의 전문성을 개발하려는 노력과 소양을 지니고 그에 관련된 전문적 지식을 갖추어야 한다. 그리고 교사전문성 개발을 위한 프로그램을 적극적으로 찾아보고 참여하고자 노력해야 한다.

10. 사회과 교사는 동료 교사, 학부모, 학습자의 학습을 지원하는 교육공동체 구성원들과 협력관계를 구축한다.

10.1 사회과 교사는 그들 간의 협력체제를 구축하여 교육과정 설계, 수업 실행 등에 대하여 효과적으로 의사소통한다.

10.2 사회과 교사는 집단과 개인 간에 다양성을 지원하고 인정하는 교육공동체의 구성원으로서 자세를 갖는다.

사회과 교사는 학교공동체의 구성원이다. 그들은 동료 교사, 행정가와 사무직원 등과 함께 교수-학습 및 학교 운영 전반에 대하여 논의하는 과정에서 학교공동체를 구축해 간다. 교사는 동료 교사와의 논의를 통하여 자신의 교수-학습 계획과 실행을 개선해야 한다. 수업 실행은 교사 개인 수준에서 이루어지지만 교육과정의 재구성, 수업 설계 및 수업평가는 동료 교사와의 협력적 노력으로 이루어질 때 더욱 성공적으로 작동할 수 있고, 이러한 과정은 교사 개인 수준에서 이루어지는 수업 실행의 전문성을 제고시킬 수 있다. 즉, 교사의 전문성을 발달시키는 기제로서 공동체의 역할은 개별 교사의 사회과 지식을 공동의 것으로 변환시키는 것뿐만 아니라 개별 교사의 교수능력을 확장시킨다.

또한 학교 예산 편성 및 운영, 시간표 작성, 기자재 구입 및 배분, 전문성 향상을 위한 기회, 협력과 반성 활동 등 교수활동을 위해 필요한 조건을 향상시키기 위한 학교 활동에 적극적으로 참여함으로써 학교 행정가가 책임감을 갖고 학교공동체를 운영하도록 해야 한다.

그리고 사회과 교사는 학습자의 교실 수업공동체가 보다 넓은 학교공동체에 속해 있다는 것과 학교공동체는 더 넓은 교육체계의 일부라는 사실을 깨달아야 한다. 그들은 학습자가 지리 · 역사 · 제반 사회과학적 지식을 갖추고 그와 같은 지식을 활용할 기회를 제공해 주기 위하여 학습자, 동료, 학부모, 다른 공동체 구성원들과 함께 노력해야 할 것이다.

참고문헌

강대구, 박선형(2005). "호주, 뉴질랜드와 미국의 교원자격기준 동향 비교 연구". 비교교육연구, 15(3), 141-175.

강대현, 최소옥, 이강준(2004). 사회과 교육내용 적정성 분석 및 평가. 한국교육과정평가원.

강승호, 김양분(2004). 신뢰도(Reliability). 교육과학사.

강인수(2003). "한국에서의 교사평가제도의 문제점과 발전 방향". 교육행정학연구, 21(4), 1-21.

곽진숙(2000). "아이즈너의 교육평가론". 교육원리연구, 5(1), 153-194.

교육부(1997). 사회과 교육과정. 대한교과서주식회사.

권영민(2004). 국가 수준 교육과정 평가체제의 구축 방안. 교육과정연구, 22(1), 19-42.

김경희(2000). 초등 수학과 수행평가의 타당도 검증. 교육평가연구, 13(2), 77-105.

김왕근(2003). "국가 수준의 교육과정 개정방식 개선에 관한 연구: 교실수업 이해의 관점에서". 시민교육연구, 35(2), 1-24.

김재복(1983). "교육과정 통합의 접근방법에 관한 고찰". 인천교대논문집, 17, 297-315.

김재춘(2002). "국가 교육과정 연구 · 개발체제의 문제점과 개선 방향-제7차 교육과정 연구 · 개발체제를 중심으로-". 교육과정연구, 20(3), 77-97.

김재춘, 박소영, 이상신, 이상승, 길만철(2001). 일반계 고등학교 선택중심 교육과정의 효율적인 적용방안 연구. 교육인적자원부.

김호권(1998). 현대교수이론. 교육출판사.

김호기(1995). 현대 자본주의와 한국사회: 국가, 시민사회, 민주주의. 사회비평사.

김호기(1997). "민주화, 시민사회, 시민운동". 최장집, 임현진 공편. 한국사회와 민주주

의. 나남.

김희규(2005). "교사평가제도의 쟁점과 개선방안 연구". 교육행정학연구, 23(2), 143-164.

나장함(2006). "질적 연구의 다양한 타당성에 대한 비교 분석 연구". 교육평가연구, 19(1), 265-283.

남명호(1995). 수행평가의 타당성 연구. 고려대학교 대학원 박사학위 청구논문.

남명호, 김성숙, 지은림(2000). 수행평가-이해와 적용-. 문음사.

남상준(1999). 지리교육 탐구. 교육과학사.

남상준(2001). "지리교육의 학교급별 구성원리". 지리교육의 내용 선정과 조직원리와 방향. 한국교육과정평가원 사회과 목표 및 내용체계 연구 공개 세미나 자료집, 55-68.

남상준(2002). "초 · 중등 지리교육과정 개발과정의 평가". 한국지리환경교육학회지, 10(1), 1-12.

남호엽(1998). "사회과 수준별 교육과정에 따른 교재 구성의 과정-환경문제를 중심으로 하는 지구촌 학습을 사례로-". 사회과 교육, 31, 261-288.

노경주(1994). Higher Order Thinking in the Teaching of Social Studies. 사회과 교육, 18, 271-305.

노경주(2002). "비판적 사고: 패러다임과 개념". 사회과교육, 41(1), 55-73.

노희방(1997). "제7차 사회과 교육과정 지리영역 개발 보고: '제7차 지리교육과정 개발과정에서 나타난 문제점과 앞으로의 과제' 에 대한 의견". 지리 · 환경교육, 5(2), 143-150.

류재명, 서태열(1997). "제7차 지리교육과정 개발과정에서 나타난 문제점과 앞으로의 과제". 지리 · 환경교육, 5(2), 1-28.

마경묵(2002). "지리과 수행평가의 적용과 수행평가의 적절성". 한국지리환경교육학회지, 11(2), 83-92.

모경환, 박영석(2004). "사회과 교사의 전문성 제고를 위한 교과 장학 개선에 관한 연구". 사회과 교육, 43(1), 61-85.

박도순 외(2007). 교육평가-이해와 적용-. 교육과학사.

박도순(1995). "교육평가 분야 연구의 최근 동향과 수행평가의 과제. 교육진흥, 7(3), 120-128. 중앙교육진흥연구소.

박도순, 홍후조(2003). 교육과정과 교육평가. 문음사.

박상준(2005). 사회과 교육의 이론과 실제. 교육과학사.

박선미(2003). "사회과 내용의 통합수준과 구성방안". 사회과교육, 42(2), 29-51.

박선미(2004). "2002년 우리나라 학생의 사회과교육 성취도 분석". 사회과교육, 43(1), 5-33.

박선미(2004). "통합 교육과정과 학문중심 교육과정의 화해 가능성 탐색". 한국지리환경교육학회지, 12(2), 273-285.

박선미(2005). "이론과 실행의 소통을 통한 사회과 교육과정 개발". 사회과교육, 44(3), 5-20.

박선미(2005). "제7차 사회과 교육과정의 내적 타당성 평가-국민공통기본교육과정을 중심으로-". 한국지리환경교육학회지, 13(3), 301-315.

박선미(2006). "우리나라 중학생의 학업성취수준별 사회과 개념 구조 분석". 시민교육연구, 38(1), 71-95.

박선미(2006). "협력적 설계가로서 사회과 교사 전문성 개발을 위한 패러다임 탐색". 사회과교육, 45(3), 189-208.

박선미, 이명희, 박인옥(2002). 초등학교 사회과 교수 · 학습방법과 자료 개발 연구. 한국교육과정평가원.

박선미, 진재관, 조대훈(2004). 2003년 국가 수준 학업성취도 평가 연구-사회-. 한국교육과정평가원.

박윤경(2003). "사회과 수준별 교육과정 실행에 대한 연구". 시민교육연구, 35(1), 143-172.

박윤경, 박영석, 이승연(2000). "단위학교의 7차 교육과정 준비과정에 대한 사례 연구". 시민교육연구, 31, 109-142.

박은아, 김민정(2007). 2006년 국가 수준 학업성취도 평가 연구-사회-. 한국교육과정평가원 연구보고서 RRE 2007-3-3.

박일수, 권낙원(2008). "교육과정 평가개념에 관한 고찰". 학습자중심 교과교육연구, 8(1), 211-234.

박환이(1998). 한국 사회과 교육의 회고. 사회과 교육, 31, 3-15.

배호순(2001). 교육과정 평가론. 교육과학사.

배호순(2003). "학교 교육과정 평가설계의 합리화를 위한 프로그램논리의 적용". 교육평가연구, 16(1), 1-18.

백순근(1995). "인지 심리학의 학습 및 학습자관이 교육평가에 주는 시사". 교육학연구, 33(3), 125-144.

백순근(2000). 수행평가의 원리. 교육과학사.

백순근, 박선미 외(1998). 중학교 각 교과별 수행평가 이론과 실제. 원미사.

백순근, 박선미, 김정호(1999). 고등학교 사회과 수행평가의 이론과 실제. 교육진흥연구회.

서경혜(2005). "반성과 실천: 교사의 전문성 개발에 대한 소고". 교육과정연구, 23(2), 285-310.

서태열(2005). 지리교육학의 이해. 한울아카데미.

설규주, 성경희, 김평국(2004). 제7차 교육과정의 현장 운영실태 분석 (II): 중등학교 사회과. 한국교육과정평가원.

성태제(1999). 교육평가 방법의 변화와 결과타당도에 대한 고•려. 교육학연구, 37(1), 197-218.

성태제(2000). 타당도의 새로운 개념 변화. 교육평가연구, 13(2), 1-11.

성태제(2005). 현대교육평가(개정판). 학지사.

소경희(2003). "'교사전문성'의 재개념화 방향 탐색을 위한 기초 연구". 교육과정연구, 21(4), 77-96.

송호열(2001). "고등학교 사회과 수준별 교육과정의 적용에 관한 연구−10학년 사회 · 지리영역의 '태풍과 인간 생활' 주제를 중심으로". 지리 · 환경교육, 9(1), 31-54.

안창규(1990). 검사의 신뢰도를 높이기 위한 문항선정기준에 관한 연구. 부산대 학생생활연구소.

오정준(2005). "대학수학능력시험 지리 문항의 내용타당도에 관한 소론". 한국지리환경교육학회지, 13(2), 235-246.

오정준(2007). "지리 문항의 난이도 변인에 관한 탐색". 한국지리환경교육학회지, 15(2), 141-152.

우종완(2002). "7차 중등 사회과 교육과정의 현장 적용: 문제와 논의". 한국교원대학교 부설 교과교육공동연구소 편. 제7차 교육과정 적용의 문제점과 개선방안.

이간용(2001). "지리교육의 지능공정한 참평가 모형 개발 및 적용". 대한지리학회지, 36(2), 177-190.

이종일(2001). 과정중심 사회과 교육. 교육과학사.

이종일(2003). "반성적 실행을 통한 사회과 교사자질 개선". 사회과 교육, 42(2), 5-27.

이혁규(2001). "제7차 사회과 교육과정 개정과정에 대한 문화기술적 연구: 7~9학년을 중심으로". 시민교육연구, 32, 249-292.

이화진 외(2001). 제7차 교육과정 적용에 따른 수준별 수업자료 개발 연구. 한국교육과정평가원.

임찬빈, 강대현, 박상용(2006). 수업평가 매뉴얼−사회과 수업평가기준−. 한국교육과

정평가원 연구보고서, ORM 2006-24-6.

임혁백(1993). 민주화 시대의 국가-시민사회 관계의 틀 모색. 최장집, 임현진 공편. 시민사회의 도전, 77-106. 나남.

장상호(1994). 또 하나의 교육관. 이성진(편). 한국교육학의 맥. 서울: 나남출판사, 291-326.

장상호(2004). "학교교육의 정상화를 위한 교육평가의 재구성". 교육원리연구, 9(1), 83-176.

전제상(2000). 교원평가 준거 개발에 관한 연구. 홍익대학교 교육대학원 박사학위 청구논문.

정구향, 김경희, 김재철, 반재천, 민경석, 박선미, 진재관, 이재기, 조영미, 이대현, 이미경, 신일용, 김진석, 이의갑, 오희숙, 권재기(2004). 2003 국가 수준 학업성취도 평가 연구-총론-. 한국교육과정평가원.

조대훈(2002). "수준별 교육과정 담론의 분석". 시민교육연구, 34(2), 199-223.

조영달(2001). 한국 교실수업의 이해. 교육과학사.

차경수(1998). "사회과 통합 교육과정의 문제점과 해결대안". 사회과학교육, 2, 71-96.

차경수, 모경환(2008). 사회과 교육. 동문사.

최석진, 김정호, 이명희, 박선미, 박인옥(2001). 사회과 목표 및 내용체계 연구 (II). 한국교육과정평가원.

최장집(2005). 민주화 이후의 민주주의. 후마니타스.

최홍규(1998). "고등학교 지리교육과정 운영의 특징과 개선 방향-강원도 지역의 제7차 교육과정 시행을 중심으로-". 한국지리환경교육학회지, 11(2), 83-92.

허경철 외(1999). 수행평가정책 시행실태 분석과 개선대책 연구. 한국교육과정평가원 연구보고서, CRE 99-2.

황정규(1984). 학교학습과 교육평가. 교육과학사.

AERA, APA, & NCME (1966). *Standard for Educational and Psychological Testing*. Washington DC: American Psychological Association.

AERA, APA, & NCME (1985). *Standard for Educational and Psychological Testing*. Washington DC: American Psychological Association.

AERA, APA, & NCME (1999). *Standard for Educational and Psychological Testing*. Washington, DC: American Psychological Association.

Angoff, W. H. (1971). Scales, norms and equivalent scores. In R. L. Thorndike

(ed.). *Educational Measurement* (2nd ed.). Washington, DC: American Council on Education.

Angoff, W. H. (1982). Use of difficulty and discrimination indices for detecting item bias. In R. A. Berk (ed.). *Handbook of Method for detecting test bias.* Baltimore, MD: John Hopkins University Press.

Banks, J. A. (1990). *Teaching strategies for the social studies* (4th ed.). NY: Longman.

Barton, J., & Collins, A. (1993). Portfolios in teacher education. *Journal of Teacher Education, 44*(3), 200-210.

Baxter, G. P., Shavelson, R. J., Goldman, S. R., & Pine, J. (1992). Evaluation of procedure-based scoring for hand-on science assessment. *Journal of Educational Measurement, 29*(1), 1-17.

Bennett, R. E., Rock, D. A., & Wang, M. (1991). Equivalence of free-response and multiple-choice items. *Journal of Educational Measurement, 28*(1), 77-92.

Bloom, B. S., Engelhart, M. D., Furst, E. J., Hill, W. H., & Krathwohl, D. R. (eds.) (1956). *Taxonomy of educational objectives.* NY: David Mckay.

Brown, A. (1997). Transforming schools into communities of thinking and learning about serious matters. *American Psychologist, 52,* 399-413.

Bryan, L. A., & Abell, S. K. (1999). Development of pedagogical knowledge in learning to teach elementary science. *Journal of Research in Science Teaching, 36,* 121-139.

Bullock, A. A., & Hawk, O. P. (2001). *Developing a Teaching Portfolio.* NJ: Merrill Prentice Hall.

Cangelosi, J. S. (1990). *Designing tests for evaluating student achievement.* NY: Longman.

Caravita, S. (2001). A re-framed conceptual change theory. *Learning and Instruction, 11,* 421-429.

Caravita, S., & Hallden, O. (1994). Re-framing the problem of conceptual change. *Learning and Instruction, 4,* 89-111.

Carey, S. (1985). *Conceptual change in childhood.* Cambridge, MA: MIT Press.

Carlgren, I. (1999). Professionalism and Teachers as designers. *J. Curriculum*

Studies, 31(1), 43-56.

Case, R. (1978). Intellectual development from birth to adulthood: a neo-Piagetian investigation. In R. S. Siegler (ed.), *Children's thinking: What develops?* Hillsdale, NJ: Erlbaum.

Case, R. (1985). *Intellectual development: Birth to adulthood.* NY: Academic Press.

Cochran, K. F., DeRuiter, J. A., & King, R. A. (1993). Pedagogical content knowledge; an integrative model for teacher preparation. *Journal of Teacher Education, 44,* 263-272.

Connelly, F. M., & Elbaz, F. (1980). Conceptual bases for curriculum thought: a teacher's perspective. In W. Foshay (ed.), *Considered action for curriculum improvement(1980 yearbook of the Association for Supervision and Curriculum Development).* Washington, DC: ASCD, 95-119.

Cronbach, L. J. (1970). *Essentials of Psychological Testing* (3rd ed.). NY: Harper & Row.

Cronbach, L. J. (1971). Test Validation. In R. L. Thorndike (ed.), *Educational Measurement.* Washington, DC: American Council on Education. 443-507.

Cronbach, L. J. (1977). *Educational Psychology* (3rd ed.). New York: Harcourt Brace Jovanovich, Inc.

Davies, P. (2002). Level of Attainment in Geography. *Assessment in Education, 9*(2), 185-204.

Davies, P., Durbin, C., Clarke, J., & Dale, J. (2004). Developing students' conceptions of quality in geography. *The Curriculum Journal, 15*(1), 19-34.

Deno, S. L., & Mirkin, P. K. (1977). *Data-based Program Modification: A Manual.* Minneapolis, Minnesota: Leadership Training Inst. for Special Education

DFEE. (1999). *The programmes of study for Citizenship in The National Curriculum for England.* London: HMSO.

DFEE. (1999). *The programmes of study for Geography in The National Curriculum for England.* London: HMSO.

DFEE. (1999). *The programmes of study for History in The National Curriculum for England.* London: HMSO.

DFEE. (2000). *The programmes of study for geography in The National*

Curriculum for England. London: HMSO.

diSessa, A. (1993). Towards an epistemology of physics. *Cognition and Instruction, 10*(2/3), 105-225.

diSessa, A., & Sherin, B. L. (1998). What changes in conceptual change? *International Journal of Science Education, 20*(10), 1155-1191.

Drake, S. M. (1991). How our team dissolved the boundaries. *Educational Leadership, 49,* 20-22.

Drake, S. M. (1998). *Creating integrated curriculum: Proven ways to increase student learning.* Thousand Oaks, CA: Corwin Press.

Ebel, R. L. (1979). *Essentials of Educational Measurement* (4th ed.). Englewood Cliffs, NJ: Prentice-Hall.

Ebel, R. E., & Frisbie, D. A. (1991). *Essentials of Educational Measurement* (5th ed.). Englewood Cliffs, NJ: Prentice-Hall.

Eisner, E. W. (1977). On the uses of educational connoisseurship and criticism for evaluating classroom life. *Teachers College Record, 78*(3), 345-358.

Eisner, E. W. (1991). Takin g a second look: Educational connoisseurship revisited. In M. W. Mclaughlin & D. C. Phillips (eds.), *Evaluation and Education: At quarter century.* Chicago: University of Chicago Press, 169-187.

Engle, S. H., & Ochoa, A. S. (1988). *Education for democratic citizenship.* NY: Teachers College Pres, Columbia University.

Feldt, L. S., & Qualls, A. L. (1999). Variability in reliability Coefficients and the Standard error of measurement from school district. *Applied Measurement in Education, 12*(4), 367-381.

Fendler, L. (2003). Teacher reflection in a hall of mirrors: Historical influences and political reverberation. *Educational Researcher, 32*(3), 16-25.

Fischer, K. E. (1980). A theory of cognitive development: The control and construction of hierarchies of skills. *Psychological Review, 87*(6), 477-531.

Fisher, R. A. (1925). *Statistical methods for research worker.* Edinburgh: Oliver & Boyd.

Fitzpatrick, R., & Morrison, E. J. (1971). Performance and production evaluation. In R. L. Thorndike (ed.), *Educational Measurement.* Washington, DC: American Council on Education, 237-270.

Freire, P. (1970). *The pedagogy of the oppressed.* NY: Herder & Herder.

Frust, E J. (1964). Constructing evaluation instruments. *Educational and psychological measurement, 24,* 271-281.

Gagné, R. M. (1970). *The conditions of learning* (2nd ed.). NY: Holt, Reinhart, and Winston.

Garfinkel, H. (1964). Studies of the routine grounds of everyday activities. *Social Problems, 11*, 225-250.

Giroux, H. A. (1983). *Theory Resistance in Education: A pedagogy for Opposition.* Massachusetts: Bergin and Garvey Publishers.

Glaser, R. (1963). Instructional technology and measurement of learning outcome: some question. *American Psychologist, 18*, 519-621.

Goodlad, J. I. (1984). *A place called school.* New York: McGraw-Hill.

Gronlund, N. E. (1989). *How to construct achievement tests.* NJ: Prentice-Hall, Inc.

Grossman, P. L. (1990). *The making of a teacher: Teacher knowledge and teacher education.* New York: Teacher College Press.

Gudmundsdottir, S. (1991). Pedagogical Models of subject matter. In J. Brophy (ed.). *Advances in research on teaching. vol. 2: Teachers' knowledge of subject matter as it relates to their teaching practice.* Greenwich: JAI Press, 265-304.

Gudmundsdottir, S., & Shulman, L. (1987). Pedagogical Content Knowledge in Social Studies. *Scandinavian Journal of Educational Research, 31*, 59-70.

Halford, G. S. (1982). *The development of thought.* Hillsdale, NJ: Lawrence Erlbaum Associates.

Hargreaves, A. (1999). The Knowledge-creating school. *British Journal of Educational Studies, 47,* 122-144.

Hopkins, K. D., Stanley, J. C., & Hopkins, B. R. (1990). *Educational and Psychological Measurement and Evaluation.* Boston: Allyn & Bacon.

Howell, K. W., & Nolet, V. (2000). *Curriculum-Based Evaluation, Teaching and Decision Making.* Scarborough, Ontario: Wadsworth/Thompson Learning.

Huberman, M. (1999). Teacher development and instructional mastery. In A. Hargreaves, and M. Fullan (eds.), *Understanding Teacher Development.*

London: Cassell.

Huizen, P., Oers, B., & Wubbels, T. (2005). A Vygotskian perspective on teacher education. *Journal Curriculum Studies, 37*(3), 267-290.

Huynh, H. (1994). *Some Technical Aspects of Standard Setting.* Washington, DC: Paper presented at Joint Conference on Standard Setting for Large-Scale Assessment.

Jaeger, R. M. (1989). Certification of student competence. In R. L. Linn (ed.). *Educational Measurement* (3rd ed.). Washington, DC: American Council on Education.

Johnson, A. P. (1951). Notes on a suggested index item validation: the U-L Index. *Journal of Educational Psychology, 62,* 499-505.

Johnson, M. J. (1981). Definitions and Models in Curriculum Theory. In H. A. Giroux *et al* (eds.), *Curriculum & Instruction.* Berkeley, California: McCutchan Publishing Co, 69-85.

Kelly, T. L. (1939). Selection of upper and lower groups for validation of test items. *Journal of Educational Psychology, 30,* 17-24.

Krathwohl, D. R. (1998). *Methods of educational and social science research: An integrated approach* (2nd ed.). New York: Addison Wesley Longman.

Leming, J. S. (1998). Some Critical Thoughts about the Teaching of Critical Thinking. *The Social Studies, 89*(2), 61-66.

Mager, R. F. (1962). *Preparing instructional objectives.* Belmont, CA: Fearon Publishers.

Marshall, T. H. (1950). *Citizenship and Social Class.* Cambridge: Cambridge University Press.

Massialas, B., & Cox, C. B. (1966). *Inquiry in the social studies.* NY: McGraw-Hill Book Co.

McKee, S. J. (1988). Impediments to implementing critical. thinking. *Social Education, 52,* 444-446.

McLaren, P. (1994). Foreword: critical thinking as a political project. In S. Walters (ed.), *Re-thinking reason. New perspectives in critical thinking.* Albany: State University of New York Press, 9-15.

Mehrens, W. A. (1992). Using performance assessment for accountability pur-

poses. *Educational Measurement: Issues and Practice, 11*(1), 3-9.

Mehrens, W. A., & Lehmann, I. J. (1975). *Measurement and Evaluation in Education and Psychology*. NY: Holt, Rinehart, & Winston.

Messick, S. (1989). Validity. In R. L. Linn (ed.). *Educational Measurement* (3rd ed.), Washington, DC: American Council on Education & National Council on Measurement in Education, 13-103.

Mulholland, J., & Wallace, J. (2005). Growing the tree of teacher knowledge: Ten years of learning to teach elementary science. *Journal of Research in Science Teaching, 42*(7), 767-790.

National Assessment Governing Board. (2002). *Mathmatics Framework for the 2003 National Assessment of Educational Progress*. Washington, DC: Author.

NAEP Geography Consensus Project. (1994). *Geography Framework for the 1994 National Assessment of Educational Progress.* Washington, DC: The National Assessment Governing Board.

National Center for Educational Statistics. (1996). *NAEP 1994 Geography Report Card: Findings from the national Assessment of Educational Progress*, Washington, DC: Author.

National Center for Educational Statistics. (2002). *The Nation's Report Card: Geography 2001*. Washington, DC: Author.

National Center for Educational Statistics. (2005). *The National Report Card*, Washington, DC: Author.

NBPTS. (2001). *Social Studies-History Standards*. National Board for Professional Teaching Standards.

NCTM. (1995). *Assessment standards for school mathematics*. Reston, VA: National Council of Teachers of Mathematics.

Newmann, F. M., & Oliver, D. W. (1970). *Clarifying public controversy: An approach to teaching social studies*. Boston: Little Brown and Company.

Niaz, M. (1995). Progressive transitions from algorithmic to conceptual understanding in student ability to solve chemistry problems: A Lakatosian interpretation. *Science Education, 79*, 19-36.

Nicholls, J., & Hazzard, S. P. (1993). *Education as Adventure: Lessons from the Second Grade*, NY: Teachers College Press.

Oliver, D. W., & Shaver, J. P. (1966). *Teaching public issues in the high school.* Boston: Houghton Mifflin Company.

Olson, M. (1995). Conceptualizing narrative authority: Implications for teacher education. *Teaching and Teacher Education, 11*(2), 119-135.

Oosterhof, A. (1994). *Classroom applications of educational measurement.* Englewood Cliffs. NJ: Macmillan.

Ornstein, A. C., & Levine, D. U. (2000). *Foundations of Education.* Boston: Houghton Mifflin Company College Division.

Osborne, H. D. (1998). Teacher as knower and learner, reflections on situated knowledge in science teaching. *Journal of Research in Science Teaching, 35,* 427-439.

Owen, J. M., & Rogers, P. J. (1999). *Program Evaluation: Forms & Approaches.* London: Sage.

Parker, W. C. (1991). Achieving thinking and decision-making objectives in social studies. In J. P. Shaver (ed.), *Handbook of Research on Social Studies Teaching and Learning.* NY: Macmillan, 345-356.

Pearson, K. (1896). Mathematical contributions to the theory of evolution: Ⅲ. Regression, heredity and panmixia. *Philosophical Transaction.* A(187), 253-318.

Peters, R. S. (1975). Must an education have an aim?. In W. K. Frankena (eds.). *Philosophy of Education.* NY: Macmillan.

Posner, G. J. (1992). *Analyzing the curriculum.* New York: McGraw-Hill. Inc.

Posner, G. J., Strike, K. A., Hewson, P. W., & Gertzog, W. A. (1982). Accommodation of a scientific conceptual change. *Science Education, 66,* 211-227.

Resnick, L. (1987). Learning in School and Out. *Educational Researcher, 16,* 13-20.

Rogers, P. J. (2000). Program theory; Not whether program works, but how they work. In D. L. Stufflebeam, *et al.* (eds.), *Evaluation Models: Viewpoints on Educational and Human Services Evaluation* (2nd ed.). Boston: Kluwer Academic.

Rossi, P. H., Freeman, H. E., & Lipsey, M. W. (1999). *Education: A Systematic*

Approach (6th ed.). Sage, CA: Thousand Oaks.

Sarason, S. (1991). *The predictable failure of Educational Reform.* San Francisco, CA: Jossey-Bass.

Schön, D. A. (1983). *The Reflective practitioner; How professionals think in action.* New York: Basic Books.

Schwab, J. (1978). *Science, Curriculum, and Liberal Education: Selected Essays.* Chicago: The University of Chicago press.

Scriven, M. (1967). The Methodology of evaluation. In R. W. Tyler, R. M. Gagne & M. Scriven (eds.). *Perspectives of on Curriculum Evaluation.* Chicago, IL: Rand McNally, 39-83.

Scriven, M. (1974). Standards for the evaluation of educational programs and products. In G. D. Borich (ed.), *Evaluating educational programs and products.* Englewod Cliffs, NJ: Educational Technology Publications.

Scriven, M. (1980). *The Logic of Evaluation.* Inverness. CA: Edge Press.

Scriven, M. (1988). Duty-based teacher evaluation. *Journal of Personnel Evaluation in Education, 8*(2), 319-334.

Scriven, M. (1992). Evaluation and critical reasoning: Logic' s last frontier?. In R. A. Talask (ed.). *Critical Reasoning in Contemporary Culture.* Albany, NY: SUNY Press, 353-406.

Shulman, L. S. (1986). Paradigms and Research Programs in the Study of Teaching: a Comtemporary Perspective. In Merlin C. Wittrock (ed.), *Handbook of Research on Teaching.* New York: Macmillan Publishing Company, 3-36.

Shulman, L. S. (1986). Those Who Understand: Knowledge Growth in Teaching. *Educational Researcher, 15*(2), 4-14.

Shulman, L. S. (1987). Knowledge and teaching: Foundations on the new reform. *Harvard Educational Review, 57*(1), 1-22.

Simon, D., & Keil, F.(1995). An abstract to concrete shift in the development of biological thought: The inside story. *Cognition, 56,* 129-163.

Slater, S. (1980). Introduction to performance testing. In J. E. Spirer (ed.), *Performance testing: issues facing vocational education.* Columbus, OH: The National Center for Research in Vocational Education.

Stake, R. E., & Easley, J. A. (1978). *Case studies in science education*. Center for Instructional Research and Curriculum Evaluation, University of Illinois at Urbana-Champaign.

Stenmark, J. (1991). *Mathematics assessment: Myths, models, good questions, and practical suggestions*. Reston, VA: National Council of Teachers of Mathematics.

Stevens, S. S. (1946). On the theory of scales of measurement. *Science, 103*, 677-680.

Stiggins, R. (1987). Design and development of performance assessment. *Educational Measurement: Issues and Practice, 6*, 33-42.

Stufflebeam, D. L. (1973). An introduction to the PDK book: Educational Evaluation. and Decision-making. In B. R. Worthen & J. R. Sanders. *Educational Evaluation:. Theory and Practice*. Belmont, CA: Wadsworth.

Taba, H. (1962). *·Curriculum Development: Theory and Practices*. NY: Harcourt, Brace, Jovanovich.

Thorndike, E. L. (1918). The nature, purposes and general methods of measurements of educational products. In G. M. Wipple (ed.), *The Measurement of Educational Products, Seventeenth Yearbook of the National Society for the Study of Education, Part II*. Bloomington, IL: Public School Co, 16-24.

Thornton, S. J. (1991). Teacher as curricular-instructional gatekeeper in social studies. In J. P. Shaver (ed.), *Handbook of research on social studies teaching and learning*. New York: Macmillan, 237-248.

Thornton, S. (1991). Teacher as a curricular-instructional gatekeeper in social studies. In J. Shaver and H. Berlark (eds.), *Democracy, Pluralism, and the Social studies*. Boston: Houghton Mifflins, 1-10.

Tyler, R. W. (1981). Specific Approaches to Curriculum Development. In H. A. Giroux *et al* (eds.), *Curriculum & Instruction*. Berkeley, California: McCutchan Publishing Co, 17-30.

Tyler, R. W. (1984). A ration ale for program evaluation. In G. F. Madaus, M. Scriven, & D. L. Stufflebeam (eds.), *Evaluation Models: Viewpoints on Educational and Human Services Evaluation*. Boston: Kluwer-Nijhoff, 67-78.

Tyler, R. W. (1986). Changing concept s of educational evaluation. *International*

Journal of Educational Research, 10(1), 1-113.

Tytler, R. (1998). Children's conceptions of air pressure: exploring the nature of conceptual change. *International Journal of Science Education, 20*(8), 929-958.

Van Driel, J. H., De Jong, O., & Verloop, N. (2002). The development of preservice chemistry teachers' PCK. *Science Education, 86*, 572-590.

Vosniadou, S. (1994). Capturing and Modeling the process of conceptual change. *Learning and Instruction, 4,* 45-70.

Vygotsky, L. S. (1978). *Mind in Society: The Development of Higher Psychological Processes.* Cambridge, MA: Havard University.

Vygotsky, L. S. (1986). *Thought and language.* Cambridge, MA: MIT Press.

Walker, D. (1971). A Naturalistic model for curriculum development. *School Review, 80*(1), 51-65.

Ward, A. W., & Murray-Ward, M. (1999). *Assessment in the classroom.* Albany, NY: Wadsworth Publishing Company.

Weiss, C. H. (1998). *Evaluation: Methods of Assessing Program Effectiveness.* Englewood Cliffs, NJ: Prentice Hall.

White, J. J. (1985). What works for teachers: A review of ethnographic research studies as they inform issues of social studies curriculum and instruction. In W. B. Stanley (ed.), *Review of research in social studies education, 1976-1983.* Washington, DC: National Council for the Social Studies, and Boulder CO: ERIC Clearinghouse for Social Studies/Social Science Education and Social Science Education Consortium, 215-307.

Worthen, B. R., Borg, W. R., & White, K. R. (1993). *Measurement and Evaluation in the School.* NY: Longman.

Zinchenko, V. P., & Davydov, V. V. (1985). Foreward. In J. V. Wertsch (ed.), *Vygotsky and Social Formation of Mind.* Cambridge, MA: Harvard University Press.

찾아보기

인 명

내 용

저자소개

박선미

〈약력〉

고려대학교 사범대학 지리교육과 졸업
고려대학교 대학원 지리학과 박사
전 한국교육과정평가원 연구위원
한국사회과교육연구학회 부회장
대한지리학회 총무이사
한국도시지리학회 편집부장
현 인하대학교 사회교육과 교수
지리환경교육학회 연구부장

〈저서〉

구성주의와 교과교육(공저, 문음사, 1999)
중학교 수행평가의 이론과 실제(공저, 원미사, 1999)
교과교육평가의 이론과 실제(공저, 원미사, 2004)
한국의 지리교육과정론(문음사, 2004)
사회과교육신론(공저, 문음사, 2006)

사회과 평가론

2009년 2월 20일 1판 1쇄 인쇄
2009년 2월 25일 1판 1쇄 발행

지은이 • 박선미
펴낸이 • 김진환
펴낸곳 • (주) 학지사
121-837 서울시 마포구 서교동 352-29 마인드월드빌딩 5층
대표전화 • 02-330-5114 팩스 • 02-324-2345
등록 • 제313-2006-000265호
홈페이지 www.hakjisa.co.kr

ISBN 978-89-6330-032-0 93370

가격 17,000원